"十二五"国家重点图书

京津冀区域合作论

——天津滨海新区与京津冀产业联系及合作研究

肖金成 等著

经济科学出版社

责任编辑:吕　萍　马金玉
责任校对:杨　海
版式设计:代小卫
技术编辑:李　鹏

图书在版编目(CIP)数据

京津冀区域合作论——天津滨海新区与京津冀产业联系及合作研究/肖金成等著 .—北京:经济科学出版社,2010.3(2014.11 重印)
(中国区域与城市发展丛书)
ISBN 978-7-5058-9148-7

Ⅰ.①京…　Ⅱ.①肖…　Ⅲ.①地区经济-经济合作-研究-华北地区　Ⅳ.①F127.2

中国版本图书馆 CIP 数据核字(2010)第 041291 号

京津冀区域合作论
——天津滨海新区与京津冀产业联系及合作研究
肖金成　等著
经济科学出版社出版、发行　新华书店经销
社址:北京市海淀区阜成路甲 28 号　邮编:100142
总编部电话:88191217　发行部电话:88191540
网址:www.esp.com.cn
电子邮件:esp@esp.com.cn
北京汉德鼎印刷有限公司印刷
三河市华玉装订厂装订
787×1092　16 开　24.25 印张　380000 字
2010 年 3 月第 1 版　2014 年 11 月第 2 次印刷
ISBN 978-7-5058-9148-7　定价:36.00 元
(图书出现印装问题,本社负责调换)
(版权所有　翻印必究)

中国区域与城市发展
丛书编辑委员会

顾　问
成思危　袁宝华　陈宗兴　周道炯　陈栋生
胡兆量　陆大道　胡序威　邬翊光　曹玉书
刘世锦　刘福垣　范恒山　程必定

主　编
肖金成

编　委：（按姓氏笔画为序）
王青云　叶裕民　孙久文　史育龙　申　兵
陈秀山　陈　耀　刘　勇　李国平　李　青
李　忠　李　娟　李军培　张军扩　曹广忠
张可云　高国力　汪阳红　袁　朱　刘　通
欧阳慧　邱爱军　杨朝光　杨开忠　柳忠勤
候景新　董锁成　周海春　魏后凯　樊　杰

总序一：

促进区域协调发展
加快城镇化进程

陈宗兴

　　区域和城市发展问题关系到我国经济社会发展的大局。作为一个地域辽阔、人口众多的发展中大国，由于区位、资源禀赋、人类开发活动的差异，我国各区域之间、城乡之间经济社会发展水平存在较大差距，近年来还有不断扩大的趋势。从东部、中部、西部及东北四大区域 GDP 占全国比重看，2001 年为 53∶20∶17∶10，而 2005 年为 55∶19∶17∶9，东部地区的比重进一步升高。城乡居民收入差距也在不断扩大。1985 年城镇居民人均可支配收入是农民纯收入的 1.86 倍，1990 年为 2.2 倍，1995 年上升到 2.71 倍，到 2007 年高达 3.33 倍。统筹区域和城乡发展是缩小区域、城乡发展差距的重要方式，是全面建设小康社会的必由之路。胡锦涛总书记在中共"十七大"报告中提出了推动区域协调发展，优化国土开发格局，走中国特色城镇化道路的战略方针，为推动我国区域和城市发展指明了方向。

　　继续实施区域发展总体战略是统筹区域发展的重大战略举措。今后，将继续发挥各地区比较优势，深入推进西部大开发，全面振兴东北地区等老工业基地，大力促进中部地区崛起，积极支持东部地区率先发展，使区域发展差距扩大的趋势得到进一步缓解。还应当在国土生态功能类型区的自然地理基础上，按照形成主体功能区的要求，调整经济布局与结构，明确开发类型与强度，完善投资、产业、土地和人口等政策，改善生态环境质量，提高可持续发展能力。20 世纪末，国家开始实施西部大开发战略，加大了对基础设施、生态保护建设、特色经济和科技教育等方面的支持力度，西部经济发展速度明显加快。按照公共服务均等化原则，在资金、政策和产业发展等方面，继续加大对西部等欠发达地区的支持，尽快使欠发达地区公共服务落后的状况得以改变，逐步形成东中西良性互动、公共服务水平和人民生活水平差距趋向缩小的区域协调发展格局。

城市或城镇具有区域性和综合性特点，是所在区域的政治、经济、文化中心，对区域具有辐射和带动功能。规模经济、聚集经济和城市化经济是区域社会经济发展的重要动力源，城镇化是区域城乡统筹发展的重要途径。我国尚处于工业化的中期阶段，进一步实现工业化和现代化仍是我们不懈追求的目标，而城镇化对于工业化和现代化来说具有决定性意义。分散的乡村人口、农村劳动力和非农经济活动不断进行空间聚集而逐渐转化为城镇的经济要素，城镇化也相应成为经济发展的重要动力。城镇化进程不只是城镇人口比例的提高，它还是社会资源空间配置优化的过程，它将带来城镇体系的发展和城镇分布格局的转变，按照统筹城乡、布局合理、节约土地、功能完善、以大带小的原则，促进大中小城市和小城镇协调发展。推进城镇化进程，意味着将有更多的中小城市和建制镇发展起来，构成一个结构更为合理的城镇体系，有利于产业布局合理化和产业结构高度化。因此，城镇化是21世纪中国经济社会发展的大战略，也是伴随工业化和现代化的社会经济发展的必然趋势。

应当合理发挥大中城市在城镇化过程中的龙头带动作用。国内外经验表明，在一定时期内城市经济效益随城市规模扩大而上升。因此，应以增强综合承载能力为重点，以特大城市为依托，形成辐射作用大的城市群，培育新的经济增长极。特别是西部地区受自然环境的限制，城镇空间分布的非均衡性非常明显。西部地区的城镇化发展必须认真考虑自然条件的差异及环境条件的制约，通过对城市主导产业培育，提高现有大中城市的总体发展水平，并促使条件好且具有发展潜力的中等城市和小城市尽快发展成为大城市和中等城市，形成区域性中心城市，从而成为带动区域发展的新的经济增长极。

这里，必须强调，发展小城镇也是推进城镇化进程的重要力量。我国小城镇的数量大、分布广、"门槛"低，有利于就近吸纳农村富余劳动力，减轻城镇化进程中数量庞大的富余劳动力对大中城市社会经济的剧烈冲击。因此，小城镇的健康发展也是不容忽视的大问题。应结合社会主义

总 序 一

新农村建设，在不断加强乡村建设的基础上，大力推进小城镇建设步伐。在重视基础设施建设的同时，还应不断健全和改善农村市场和农业服务体系，建立和完善失业、养老、医疗、住房等方面社会保障制度，加快建立以工促农、以城带乡的长效机制，努力形成城乡社会发展一体化新格局。

还必须指出，当前在我国（以及其他国家，特别是亚洲的不少发展中国家）的各类开发区建设已经成为一些区域和城乡发展的重要带动力量。在开发园区里的若干高新技术企业集群组成的产业园区，进行研究开发（R&D）支撑这些企业集群的科技园区，以及服务于这两类园区的居住园区，在空间上配置于一体共同推动区域社会经济快速发展，其增长极效应十分明显。这种现象也越来越多地引起包括区域经济学家在内的各方面专家、学者、官员等的关注与重视。

区域经济学是从空间地域组织角度，研究区域经济系统，揭示区域经济运动规律，探索区域经济发展途径的学科。肖金成同志主编的《中国区域和城市发展丛书》，汇集了近年来在国内有一定影响的区域经济学者对区域和城市发展等重大问题进行深入研究的一批成果，内容涵盖区域发展、城市发展、空间结构调整、城市体系建设、城市群和小城镇发展等内容。其中，有的是为中国"十一五"规划进行前期研究的课题报告，有的是作者们多年探索的理论成果，也有的是课题组接受地方政府委托完成的实践成果。这些著作既贴近现实，又具有一定的理论深度。丛书的出版，不仅可以丰富区域与城市发展的理论，而且对促进区域科学发展、协调发展以及制定区域发展规划和发展政策具有重要的参考价值。

2008 年 3 月 15 日于北京

（陈宗兴：十一届全国政协副主席　农工党中央常务副主席
　　　　陕西省原副省长　西北大学原校长　西北农林科技大学原校长）

总序二：

区域经济和城市发展的新探索

陈栋生

国民经济由区域经济有机耦合而成。区域协调发展是国民经济平稳、健康、高效运行的前提。作为自然条件复杂的多民族大国，区域协调发展不仅是重大的经济问题，也是重大的政治问题和社会问题。故此，促进区域协调发展，成为"五个统筹"的重要内容，是落实科学发展观，构建社会主义和谐社会的必然要求。

从空间角度研究人类经济活动的规律，或者说，用经济学的理论方法探寻人类经济活动的空间规律，既是科学发展不可缺少的重要领域，也是各级政府非常关心的实践课题。正因为如此，区域经济学不仅是一门不可或缺的学问，亦是目前国内发展最快的学科之一。区域经济学的兴起和发展，既促进了我国经济学和社会科学的繁荣，也为地区发展做出了重要贡献。

区域经济运动错综复杂，区域经济学必须紧紧围绕区域发展和可持续发展的客观规律，着重探讨区域发展过程中的时间过程、动力机制、结构演变、空间布局特点，剖析人口、资源、环境与经济之间的既相互制约又相互促进的复杂关系，抓住区域与城市、区域分工与合作等重大问题，揭示区域发展与可持续发展的内在规律。

国内外经验表明，一个地区经济的发展，说到底是靠内生自增长能力，但也不排斥政策扶持的作用，特别是初期启动和对某些障碍与困难的克服。西部地区和东北三省近几年的初步转变，充分证明了有针对性的政策扶持的重要作用。

中国经济布局与区域经济的大格局，20年前我概括为两个梯度差，即大范围的东、中、西部地带性的三级梯度差和区域范围内的点、面梯度差。近20多年来的快速发展，除东部沿海的部分地区（如珠江三角洲、长江三角洲、京津冀、山东半岛）工业化的高速发展，点、面梯次差距大幅度收敛以外。总的来讲，两个梯度差都呈扩大之势。除去主客观条件的差异，地区倾斜政策是重要原因。从某种意义上说，这是大国经济起飞不得不支付的成本。西部大开发的决策和实施，标志着中国经济布局指向和区域经济政策的重大调整，将地区协调发展、逐步缩小地区发展差距，作为经济发展的重要指导方针，把地区结构调整纳入经济结构战略性调整之中，使支持东部地区率先发展和加快中西部地区经济的振兴更好地结合起来。

今后东部地区要继续发挥引领国家经济发展的引擎作用，优先发展高技术产业、出口导向产业和现代服务业，发挥参与国际竞争与合作主力军的作用。东部地区要继续发挥有利区位和改革开放先行优势，加快产业结构优化升级的步伐，大力发展电子信息、生物制药、新材料、海洋工程、环保工程和先进装备等高新技术产业，形成以高新技术产业和现代服务业为主导的地区产业结构。在现有基础上，加快长江三角洲、珠江三角洲、京津冀、闽东南、山东半岛等地区城市群的形成与发展；推进粤港澳区域经济的整合。国内外大型企业集团、跨国公司的总部、地区总部、研发中心与营销中心将不断向中心聚集，加快沿海城市国际化的步伐，成为各种资源、要素在国内外两个市场对接交融的枢纽。在各大城市群内，将涌现一批新的中、小城市，它们有的是产业特色鲜明的制造业中心，有的是某类高新技术产业园区，有的是物流中心，环境优美的则可能成为休憩游乐中心等等。这些中小城市的崛起，既可支持特大城市中心城区的结构调整与布局优化，又可成为吸纳农村劳动力转移的载体。总之，东部地区今后将以率先提高自主创新能力、率先实现结构优化升级和发展方式转变，率先完善社会主义市场经济体制为前提与动力，率先基本实现现代化。

东北是20世纪五六十年代我国工业建设的重点，是新中国工业的摇篮，为国家的发展与安全作出过历史性重大贡献；同时亦是计划经济历史积淀最深的地区。路径依赖的消极影响，体制和结构双重老化导致的国有经济比重偏高，经济市场化程度低、企业设备、技术老化，企业办社会等

总 序 二

历史包袱沉重、矿竭城衰问题突出、下岗职工多、就业和社会保障压力大等问题，使东北地区经济在市场经济蓬勃发展的大势中一度相形见拙。2003年10月以来，贯彻中共中央、国务院振兴老工业基地的战略决策，在国家有针对性的政策扶持下，东北振兴迈出了扎实的步伐；今后辽、吉、黑三省和内蒙古东部三市两盟（呼伦贝尔市、通辽市、赤峰市、兴安盟、锡林郭勒盟）作为一个统一的大经济区，将沿着如下路径，实现全面振兴的宏伟目标，使东北和蒙东成为我国重要经济增长区域，成为具有国际竞争力的装备制造业基地、新型原材料基地和能源基地、重要的技术研发与创新基地、重要商品粮和农牧业生产基地和国家生态安全的可靠屏障。

1. 将工业结构优化升级和国有企业改革改组改造相结合；改善国企股本结构，实现投资主体和产权多元化，构建有效的公司法人治理结构；营造非公有制经济发展的良好环境，鼓励外资和民营资本以并购、参股等形式参与国企改制和不良资产处置，大力发展混合所有制经济；围绕重型机械、冶金、发电、石化、煤化工大型成套设备和输变电、船舶、轨道交通等建设先进制造业基地，加快高技术产业的发展，优化发展能源工业，提升基础原材料行业。

2. 合理配置水、土资源，保护、利用好珍贵的黑土地资源，推进农业规模化、标准化、机械化和产业化经营，提升东北粮食综合生产能力和国家商品粮基地的地位；发展精品畜牧业、养殖业和农畜禽副产品的深加工，延长产业链，提高附加值。

3. 积极发展现代物流、金融服务、信息服务和商务服务等生产性服务业，规范提升传统服务业，充分利用冰雪、森林、草原等自然景观，开发特色旅游产品，壮大旅游业。

4. 从优化东北、蒙东区域开发总格局出发，东部、西部和西北部长白山与大、小兴安岭地区，宜坚持生态优先，在维护生态环境的前提下科学开发；优化开发和重点开发的地区摆在松辽平原、松嫩平原和辽宁沿海地区，具体地说，以哈（尔滨）大（连）经济带和东起丹东大东港、西迄锦州湾的沿海经济带为一级轴线，同时培养若干二级轴线，形成"三纵五横"①，以线串点、以点带面，统筹区域城乡协调发展；积极扶植资源枯竭城市培育接续替代产业，实现可持续发展。

中部六省在区位、资源、产业和人才方面均具相当优势。晋豫皖三省是国家的煤炭基地，特别是山西省煤炭产量与调出量居各省之冠，其余5省都属农业大省，粮食占全国总产量近30%，油料、棉花产量占全国近40%，是重要的粮棉油基地；矿产资源丰富，是国家原材料、水、能源的重要生产与输出基地；地处全国水陆运输网的中枢，具有承东启西、连南接北、吸引四面、辐射八方的区域优势；人口多、人口密度高、经济总量达到相当规模，但人均水平低，6个城镇居民和农民的人均收入都低于全国平均值。中部6省地处腹心地带，国脉汇集的战略地位，大力促进中部地区崛起，努力把中部地区建设成为全国重要的粮食生产基地、能源原材料基地、现代装备制造及高新技术产业基地和连接东西、纵贯南北的综合交通运输枢纽，有利于提高国家粮食和能源的保障能力，缓解资源约束；有利于扩大内需，保持经济持续增长，事关国家发展的全局和全面建设小康社会的大局。

作为工业有相当基础、结构调整任务繁重的农业大省、资源大省、人口大省，要发展为农业强省、工业强省、经济强省，实现科学发展、和谐发展，需做到下述一系列"两个兼顾"：①坚持立足现有基础，注重增量和提升存量相结合，特别要重视依靠科技与体制、机制创新激活存量资产；用好国家给予中部地区26个地级以上城市比照执行东北老工业基地的政策，抓紧企业的技术改造与升级；②加快产业结构调整。既坚持产业升级、提高增长质量，又充分考虑新增就业岗位，推动高技术、重化工、装备制造业、农产品加工和其他劳动密集型产业、各类服务业和文化创意产业的"广谱式"发展；作为农业大省，要特别重视以食品工业为核心的农产品加工业，充分发挥龙头企业引领农业走向市场化、现代化的功效，使工业化、城镇化、农业现代化和社会主义新农村建设有机结合；③在空间布局上，将发展省会都市圈培育增长高地、重点突破和普遍提升县域经济相结合，用好243个县（市、区）比照执行西部大开发相关政策，扶植贫困县经济社会发展；④在企业结构上，既重视培育大型企业集

---

① "三纵"指哈大经济带、东部通道沿线和齐齐哈尔至赤峰沿线，"五横"指沿海经济带、绥芬河到满洲里沿线、珲春到阿尔山沿线，丹东到霍林河沿线和锦州到锡林浩特沿线。

团，包括跨省（区）、跨国（境）经营的大企业集团，更要支持中、小企业广泛发展，形成群众性的良好创业氛围；⑤在资金筹措上，既充分利用本地社会资本，又重视从省（市）外、境外、国外引资；充分发挥地缘优势，承接珠三角、长三角加工贸易的转移，发展相关配套产业。

"十五"期间，实施西部大开发战略，西部地区生产总值平均增长10.6%，"十一五"开局之年，增长13.1%，2006年西部地区生产总值达到3.88万亿元。在新的起点上，今后将继续加强基础设施建设，完善综合交通运输网络，加强重点水利设施和农村中小型水利设施建设，推进信息基础设施建设，抓好生态建设和环境保护，着力于资源优势向产业优势、经济优势的转化，培育包括煤炭、电力、石油和天然气开采与加工、煤化工、可再生能源（风能、太阳能、生物质能等）、有色金属、稀土与钢铁的开采和加工，钾、磷开采和钾肥、磷肥和磷化工，以及一系列特色农、畜、果产品加工的特色优势产业；进一步振兴和提升西部大中城市的装备制造业（如成渝、德阳、西安的电力装备，柳州、天水、宝鸡、包头的重型工程机械装备等）和高技术产业。充分利用西部的自然景观、多彩的民族风情、深厚的文化积淀，大力发展旅游业，培育旅游品牌。在开发的空间布局上，重点转化成渝经济区、关中天水经济区、环北部湾经济区和各省会（自治区首府）城市、地区中小城市及其周边、重要资源富集区与大型水能开发区、重点口岸城镇；及时推广重庆成都综合配套改革试验区统筹城乡发展的经验，普遍提升县域经济和少数民族地区经济，为社会主义新农村建设，提供就近的支撑；推进基本口粮田建设和商品粮基地建设，提高粮食综合生产能力，利用西部特有的自然条件，在棉花、糖料、茶叶、烟草、花卉、果蔬、天然橡胶、林纸和各种畜禽领域，壮大重点区域，培育特色品牌，延伸产业链，提高附加值，通过市场化、产业化、规模化、集约化推进西部传统农业向现代农业的转化。东西联动、产业转移是推进西部大开发的战略性途径；据不完全统计，2001年以来东部到西部地区投资经营的企业达20万家，投资总额达15000亿元。西南、西北还将分别利用中国——东盟自由贸易区建设，和上海合作组织的架构，进一步扩大对外开放，吸引东中部的优强企业，共同建设边境口岸城镇，推进西部传统农业向现代农业的转化。东西联动、产业转移是推进西部大开发的战略性途经；据不完全统计，2001年以来东部到西部地区投资经营的企业达20万家，投资总额达15000亿元。西南、西北还将分别利用中国——东盟自由贸易区建设和上海合作组织的架构，进一步扩大对外开放，吸引东中部的优强企业，共同建设边境口岸城镇，推进与毗邻国家的商贸往来和经济技术合作。

上述是我——一个从事区域研究工作50多年的学人对区域经济和中国空间布局的点滴思考，借中国区域和城市发展丛书出版之际再做一次阐述，希望和区域经济理论界的同仁、区域经济学专业的同学们共同讨论。

丛书中《中国空间结构调整新思路》、《区域经济不平衡发展论》、《京津冀区域合作论》、《中国十大城市群》、《中国城市化与城市发展》等，是肖金成等中青年区域经济学者近几年的研究成果。其鲜明的特点是聚焦中国区域发展的现实，揭示、剖析现实存在的突出问题，进而提出促进区域协调发展的政策建议。如《中国空间结构调整新思路》一书，是2003年度国家发展和改革委员会委托的"十一五"规划前期研究课题的成果。研究成果以新的科学发展观为基本指导思想，分析了我国经济空间结构存在的三大特征、五大问题，阐述了协调空间开发秩序的六大原则、八个对策和"十一五"期间调整空间结构的八大任务。提出了建立"开字型"空间布局框架、确定"7+1"经济区、中国重要发展潜力地区和问题地区等设想。并根据"人口分布和GDP分布应基本一致"的原则，提出了引导西部欠发达地区的人口向东中部发达地区和城市流动的观点。成果中的一些建议得到了区域理论界的广泛认同，有的已为"十一五"规划所吸纳。

丛书的作者刘福垣、程必定、董锁成、高国力、李娟等都是区域经济学界很有造诣、在国内很有影响的专家学者。他们的加盟使丛书的内容更加丰富和厚重。

本丛书主编肖金成是我指导的博士研究生，他大学毕业后先后在财政部、中国人民建设银行和国家原材料投资公司工作。为了研究学问，探索中国经济社会发展的诸多问题，他于1994年放弃了炙手可热的工作岗位，潜心研究区域经济，尤其是对西部大开发倾注了大量心血与汗水，提出了许多思路和政策建议，合作出版了《西部开发论》、《中外西部开发史鉴》等书籍。后来又主持了若干个重大研究课题，如《协调我国空间开发秩序与调整空间结构研究》、《北京市产业布局研究》、《天津市滨海新区发

总 序 二

展战略研究》、《京津冀产业联系与经济合作研究》、《工业化城市化过程中土地管理制度研究》等。特别是天津滨海新区发展战略研究课题为其纳入国家战略从理论上作出了充分铺垫,我参加了该课题的评审,课题成果获得了专家委员会的高度评价,课题报告出版后在社会上形成广泛影响。故此,我愿意将这套丛书郑重地推荐给各地方政府的领导、大专院校的师生及从事区域经济理论研究的学者们,与大家共享。

2008 年 1 月 30 日

(陈栋生:中国社会科学院荣誉学部委员,
中国区域经济学会常务副会长)

本书编委会

主　任：肖金城
副主任：宋联新　李　岚
委　员：张锐钢　郝建生　唐中赋　刘　勇
　　　　汪阳红　高　智　李　忠　李　娟
　　　　赵　霞　张文新　郑洪波　刘　钊

本书课题组成员

组　长：肖金成
副组长：李　岚　汪阳红　李　忠
成　员：唐中赋　黄征学　刘　勇　李　娟
　　　　张文新　赵　霞　吕达成　刘　钊
　　　　高　智　王素平　罗　静　黄贺林
　　　　牛顺生　张宏兴　孔慧珍　申现杰
　　　　刘建平

前　言

　　推进天津滨海新区开发开放，是在新世纪新阶段，党中央、国务院从我国经济社会发展全局出发做出的重要战略部署。其重要目的是通过加快滨海新区的发展带动京津冀、环渤海乃至中国北方地区的发展。京津冀地区是我国北方最具发展潜力的地区之一，科技发达、区位优越、资源丰富、交通便捷，但长期以来，区域内的产业联系与经济合作却不尽如人意，成为影响京津冀区域经济核心竞争力提高的重要制约因素之一。为促进京津冀的产业联系与经济合作，天津滨海新区管理委员会委托国家发展和改革委员会国土资源与地区经济研究所对天津滨海新区与京津冀产业联系和合作问题进行研究。国家发展和改革委员会国土资源与地区经济研究所联合河北省宏观经济研究所进行合作研究，历时一年多，先后到北京、天津和河北 11 市进行了调研，并组织了多次讨论和咨询，最终完成了一个总报告、七个分报告、四个附录的研究成果。总报告从京津冀产业和经济合作的现状出发，提出了京津冀产业和经济合作的战略思路、布局构想及对策措施，七个分报告分别就京津冀产业联系与合作现状、京津冀产业合作战略构想、京津冀城市群一体化、滨海新区产业链的延伸与构筑、滨海新区与京津冀合作的对策、港口群的分工与合作、京津冀产业集群和河北各市与京津的合作进行了比较深入地研究。四个附录是课题组在各调研报告的基础上压缩删减综合而成，分别对北京市、天津市、河北各市的产业发展现状、问题和未来发展方向以及京津冀六大产业发展的现状、问题和规划构想进行了介绍和分析。本书十三章内容由上述几个报告、附录的研究成果综合而成，系统而详细地阐述了目前京津冀区域合作相关情况。

　　本课题由国家发展和改革委员会国土资源与地区经济研究所副所长肖金成研究员担任课题组组长，河北省发展和改革委员会宏观经济研究所所长李岚研究员，国土资源与地区经济研究所汪阳红、李忠副研究员任副组长，课题组成员分别由国土资源与地区经济研究所、国务院发展研究中心、北京市发展和改革委员会、中国农业大学、北京师范大学、河北省发展和改革委员会宏观经济研究所等单位的研究人员组成。各章作者分别为：第一章：汪阳红、刘钊、张文新；第二章：刘钊；第三章：李娟；第四章：黄征学；第五章：肖金成、刘勇、汪阳红、李忠、黄征学、吕达成、高智、王素平、罗静、黄贺林、牛顺生、张宏兴、孔慧珍等；第六章：刘勇、李娟、汪阳红、张文新、黄征学、李忠等；第七章：李忠；第八章：吕达成；第九章：赵霞、肖金成；第十章：肖金成、汪阳红；第十一章：李娟；第十二章：黄征学；第十三章：张文新、刘建平。全书由汪阳红总纂，肖金成修改定稿。

本课题研究过程中，天津滨海新区管理委员会宗国英副主任、张锐刚副主任、宋联新副主任，经济发展局郝建生局长，唐中赋副局长、郑洪波等同志对课题组的研究给予了大力支持，并提出了许多修改意见，北京市、河北各市的很多同志在调研中给予了很多支持，在此表示衷心地感谢。

由于京津冀区域面积广，资料搜集难度大，再加上水平所限，研究报告尚比较粗浅，存在问题一定不少，希望各位读者不吝赐教。书中引用的资料，未予一一注明，特致歉意！

天津滨海新区与京津冀产业联系和合作研究课题组
二〇〇九年十二月二十八日

目 录

第一章 京津冀经济合作与发展概况 …………………………………… 1
  一、京津冀合作的阶段划分及主要特点 …………………………… 1
  二、京津冀经济发展现状 …………………………………………… 4
  三、产业合作基本状况 ……………………………………………… 9
  四、经济合作中的问题 ……………………………………………… 12
  五、产业合作的有利条件和制约因素 ……………………………… 17

第二章 京津冀经济比较 ………………………………………………… 23
  一、京津冀经济发展的比较 ………………………………………… 23
  二、京津冀13个城市发展情况比较 ………………………………… 33
  三、京津冀合作中面临的矛盾及解决路径 ………………………… 43

第三章 北京市产业发展特征及规划思路 ……………………………… 49
  一、北京市产业发展的基本条件 …………………………………… 49
  二、"十五"以来北京市的产业发展 ……………………………… 55
  三、促进北京市产业升级与津冀产业联系的对策 ………………… 70

第四章 天津市产业发展特征及规划思路 ……………………………… 74
  一、天津市产业发展的基本条件 …………………………………… 74
  二、天津市产业发展的现状、问题和规划设想 …………………… 86
  三、天津市产业变化趋势分析 ……………………………………… 98

四、促进天津市产业发展及与京冀产业联系与合作的对策……… 107

第五章　河北省产业发展特征及规划思路……………………… 110
　　一、河北省产业发展条件……………………………………… 110
　　二、河北省产业发展基本特征………………………………… 113
　　三、河北省各市产业发展方向………………………………… 115

第六章　京津冀重点产业发展特征及规划思路………………… 138
　　一、京津冀汽车工业发展……………………………………… 138
　　二、京津冀钢铁工业发展……………………………………… 142
　　三、京津冀化工产业发展……………………………………… 147
　　四、京津冀电子信息及高新技术产业发展…………………… 152
　　五、京津冀物流产业发展……………………………………… 156
　　六、京津冀旅游业合作发展…………………………………… 163

第七章　天津滨海新区产业链的构筑…………………………… 169
　　一、产业链基本理论及滨海新区产业链构筑的方向………… 169
　　二、电子信息产业链的构筑和延伸…………………………… 178
　　三、石油化工产业链的构筑和延伸…………………………… 184
　　四、汽车产业链的构筑和延伸………………………………… 190
　　五、生物医药产业链的构筑和延伸…………………………… 195
　　六、钢铁产业链的构筑和延伸………………………………… 201
　　七、新能源和新材料产业链的构筑和延伸…………………… 204
　　八、物流业产业链的构筑和延伸……………………………… 208
　　九、保障措施…………………………………………………… 213

第八章　天津滨海新区与京津冀的产业联系与合作…………… 215
　　一、天津滨海新区产业功能区建设与"十大战役"………… 215
　　二、天津滨海新区与京津冀加强产业联系与合作的意义…… 223
　　三、天津滨海新区与京津冀产业联系与合作的条件………… 227
　　四、京津冀合作要突出天津滨海新区的龙头地位…………… 232

目 录

  五、滨海新区加强与京津冀产业合作时应注意的问题……………236
  六、滨海新区与京津冀产业联系与合作的对策…………………239

第九章　河北各市与京津的经济合作……………………………251
  一、河北经济发展总体特征……………………………………251
  二、河北省的优势………………………………………………257
  三、加强与京津经济合作的战略构想…………………………260
  四、与京津产业对接的基本思路………………………………263
  五、加强河北各市与京津经济合作的对策建议………………272

第十章　京津冀合作的战略思路…………………………………276
  一、加强京津冀经济合作的基本思路…………………………276
  二、空间布局优化的基本设想…………………………………280
  三、京津冀城市群的合作………………………………………287
  四、促进经济合作的政策建议和措施…………………………291

第十一章　京津冀城市群的合作…………………………………296
  一、城市群合作是京津冀合作的重中之重……………………297
  二、京津冀城市群合作的难点所在……………………………298
  三、未来京津冀城市群合作的基本框架………………………303

第十二章　港口群的分工与合作…………………………………317
  一、环渤海港口简介……………………………………………317
  二、港口群合作的现状和问题…………………………………325
  三、港口群分工合作的思路……………………………………332
  四、促进港口群分工与合作的对策……………………………339

第十三章　产业集群发展…………………………………………344
  一、京津冀产业集群的基础与条件分析………………………344
  二、京津冀地区产业集群发展的基本思路……………………351
  三、促进京津冀产业集群发展的对策措施……………………361

第一章　京津冀经济合作与发展概况

京津冀地区指北京、天津和河北全省，面积218336.5平方公里，占全国国土面积的2.27%。由于历史、地缘、政治、文化、社会和经济等原因，京津冀地区是一个联系紧密、相互依托、不可分离的区域，并已经成为我国未来最具发展潜力的地区之一。历史地看，京津冀三地在经济和社会发展中始终有着很高的依存度和关联度，推进京津冀经济一体化已经成为这一地区经济社会快速协调发展的内在要求。但长期以来，在京津冀区域经济发展的过程中，三地间的经济合作却相对滞后，围绕着一些产业项目和资源，京津冀三地展开的冲突和竞争接连不断，不仅造成了大量的资源浪费，也使京津冀三地的经济结构在一定程度上趋向同质化。合作的相对滞后已经成为制约京津冀经济一体化的重要因素之一。本章主要分析京津冀经济合作的发展历程、现状与问题。

一、京津冀合作的阶段划分及主要特点

从京津冀经济关系发展的历史看，大概可以分为以下几个阶段：

（一）1949~1978年

从新中国成立至改革开放的近30年中，在高度计划经济管理体制下，京津冀的经济发展与合作呈现出了不同的发展态势。

北京、天津城市功能不断集聚。新中国成立初期，由于人财物严重不足，城市建设与发展主要是围绕工业建设有重点、有步骤地进行。1958~1967年，天津市作为河北省的省会，强调扩散和带动全省发展的作用，

钢铁、制药、纺织、胶片等行业的工厂企业迁出了100多个。这一定程度上造成了天津市及河北省的产业同构。20世纪70年代，中央提出在各地建立自成体系的工业体系，燕山石化、石景山钢铁厂等大型项目在北京相继投产。北京与天津市及河北省产业逐步趋于雷同，各地之间争投资、争能源、争项目的情况时有发生。

这一段时间中，起决定作用的因素主要有两个：中心城市发展规律和中央集权的计划经济。这一阶段的区域合作主要是围绕区域内自然资源而展开的，由于资源禀赋的差异，河北省主要为京津提供能源、原材料以及农产品等，而京津根据计划为河北省提供工业品。伴随着北京、天津经济功能的不断集聚，河北省处于一种被动的状态，但在人财物等方面对北京、天津的功能集聚作出了很大的贡献。

（二）1978~1992年

借助改革开放的动力，京津冀三地经济增长迅速，三地经济关系发生了巨大变化，三方的经济技术协作逐步增加。1981年，按照各地区原有的经济联系，开始出现松散的区域经济协作组织，该年8月20日，在原燕南、燕北经济协作区的基础上成立了环京经济协作区，这是一个以中心城市为依托的开放式、网络式的区域经济协作组织，包括北京、保定、张家口、承德、廊坊、唐山、秦皇岛等城市，辖102个区县（市），2201个乡镇，总面积为142844万平方公里，人口3945万。同年10月，京、津、冀、晋、内蒙古五省市（区）协商，成立了中国第一个区域经济联合组织——华北地区经济技术协作区。伴随着京津冀三地区域经济合作的深入，河北省委、省政府也在不同阶段提出了不同的发展思路。1986年，河北省委、省政府在廊坊召开的环京津经济协作座谈会上提出了"依托京津、服务京津、共同发展"的思想；1993年，河北省形成了新的共识，即"依托京津、利用京津、服务京津、优势互补、共同发展"；1994年，经过反复调研与论证，河北省提出了"外向带动、两环结合、内联入手、外引突破"的对外开放的工作方针；1995年，正式提出了"两环开放带动"战略，并纳入《河北省国民经济和社会发展"九五"计划和2010年远景目标纲要》。具体地说，三省市经济发展的特点主要表现在以下几个方面：

第一章 京津冀经济合作与发展概况

1. 三地经济实力明显增强,但发展很不平衡。到 1992 年,北京完成 GDP 为 707.2 亿元,天津 GDP 为 411.24 亿元,河北 GDP 为 1155 亿元,而人均 GDP 北京为 5423.8 元,天津为 4696 元,河北为 1850 元,其发展水平明显低于京津。

2. 物资交流增多,并呈现逐步增强的态势。北京与天津提供高技术产品,河北省输出农副产品、矿产品等,由于工农业产品的价格剪刀差和初级产品与最终产品的利益转移造成的不公平交换,使河北省处于不利地位。

3. 由于中心城市发展的集聚——扩散规律,京津的一些技术低、污染重、耗能多的产业开始向外围的河北省扩散。

4. 京津在一些大工业项目上与河北省仍存在激烈竞争,河北省与京津的经济发展差距进一步拉大。

这一阶段,制约三方经济关系的因素发生了很大变化,如经济体制的改革形成了计划与市场双重作用的局面。在这一段时间内的京津冀合作过程中,河北省还没有完全从计划经济的笼罩下走出来,经济增长仍是外延式的。

(三) 1993~2006 年

自 1993 年以来,冀京、冀津分别进行了高层次互访,冀京、冀津高层次领导就全面开展经济技术合作问题达成共识,合作得到全面发展,主要表现在:合作步伐加快、力度加大、领域拓宽、规模增大、方式增多、层次有所提高。冀京、冀津关于全面发展经济技术合作会议纪要的条款大部分得到落实,所签项目的履约率达 85% 左右,合作领域也发展到几十个行业,主要集中在化工、纺织等传统产业,近年来农业的合作项目也逐步增多;合作的规模也由几千元、几万元发展到逾亿元,合作的内容也从简单的物资交换发展到技术合作、资本联合、资源的优化配置;合作的地域范围由较发达地区向落后地区扩展;重大合作项目取得巨大成果;内引外联成效显著;高新技术领域合作不断加强;旅游合作逐步深入;省校合作开始起步,这些合作促进了河北省产业结构的快速升级和资产的优化重组,促进了市场机制的建立,壮大了河北经济实力,工业增长逐步走出低谷。

(四) 2006 年 3 月后

以 2006 年 3 月国家"十一五"规划将天津滨海新区列入国家战略及

该年8月份国务院明确天津市将逐步建设成为北方经济中心为标志，京津冀合作进入了新的发展阶段。

国家"十一五规划"纲要提出，通过开发滨海新区，从而带动环渤海区域经济发展。国家发改委也发布消息，作为国家"十一五"规划的一个新亮点，国家正式启动了长三角和京津冀地区的区域规划编制。

2006年8月8日，国务院批复了《天津市城市总体规划（2005～2020年）》，明确天津市将逐步建设成为北方经济中心。国务院还要求天津市与北京市协调发展。《天津市国民经济和社会发展第十一个五年规划纲要》对天津滨海新区的新定位是："立足天津、依托京冀、服务环渤海、辐射'三北'、面向东北亚，努力建设成为高水平的现代制造和研发转化基地、北方国际航运中心和国际物流中心、宜居的生态城区。"

在北京"十一五"规划中，明确提出了以科学发展观统领首都经济社会发展的各项工作，即通过创新、产业结构调整来提升北京的经济竞争能力；以人为本，通过解决就业难题、完善社会保障等来构建和谐社会，将北京建设成为宜居城市。

河北省"十一五"规划中提出，坚持立足实际、以我为主、互惠互利、共同发展，推动京津冀区域经济一体化。

二、京津冀经济发展现状

（一）经济发展特征

近几年，京津冀地区经济总量呈现快速增长的良好势头（见图1-1），地区生产总值占全国的份额不断提高。2004年京津冀地区GDP实现14095.88亿元，约占全国GDP的9%。2005年京津冀地区GDP实现20594.96亿元，约占全国GDP的11.3%。但与长江三角洲和珠江三角洲等发达地区相比，京津冀地区的发展仍相对落后。2000～2004年京津冀地区生产总值年均增长11.38%，高于全国8.7%的平均增速（略低于全国按地区加总的11.41%的平均水平），但明显低于长江三角洲和珠江三角洲地区（见图1-1、图1-2、图1-3）。

第一章　京津冀经济合作与发展概况

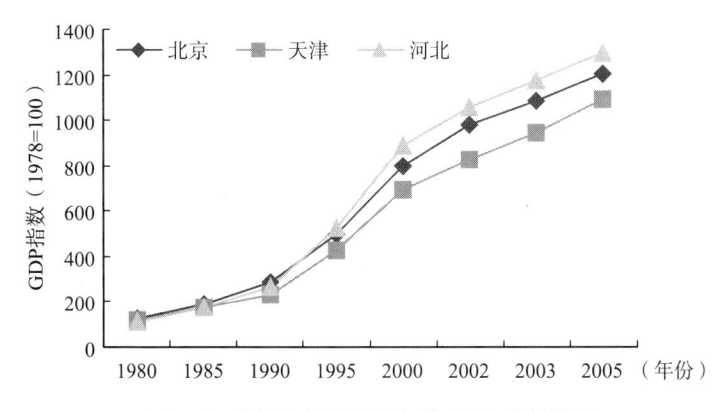

图 1-1　京津冀地区主要年份 GDP 增长情况

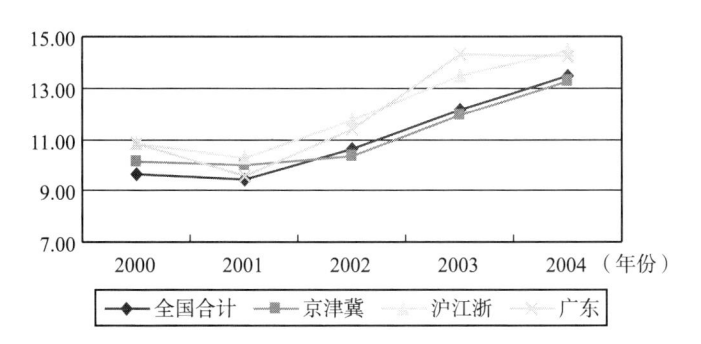

图 1-2　三大地区生产总值增长曲线

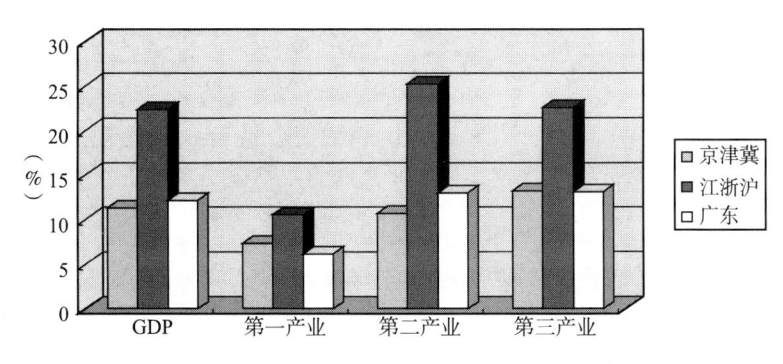

图 1-3　三大区域 GDP 占全国份额（2005 年）

京津冀地区的电子信息、汽车、化工、钢铁、医药等行业在国内具有突出的优势,并形成了一批有较强竞争力的龙头企业,但与国外相比差距还较大,重点表现在制造业多处于中低端环节,关键技术、材料与零部件及设备主要依靠引进,制造业的竞争力不强。企业自主创新能力不高,多数行业缺乏具有自主知识产权的关键性技术和装备,核心技术和关键设备仍基本上依赖进口,产品研究开发能力薄弱,技术创新主体作用不够突出,民营、中小企业的创新活力没有得到充分发挥,制约了区域创新体系运行效率的提高。北京和天津市大中型工业企业自主创新能力均低于上海市(见表1-1)。

表1-1 北京、天津、上海大中型工业企业自主创新主要指标比较

	北京	天津	上海
R&D经费支出(亿元)[a]	382.1	72.6	208.4
R&D人员人均经费(万元)	15.97	25.29	40.8
新产品产值(亿元)	878	1552	3124
新产品销售收入(亿元)	878	1546	3149
发明专利拥有量(件)	1059	750	1140
引进国外技术支出(万元)	54434	313480	424185
消化吸收经费支出(万元)	455	166667	47823
购买国内技术支出(万元)	8452	15922	35912

资料来源:2006年大中型工业企业自主创新统计资料,http://www.stats.gov.cn/tjsj/qtsj/dzxgyqyzzcxtjzl/2006/;a为全社会R&D经费支出。

(二)产业结构特征

近年来,京津冀的第一产业在GDP中的比重呈逐渐降低趋势,京津第二产业比重也渐趋降低,河北省第二产业比重变化不太明显,三省市第三产业比重均呈稳步提高趋势。目前,北京第三产业比重最高、第二产业比重次之、第一产业比重最低;天津和河北则第二产业占主导、第三产业次之、第一产业最低。总体来看,该地区第二产业和第三产业的比重基本接近,第二产业的比重低于全国平均水平,更低于长江三角洲和珠江三角洲的水平,而第三产业所占比重则相对较高。2005年,京津冀地区三次产业占地区生产总值之比为8.1:46:45.9(见图1-3),同期全国为12.5:47.3:40.3,长江三角洲为5.8:51.9:42.3,珠江三角洲为5.6:49.3:45.1。

第一章 京津冀经济合作与发展概况

重型工业结构特征明显。从经济总量看,2005年京津冀地区为20594.96亿元,占全国的比重为11.3%,长三角地区为33896.7亿元,占全国的比重为18.51%,珠三角地区为18059.38亿元,占全国的比重为9.86%,由此可以看出京津冀的贡献次于长三角地区。从人均地区生产总值看,2005年京津冀地区为21925元,长三角地区为34950元,珠三角地区为72270元。其中京津冀地区的人均水平最低,分别为长三角和珠三角地区的62.7%和30.33%,但高于全国14040元的水平[①]。

第三产业总体水平较高。2005年,京津冀地区第三产业占地区生产总值的比重为46.69%,高于全国39.9%的水平,也高于江浙沪和广东省40.32%和42.91%的水平。这主要因为京津冀地区拥有北京和天津两大直辖市,对区域内的第三产业有较大的贡献。与上海相比,北京金融业的比重较高,其次是住宿和餐饮业略高于上海;天津的交通运输仓储和邮政业、批发和零售业比较突出(见图1-4)。

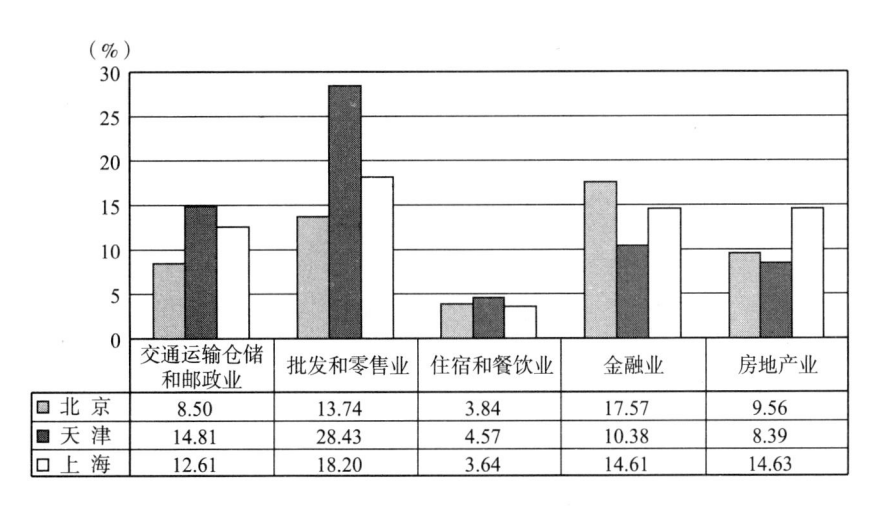

	交通运输仓储和邮政业	批发和零售业	住宿和餐饮业	金融业	房地产业
北京	8.50	13.74	3.84	17.57	9.56
天津	14.81	28.43	4.57	10.38	8.39
上海	12.61	18.20	3.64	14.61	14.63

图1-4 三大城市第三产业内部结构(2005年)

资料来源:《中国城市统计年鉴(2006)》. 中国统计出版社2006年版。

---

① 京津冀区域范围包括北京、天津、河北全省;长三角区域范围包括上海、南京、苏州、无锡、常州、扬州、镇江、南通、泰州、杭州、宁波、湖州、嘉兴、绍兴、舟山和台州;珠三角区域范围包括:广州、深圳、东莞、佛山、中山、珠海、江门、肇庆市区、惠州市区以及惠阳县、惠东县、博罗县、高要市、四会市。

北京作为首都，集聚了中央行政机构、众多著名院校、国内各大网络和通信运营商、广播电视服务商和主要金融机构总部，是我国最大的服务资源集聚中心，金融、文化等现代服务业成为北京发挥经济影响力和控制力的主要行业。天津作为中国北方重要的综合性港口城市和经济中心，以物流、金融、旅游、会展、房地产业为重点的现代服务业正在加快发展。河北各市在发展批发零售、仓储物流和休闲旅游等产业方面已经形成了一定的基础。

农业比重高于其他都市圈。2005年，京津冀地区第一产业占地区生产总值之比为8.29%，低于全国12.6%的水平，但高于沪苏浙和广东省5.95%和6.39%的水平。京津冀地区中河北是我国重要的农业大省，对京津冀地区农业的贡献最大，同时，其工业化程度低于江浙、广东等省。从农业内部结构看，京津冀地区以农业（种植业）和牧业为主，分别占农业总产值的46.55%和43.57%。与全国和沪苏浙三省市比较，京津冀地区牧业所占比重较为突出，分别高出沪苏浙和广东省21.41个和17.48个百分点；而渔业所占比重则明显偏低，比沪苏浙和广东省分别低18.27个和17.39个百分点。从对全国的贡献看，京津冀牧业贡献份额较大，占了全国牧业产值的10.24%。

（三）产业布局特征

京津冀地区的产业主要沿该地区的交通轴线布局，产业布局基本上呈松散的点轴结构。连接北京、天津的一级交通轴线系统（由高速公路及铁路组成）是产业布局的主要地区。沿京津交通干线分布着中关村、亦庄、廊坊开发区、天津华苑、武清开发区、塘沽高新区、泰达和天津港保税区等8个有一定规模的产业园区，一级交通轴线在高新技术产业带的形成和发展过程中起着核心的作用。连接北京—保定—石家庄—邢台—邯郸、北京—唐山—秦皇岛的二级交通轴线由高等级公路及铁路线组成，也是产业布局的重要地区。二级发展轴沿线分布了众多重要的加工制造业、重化工业企业。连接北京—承德、北京—张家口等城市的三级交通轴线系统，沿线主要分布有设施农业、生态旅游业、绿色食品生产加工业等产业。

第一章　京津冀经济合作与发展概况

三、产业合作基本状况

(一) 第一产业合作比较广泛

京津冀地区在一产领域的合作开始较早,合作程度随着北京和天津市产业结构的调整而逐渐深入,即合作随第一产业在产业结构中的贡献逐步降低而不断提高。合作以河北省为京津提供农副产品,满足居民生活需要和为食品加工业提供原料为主要形式。目前河北省已成为京津农副产品的主要生产基地,蔬菜、生猪、活牛、活羊、果品在京津地区的市场占有率分别达到40%、50%、40%、25%、40%以上。以农产品加工龙头企业带动农户形式的农业产业化合作,在京津冀地区开展得比较广泛,北京、天津的一些食品、饮料等企业,都纷纷在河北省建立了原材料生产基地。据统计,围绕北京、天津已兴建高产奶牛示范园区700多个,发展规模奶牛户1100个,奶牛存栏28万头,新建起了以三元、天津中芬乳业等公司为龙头的一批奶制品基地。同时,政府、企业与科研机构之间以科技为纽带的农业产业合作正在逐步加强,有力地促进了河北省以服务大都市为特征的农业产业发展与合作。

河北省还向京津地区提供了大量工业发展所需的矿产资源,如铁矿、铜矿、铅锌矿、黄铁矿、金矿、钨、花岗石、大理石、板岩矿、石棉矿、石灰石、玻璃石等矿产资源,采矿业合作较多。如保定涞源县与北京首都钢铁集团合作的铁矿采选项目,与北京碧溪集团合作的碧溪综合选场项目,北京伟源矿业公司在承德市滦平县金沟屯镇建铁精粉厂等,河北省的矿产资源为京津原材料产业的发展发挥了重要的作用。

(二) 工业合作取得初步进展

在工业领域,按产业链上下游关系、产品价值链构成进行的企业间、行业间的合作取得了初步进展。围绕京津地区的汽车、电子信息等产业发展所需要的零部件供应以及其他配套产品的生产,已经开始在京津周边区域出现,如河北廊坊、保定正在成为北京现代、天津丰田等车型的重要零部件供应基地。一些企业把公司总部、研发机构、营销管理机构设在北京，把生产基地设在天津、河北的趋势也越来越明显。如石家庄制药集团、石家庄科迪集团、河北万岁制药集团等公司先后在北京设立研发机构。石家庄华药集团在天津设有分公司，神威药业也在紧临北京的三河开发区建设了新药研发中心。

产业转移有了较大的进展。随着北京市经济结构调整步伐的加快，一些不适宜在北京发展的产业，尤其是传统的重工业如钢铁、化工、制造业等，正逐步转移至周边区域。如首钢的炼钢厂、北京焦化厂、第一机床厂铸造车间等一些大型企业，或整体或将部分生产环节迁移到河北省。如廊坊大厂的环球石材有限公司就是由北京迁来的，现在其产品销售以华北市场为主，北京昆仑饭店、人民大会堂、金悦酒家等均是它的客户。2005年确定首钢向河北唐山曹妃甸搬迁更是产业转移的重大举措，对京津冀产业结构的调整将产生重大影响。

工业项目合作正在展开，并以京冀、津冀间企业合作为主。如天津中药集团、天津中新药业集团及天士力生物创投公司等企业与承德市的制药企业、中药研究所及中药材规范化种植基地进行了广泛、深入的洽谈，并达成了初步的合作意向。北京华北电力公司与承德市围场红松风电公司合资进行风力发电项目的开发，与承德平泉县电力分公司合作电力设施建设。邯郸市与京津合作的项目如：天津天铁热轧板卷项目，北京新兴铸管集团投资建设钢格板生产线、特殊涂层球墨铸管生产线、精密铸造生产线等。

（三）服务业合作正在逐步推进

京津冀地区联合开展了港口、公路、铁路、机场等交通设施建设。首都机场和天津滨海机场率先实现了跨地区的联合；由北京投资与河北共同开发建设了京唐港；北京与天津港口岸已开始直通，两市实现了港口功能一体化；京津塘高速公路建设已经带动了一批产业和企业的发展；北京市公共交通系统的公交线路已经陆续延伸到河北的涿州、廊坊、固安、三河等县市；京津冀三地之间成立了长途客运法人联合体，打造了上百条进出京线路，极大地方便了京津冀地区的客货运输。

旅游、商贸合作正在推进。在2004年召开的三大经济圈旅游论坛上，

第一章 京津冀经济合作与发展概况

酝酿已久的京津冀无障碍旅游共识逐步达成，共识的内容包括：在区域、政府、企业间建立无障碍旅游合作机制，以力求资源共享，不断加强合作，建立旅游磋商机制，就大家共同关注的旅游发展问题进行磋商以发挥各自优势；逐步打破旅游市场中的种种壁垒等。北京、天津与河北旅游资源丰富的城市共同举办了大型旅游招商活动。2005年北京市旅游局、天津市旅游局、河北省旅游局还和香港旅游发展局、澳门特别行政区旅游局、"台湾"旅行业品质保障协会、"台湾中华两岸旅行协会"在廊坊市共同主办了京津冀——港澳台旅游合作大会，为两岸六地旅游业界交流与洽谈搭建了平台。商贸合作主要是以商业贸易企业通过连锁经营的形式，跨地区设立连锁店；房地产业合作主要体现在企业进行跨地区的投资、实现对外扩张等方面。

资本、技术、教育合作开展较快。2005年北京市流向河北省的技术项目6246项，合同成交额73.22亿元，比上年增长52.93%，已居各省市第二位，流向天津市技术项目729项，合同成交额5.96亿元，比上年下降14.9%（2004年天津市的增长较大，为73.27%）（见表1-2）。资本流动方面，到北京投资的，河北多于天津，且多为民间资本，从北京到河北投资的主要是原来的国有企业，属于以某种工艺技术或生产环节为主的转移。河北许多地市与京津的诸多大学和科研院所也签署了全面合作的协议，如清华大学研制的陶瓷微珠技术，已经在邯郸市高新技术开发区生产，并被世界500强圣戈班收购。2005年京津冀三省市共同签署了《京津冀人才开发一体化合作协议书》，京津冀区域票据自动清分系统在河北廊坊正式启用，北京产权交易所与天津产权交易中心签订了战略合作协议等等，都表示着京津冀服务业的合作正在逐步推进。

表1-2　　　　　北京市流向河北、天津地区的技术项目　　　　单位：亿元、%

地区	2003年		2004年			2005年		
	项数	成交额	项数	成交额		项数	成交额	
				金额	比上年增长		金额	比上年增长
河北	1156	7.02	1359	9.71	38.32	1506	16.59	70.87
天津	651	4.04	791	7.00	73.27		5.96	-14.9

资料来源：引自《2005年北京技术市场统计年报》，http://www.cbtm.net.cn/jytj/2005tjgb.htm。

四、经济合作中的问题

(一) 京津合作的缺位

城市之间的合作产生于专业化分工的基础之上。现实中,京津冀区域中心城市相互竞争程度较高,专业化分工不足。回顾京津冀区域的合作历程我们可以看出,以往京津冀区域合作的主要内容仅限于京冀和津冀之间,京津合作进程较为缓慢。

作为京津冀区域的中心,北京与天津之间的关系确实较难协调。解放前,北京与天津的城市功能定位比较明确:北京是政治、文化中心,天津是工商业中心。新中国成立后,尤其是计划经济时期,北京由消费型城市发展成了生产型城市,北京城市功能定位的转变,对天津形成了很大的冲击,天津市的经济地位不断下滑。

在城市功能互补性不强,产业不能错位发展的情况下,京津发展长期各自为政、展开了包括产业项目、港口等基础设施在内的一系列无序竞争,使合作难以开展。京津两市是京津冀区域的核心,河北省是两市的腹地。由于行政区划的分割,京津两市对河北省的辐射力减小。从某种程度上说,京津合作的缺位是导致京津冀区域与同样处于沿海开放地带的长三角和珠三角差距拉大的主要原因之一。

(二) 经济合作层次不高

虽然京津冀已经在产业发展的许多领域开展了合作,但总体来看,产业合作层次不高,合作规模与京津的经济实力相比还很小,内部合作不均衡,北京、天津的合作较弱,北京与河北、天津与河北的合作相对多一些,京津两大城市集聚要素的作用强,而扩散功能较弱,还未形成对周边区域较强的带动。

从产业合作的广度和深度看,目前的合作仍是局部的、零散的合作,产业发展仍处于各自为战的状态,尚没有按照比较优势,形成真正意义上的区域产业联合和梯次分工。京津与河北的合作以物资协作和浅层次的垂

第一章 京津冀经济合作与发展概况

直分工居多,深层次的产业合作较少。在第一产业内部,京津与河北之间的合作主要以围绕京津两大城市居民的菜篮子、米袋子等基础农产品供给为主,农业产业化虽然也有一些进展,但河北省农业产业并没有因此有较大的发展,以蔬菜生产为例,京津市场的许多蔬菜供应都是打的山东寿光的牌子,而河北省虽然紧靠京津,却没有将这种优势充分发挥,使得围绕农产品供给的合作只是以价值较低的一般农产品供给为主,因此在收益和利润上难以有较大的提高,在很大程度上抑制了区域间开展产业合作的积极性。在第二产业合作中,京津以重工业和国有大企业为主的工业结构特征,使得一些重大工业项目的转移受转移成本和体制影响较大,因此较长时间内产业转移的项目主要是以能源开发或污染较重的一些中小企业的搬迁为主,如钢材、煤炭等从事资源开发和后续生产的企业,而制造业的合作范围多局限于产业链的低收益环节,从而导致产业转移进入周边区域的产业主要以附加值低、低技术水平、重污染的产业为主,区域产业合作的成效更多地体现在就业方面而非产业结构调整和经济实力的提升上。

(三)产业协作配套水平低

京津虽然有较强的产业基础,但对周边区域的辐射和带动作用却有限,区域内产业链断裂,产业配套能力低、产业联系松散,没有形成紧密的协作分工关系。北京市和天津市与周边省市产业配套能力较低,使得本应在本区域内部配套的产业和产品,却舍近求远地到江浙等区域寻求配套,增加了产业配套成本。以汽车制造业为例,北京和天津是我国重要的汽车生产基地之一,与汽车发展配套服务的零部件生产有很强的市场需求,但京津汽车产业发展所需的汽车零部件的80%左右要由京津冀以外区域供给,其中绝大部分来自长三角地区。以手机生产为例,摩托罗拉(中国)电子有限公司总部在北京,生产基地在天津,而天津仅有两家企业为摩托罗拉生产电池芯即配套线路板,加上河北一家企业为其生产液晶显示器和北京生产一些零星的配套产品外,摩托罗拉的相当部分零部件来自自我配套或来自珠江三角洲和长江三角洲地区。

按照产业链的需要进行同一产业不同流程之间的合理布局,能够最大程度地提高企业效率,减少资源浪费,是产业布局中首先考虑的目标。但在京津冀区域中存在着两类现象,一方面跨区域的产业链构筑受行政体制束缚，还处于各自为政状态，区域内的各地市都在自觉不自觉地搞"大而全"，都要求自成体系，搞自我区域内的产业链配套；天津要求摩托罗拉的配套企业必须百分之多少要在天津找；而北京现代汽车，则被要求"救活"北京原有的汽车厂；廊坊虽距离首钢、天钢很近，却在胜芳镇建设产能600万吨的钢铁制造基地；另一方面，即使在同一区域内，也存在着产业链严重断裂的问题。如石家庄市的钢铁厂附近，有一个炼焦厂，炼焦厂向钢厂提供焦炭是理所当然的事情，但由于长期以来的条块分割问题，迄今为止，这两个企业也未能建立起合理的产品供应关系。唐山水泥机械厂所需的钢材，本市内的唐山钢铁厂却不能提供，还得从宝钢进货。天津的炼油、乙烯装置布局在大港，聚氯乙烯装置布局在塘沽区、汉沽区，相距较远，难以形成聚集效应。这些都对企业的生产效率造成了巨大的损害，而产业布局项目，尤其是重化工业项目一旦布局下来，再想重新调整则面临很大的困难。

（四）产业结构雷同

尽管京津冀各城市在经济发展中具有较强的互补性，但在现有行政管理体制和财政体制下，各地区对经济增长尤其是对产业发展都有很强的内在动力，过分追求与保护地方利益，追寻自成体系的产业结构，使京津冀地区一直没有建立起有效的产业分工与合作机制，地区间产业关联比较弱，产业融合程度低，未能形成功能互补和各具优势的产业结构。

从北京、天津、河北制定的国民经济和社会发展"十一五"规划看（表1-3），他们所确定的产业发展方向基本相同，北京和天津市都以电子信息、机械制造、石油加工、化工、钢铁、旅游等行业作为主要产业。由于两市产业结构雷同，造成产业间恶性竞争，资源分散利用，产业无法做大、做强，也制约了北京、天津的产业结构升级。按照工业化发展演变规律，北京市和天津市应已进入工业化的中后期阶段，但原材料工业在工业结构中的比重仍然很高。2005年北京、天津两市39个行业中的石油加工、化学原料及化学品制造业、黑色金属冶炼及压延加工业三个行业在工业总产值中的比重高达19.81%和22.93%，这些行业比重过大，不仅与城市功能地位不符，而且对土地、能源、水资源的消耗占用过多，对环境的破坏也比较严重，不利于提升大都市的整体形象。

第一章 京津冀经济合作与发展概况

河北省各市之间产业同构程度也很高（表1-4）。河北11个地市工业总产值中位居前六位的行业多半为能源、原材料产业，其中电力、热力的生产和供应业在各城市均居前六位，黑色金属冶炼及压延加工业除了保定市外，其他城市均居前六位，化学原料及化学制品制造业有六个城市排在前六位，先进制造业在各城市中的地位较弱，只有保定的交通运输设备制造业位居第一位，秦皇岛的交通运输设备制造业位居第五位，张家口专业设备制造业位居第三位，保定和邢台的电气机械及器材制造业位居第五位。

表1-3　　　　　京津冀"十一五"期间产业发展重点

地区	产　业
北京市	产业定位：大力发展高新技术产业，适度发展现代制造业，加快发展现代服务业 高新技术产业：软件、集成电路、信息网络、生物工程和新医药、新材料、新能源；现代制造业：电子通讯设备制造、汽车制造、装备制造、生物医药、光机电一体化、石化、新材料 现代服务业：金融、文化产业、现代物流、旅游会展、信息服务、中介服务
天津市	产业定位：建设具有更多自主知识产权和品牌的现代制造业基地，加快发展现代服务业 现代制造业：电子信息产业（无线通信、新型元器件、软件）、石化产业（石油、海洋和精细化工）、汽车制造、石油钢管和优质钢材、现代医药产业、绿色能源和环保产业、装备制造业、纺织业 现代服务业：现代物流、金融保险、旅游
河北省	产业定位：壮大提升工业主导产业，加快发展高新技术产业，全面振兴服务业 工业主导产业：钢铁、装备制造（汽车、船舶、电力、环保、通讯）、石油化工、食品、医药、建材建筑、纺织服装 高新技术产业：电子信息、新材料、新能源、生物与医药 现代服务业：现代物流、旅游

资料来源：根据三省市国民经济和社会发展"十一五"规划纲要整理。

表1-4　　河北省各地市工业行业总产值前六位排序（2004年）

	第一位	第二位	第三位	第四位	第五位	第六位
石家庄	煤炭开采和洗选业	化学原料及化学制品制造业	黑色金属冶炼及压延加工业	电力、热力的生产和供应业	医药制造业	石油加工、炼焦及核燃料加工业
承德市	黑色金属冶炼及压延加工业	黑色金属矿采选业	电力、热力的生产和供应业	纺织服装、鞋、帽制造业	饮料制造业	非金属矿物制品业

续表

	第一位	第二位	第三位	第四位	第五位	第六位
张家口	黑色金属冶炼及压延加工业	电力、热力的生产和供应业	专业设备制造业	烟草加工业	化学原料及化学制品制造业	煤炭开采和洗选业
秦皇岛	农副食品加工	黑色金属冶炼及压延加工业	电力、热力的生产和供应业	非金属矿物制品业	交通运输设备制造业	化学原料及化学制品制造业
唐山市	黑色金属冶炼及压延加工业	电力、热力的生产和供应业	非金属矿物制品业	黑色金属冶炼及压延加工业	化学原料及化学制品制造业	石油加工、炼焦及核燃料加工业
廊坊市	黑色金属冶炼及压延加工业	农副食品加工	电力、热力的生产和供应业	非金属矿物制品业	化学原料及化学制品制造业	金属制品业
保定市	交通运输设备制造业	纺织业	电力、热力的生产和供应业	有色金属冶炼及压延加工业	电气机械及器材制造业	塑料制品业
沧州市	石油加工、炼焦及核燃料加工业	石油和天然气开采业	金属制品业	电力、热力的生产和供应业	电气机械及器材制造业	黑色金属冶炼及压延加工业
衡水市	化学原料及化学制品制造业	黑色金属冶炼及压延加工业	金属制品业	电力、热力的生产和供应业	饮料制造业	皮革、毛皮、羽毛（绒）及其制品业
邢台市	黑色金属冶炼及压延加工业	纺织业	电力、热力的生产和供应业	煤炭开采和洗选业	电气机械及器材制造业	黑色金属矿采选业
邯郸市	黑色金属冶炼及压延加工业	电力、热力的生产和供应业	煤炭开采和洗选业	纺织业	黑色金属矿采选业	石油加工、炼焦及核燃料加工业

（五）产业合作机制尚未形成

近年来，随着各方合作要求的加强，京津冀区域合作各方进行了许多有意义的活动，包括高层领导的互访、召开京津冀合作论坛、达成合作共识、签订合作协议等等，但总的看来，京津冀的合作还处于多探讨、造舆论、重形式的阶段，关系到合作各方切身利益的可实施的具体方案和政策

第一章　京津冀经济合作与发展概况

还没有实质性进展。冀京、冀津关于全面发展经济技术合作两个会谈纪要规定的建立高层次的合作协调委员会和召开合作协调会等制度，基本上没有落实。鼓励合作的政策尚未制订出来，合作基本停留在以县区、企业、民间合作为主的内容上。同时，在这一区域，推进产业合作的民间力量还十分微弱，不能在产业合作中发挥主体作用。与长三角地区相比，京津冀地区行业协会、民间商会、中介咨询机构等民间力量发展缓慢，使得依靠市场机制配置资源，引导企业间开展合作，推动生产要素自由流动、进行项目选择、资源整合、产业链形成、信息沟通等方面都缺乏相应的机构予以指导，制约了产业合作的开展。

五、产业合作的有利条件和制约因素

（一）产业发展条件有较强的互补性

京津冀地区区位临近，交通方便，生产要素资源互补性强，具有进行产业合作的良好条件。北京是中国最大的交通枢纽和通讯中心，以北京为中心的陆空交通和通信干线连接世界各地，已基本形成综合运输网和通信网。天津港是国际性港口之一，较早形成了连接海内外的以港口为中心，海陆空一体化的交通体系。河北省依托北京、天津和本省秦皇岛港、唐山港、黄骅港，使得京津冀具有了海陆空相互支撑，以北京和天津为核心的现代交通枢纽，对该区域对外联系和区内产业合作提供了良好的基础设施条件。

京津冀地区具有良好的生产要素互补性。北京和天津是我国科技、人才和教育高度密集的区域，对促进京津冀各地市开展在科学研究、高科技研发、经济管理、职工培训等方面的合作有着先天的优势条件。北京市土地资源紧缺，而天津市和河北省具有丰富的沿海荒地资源可用作建设用地；河北省劳动力资源丰富，且成本低；旅游资源各具特色，北京市、天津市以人文景观为主，河北省以山、海自然景观为主，三地共同组成了吸引当地和其他地区旅游者的有利条件。区域范围内矿产资源丰富，渤海海域石油资源总量98亿吨，已探明石油地质储量32亿吨、天然气1937亿立方米，原盐年产量240多万吨，地热资源丰富。

（二）各具特色的产业发展格局初步形成

京津冀各地市经过多年的发展，已经形成了各具特色的产业发展格局，为进一步的产业合作打下了良好的基础。北京不仅是全国政治、文化中心和国际交往中心，而且技术研发能力较强，产业基础雄厚，现代服务业发达，集中了全国几乎各大银行的总行、中国主要的信托投资公司和保险公司以及外国银行办事机构。北京集中了全国软件开发及信息技术、精密仪器制造、计算机和通讯技术的各类优秀人才，诺基亚、摩托罗拉、惠普、松下、微软、富士通等均在北京设立了研发中心。中关村高科技园区、北京经济技术开发区、临空经济区、商务中心区以及金融街等对首都经济发展具有较强拉动作用的重点产业功能区，呈现出良好的发展势头。

天津市是中国北方重要的、综合性的港口城市和经济中心，工业门类齐全，已形成了石油和海洋化工、汽车和装备制造、生物技术与现代医药、新型能源和新型材料、现代服务业等支柱产业和电子信息、生物制药、光机电一体化、新材料、新能源、环保六个高新技术产业群，在电子通讯、汽车制造等行业已具有一定的国内竞争力和市场份额。2005年全市工业增加值1921亿元，其中，电子信息等六大优势产业占全市工业的比重为71.6%，高新技术产业比重达到32%。第三产业的增加值由1978年的20.09亿元上升到2005年的1504.10亿元，增长了73.9倍。依托港口和天津港保税区以及空港物流的优势，港口物流以及与之相关的服务业发展迅速，商贸会展、房地产等行业规模也在不断扩大。农业现代化水平明显提高，进入农业产业化体系的农户达到70%。天津作为一个老工业基地，天津产业工人100%受过初等教育，工程技术人员85%以上为大专学历。高素质的人力资源和突出的科研优势为天津高新技术产业的发展和产品质量的提高以及产业结构的优化升级提供了智力支持。

河北省产业结构调整取得积极成效，主导产业带动作用增强。工业继续发挥对经济增长的主导作用，钢铁、石化、医药、建材、农副产品加工等比较优势进一步显现；服务业整体结构正在逐步优化，新兴和现代服务业发展较快；农业综合生产能力提高。石家庄的医药、唐山和邯郸的钢铁、沧州的化工、保定和廊坊的机械制造、秦皇岛的玻璃等已形成一定优

第一章 京津冀经济合作与发展概况

势,为开展与京津地区的产业合作提供了基本条件(见表1-5)。

表1-5　　京津冀地区主要产品产量占全国10%以上的产品(2005年)

产品	原盐(万吨)	啤酒(万千升)	原油(万吨)	生铁(万吨)	粗钢(万吨)	钢材(万吨)	平板玻璃(万重量箱)
京津冀	659.8	329.78	2355.84	8315.4	9207.8	9227.6	8349.9
占全国比重(%)	14.2	10.6	13	24.2	26.1	24.4	20.8
产品	乙烯(万吨)	纯碱(万吨)	烧碱(万吨)	初级形态的塑料	汽车(万辆)	轿车(万辆)	移动通信手持机(万台)
京津冀	119.8	264.2	150.5	322.4	110.8	54.6	15258.5
占全国比重(%)	15.9	18.6	12.1	14	19.4	19.7	50.3

资料来源:根据《中国统计年鉴(2006)》有关数据计算。

(三) 水资源短缺、生态环境恶化对产业发展影响较大

目前京津冀地区产业结构以重化工为主,农业比重相对较高,其发展对水资源的需求和环境的影响比较大。京津冀地区是我国水资源十分短缺的地区,目前北京市人均水资源量不到300m^3,是世界人均占有量的1/30,是我国人均占有量的1/8;天津市人均水资源占有量仅180m^3,为全国人均占有量的1/13,世界人均占有量的1/50;河北省人均水资源量311m^3,是全国人均占有量的1/7。从发展趋势看,京津冀地区仍处于工业化的中期增长阶段,同时由于拥有沿海的区位优势和现有产业基础,重化工业的发展在短期内仍在这一区域处于主导地位,在京津冀产业合作中,必须充分认识到水资源短缺对本区域经济发展的制约和影响。

区域内现有产业的发展对区域环境的影响也不断加大。以河北省为例,河北省由于重化工业比重大、增长方式粗放,资源消耗量较大,利用率较低,2005年河北省万元生产总值综合能耗比全国平均水平高60%,居全国第七位,单位GDP电耗比全国平均水平高9%,单位工业增加值能耗比全国平均水平高70%,工业固体废弃物综合利用率比全国平均水平低5.8个百分点,其二氧化硫、工业烟尘和工业粉尘的排放量分别居全国第四、五、二位,超出了环境的承载能力。北京和天津市受北方城市自然生态条件和经济快速发展的影响,在短期内从根本上改善空气质量、治理

水环境等任务仍十分艰巨。2005年，北京市空气质量二级和好于二级的天数仅为234天，占全年的64.1%。从建设宜居城市、构建和谐社会等要求出发，生态环境保护对产业发展和合作提出了更高的要求。

（四）经济发展水平落差过大不利于产业合作的展开

区域内部一定的经济梯度有利于开展区域间的经济合作，但如果差距过大，则对开展经济合作产生不利影响。京津冀区域的突出特征就是经济发展所形成的梯度差距过大，主要表现在：一是北京、天津与河北各市之间经济发展差距过大。2005年，京津冀地区只有北京、天津、唐山地区生产总值超过2000亿元，人均地区生产总值最高的北京是最低的张家口市的4.6倍，按省份算北京的人均生产总值是河北省的3.1倍。二是城市体系不健全。在北京、天津两个特大型城市之下，缺乏与京津匹配的二级城市，石家庄市刚刚超过200万人，唐山、邯郸和保定刚刚超过100万人。在城市体系中，小城市的人口数量过少，不利于区域经济的发展。河北省共有地县级城市33个，其中地级市11个，城市规模普遍偏小。小城市的产业水平较低，大城市与中小城市的产业水准如同一道悬崖峭壁，中心城市的能量很难辐射和发散出来。一方面京津的产业链无法往河北延伸，另一方面周边城市也无法对京津提供良好的支撑。三是城乡发展差距巨大。在京津北部有一个连绵数百里的贫困带，涉及几十个贫困县、几百万贫困人口。河北省城镇居民人均可支配收入是农村居民人均纯收入的2.37倍，其中承德和张家口的差距高达3倍多。大面积贫困地区的存在，客观上制约着北京、天津两个中心城市的发展，也制约着京津冀经济一体化的发展。

从图1-5可以看出，北京、天津以及河北省11市在经济总量、产业结构水平等方面存在比较明显的梯度差异。河北省11个地级市，人口将近占整个区域的70%，经济总量之和所占比例却只有50%多，并以初级产品及其加工业为主。

由于京津与河北省的经济社会发展水平存在巨大的落差，对产业合作造成一定的负面影响。一方面，产业技术水平的巨大差距，使得京津的企业在周边地区难以找到合适的企业与之配套，只好到江浙等地区寻求配套，同时，京津产业在升级过程中释放的巨大溢出效益，河北近在咫尺却难以受益；另一方面，经济社会发展水平差距大还造成基础设施、社会保

第一章 京津冀经济合作与发展概况

障、消费水平、文化差异和观念上的落差,使得区域间进行产业合作时,产生了许多非产业本身带来的障碍,不利于产业合作的开展。此外,经济发展水平低下,导致消费市场狭小,影响产业生产规模的进一步扩大。

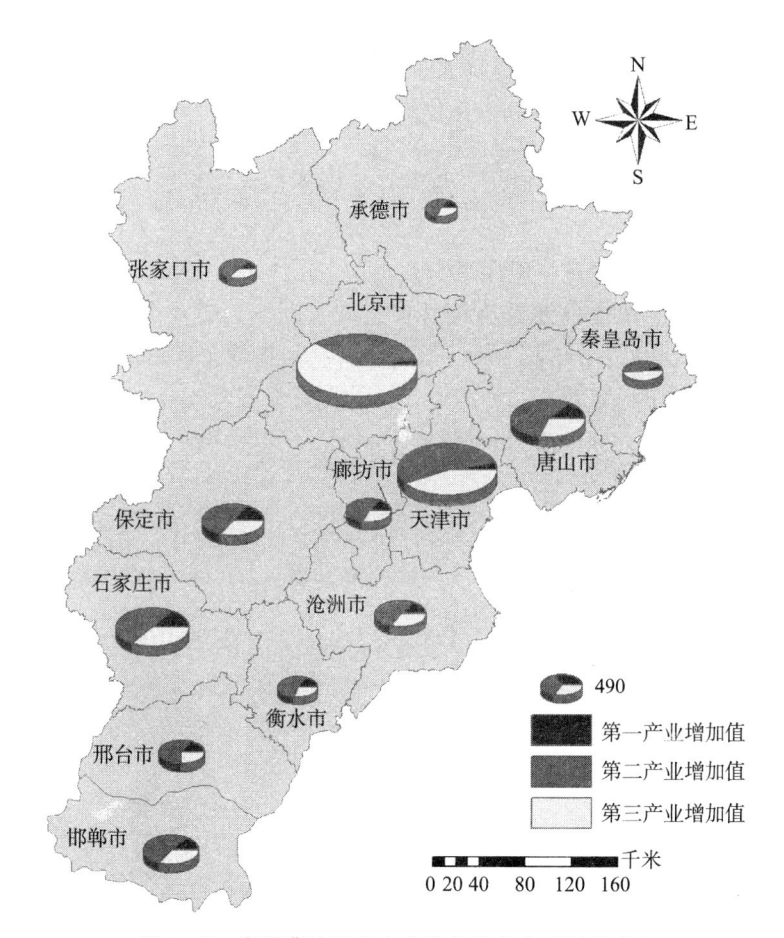

图1-5 京津冀地区各市生产总值分布(2005年)

资料来源:京津冀各市2006年统计年鉴,河北2006年统计公报。

(五) 市场化进程缓慢

相对于长三角和珠三角地区,京津冀地区的市场化进程较慢,成为制约产业合作步伐缓慢的根本性因素,表现在政府对经济的干预程度较强,整体对外开放的水平不高，要素市场流动受行政制约严重，国有企业改革步伐不快，非国有经济发展层次不高。在区域合作中，与企业行为、民间资本力量相比京津冀地区地方政府明显处于强势地位，行政干预较多，企业跨区域生产合作受到限制。生产要素流动受行政体制、改革进程的影响，难以在地区间充分流动，使得京津冀区域各自拥有的优势难以充分发挥，制约了整个大区域产业发展水平的提高。国有企业改革步伐慢，企业包袱重，调整难度大，活力不足，难以形成与市场经济体制相适应的企业运行机制，不利于企业的合理布局与产业链的构建。多数民营企业规模还比较小，在技术层次、产品档次、竞争意识、应变能力等方面还不能与大企业建立起良好的合作与协作关系。

近年来京津两市迅速发展的外资企业，在周边找不到适宜的配套企业，不得不"自带"配套厂家，使"外资"与本地企业形成了二元结构，致使原本应留在当地的利润和产业带动的能量大量流失。

第二章 京津冀经济比较

京津冀区域合作由来已久,京津冀区域经济关系可以概括为"区域发展的点面性"。北京和天津是渤海湾区域的两大直辖市,相距137公里,呈现特有的"双子星座"态势,是这一区域经济高度发展的集合点。与之相对应的是以广阔空间将京津两点包围,在经济生长点和生产要素布局上以"面"的形式存在的河北省。不论从经济地理的自然属性上看,还是从区域经济的生产力布局上看,京津冀关系首先是一种点和面的关系,加上地域上的并列环绕性、经济上的相互依存性、三方关系的交叉性和多重性等,使得三方的合作显得尤为必要。

一、京津冀经济发展的比较

(一)京津冀各市经济总量的比较

国内生产总值(GDP)是反映一个国家或地区一定时期内最终产品及各种劳务的生产情况,全面展示了一个国家或一个地区国民经济和社会发展的规模和水平,是进行经济发展比较最常用的指标之一。从京津冀GDP总量的变化来看,具有以下特征:

1. 京津冀经济总量有待提高

从全国各省、直辖市、自治区经济规模来看,2005年,河北省GDP总量为10096.11亿元,排在第6位,是排在第一位的广东省的45%;北京市为6886.31亿元(调整后),排在第10位,比上海市低2267.87亿元;天津市为3697.62亿元,排在第20位。京津冀三地经济总量上不及广东省一个省份的总量。

2. 京津冀经济增长速度较快

从 GDP 总量的变化上看,改革开放以来,京津冀 GDP 一直保持持续增长的态势,尤其是 20 世纪 90 年代以来,保持了较高的增长速度,京津两市的发展速度一直高于全国平均水平(见图 2-1)。

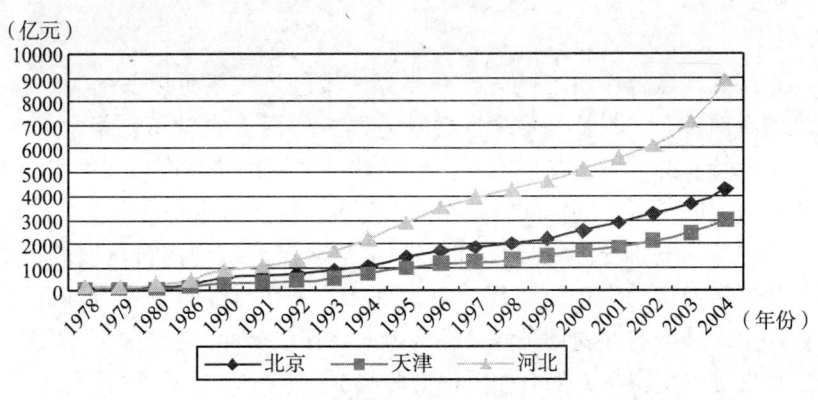

图 2-1 京津冀 GDP 总量变化

从北京市的情况看,自 20 世纪 80 年代以来,北京市经济增长率比较平稳。进入 90 年代后,开始步入快速增长轨道。

从天津市情况看,天津市经济总量一直明显落后于北京,更远低于河北省。"八五"以前,天津市经济增长速度相对较低,差距也是在这一时期产生的。"七五"期间平均增长仅 5.2%。而进入"八五"以后,天津市较好的工业基础发挥了重要作用,后发优势逐渐显现,始终保持很高的增长速度,"八五"和"九五"期间平均增长分别达到 11.8% 和 11.3%。2002 年 GDP 增长为 12.5%。"九五"以来的平均增长速度更是华北地区最高。进入新世纪以来,天津开始步入全国经济增长最快的地区行列,增长速度远高于全国速度,也一直高于北京市及河北省。但由于天津的基数较小,从绝对量上看,天津经济总量与北京之间的差距还在扩大(见图 2-2)。

河北省的 GDP 增长速度除 1996 年外也高于全国平均水平,但从 20 世纪 90 年代中期开始,增长率有所下滑,从 1999 年开始低于天津市。

第二章 京津冀经济比较

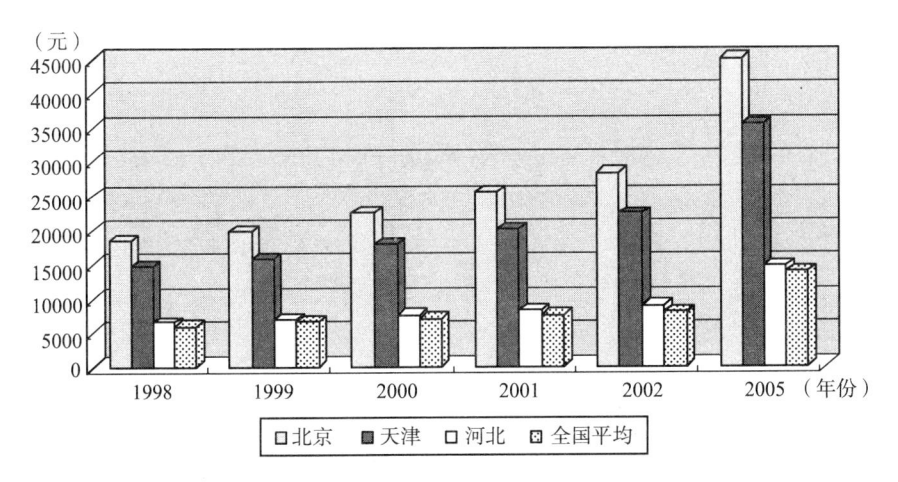

图 2-2 京津冀及全国人均 GDP 变化

3. 区域内人均 GDP 差异较大

北京市及天津市的人均 GDP 远高于河北省及全国平均水平。2005年，北京市及天津市的人均 GDP 分别高达 45444 元（调整后）和 35783 元，是全国平均水平的 3.2 倍和 2.53 倍。河北省的人均 GDP 为 14782 元，略高于全国平均水平。

（二）京津冀产业结构比较

1. 京津冀三次产业构成比较

产业结构的合理度是反映城市竞争力的一个重要方面。从京津冀产业结构变化的整体趋势中可以看出：

自 20 世纪 90 年代以来，京津冀三省市第一产业在 GDP 中的比重呈逐渐缩小趋势。北京、天津两市第二产业比重也渐趋收缩，河北省第二产业比重变化不太明显。三省市第三产业比重均呈稳步提高趋势。当前，城市群内北京市呈第三产业比重最大、第二产业比重次之、第一产业比重最小的"三二一"型结构，天津市与河北省则仍属于第二产业占主要比重、第三产业次之、第一产业最小的"二三一"型结构（见表 2-1）。

从劳动力配置来看，各地第三产业从业人数均呈总体上升趋势，2005 年天津市及河北省第三产业从业人数占比与 2002 年相比略有下降。2005 年，北京市、天津市和河北省第三产业从业人数比重分别为68.6%、40.5%和44.8%,其中北京、天津市远高于31.4%的全国平均水平(见表2-2)。

表2-1　京津冀三次产业构成变化　　　　　单位:亿元

年份	北京市			天津市			河北省		
	第一产业	第二产业	第三产业	第一产业	第二产业	第三产业	第一产业	第二产业	第三产业
1978	5.6	77.4	25.8	5	57.5	20.1	52.2	92.4	38.5
1979	5.2	85.2	29.8	6.5	64.8	21.7	61.1	101.8	40.4
1980	6.1	95.8	37.2	6.5	72.4	24.6	68.1	105.9	45.3
1981	6.6	92.5	40	5.2	76.8	26	71	103.2	48.4
1982	10.3	99.8	44.8	7	79.6	27.5	85.6	107.8	58
1983	12.9	112.7	57.6	7.6	84.1	31.7	102.1	114.9	66.2
1984	14.9	130.7	71.1	11.1	96	40.4	111.5	145.8	74.9
1985	17.8	153.7	85.7	13	114.2	48.5	120.3	184.3	92.2
1986	19.1	165.8	100	16.5	122.5	55.7	123.5	207.3	105.9
1987	24.3	182.6	119.9	19.6	137	63.4	137.7	256	128.1
1988	37.1	221.3	151.9	26.2	159.6	73.9	162.3	323.4	215.6
1989	38.5	252.2	165.2	26.9	175.9	80.6	196.4	374.9	251.6
1990	43.9	262.4	194.6	27.3	179.5	104.1	227.9	387.5	280.9
1991	45.5	291.5	261.8	29.3	194.4	119.1	236.9	459.9	375.3
1992	48.7	345.9	314.5	30.2	230.6	150.4	257.1	573.2	448.3
1993	53.6	414.8	395.2	35.4	302.5	198.2	301.7	847.9	541.2
1994	74.8	499.8	509.8	46.5	404.1	274.5	451.9	1053.1	682.5
1995	81.4	615.2	698.3	63.2	501.2	355.7	631.3	1322.8	895.4
1996	83.5	683.1	849.1	70.5	584.4	447.4	700.9	1664.6	1087.4
1997	84.9	738.6	986.1	74.6	643.9	522	761.8	1934.4	1257.6
1998	86.6	786.9	1137.9	74	660	602.4	790.6	2084.3	1381.1
1999	87.5	840.2	1246.8	71.01	711.93	667.12	805.97	2243.59	1519.63
2000	90	943.5	1445.3	73.54	820.17	745.65	824.55	2559.96	1704.45
2001	93.1	1030.6	1722	78.55	904.64	856.91	913.9	2767.41	1896.47
2002	98.1	1116.5	1998.1	84	1001.9	965.26	957.01	3046	2119.52
2003	95.64	1311.86	2255.60	89.66	1245.29	1112.71	1064.33	3657.19	2377.04
2004	102.90	1610.37	2570.04	102.29	1560.16	1269.43	1370.40	4635.23	2763.16
2005	97.7	2100.5	4616.3	109.42	2050.34	1504.1	1453.9	5324.2	3338.5

注:北京市2005年数据为调整后的。

第二章 京津冀经济比较

表 2-2　　　　　　京津冀及全国三次产业劳动力比重变化　　　　　　单位：%

地区	产业	1995年	1997年	1999年	2001年	2002年	2005年
北京	第一产业	10.6	10.7	11.9	11.2	8.5	6.8
	第二产业	40.1	38.2	33.7	33.5	30.8	24.6
	第三产业	49.3	51.1	54.4	55.3	60.7	68.6
天津	第一产业	16.9	16.5	19.6	20.0	20.2	18.9
	第二产业	48.4	45.9	40.8	39.3	38.5	40.6
	第三产业	34.7	37.6	396	40.7	41.3	40.5
河北省	第一产业	51.4	47.8	48.6	49.6	49.1	45.1
	第二产业	26.1	27.5	25.4	25.4	25.8	30.2
	第三产业	22.5	24.6	25.6	25.0	25.1	24.7
全国平均	第一产业	52.9	49.9	50.1	50.0	50.0	44.8
	第二产业	23.0	23.7	23.0	22.3	21.4	23.8
	第三产业	24.1	26.4	26.9	27.7	28.6	31.4

从北京市情况看，北京市的三次产业结构从1995年开始由"二三一"型结构转变为"三二一"型结构，是我国为数不多的几个真正达到产业结构高级阶段的地区之一，消费型城市特点较明显。其形成原因主要有：一是由于其城市经济的特殊性质，土地大都被用于报酬率较高的工业及商业用地，农业在国民经济中的比重越来越小。二是其经济快速发展，整体经济实力不断提高，第二、三产业尤其是第三产业越来越对经济发展起到更为重要的支撑作用（见图2-3）。

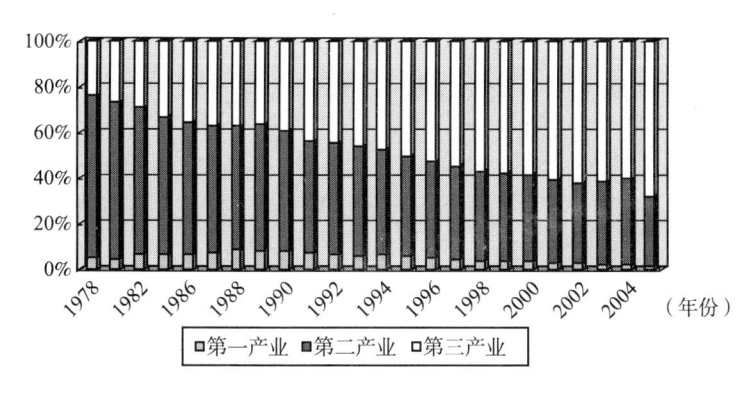

图 2-3　北京市三次产业结构比例

2005年，北京市"三、二、一"产业格局稳固，三次产业比重分别为1：31：68。

从天津市情况看，天津市第二产业占GDP比重是呈逐步下降的趋势，尤以"八五"和"九五"时期最为明显。"九五"时期第二产业占GDP比重平均约为50.8%，与"八五"时期相比下降了约5个百分点，同期第三产业则上升了约7个百分点，2000年其第二产业比重比第三产业比重高出4.5个百分点。照此发展态势，在"十五"或"十一五"时期其第三产业比重有可能超过第二产业比重，由"二三一"型结构转变为"三二一"型结构（见图2-4）。

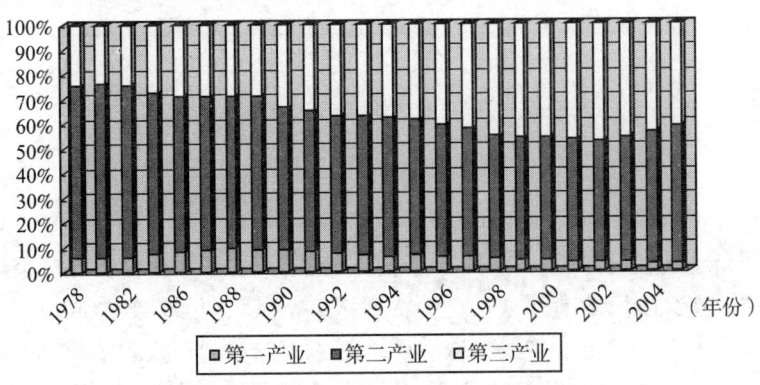

图2-4 天津市三次产业结构比例变动

2003年，天津市第一产业完成增加值89.7亿元，增长6.1%。第二产业是推动全市经济快速增长的主要力量，完成增加值1212.34亿元，增长17.8%，比上年加快3.5个百分点，对全市经济增长的贡献率达到62.8%。第三产业增加值1084.9亿元，增长11.5%。三次产业的比重分别为3.7%、50.8%和45.5%。

从河北省情况看，河北省第二、三产业占GDP比重总的来看是稳中趋升的态势，2000年第二产业占GDP比重比第三产业比重高出近13个百分点，"九五"时期第二产业比重比第三产业高出约16个百分点，可以预计在未来相当长的一段时期内第二产业仍将在河北省国民经济中占据主要地位，近几年第二产业占比有上升趋势。河北省第三产业比重超过第二产业比重还需要一个长期的过程，不可能一蹴而就。第一产业比重则是呈逐渐下降的趋势（见图2-5）。

第二章 京津冀经济比较

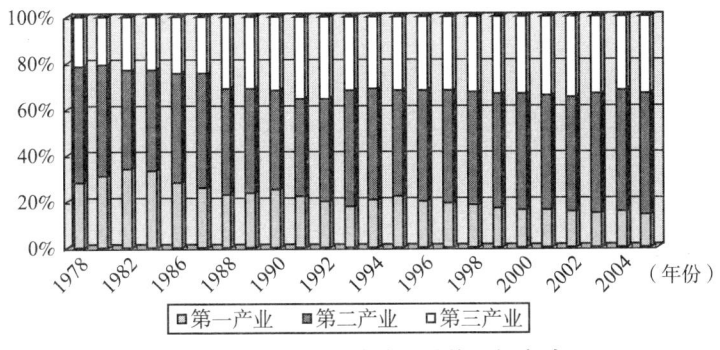

图2-5 河北省三次产业结构比例变动

从京津冀三次产业结构的现状与演进过程来看，京津冀之间在产业结构的发展程度上存在着明显的梯度。

2. 京津冀主导产业比较

通过工业产量的区位商数据可以看出，北京市具备比较优势的工业行业及区位商为：专用设备制造业、电子及通信设备制造业、印刷业、仪器仪表及文化办公机械制造业、医药制造业、石油加工及炼焦业；而相对没有优势的工业行业主要有：有色金属冶炼及压延加工业、纺织业、橡胶制品业、烟草加工业等。北京市比较有优势的工业产品主要有：微型电子计算器、乙烯、塑料树脂、汽车、机车等。

天津具备比较优势的工业行业主要有：电子及通信设备制造、家具制造业、石油和天然气开采业、交通运输设备制造业、医药制造业；而相对没有优势的工业行业主要有：木材加工及竹藤棕、草制品业、非金属矿物制品业、烟草加工业、食品加工业。天津市比较有优势的工业产品主要有：自行车、碳酸盐、汽车、无线电话、家用洗衣机、工业锅炉等。

河北具备比较优势的工业行业主要有：黑色金属矿采选业、黑色金属冶炼及压延加工业、食品制造业、煤炭采选业、电力、蒸汽及水的生产和供应业，医药制造业；相对没有优势的工业行业主要有：电气机械及器材制造、烟草加工业、有色金属矿采选业、文教体育用品制造等。河北省比较有优势的工业产品主要有：照相胶卷、绒线毛线、平板玻璃、碳酸盐、原盐等。化学农药、精洗煤、成品钢、机制纸及纸板、拖拉机、工业锅炉等产品的生产也具有一定的优势。

从主导产业上看，北京地区为电子及通信设备制造业、电子机械及器材制造业、专用设备制造业、交通运输设备制造业、化学原料及化学制品制造业、黑色金属矿物制品制造业、黑色金属冶炼及压延加工业、石油加工及炼焦业。天津市的主导产业有：电子及通信设备制造业、交通运输设备制造业、石油及天然气开采业。河北省的主导产业有：黑色金属冶炼及压延加工业、化学原料及化学制品制造业、非金属矿物制品业、石油加工及炼焦业、交通运输设备制造业、医药制造业、纺织业、食品加工业、食品制造业。近年来京津冀各地在主导产业的选择上存在一定程度的产业趋同现象。

总的来看，京津冀三次产业结构有着明显的互补作用和梯度差距。北京市与天津市在第一产业方面处于劣势，第三产业比重及对 GDP 的贡献度却稳定上升，产业结构不断优化。而河北省在第二产业及第三产业上与京津存在明显差距。因此京津冀之间在产业结构上不但存在梯度差距，也存在梯度转移的可能。因此，应充分利用产业结构的梯度转移规律，实现京津冀产业结构的优化与升级。河北可以利用自身在农业方面的比较优势，向京津提供农产品等以满足京津的市场需求。在第二、三产业方面，河北应抓住京津"退二进三"进行新一轮产业结构调整的时机，有选择地吸收京津向外转移的劳动密集型、资本密集型以及部分技术密集型产业，提高产业素质和产业层次，实现产业结构的整体优化。

3. 京津冀各地收入、投资与消费比较

从 20 世纪 90 年代后期以来的城镇人均可支配收入来看，北京市一直处在较高位置，2005 年达 17652.95 元，天津市也高于全国平均水平，2005 年为 12638.55 元。而河北省的人均可支配收入则一直低于全国平均水平，2005 年为 9107.09 元（见图 2-6）。

从京津冀固定资产投资情况看，随着 1992 年以来我国经济增长速度的加快，三省市固定资产投资迅猛发展，一直保持了很高的增长率，尤其是近两年河北省固定资产投资规模明显增大（见图 2-7）。

从京津冀消费情况来看，上世纪 90 年代中期以来，北京、天津两市人均零售总额有较大增长，1996 年分别为 734 元、496 元，2002 年则分别增加到 1226 元、935 元。河北省人均销售零售额比北京和天津要低很多，最近 5 年平均增长速度在全国 31 个省市自治区中居于第 14 位（见图 2-8、表 2-3）。

第二章 京津冀经济比较

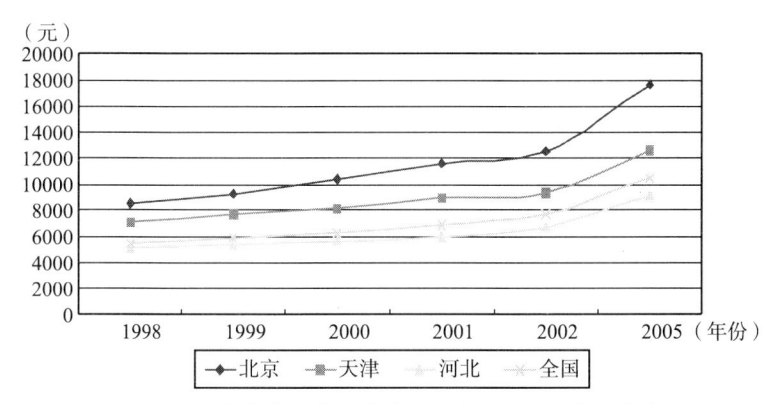

图2-6 京津冀及全国城镇居民人均可支配收入变动

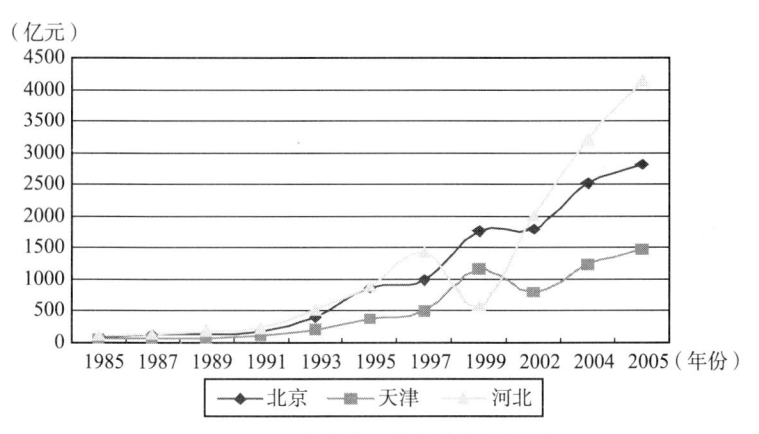

图2-7 京津冀固定资产投资比较

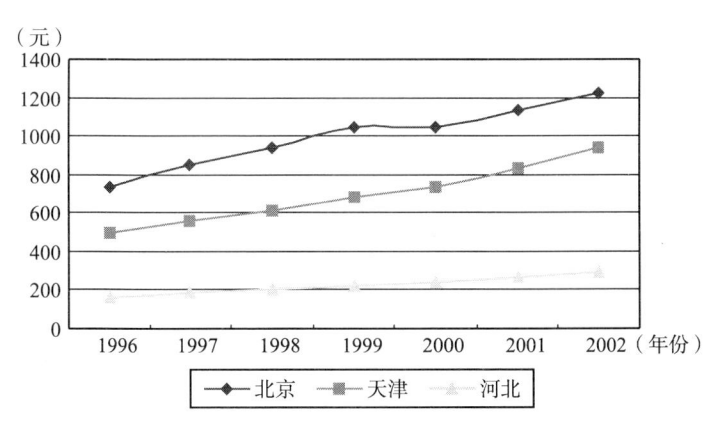

图2-8 京津冀人均消费零售总额比较

表 2-3　　　　　　京津冀及全国消费品零售总额增长情况

地区	最近 10 年		最近 5 年		2005 年	
	平均增长（%）	全国排名	平均增长（%）	全国排名	平均增长（%）	全国排名
全国	11.08		11.44		12.9	
北京	13.65	6	15.5	6	10.52	31
河北	13.29	9	12.89	14	14.61	8
天津	12.37	14	10.2	29	13.91	14

4. 京津冀各地对外贸易的比较

一个地区对外经济贸易的发展水平反映了该地区与国际经济结合的广度与深度。

从进出口总值看，北京与天津进出口总额都排在全国前列。从变动趋势上看，北京市的波动较大，在个别年份有很大的悬殊差异，而天津市对外贸易的发展则相对较稳定。河北省进出口额远低于京津两地（见表 2-4）。

表 2-4　　　京津冀各地按经营单位所在地分进出口额变化　　　单位：万美元

地区	2000 年		2004 年		2005 年	
	出口	进口	出口	进口	出口	进口
全国	24920255	22509373	59332558	56122875	76195341	65995276
北京	1196813	3765376	2056926	7400647	3086590	9464052
天津	862578	852822	2085175	2117685	2738088	2589592
河北	371000	152862	933926	418659	1092430	514605

从进出口贸易额的平衡来看，天津的出口与进口的发展基本持平，说明天津的进出口的产品构成、供销渠道等比较稳定。而北京市及河北省的进口普遍大于出口，而且差距有逐年扩大的趋势，说明北京对外贸易近年发展迅猛，外汇供给充沛、对外需求较大（见表 2-5）。

表 2-5　　　京津冀按境内目的地和货源地分进出口额的变化　　　单位：万美元

地区	2000 年		2004 年		2005 年	
	出口	进口	出口	进口	出口	进口
全国	24920255	22509373	59332558	56122875	76195341	65995276
北京	766723	1657655	1311698	2970287	1839661	3508937
天津	767427	948198	2047852	2275780	2603215	2859947
河北	327814	220897	970952	557013	1203361	729417

第二章 京津冀经济比较

二、京津冀13个城市发展情况比较

本部分主要对北京、天津及河北省的11个地级市进行比较,即:北京市、天津市以及河北省的石家庄市、唐山市、秦皇岛市、邯郸市、邢台市、保定市、张家口市、承德市、沧州市、廊坊市、衡水市等共13个城市。为了便于研究城市之间的比较,主要从全市及市辖区两个口径进行分析比较。

(一) 京津冀13个城市综合实力的比较

1. 京津冀13个城市人口与面积比较

从人口及土地面积上看,京津冀城市群各城市市辖区情况差异较大,除北京、天津外,其余城市规模均较小。从人口指标上看,京津冀13个城市中,北京市人口最多,2004年,市区人口为1092.85万人,在全国660个城市中仅次于上海市,排名第2位,也是京津冀13个城市中唯一一个市区人口超过1000万人的城市。13城市中市区人口最少的为衡水市,仅44.45万人。从土地面积上看,北京市市辖区面积达12484平方公里,在全国均居首位。而13个城市中市辖区面积最小的衡水市只有50平方公里(见表2-6)。

表2-6 京津冀各城市人口、面积及人均耕地比较(2004年)

地区	人口(万人)		土地面积(平方公里)		人口密度(人/平方公里)	
	全市	市辖区	全市	市辖区	全市	市辖区
北京	1162.89	1092.85	16400	12484	692	875
天津	932.55	764.37	11920	7418	782	1030
石家庄	917.55	217.28	15848	456	579	4765
唐山	701.07	296.91	13472	1230	520	2414
秦皇岛	275.82	75.90	7526	363	366	2091
邯郸	863.35	139.12	12062	434	716	3205
邢台	671.97	56.14	12486	132	538	4253
保定	1088.28	99.53	20584	312	529	3190
张家口	449.82	86.06	36873	819	122	1051

续表

地区	人口（万人）		土地面积（平方公里）		人口密度（人/平方公里）	
	全市	市辖区	全市	市辖区	全市	市辖区
承德	360.82	45.73	39548	708	91	646
沧州	679.36	48.86	14053	183	483	2670
廊坊	389.82	76.37	6429	292	606	2615
衡水	414.27	44.45	8815	50	471	8890

13个城市人口密度均较大。2004年全国城市平均人口密度为251人/平方公里，市辖区人口密度为599人/平方公里，而京津冀13个城市的数值均超过全国平均水平，其中，衡水市市辖区人口密度竟高达8890人/平方公里，居于全国首位。从市辖区面积看，除北京市、天津市和唐山市外，其余10个城市市辖区面积都小于全国城市市辖区的平均面积（8255平方公里）。一方面，人口密度高，说明土地集约利用率高，另一方面也说明现有空间人口压力比较大（见表2-6）。

2. GDP及人均GDP比较

从GDP规模总量上看，与长三角及珠三角相比较，京津冀城市群的GDP总量是三者中最小的。

2004年，京津冀城市群中，北京和天津市辖区GDP合计为7215.9元，还不及上海市一个城市的GDP，并且京津两市市辖区GDP占到整个区域市辖区GDP总量的70%。其余城市中，只有石家庄市和唐山市市辖区的GDP超过500亿元，承德市、沧州市、衡水市辖区的GDP还不足100亿元。因此，极化现象较明显。而长三角区域不仅总体GDP水平较高，而且区域内城市数量较多，各城市经济发展水平高且均衡，2004年，该区域内的上海市市辖区GDP达到7371.27亿元，居全国城市之首，其余城市也大多在500亿元以上。因此，从这个意义上来看，京津冀城市群中各城市增强经济实力的任务是十分紧迫的。

从人均GDP的角度看，京津冀城市群在三大经济圈中水平是最低的。2004年，京津冀13个城市中秦皇岛市辖区人均GDP最高，达到39214元。邯郸、邢台、沧州、廊坊、衡水各地不足20000元，其中，廊坊市辖区的人均GDP最低，为16613元，只是秦皇岛市的42%（见表2-7）。

第二章 京津冀经济比较

表2-7　　　　京津冀13个城市国内生产总值及人均
国内生产总值（2005年）　　　　单位：元

地区	国内生产总值（亿元）	人均国内生产总值	城镇居民人均可支配收入	农村居民人均纯收入
北京	6886.31		17652.95	7346.26
天津	3697.62		12638.55	5579.87
石家庄	1786.78	19370.00	10039.83	4117.60
唐山	2027.64	27928.93	10487.93	2832.32
秦皇岛	491.15	17053.82	9802.39	3376.28
邯郸	1157.29	13363.63	9232.58	3577.72
邢台	680.75	10011.03	7752.34	3280.08
保定	1072.14	99919.85	9194.68	3470.50
张家口	415.79	99471.29	8597.06	2329.00
承德	360.29	1069.11	7844.61	2581.57
沧州	1130.80	16532.16	8597.06	3310.61
廊坊	621.23	15687.63	10165.18	4621.24
衡水	519.69	12314.93	8946.77	3532.56
河北省	10096.11		9107.09	3481.64

3. 京津冀13个城市消费情况比较

社会消费品零售总额指国民经济各行业直接售给城乡居民和社会集团的消费品总额。它是反映各行业通过多种商品流通渠道向居民和社会集团供应的生活消费品总量，是研究国内零售市场变动情况和反映经济景气程度的重要指标。

从社会消费品零售总额的情况看，河北省各城市与北京市和天津市还是有很大差距的。2004年北京市市辖区社会消费品零售总额达1905.48亿元，在全国城市中仅次于上海（2117.74亿元）而列于第二位。天津市市辖区社会消费品零售总额为1001.93亿元，在全国城市中排在第四位。京津冀13个城市中廊坊市及衡水市的社会消费品零售总额比较低，分别为24.26亿元和26.49亿元。从社会消费品零售总额占GDP的比重来看，邢台市比重最高，石家庄市、唐山市和廊坊市所占比重较低，都在30%以下，这3个城市消费能力有待进一步提高（见图2-9、图2-10）。

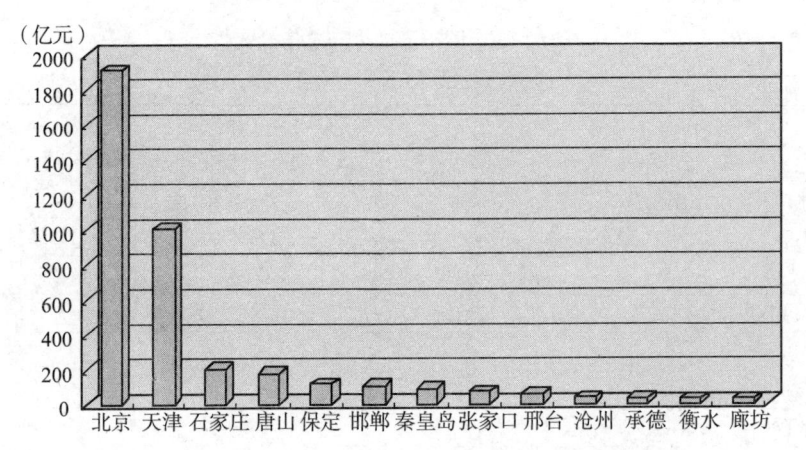

图 2-9　2004 年 13 个城市市辖区社会消费品零售总额

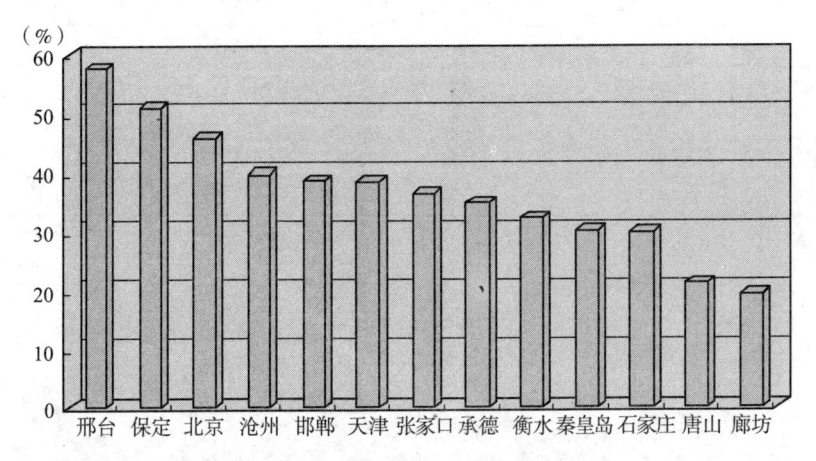

图 2-10　2004 年 13 个城市市辖区社会消费品零售总额占 GDP 比重

4. 京津冀 13 个城市投资情况比较

投资通过增加供给和增加需求的双重作用，产生了强劲拉动经济快速增长的效果。

固定资产投资是社会固定资产再生产的主要手段，固定资产投资额是以货币表现的建造和购置固定资产活动的工作量，反映固定资产投资规模、速度、比例关系和使用方向的综合指标。

从 13 个城市固定资产投资总额上看，北京市的固定资产投资要远高于其他城市，2005 年，市辖区的固定资产投资达 2474.8 亿元，比排在第

第二章 京津冀经济比较

二位的天津市高出 1.04 倍。北京市投资增长速度较快,从 2001 年完成投资 1530.5 亿元到 2003 年投资总量突破 2000 亿元,同样的历程比上海市少用了 6 年时间。其主要原因在于重大工程和房地产开发建设使北京市的固定资产投资总量增大。但也应当看到,北京市投资在快速增长的背后,基础还不稳固,投资增长到一定程度后将进入一个相对平稳的"次高"平台,会出现几年的调整与反复期。因此,北京市投资增速减缓可能是一种中长期的趋势,但由于人们对北京房地产价格上升的趋势还存在很大的预期,在短时期内北京市的固定资产投资增长还不至于迅速进入平台期。

在固定资产投资中很重要的一个指标是房地产开发投资。从 2004 年各城市市辖区房地产开发投资占固定资产投资总额的比重来看,北京市市辖区的比重最高,达 58.88%,廊坊也超过了 50%。对这些城市来说,一旦房地产的发展环境发生变化,势必加剧投资的波动。邢台、保定、沧州、衡水、邯郸和唐山等城市,房地产开发投资占比过小,尚不足 20%,应适当加大此方面的投资,以拉动经济增长(见图 2-11)。

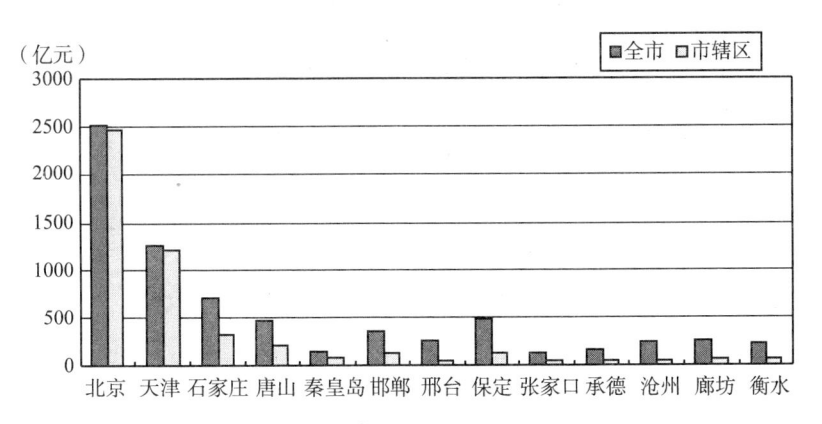

图 2-11 城市固定资产投资比较

一般认为,投资率(投资额/GDP×100%)在 25% 以下,为低投资率;投资率在 25%~30% 间,为较合理的投资率;投资率高于 30% 以上,属高投资率。京津冀 13 个城市中投资率普遍较高,尤其是衡水、沧州、北京和廊坊的投资率都高于或接近 60%。张家口和唐山的投资率偏低,都在30%以下。采取适当政策刺激投资的增长对这两个城市的经济增长将起到非常关键的带动作用。

5. 京津冀13个城市经济外向度比较

经济外向度亦称"外贸依存度"、"外贸依存率"或"外贸系数"。是指进出口总额占国内（地区）生产总值的比重，它反映一个国家或地区的经济与国际经济联系的紧密程度，是一个国家或地区开放型经济发展规模和发展水平的宏观指标之一。同时，经济外向度又是反映一个国家和地区对外开放程度的综合性、结果性指标。

从外贸依存度来看，北京、天津均超过100%，位于全国各城市的前列。而2005年河北省只有12.73%。邢台、廊坊、邯郸、沧州、承德、张家口各市的外贸依存度尚不足10%（见图2-12、表2-8、图2-13）。

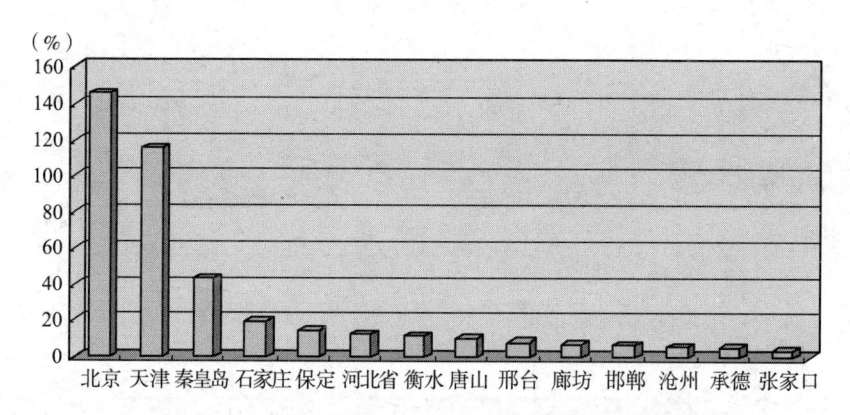

图2-12　2005年京津冀13个城市经济外向度比较

表2-8　　　　京津冀13个城市外商投资情况（2004年）

地区	外商合同投资额（万美元）		当年实际使用外资额（万美元）	
	全市	市辖区	全市	市辖区
北京	625796	607894	308354	302855
天津	558855	544463	247243	240735
石家庄	34663	18841	35199	12270
唐山	27232	15760	41340	29039
秦皇岛	40045	31160	20164	15004
邯郸	12992	2136	13451	7797

第二章 京津冀经济比较

续表

地区	外商合同投资额（万美元）		当年实际使用外资额（万美元）	
	全市	市辖区	全市	市辖区
邢台	13783	519	10729	1022
保定	12780	10723	22255	8568
张家口	5683	3867	3704	665
承德	12609	2070	10081	1023
沧州	19340	1102	8333	658
廊坊	25309	15473	22313	9583
衡水	10295	1221	9751	1680

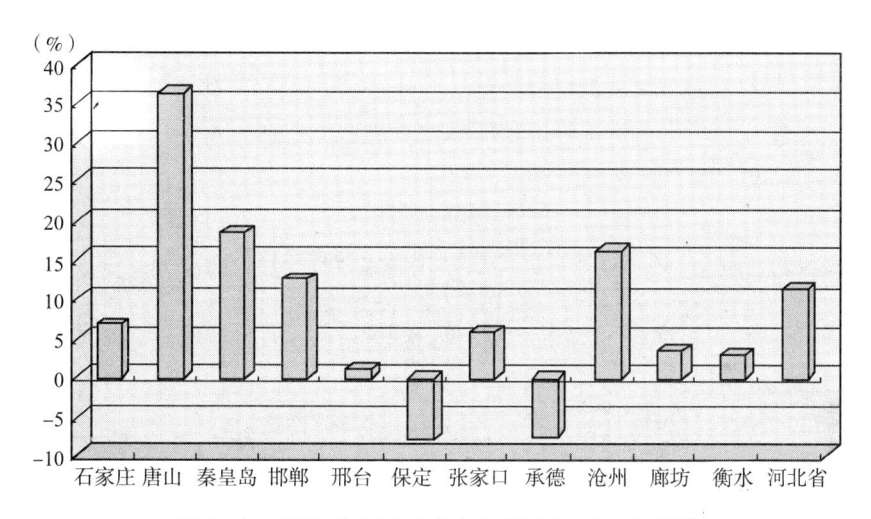

图 2-13 2005 年河北省各市净出口占 GDP 比重图

（二）京津冀 13 个城市产业结构的比较

1. 京津冀 13 个城市三次产业的基本情况

我国产业结构中，第三产业的发展比较滞后。全世界第三产业产值占 GDP 的总体比重为 63% 左右，而我国为 40% 左右。其中的主要原因与我国经济发展中某些结构性因素有关，如投资率过高等，造成经济体系对服务业的需求不足。

从三大经济圈总体上看，第一产业、第二产业、第三产业之比分别为：长三角为 5.8:51.9:42.3；珠三角为 5.6:49.3:45.1；京津冀地区为

8.1∶46∶45.9。珠三角和长三角呈现"二三一"结构,而京津冀城市群基本上呈"三二一"结构。说明京津冀城市群传统产业向现代产业升级换代较快,且达到一个较高水平。

在京津冀城市群内部,2004年北京市市辖区三次产业构成之比为1.98∶34.47∶60.55,产业结构优化程度在京津冀13个城市中为最高。此外,河北省的廊坊、石家庄、秦皇岛三市市辖区的产业结构也呈现"三二一"结构,说明这些城市的产业优化程度也较高。唐山市、邯郸市、邢台市、张家口市、承德市、衡水市市辖区第三产业占比低于全国城市平均水平,也低于河北省平均水平。这一最基本的经济结构关系存在的问题不仅影响到总体产业结构的优化和升级,而且会影响到其他各类型、各层次经济结构问题的调整,最终影响经济总体增长的稳定性和可持续性。因此,对唐山市等几个城市来讲,应大力发展第三产业,提高第三产业在国内生产总值中的贡献度(见表2-9)。

表2-9　　　　　13个城市三次产业构成(2004年)　　　　　单位:%

产业 城市	第一产业		第二产业		第三产业	
	全市	市辖区	全市	市辖区	全市	市辖区
北京	2.40	1.98	37.60	37.47	60.60	60.55
天津	3.58	2.44	53.21	53.63	43.20	43.93
石家庄	14.11	1.16	48.63	46.34	37.27	52.50
唐山	13.12	7.26	56.26	61.66	30.62	31.08
秦皇岛	10.46	1.30	41.33	38.19	48.21	60.52
邯郸	13.35	0.92	52.15	68.27	34.50	30.82
邢台	17.73	1.51	57.05	67.04	25.22	31.45
保定	16.02	2.42	48.98	49.76	34.99	47.82
张家口	14.55	1.34	48.65	60.38	36.80	38.28
承德	18.27	2.19	49.63	62.79	32.09	35.02
沧州	15.99	1.25	50.18	55.40	33.83	43.35
廊坊	15.32	8.93	53.81	44.15	30.87	46.92
衡水	17.76	9.87	53.07	49.34	29.17	40.79
河北平均	14.76	3.54	51.41	54.43	33.83	42.03
全国城市平均	12.15	4.35	50.23	53.09	37.60	42.54

第二章 京津冀经济比较

2. 京津冀城市群各城市基础产业比较

河北省已经形成化工（医药）、冶金、建材、机械、食品五大支柱产业；纺织、轻工等传统产业处于改造和提高中；生物工程医药技术、电子信息技术、光机电一体化技术、新材料技术、新能源和高效节能技术等一些高新技术，以及新材料技术、新能源和高效节能等技术产业的培育和发展，正在成为河北省经济新的增长点。

通过该产业从业人员比重与全国该产业从业人员的比重的比值计算出的区位商看，北京、天津的优势有科研综合技术服务业、社会服务业、房地产业、教育文化艺术广播影视业、交通运输仓储邮电通讯业和金融保险业等。制造业也是天津的基础产业。

而河北11个城市中，石家庄的优势是电力燃气及水的生产和供应业、交通运输仓储邮电通信业等；唐山市为采掘业、电力燃气及水的生产和供应业等；秦皇岛市为交通运输仓储邮电通信业、电力燃气及水的生产和供应业；邯郸市为采掘业、电力燃气及水的生产和供应业等；邢台市为采掘业、地质勘察水利管理业；保定市为地质勘察水利管理业、批发零售贸易和餐饮业等；张家口市为电力燃气及水的生产和供应业、制造业等；承德市为采掘业、电力燃气及水的生产和供应业等；沧州市为地质勘察水利管理业、交通运输仓储邮电通信业等；廊坊市为国家机关、党政机关和社会团体以及教育文化艺术广播影视业等；衡水市为仓储邮电通信业、电力燃气及水的生产和供应业等（见表2-10）。

北京、天津与河北11个城市之间的基础产业存在一定的差距。北京、天津侧重科研综合服务业、社会服务业、房地产业等，而河北11个城市侧重电力燃气及水的生产和供应业、交通运输仓储邮电通信业、采掘业及地质勘察水利管理业等。但总体上讲，各城市的产业结构都存在同构现象，如普遍把电子及通讯设备制造业、电气机械及器材制造业、交通运输设备制造业等作为基础产业。区域之间没有形成有序的产业梯度。北京、天津经济实力较强，而其余城市的经济实力相对薄弱，与两大直辖市形成强烈的反差和落差，这一方面反映出北京、天津对周边城市的带动作用不够；另一方面也决定了周边城市对北京、天津的经济支撑力相对不足。京津冀城市群中的各城市仍然是单打独斗，没有形成联动的城市群。

表2-10　京津冀13个城市市辖区行业区位商

	北京	天津	石家庄	唐山	秦皇岛	邯郸	邢台	保定	张家口	承德	沧州	廊坊	衡水
农林牧渔业	0.53	0.40	0.30	1.11	0.46	0.17	0.05	0.33	0.35	0.66	0.21	0.62	0.31
采掘业	0.12	0.96	0.10	4.16	0.04	4.43	3.24	0.00	0.32	1.57	0.19	0.00	0.00
制造业	0.69	1.17	1.13	0.93	0.97	1.01	0.99	1.24	1.32	1.03	0.96	0.78	0.98
电力燃气及水的生产和供应业	0.33	0.77	1.46	1.53	1.52	1.35	1.64	1.15	2.07	1.55	1.37	1.09	1.69
建筑业	1.61	0.61	0.79	0.62	0.78	1.02	0.49	0.86	0.55	0.44	1.42	0.93	0.08
地质勘察水利管理业	0.31	0.64	1.14	0.52	0.69	1.45	1.97	1.74	0.84	1.20	2.06	1.54	1.41
交通运输仓储邮电通信业	0.64	1.19	1.32	0.96	2.79	0.90	0.92	1.17	1.14	1.21	1.53	1.37	2.36
批发零售贸易和餐饮业	1.40	0.82	1.18	0.70	0.58	0.85	1.10	1.24	1.20	0.88	1.16	1.12	1.43
金融保险业	0.56	0.68	1.12	1.08	1.48	0.68	1.21	0.83	0.89	0.87	1.22	1.14	1.17
房地产业	2.39	1.37	0.34	0.37	0.49	0.34	0.42	0.63	0.81	0.38	0.60	0.47	0.87
社会服务业	2.58	0.98	0.73	0.58	0.98	0.42	0.68	0.69	0.43	0.98	0.52	0.91	0.55
卫生体育社会福利业	0.79	0.96	0.94	0.85	1.20	0.61	0.89	1.23	0.95	1.11	1.18	1.21	1.11
教育文化艺术广播影视业	0.96	1.08	0.97	0.86	0.87	0.54	0.71	1.01	0.80	1.02	0.86	1.52	1.12
科研综合技术服务业	2.61	1.18	1.21	0.17	0.64	0.30	0.28	0.21	0.32	0.25	0.40	0.90	0.49
国家机关、党政机关和社会团体	0.69	0.88	1.06	0.93	0.97	0.69	0.99	0.85	1.05	1.31	1.22	1.73	1.48

第二章　京津冀经济比较

在经济全球化的背景下，区域经济合作有不同层次的要求，第一层次为区域内的合作。第二层次为区域间的协作。第三层次为构筑国民经济的有机体。京津冀城市群中，有北京与天津两个直辖市，被称为"双子星座"，也有人称之为"双核"。但总体上看，"双核"的经济实力还比较小，产值总和还不及上海一个城市，更谈不上世界级大都市。因此，只有协同发展，才能争取尽早进入世界城市的行列。京津冀城市群发展中面临的最大问题是群龙无首，从而造成产业结构雷同，各城市相互之间低水平恶性竞争。因此，首先应从北京与天津的层面，打破行政区划的限制，变内耗式的无序竞争为合作竞争，把北京与天津打造成真正的"双核"。今后，北京应以第三产业为主导，天津以第二产业为主导，应强化差异，在不同构的情况下形成优势互补。总体来看，与其他两大城市群比较，京津冀城市群的城市之间的经济联系与协作程度最低。各城市经济发展模式基本上是内闭式自我循环，发展极不均衡。京津冀城市群中区域分工、合作、发展的局面尚未形成，仍未摆脱单体城市或行政区经济封闭发展的旧有模式。

三、京津冀合作中面临的矛盾及解决路径

（一）京津冀合作中面临的矛盾

从以上的比较分析可以看出，京津冀产业合作主要应处理好以下几大矛盾：

1. 极化现象严重与缺乏龙头带动之间的矛盾

京津冀都市圈内的极化效应强于扩散效应。就发展态势看，北京的极化态势最强，天津次之，而河北省各个城市则呈现资源和劳动力的流出态势（要素为京津吸纳），形成"空吸"现象。经济发展向京津两个发达城市极化的态势是目前这一区域的典型特点，北京、天津实力最强，成为区域发展的"飞地"。其余城市经济实力相对较弱，与两大直辖市形成巨大的落差。在京津周围的河北省辖区内，分布着32个贫困县、3798个贫困

村，贫困人口达到2726万。这一现象被亚行称为"环京津贫困带"。这一贫困带已成为我国东部沿海地区城乡差别最严重的地区之一。

尽管北京和天津经济发展水平较高，但仍处于以极化效应为主的阶段，辐射和扩散能力有限，无法形成带动整个区域发展的"龙头"。近几年，北京和天津市GDP的总额只相当于上海市一地的GDP总额，经济总体实力还不强。北京、天津"双核"在产业布局等方面的趋同，没能形成对整个区域的综合拉动力。根据中心-外围理论，中心和外围区域是一个互动发展的关系。城市之间、城乡之间差距过大制约着北京、天津两个中心城市的发展，也制约着京津冀一体化发展。因此，北京市与天津市经济发展水平相对较高与两市在京津冀区域经济发展中不能发挥龙头带动作用就成为一个矛盾。如何实现"双核"的优势互补和良性的互动成为影响京津冀区域发展的一个重大问题。

2. 产业聚集与产业结构趋同之间的矛盾

京津冀各城市发展由于长期缺乏联合，辐射效应相对较弱，存在包括产业项目、基础设施、港口等在内的无序竞争，造成整个区域经济发展滞后，与同样处于沿海开放的"长三角"和"珠三角"的差距逐渐拉大。

尤其是多年来，北京、天津两地城市发展目标相似，产业结构自成体系、自我封闭，产业结构趋同，导致重复建设与无序竞争，不仅浪费资源，而且不利于发挥各地的比较优势，以致未能形成区域整体竞争能力。在北京市与天津市的主要行业中，电子通讯设备制造业、黑色金属冶炼及压延加工业、交通运输设备制造业、石油加工及炼焦业、化学制品制造业等，均是生产总值最高的行业。

3. 经济梯度明显与层次不良之间的矛盾

从京津与河北的经济发展水平来看，区域内部的梯度是明显的，且存在进一步扩大的趋势。

区域内部存在一定的梯度是必要的，利用梯度来形成和强化产业链的发展是局部落后地区实现经济快速发展的关键。但京津冀城市群与长三角和珠三角的一个明显区别就是各城市间发展不平衡，尤其是二线城市不发达。在京津冀地区，除北京、天津两个特大型城市外，河北省共有地县级

第二章 京津冀经济比较

以上城市 33 个,其中地级市 11 个,但城市规模都普遍偏小。2005 年,除北京、天津、唐山地区生产总值超过 2000 亿元外,其他大多数城市地区生产总值仅为二三百亿元。这就使得经济圈内各地之间经济梯度的落差过大,京津冀缺少发挥"二传"作用的中间层次城市,以至于京津两市的产业链不能很好地延伸至河北省,同时,周边城市也不能很好地为京津的发展提供支撑。

4. 产业转移的经济效益与社会效益之间的矛盾

产业转移对相对落后地区来讲也并非是有百利而无一害的。产业转移从经济效益上看是有利可图的,但从社会效益上看往往得不偿失。以河北省为例,由于京津转移的产业很多是劳动密集型产业,还有一些产业是因为受到京津环保政策的限制而转移到河北。这种产业转移虽然在短期内创造了就业,增加了财政收入,但从长远看却得不偿失,一是因为这些产业转移到河北省,一定程度上影响了河北省自身高附加值产业的形成与发展,二是因为这些产业对环境和资源造成的破坏和损失甚至要远远大于其所创造的价值。

(二) 京津冀合作的路径选择

1. 改革区域发展协调机制,提高区域合作的效率

建立北京、天津、河北各市市长联席会议制度,并成立京津冀区域协调合作发展办公室负责落实联系会议的决策事项,由国家发改委地区司负责统筹协调。

2. 根据产业结构的梯度性和互补性,实施产业的双向转移

区域经济一体化意味着对各方的城市功能定位、产业结构进行战略性调整,形成分工协作的运行机制。京津冀各城市要通过发挥比较优势和错位发展,实现生产力布局的优化。根据京津冀产业结构的梯度性和互补性,实施产业的双向转移。

北京和天津以发展第三产业、高新技术产业、高端制造业等为主,其他产业为辅,发展成为京津冀的核心区域。河北属于资源型地区,采掘业、重加工工业占优势，京津附近的唐山、廊坊、张家口、保定、沧州等城市应发挥各自的工业优势，接纳核心区的部分产业转移，以发展重工业、加工工业及部分轻型工业为主，其他产业为辅，成为京津冀的工业经济基础和接受产业转移的工业扩散区。

河北可以以商品流通、劳务输出等方式向京津转移具有比较优势的产业或产品，如利用农业方面的比较优势，向京津提供畜禽、蔬菜、果品、花卉等农产品以满足京津市场需求。在工业结构方面可积极地、有选择地吸收京津向外转移的劳动密集型、资金密集型甚至京津不再具有优势的技术密集型产业，充分发挥河北劳动力成本低、自然资源丰富等优势，根据生产要素禀赋和产业基础的比较优势，走劳动密集型、资金密集型、技术密集型产业协调发展的道路，借助京津转移过来的产业提升产业结构水平，增强产业竞争力。

3. 明确各城市的功能定位

在京津冀城市群的发展过程中，应明确京津冀各城市的功能定位和职能分工。在北京与周围其他城市之间的关系上，一定要打破两个误区，一是认为周围城市应服务于北京，二是强调城市之间的竞争而忽视其协作。北京作为首都，应与其他城市显现较强的差异性。

从总体上看，京津冀区域的空间布局为：形成以京津塘为主的主发展轴，沿海产业带和京广线北段（北京—保定—石家庄—邢台—邯郸）为次发展轴的空间布局，以天津、唐山等港为主要出海口，形成京津保、京津唐两个三角发展骨架，大中小城市和小城镇相结合，多层次、开放型、产业联系紧密的现代城市体系。

北京应发挥新兴第三产业的优势，展开跨入工业化新阶段的区域经济协作，特别是要重视因现代制造业的集聚而产生的领航、护航的作用。从20世纪80年代产业结构大调整以来，北京已经从一个典型的重化工业城市变为一个第三产业增加值比重在60%以上的城市。在全国步入工业发展的第三阶段，即重化工业为主导的新阶段时，北京不可能再走以重化工为主的回头路。北京已经有了比较发达的第三产业，开始显露出某些后工业化时代的特征，应为后续进入重化工业的城市提供服务。因此在京津冀区域一体化过程中，要充分发挥北京新兴第三产业对京津冀城市群的服务作用，

第二章　京津冀经济比较

有效带动京津冀区域内其他城市的发展。目前，北京在国内外竞争环境日趋激烈，劳动力和土地等要素成本较高的情况下，经济发展在一定程度上有赖于与周边省市的联动以形成广大的区域经济腹地，同时应充分发挥北京市的技术创新和人力资本优势，继续加强城市社会服务功能，在防止空心化和边缘化的前提下，将不适宜北京发展的产业转移到周边地区，通过进行合理的产业分工和合作，构筑产业链，提高经济关联和互补程度，提升区域经济一体化水平，增强对周边的集聚和辐射能力，弥补因投资产生的对经济推动弱化的影响。以北京的科技优势促进社会分工的扩大和深化，增强各城市之间的相互联系和依赖性。北京可以分离出来的专业化服务在上游的有：金融服务；投资和新产品的可行性研究；风险投资；产品理念的设计；市场研究；咨询服务等。在中游可以提供的服务有：质量控制、设备租赁、法律、保险、金融等。下游的服务有：广告、运输、售后服务等。在产业合作方面，北京市及天津市周边地区为北京及天津提供农副产品。目前，北京、天津要进行城市绿化，对树木、花草、草皮等有很大的市场需求，北京、天津消费人口众多，对农副产品有巨大的需求。因此，周边城市可以利用地理位置接近北京、天津的优势，发展花木种植业、粮食、无公害蔬菜、瓜果种植，发展现代养殖业等。再则京津冀城市群在旅游方面有着较大的优势，应本着"开放大市场，发展大旅游，构建大产业"的原则，进一步整合旅游资源。同时，做好城市群内部的产业调整，将与北京、天津功能定位不符的产业外迁到其他地区。

根据区域的空间结构和各城市的历史及自然条件，可以将京津冀城市群做不同的功能划分，形成区域内的产业圈、生态圈及旅游圈等，形成多层圈发展的战略构架和格局。京津冀城市群的发展应服从一个统一的目标，应侧重于中国政治文化中心的营造。随着我国东北老工业基地的振兴，东北地区将成为中国北方的重要工业基地，因此，京津冀城市群可考虑适当减轻发展成为工业基地的压力而着重营造社会生态环境和文化氛围。京津冀城市群可通过以下圈层形成协作：

产业圈：在明确各城市定位的基础上，加强产业的调整与合作。北京市属于知识型区域，天津市属于加工型区域，河北省则为资源深加工型区域。北京市的高技术产品和知识性产品输出到天津市和河北省各城市；天津市的工业产品为北京、河北提供服务；而河北省在农副产品、矿产品、初级工业产品、重工业产品等方面为京津提供支撑。北京市和天津市逐步向河北省各城市进行产业转移和扩散，最终形成以北京市和天津市为整个区域的政治、经济、文化、教育科研、对外交往的中心。河北省各城市是京津核心区的空间辐射域和各项职能的疏散地，主要发挥资源优势和劳动力优势，形成与京津两地紧密的产业联系、生态联系、旅游联系和政治文化联系。

旅游圈：京津冀旅游资源丰富，北京和天津是历史名城，北京可考的建城史已有3000多年，曾为辽、金、元、明、清五朝帝都。故宫、长城、周口店猿人遗址和天坛、颐和园被联合国列入世界文化遗产。北京具有丰富的旅游资源，对外开放的旅游景点达200多处，全市共有文物古迹7309项，其中国家级文物保护单位42个，市级文物保护单位222个。天津历史遗址多，有40处国家级和市级重点文物保护单位。天津的建筑具有古建筑和现代建筑并存的特色，有"万国建筑博物馆"之称，保留着十九世纪末到二十世纪初东西方各国的各类建筑一千多幢。河北省是中国唯一兼有高原、山地、丘陵、平原、湖泊和海滨的省份，全省现有古遗址、古建筑群落304处，有国家重点文物保护单位58处，历史文物与陕西省并列全国第一，自然和人文景观资源总量居全国第2位。因此北京、天津及河北省的秦皇岛、承德、保定等地应大力开发旅游产业。秦皇岛、承德、保定等地，可作为经济圈内的二级旅游目的地，分散京津客流，实现旅游目的多样化选择。

生态圈：区域北部和西北部地区，主要包括北京、天津、廊坊、张家口和承德等市，尤其是张承地区是区域的上风上水地区，主要承担京津冀区域的生态职能，应重点作好生态和环境保护工作，开发旅游和污染小的工业。

海港经济圈：区域内的东部地区，主要是天津、秦皇岛、唐山、沧州4地，港口资源丰富，应主要承担港湾职能，成为经济圈中物资集散、发展外向型经济和海洋经济的基地。应重点发展临港工业，化工、钢铁等重工业及海上运输等产业。

第三章 北京市产业发展特征及规划思路

作为我国的首都和四大直辖市之一，北京经过几十年的发展，综合经济实力明显增强，城市产业结构发生了很大变化。但是，目前的发展与其所处的地位和应有的水平相比还存在相当大的差距，尤其是环境对北京市产业发展形成了严重制约，迫切要求北京的产业结构在新起点上进行新一轮的调整。本研究立足北京产业发展的基本条件，重点分析了北京"十五"以来的产业结构现状、特征，紧密结合新时期经济社会发展的特点，从战略高度审视北京产业发展方面存在的主要问题，力求从北京城市定位的特殊要求出发，提出进一步促进北京产业发展及加强京津冀产业联系的对策。

一、北京市产业发展的基本条件

（一）北京市产业发展的优势与劣势

1. 优势分析

（1）首都优势。首都优势是北京产业发展的最绝对优势。北京集聚了中央行政机构、众多著名院校、国内各大网络和通信运营商、广播电视服务商和主要金融机构总部，是我国最大的服务资源集聚中心，金融、文化等现代服务业成为北京发挥经济影响力和控制力的主要传导行业，辐射范围覆盖全国。2004年，中央在京企业和单位个数为11187个，在京单位资产为16.8万亿元，占北京地区资产总量的77.7%，共实现增加值

2284.7亿元，占北京地区生产总值的近40%。2004年，中央在京金融企业和单位共实现增加值560.3亿元，占北京金融业产值的78.5%；北京控制着全国90%的信贷资金和65%的保费资金运用，是全国最大的保险市场和货币资金市场；中央在京金融资产达13万亿元，占北京全部金融业资产的92%。2004年，中央在京文化企业和单位共实现增加值106.2亿元，占北京文化业产值的74.4%；北京市文化产业从业人员中，中央单位占25.4%；中央单位拥有资产1238.9亿元，占43.8%；实现利润总额42.8亿元，占62.3%（见表3-1）。

表3-1　　　　中央在京企业分行业发展情况（2004年）

行业	增加值（亿元）	中央在京企业增加值（亿元）	所占比重（%）
总计	6060.3	2284.7	37.7
第一产业	95.5	0	0
第二产业	1853.6	486.6	26.3
工业	1554.7	390.7	25.2
建筑业	298.9	96.6	32.4
第三产业	4111.2	1798.1	43.7
交通运输、仓储和邮政业	356.8	230.5	64.6
信息传输、计算机服务和软件业	449.6	161.4	35.9
批发和零售业	587.7	226.3	38.5
住宿和餐饮业	163.3	32.7	20.0
金融业	713.8	560.3	78.5
房地产业	436.1	22.2	5.1
租赁和商务服务业	276.6	28.8	10.4
科学研究、技术服务和地质勘查业	276.5	176.7	63.9
水利、环境和公共设施管理业	34.6	3.04	8.8
居民服务和其他服务业	79.6	23.6	29.7
教育	286.3	130.8	45.7
卫生、社会保障和社会福利业	105.9	36.0	34.0
文化、体育和娱乐业	142.7	106.2	74.4
公共管理和社会组织	201.6	58.5	29.0

资料来源：北京市统计局。

（2）科技教育和人才优势。北京是全国最大的科研基地和国内外科

第三章 北京市产业发展特征及规划思路

技信息的重要集散地,是全国高等学校最集中、教育水平最高的地区,聚集了全国最多、最优秀的人才精英:2004年,北京研发经费支出达316.9亿元,占GDP比重达5.2%,高于上海3.1个百分点,在全国处于领先地位;北京已有一定规模的各类研发机构2000余家,其中企业设立的有1000多家,各大学和政府设立的研发机构700多家,民办科研机构200多家,2004年底,已有390家跨国公司在京设立研发机构,其中192家具有研发活动;户籍人口当中,大专以上的人数占就业人数的比例为五分之一,重点高校占全国的1/4,进入"211"工程的有20多所,拥有100多个博士点,占全国的1/3,硕士生招生规模占全国1/5,两院院士一半以上分布在北京的科研院所和高等院校。

(3) 消费和技术优势。2005年,北京市常住人口1538万,实现社会消费品零售额2902.8亿元,城市和农村居民人均可支配收入达17653元和7860元。随着城市化进程的加快,北京城乡居民消费结构稳步提升,2005年,城市居民和农村居民的恩格尔系数分别为31.8%和32.8%。食品、衣着及家庭设备等支出的比重继续下降,多层次和高效率的服务需求不断形成,为面向不同人群的、不同层次的服务产品和行业体系的发展提供了契机。庞大的旅游、信息、科技、广告等奥运消费更将促进北京城市消费结构的加速升级。据有关部门估计,奥运已带动消费支出增长880亿元,按照2004年居民服务性消费比重32.2%计算,新增服务性支出达到280多亿元。2008年至2010年北京年入境旅游者将达到470多万人次,2010年旅游外汇收入将达到50亿美元。除消费市场外,北京还拥有技术市场优势,北京的技术市场一直名列全国第一。2004年,技术合同成交额425亿元,增长60%;在成交总额中,流向本市的技术16706项,成交额220亿元,对全市发展产生积极作用;流向全国其他地区18843项,成交额205亿元,对全国的创新发展产生了重要的辐射带动作用。2005年,中关村科技园区技术交易额达到175亿元,其中有100亿元流向北京以外地区,一批企业在中关村完成新技术和新产品的研发后,在外省市建立了生产制造基地。

(4) 区位和交通优势。北京地处华北平原西北边缘,具有联结东北、华北、西北乃至全国的枢纽性区位。在环渤海地区5800公里的海岸线上,有包括天津、大连、青岛、唐山、秦皇岛等重要港口在内的60多个大小港口，北京周边即有天津港、秦皇岛港和京唐港三个重要港口可供使用。北京是全国铁路网、民航航线网、高速公路网的核心，是全国客货流的主要中转站，2005年旅客运输量达到60838.9万人次，货运总量32530.1万吨。北京还是连接中国与世界的纽带。北京有直通世界100多个国家和地区的国际航线，首都国际机场是亚洲最繁忙的空港之一，国际、国内航线旅客吞吐量居国内各大城市之首。首都机场第三次扩建工程计划已于2007年年底完工，并在2008年上半年投入试运行，扩建后的首都机场将达到年起降飞机50万架次，年客运能力6000万人次，年货运能力180万吨，跻身世界最大空港行列。

2. 劣势分析

（1）资源短缺。水资源短缺。北京本地自产水资源量仅为39.99亿立方米，水资源的人均占有量约300立方米，是全国人均水资源占有量的1/8，是世界人均的1/30，远远低于国际公认的人均1000立方米的下限，是世界上严重缺水的大城市之一。

土地资源紧张。北京市山区面积大，约占全市的62%，远郊区县山区占75.5%，七个山区县山区面积占96%，土地后备资源不足，市场供应紧张。

除了水和土地资源外，北京的能源、矿产和原材料对外依存度过高，对产业发展也形成了一定的制约作用。

（2）环境容量小。受北方城市自然生态条件和经济快速发展的影响，北京在改善空气质量、治理水环境等任务上十分艰巨。2005年，北京市空气质量2级和好于2级的天数仅为234天，占全年的64%。

（3）商务成本高。与沪、穗、深相比，北京的土地成本（集中反映在房租成本上）明显较高，劳动力成本相对较低，但与其他省市相比则较高（见表3-2）。北京在通信收费上与上海、深圳差别不大，但由于缺水，北京水价较高，电价低于深圳但高于上海。由于交通拥堵严重，北京包括机会成本在内的综合交通费用较高。与长江三角洲和珠江三角洲相比，北京的体制改革滞后，市场化程度较低，市场意识较差，因而交易成本较高。

第三章 北京市产业发展特征及规划思路

表3-2　　　　　　　京、沪、穗、深四地在要素价格上的对比

城市	房屋租金价格			在岗职工工资 (2001年,元)	人均GDP (2001年,元)
	甲级商务 写字楼	每月租金 (美元/平方米)	每月管理费 (美元/平方米)		
北京	中国国际贸易中心	40	4.5	19154	25539
	北京恒基中心	20	3.9		
上海	金贸大厦	30	4.5	21781	37382
	东海商业中心	17	2.8		
广州	中信广场	16	3.6	22772	38007
	大都会广场	13	3.5		
深圳	信兴广场	13.5	4.0	25940	43344
	世贸广场	8.5	3.0		

资料来源：钟良《北京商务成本分析》，《首都经济》2003年第11期。

(4) 微观经济活力不足。北京地区政府自身改革和职能转变相对滞后，社会事业领域改革步伐缓慢，国有经济效率不高，中小企业和非公有制经济发展不够，适应社会主义市场经济要求的市场监管体制亟待健全，发展环境仍需不断改善。

(5) 产业配套条件差。受商务成本高、中小企业发育不足等因素的影响，北京市及其周边省市产业配套能力较低，使得很多零部件需要从外地输入，增加了产业配套成本。北京所特有的科技和人才优势在产业发展中并没有得到充分发挥。每年北京IT产业的许多优秀科研成果并没有在北京完成产业化过程，相反科研成果甚至是优秀IT产业人才却大量流向长三角地区。近年来，以深圳、东莞为核心的珠三角IT产业走廊和以上海、苏州、南京、杭州等为核心的长三角IT产业走廊，依靠优越的产业配套优势和投资环境，在IT产业制造环节已经明显超过北京。

(二) 北京产业发展的机遇与挑战

1. 机遇分析

国际产业转移加快。凭借在人才、市场等方面的优势，北京对于吸收国际服务业和高技术产业转移具有十分有利的条件。"十一五"时期，高

技术产业和现代服务业的跨国转移加快，经济全球化趋势不断增强，为北京在更高层次上承接国际产业转移，发展总部经济，参与国际竞争，提升国际化水平和综合竞争力创造了有利条件。截至2004年年底，在京跨国公司总部达到7家，外资研发中心达到189个，世界500强企业在京开办的代表处、办事处达293家。

国家实施自主创新战略和国家对服务业发展的重视上升到一个新的高度。国家自主创新战略将带动研发等创新服务需求。随着创新社会建设的逐步开展，研发等创新活动将会越来越多，创新服务市场将日益扩大，这为北京充分发挥自身优势，增强面向全国的创新服务能力，大力发展高端、高效、高辐射力产业提供了新的机遇。今后一个阶段，国家将开始实施自主创新能力建设专项工程，陆续建设一批国家工程中心、国家工程实验室、企业技术中心。北京作为国家级研发机构最密集的城市，在这一国家专项工程中无疑将受益最大。《中共中央关于制定国民经济和社会发展第十一个五年规划的建议》明确提出，"大城市要把发展服务业放在优先位置，有条件的要逐步形成服务经济为主的产业结构。"国家即将出台的包括促进服务业加快发展的意见、促进自主创新的指导性文件和推进垄断行业改革等政策，无疑都将对北京服务业的发展产生重大影响。

京津冀都市圈区域规划的编制和实施。规划的编制与实施将有力推动全国区域发展格局的战略调整，促进京津冀都市圈生产要素的大范围流动和资源的合理配置，扩大市场容量和产业空间，更好地发挥首都比较优势，使北京的优势服务企业得以有更多的机会走出市域，服务区域，不仅为本市的工业生产和居民生活服务，同时也为天津、河北的工业生产和居民生活服务，从而推进首都生产性服务业的大发展和城市功能布局调整，有效缓解人口、资源和环境压力。

2. 挑战分析

"十一五"期间，北京发展也面临着一些不利因素的制约和挑战，必须高度重视，妥善应对：

人口规模膨胀与资源约束矛盾加剧。北京自然资源严重匮乏，人均水资源只有全国平均水平的1/8，人均土地资源不到全国平均水平的1/5，能源供应也比较紧张。近几年来，随着全市常住人口规模的快速膨胀，资

第三章 北京市产业发展特征及规划思路

源瓶颈约束的矛盾日趋突出。

增长方式与发展水平提升的要求不相适应。经济增长仍然主要依靠投资推动,消费对经济增长拉动力不足。增长方式集约化程度偏低,自主创新能力不强,资源利用效率不高,万元地区生产总值的能耗、水耗和占地仍明显高于发达国家城市水平。

城乡和区域发展不协调。"三农"问题依然突出,中心城区的人口和功能过度集中,历史文化名城的整体保护有待加强,城区与郊区之间、平原与山区之间、南城与北城之间的基础设施和社会基本公共服务的享有水平存在较大差距。

二、"十五"以来北京市的产业发展

(一) 北京产业发展现状

"十五"以来,城市经济轻型化、工业结构重型化、产业发展集聚化成为北京产业变化的突出特点:

1. 服务型经济特征明显,第三产业占据重要地位

"十五"期间,北京经济保持快速发展,GDP 年均增长 11.9%,其中三次产业分别增长 2.7%、11.7% 和 12.3%,第三产业发展最快(见图 3-1)。

2005 年,第三产业增加值占 GDP 比重为 67.7%。服务业成为支撑首都经济发展、优化产业结构、保障充分就业、协调区域发展、转变经济增长方式和体现首都经济影响力的重要产业,在首都经济社会全面协调可持续发展中具有重要战略地位。

服务业占 GDP 比重最高。全市服务业增加值占 GDP 的比重在 1994 年就超过了第二产业,在 1995 年突破 50%,在 1998 年突破 60%,自 2001 年突破 65% 以来,连续 5 年保持在 67% 的较高水平,2002 年更是高达 69.2%(见表 3-3)。与国内其他特大城市相比,北京市服务业增加值最多,所占比重最大,2005 年,北京市服务业增加值比上海多 27.9 亿元、比广州多1707.3亿元，比深圳多出2280.1亿元，所占GDP比重分别高出上海、广州、深圳17.5个、10.8个、20.3个百分点（见表3-4）。2005年，全市服务业中有5个行业的增加值占GDP的比重超过5%，支柱产业地位突出：其中金融业占11.6%，批发和零售业占9.4%，信息传输、计算机服务和软件业占7.6%，房地产业占7.2%，交通运输仓储和邮政业占5.8%。

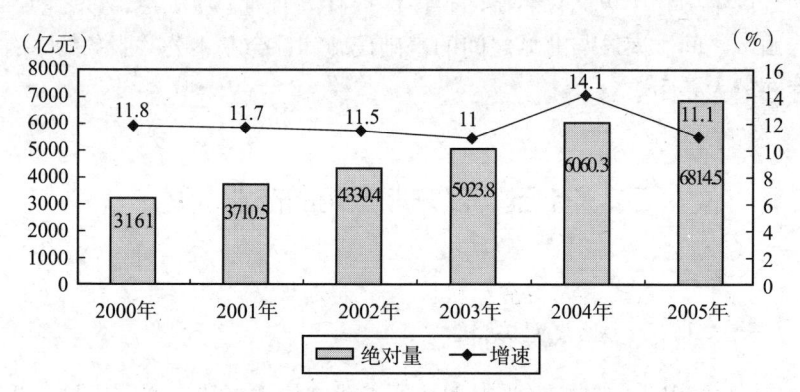

图3-1　2000~2005年北京地区生产总值增长情况

表3-3　"十五"时期北京市服务业发展情况

	2001年	2002年	2003年	2004年	2005年
服务业增加值（亿元）	2487.4	2996.4	3446.8	4111.2	4616.3
服务业增加值增速（%）	13.1	13.3	10.8	13.1	11.2
服务业增加值占GDP比重（%）	67.1	69.2	68.6	67.8	67.7

表3-4　北京、上海、广州、深圳服务业增加值比较

年份	2004				2005			
城市	北京	上海	广州	深圳	北京	上海	广州	深圳
增加值（亿元）	4111.2	4097.2	2545.3	2058.6	4616.3	4588.4	2909.0	2336.2
占GDP的比重（%）	67.8	50.8	57.2	48.1	67.7	50.2	56.9	47.4

注：表中均为普查后数据。

服务业经济增长贡献率最大。"十五"时期，服务业对全市经济增长的贡献率始终保持在60%以上，2002年更是高达75.7%，服务业一直是

第三章　北京市产业发展特征及规划思路

带动首都经济发展的最强动力（见表 3-5）。

表 3-5　"十五"时期北京市服务业对经济增长的贡献率

	2001 年	2002 年	2003 年	2004 年	2005 年
服务业贡献率（%）	72.4	75.7	65.4	61.9	66.4

服务业是北京财政收入的最主要税源。2005 年，全市服务业共完成地方税收 705.9 亿元，占地方税收总额的 84.2%，而同期工业税收仅为 53.2 亿元，不足服务业的 1/10。

服务业是北京吸纳就业的最主要载体。随着服务规模的扩大、领域的拓宽和业态的创新，服务业正在成为北京市城乡居民就业的主要渠道：一方面，从业人员持续增加，服务业从业人员，由 2000 年的 338.1 万人增加到 2005 年的 584.7 万人，占全市从业人员的比重在 2005 年达 66.6%；另一方面，随着金融、信息、科技服务等现代服务业的加快发展，服务业吸引了众多高端管理与技术人才，进一步巩固和强化了首都的人才优势。2004 年，金融保险业从业人员达到 15 万人，占全市从业人员的 2.1%（见表 3-6）。

表 3-6　"十五"时期北京市三次产业就业分布情况

	2001 年	2002 年	2003 年	2004 年	2005 年
全市从业人员（万人）	628.9	679.2	703.3	854.1	878
三次产业就业结构	11.3∶34.3∶54.4	10.0∶34.6∶55.4	8.9∶32.1∶59.0	7.2∶27.3∶65.5	7.1∶26.3∶66.6

首都是对外开放的最前沿。2005 年，全市服务业合同利用外资金额 45 亿美元，实际利用外资金额 23 亿美元，分别占全市合同外资和实际利用外资的 69.2% 和 65.7%。商务服务、房地产、计算机服务、信息咨询、金融等部门成为外商投资的重点领域，其中，租赁和商务服务业更是引资最为活跃的行业，2005 年该行业实际利用外资占全市服务业利用外资的 54%（见表 3-7）。

表3-7　　　　北京市服务业吸引外资行业分布（2005年）

服务业各行业	合同外资		实际投资	
	金额（万美元）	占服务业利用外资比重（%）	金额（万美元）	占服务业利用外资比重（%）
交通运输、仓储和邮政业	12368	2.75	8712	3.79
信息传输、计算机服务和软件业	67436	15.00	24250	10.54
批发和零售业	34527	7.68	2560	1.11
住宿和餐饮业	2059	0.46	647	0.28
金融业	13194	2.93	15882	6.90
房地产业	67407	14.99	46326	20.14
租赁和商务服务业	211552	47.05	124272	54.03
科学研究、技术服务和地质勘探业	35106	7.81	3768	1.64
水利、环境和公共设施管理业	733	0.16	299	0.13
居民服务和其他服务业	2908	0.65	485	0.21
教育	98	0.02	218	0.09
卫生、社会保障和社会福利业	70	0.02		0.00
文化、体育和娱乐业	2212	0.49	2592	1.13

服务业是北京资源优势利用得最充分的行业。以金融、信息、商务、文化、教育等为代表的知识密集型服务业快速发展，在服务业中居于主导地位。2005年，以金融、信息、商务、文化、教育等为代表的知识型服务业在整个国民经济中所占比重达到37.1%，占服务业比重为54.8%。其中金融业占服务业的比重为17.1%，信息传输计算机服务和软件业为11.2%，教育为6.9%，租赁和商务服务业为6.2%、科学研究技术服务和地质勘察业同为6.8%，成为首都经济的重要行业（见表3-8）。

表3-8　　　　北京市知识型服务业发展情况（2005年）

服务业各行业	增加值（亿元）	GDP占比（%）	服务业占比（%）
总计	2711.1	39.4	56.9
金融业	836.6	12.1	17.6
信息传输、计算机服务和软件业	583.2	8.5	12.2
教育	315.2	4.6	6.6
租赁和商务服务业	346.8	5.0	7.3
科学研究、技术服务与地质勘察业	341.5	5.0	7.2
文化、体育和娱乐业	171.3	2.5	3.6
卫生、社会保障和社会福利业	116.2	2.4	2.4

第三章 北京市产业发展特征及规划思路

2. 工业重型化特征明显,两大产业支柱地位显著

工业领域形成多点支撑的发展局面。"十五"以来,电子及通信设备制造业、交通运输设备制造业、黑色金属冶炼及压延加工业、石油加工及炼焦业、化学原料及化学制品制造业一直居北京工业总产值的前五位,其产值占规模以上工业总产值的一半以上。

电子、汽车成为工业的支柱。2005年,电子信息产业实现增加值364.3亿元,增长22%,占高新技术产业和工业的比重分别为70.4%和20.4%,已经成为工业中规模最大的行业大类。汽车工业的崛起成为全市工业新的增长点,交通运输设备制造业增加值比上年增长55.5%,占工业比重为9.2%,在工业大类中居第五位。2005年,全市生产汽车58.6万辆,比上年增长8.8%;其中轿车22.1万辆,增长47.1%,产销率达99.18%(见表3-9)。

表3-9　　　　2005年北京市重点工业行业发展情况　　　　单位:万元

行　业	工业总产值	工业增加值
农副食品加工业	1357247	217752
食品制造业	1386592	465781
纺织业	692043	178892
石油加工、炼焦及核燃料加工业	5925059	765808
化学原料及化学制品制造业	2369305	636850
医药制造业	1310658	493414
非金属矿物制品业	1938169	479826
黑色金属冶炼及压延加工业	5468818	2281884
通用设备制造业	2371145	564565
专用设备制造业	2320484	762835
交通运输设备制造业	8176842	1414020
电气机械及器材制造业	2222787	625782
通信设备、计算机及其他电子设备制造业	17755071	2714832

3. 产业集聚特征明显,重点功能区发展势头良好

2005年,中关村科技园区、北京经济技术开发区、临空经济区、商务中心区以及金融街等对首都经济发展具有较强拉动作用的重点产业功能区，呈现出良好的发展势头：财政税收显著增长，全年共实现税收近630亿元，平均增幅达到98%，占全市总税收的28%；入区企业再创新高，全年共新增和新认定入区企业近5500家，仅中关村科技园区就新认定企业4390家。

中关村科技园区集聚逐步增强。截止2005年年底，中关村软件企业数、产值、出口均占到全国总量的1/3，在中关村创业的海外留学人员占到全国的一半以上，是北京科技教育和高新技术产业发展的主要集聚区。全年投产开业企业21257家，实现总收入4819.3亿元，比上年增长30%，其中出口销售收入730.3亿元，增长1.2倍；实现利润270.2亿元，增长5.8%；应缴税金167.5亿元，增长14%。海淀园、昌平园、电子城、丰台园、亦庄科技园、德胜园、健翔园等一批高新技术专业园区和产业基地进一步发展，其中海淀园的软件和集成电路设计产业占全国的1/3。

北京经济技术开发区已具规模。全年投产开业企业942家，实现总收入1267亿元，比上年增长73.4%，其中出口销售收入444.6亿元，增长1.3倍；实现利润85.9亿元，增长30%；应缴税金42.6亿元，增长40%。北京经济技术开发区已逐步成为北京市工业发展的重要载体和主要增长点，同时汽车产业基地、光机电一体化产业基地等各类园区等也已初具规模。

临空经济区发展势头强劲。临空经济区主要以机场为依托，重点发展以航空物流、旅游会展、金融保险等为主的航空配套类产业，2005年实现生产总值185亿元左右，属地财税收入62亿元（不含首都机场航空口岸征收的关税及代征税120亿元），显示出了区域经济发展"发动机"和"助推器"的强大动力。

商务中心区稳步发展。商业中心区域内有世界500强企业102家，金融机构39家，集中了全市80%以上的跨国公司地区总部、65%的驻中国代表处和95%的驻北京代表处，是全国跨国公司地区总部和北京国际金融企业最集中的区域。截止到2005年年底，CBD区域入驻企业数已达近3100家，比2004年增加了近500家，平均每季度增长100多家，其中外资企业904家，平均每季度增长32%。2005年CBD地税入库各项收入22.7亿元，同比增加2.5亿元，增长12.21%；其中社会服务业税收贡献

第三章 北京市产业发展特征及规划思路

14亿元，占61.61%，同比增加2.2亿元，增长18.29%，成为拉动CBD税收贡献的主要力量。

金融街作用显著增强。截止到2005年年底，金融街实现总税收320.5亿元，为上年同期的3.2倍，入驻的金融机构和大企业总部已达600多家，包括JP摩根银行、纽约银行等20余家外资金融机构，中国工商银行、中国银行、中国建设银行等国有商业银行总部以及110多家股份制银行、证券、保险公司总部和分支机构及北京产权交易所、中国外汇交易中心等要素市场，区域内企业管理的总资产达到18万亿元。

(二) 面临的主要问题

1. 服务业辐射力不强，产业结构仍需进一步优化

尽管服务业在首都经济社会发展中的积极作用日益显现，但无论是同发达国家或地区的发展水平相比，与中央提出的"四个服务"的要求相比，还是与作为首都经济发展的第一动力产业的地位相比，北京服务业发展都仍存在着较大差距。

GDP占比仍有待提高。尽管目前北京服务业占GDP的比重已接近发达国家的平均水平，高居全国第一，但这一数据与中国香港2003年的84%差近16个百分点，与纽约、伦敦、东京、巴黎四大城市1998年的服务业在国民经济中的平均比重79.5%相比也有显著差距，仅相当于纽约和伦敦70年代的水平。

绝对规模还不够大。2004年，北京市服务业增加值仅为中国香港同期的30.8%，纽约的6.3%。与上海相比，尽管普查数据显示北京的服务业规模已经超过上海（此前，尽管北京服务业的GDP占比超过上海13个百分点，但绝对数只有上海的3/4），但在上海经济总量和工业规模远远大于北京的情况下，北京相对于上海的服务业优势就显得微乎其微了。与做大经济总量的要求相比，北京服务业发展形势还相当严峻，绝对规模尚需继续增大（见表3-10）。

吸纳就业仍有空间。2005年，北京服务业从业人员占总就业人数的66.6%，比中国香港、中国澳门、新加坡等服务业发达地区低10~20个百分点。

表 3-10　　　　　　　北京与上海产业发展情况比较（2005 年）

	GDP（亿元）	工业（亿元）	服务业（亿元）
北京	6814.5	1782.4	4616.3
上海	9144.0	4155.2	4588.4
差距	-2329.5	-2372.8	27.9

注：差距为北京指标值-上海同类指标值。

服务贸易竞争力弱。2000 年，北京市的服务贸易由逆差转为顺差。2004 年，全市服务贸易额 216.8 亿美元，其中出口 123.7 亿美元，进口 93.1 亿美元，实现顺差 30.6 亿美元（见表 3-11）。北京与香港等地区的服务贸易竞争力相比仍有较大的差距。1999~2004 年，北京市 TSC 指数低于香港同期水平，近三年还不到香港的一半。此外，北京市服务贸易主要集中在运输、旅游等行业，香港则主要集中在金融、通信、数据处理、咨询和广告等领域。在文化、体育、卫生、教育等具有发展潜力和增值空间的服务贸易领域，北京也还有相当差距。

表 3-11　　　　　　　2004 年北京服务贸易情况　　　　　　　单位：亿美元

交易项目	出口额	进口额	顺差+/逆差-
总计	123.7	93.1	+30.6
运输业	23.3	29.1	-5.8
旅游业	14.4	8.6	+5.8
咨询业	11.4	7.5	+3.9
计算机和信息服务	7.1	2.7	+4.4
建筑安装和劳务承包	5.2	6.7	-1.5
通讯邮电	3.7	3.7	0
金融保险	2.0	2.8	-0.8
专利权利使用和特许	0.6	6.8	-6.2
广告宣传	3.4	1.8	1.6
电影音像	0.2	1.1	-0.9
其他商业服务	49.5	17.2	32.3
别处未提及的政府服务	3.0	5.0	-2.0

第三章 北京市产业发展特征及规划思路

服务业劳动生产率不高。2005年，北京服务业单位人员产出率为8.66万元，仍低于上海8.78万元的水平，与台湾、香港地区的差距则更大。

行业总体盈利率偏低。在服务业的14个行业中，北京的交通运输仓储及邮政业、信息传输计算机服务和软件业、住宿和餐饮业、房地产业、教育、卫生社会保障和社会福利业、公共管理和社会组织等7个行业的盈利率均低于上海和广州。

2. 开发区旗舰作用有待增强，产业布局需进一步调整

中关村科技园区、北京经济技术开发区、临空经济区、中央商务区和金融街是北京经济发展的主体，2004年，上述5大功能区实现产值占全市的30%，其他开发区在全市和区县经济发展中的旗舰作用尚不突出。经过清理整顿，北京各类开发区的数量由470个减少到28个，总体上看，28个开发区大多分布于远郊区县，城八区仅有两个。按照北京市"两轴两带多中心"的总体规划，大部分开发区都位于东部发展带上，其数量有20个，西部生态带上有8个。2005年末，28个开发区投产企业达25723家，吸纳就业人员86.6万人，全年实现总收入6448.4亿元，其中出口销售收入995.1亿元，利润总额357.2亿元，应缴税金267.6亿元。其中3个国家级开发区产业定位比较明确，其他25个开发区产业发展方向相对不够清晰，产业定位比较雷同，主要在电子信息、机电、汽车及零部件制造以及生物医药等领域，同时兼有其他劳动密集型产业，特色仍不够明显，比较优势不足。

服务业在中心城区高度集中，远郊区县服务业发展严重不足。从总量上看，北京市服务业发展主要集中在首都功能核心区（东城、西城、崇文、宣武）和城市功能拓展区（朝阳、海淀、丰台、石景山）两类区域（见图3-2）。2004年，首都功能核心区和城市功能拓展区两个区域共有服务业单位16万个，占全市服务业单位总数的77.5%；实现收入2.1万亿元，占全市服务业收入总额的91.4%；实现增加值3385亿元，占全市服务业增加值的82.3%。金融业，信息传输、计算机服务和软件业，租赁和商务服务业，科学研究、技术服务和地质勘察业，文化、体育和娱乐业等现代服务业在中心城区的集中度更是高达90%以上。相比之下，城市发展新区和生态涵养发展区的服务业发展则基本以房地产、批发零

售、教育以及公共管理和社会组织等为主，无论是在总量上，还是在结构上均与核心区与拓展区的服务业发展差异明显（见表3-12）。

图3-2 北京市28家开发区分布示意

表3-12 各区县服务业发展状况（2004年）

	服务业增加值（亿元）	服务业占GDP比重（%）	服务业支柱产业
首都功能核心区	1355	88.4	
东城区	448	91.5	信息传输、计算机服务和软件业
西城区	659	88.5	金融业
崇文区	72	77.7	金融业
宣武区	176	85.2	金融业
城市功能拓展区	2031	73.1	
朝阳区	866	77.4	批发和零售业
丰台区	221	66.3	科学研究、技术服务和地质勘探业
石景山区	50	28.6	金融业
海淀区	894	78.1	信息传输、计算机服务和软件业
城市发展新区	366	42.7	
房山区	57	27.3	房地产业

第三章　北京市产业发展特征及规划思路

续表

	服务业增加值（亿元）	服务业占GDP比重（%）	服务业支柱产业
通州区	54	41.4	房地产业
顺义区	75	32.4	房地产业
昌平区	92	50.4	房地产业
大兴区	63	45.5	房地产业
亦庄开发区	25	16.0	信息传输、计算机服务和软件业
生态涵养发展区	116	42.0	
门头沟区	17	43.4	公共管理和社会组织
怀柔区	30	36.4	批发和零售业
平谷区	20	40.7	公共管理和社会组织
密云县	30	42.9	房地产业
延庆县	19	55.6	公共管理和社会组织

3. 自主创新能力不强，提高技术水平任重道远

自主创新能力偏低。北京的产业技术创新能力还没有走出一条引进—消化—吸收—创新的道路，多数行业缺乏具有自主知识产权的关键性技术和装备，核心技术和关键设备仍基本上依赖进口。一般水平的耐用消费品和设备制造能力发展很快，高水平制造能力不足，这是北京制造业结构首先要解决的重大问题，即使是相对而言较先进的电子行业，北京仍未摆脱加工组装阶段，许多核心部件主要依赖进口，产品研究开发能力薄弱。2004年，北京市高新技术产业化效益指数为42.16，居全国第10位；科学研究和综合技术服务业增加值占GDP的比重仅为4.6%；受理的专利申请有一半以上来自国外；高新技术产品贸易处于逆差，差额达到-45.12亿元，TSC值位列全国14位。

资源消耗水平仍然较高。尽管在服务业的带动下，全市万元GDP能耗和水耗呈不断下降趋势，2005年全市万元GDP能耗为0.81吨标准煤，万元GDP水耗为50.9立方米，"十五"期间，能耗和水耗每年平均降低5.4%和13.3%，但从总体看，产业发展的资源消耗水平仍然过高。虽然黑色金属冶炼及压延加工业、化学原料及化学品制造业、非金属矿物制品业、电力、燃气、热水的生产和供应业、石油加工及炼焦业五个行业在节能、节水方面取得显著成绩，但其资源消耗量仍长期保持较高水平，2004

年五个行业的工业增加值仅占北京全市工业增加值的28%，却耗用了全市工业84%的能源和77%的水。五大高耗能行业的能源、水的消耗量占全市工业同类指标的比重较大，不能完全适应北京的城市功能定位、产业发展方向和资源供给条件，产业技术水平有待进一步提高。

（三）产业规划设想

北京产业发展总的方向和要求是，走高端产业发展之路，把现代服务业发展放在优先位置，大力发展高新技术产业，适度发展现代制造业，显著提升都市型现代农业水平。

1. 加快发展现代服务业

注重发展知识型服务业，积极承接国际服务业转移，增强服务功能和辐射力。稳定提升具有比较优势的金融、文化创意、房地产等支柱产业，积极培育发展空间较大的旅游会展、现代物流等潜力产业。重点发展以下领域：

金融产业。不断优化首都金融发展环境，构建功能丰富、竞争有序、监管有力的多层次金融市场体系，推进金融产品和服务的创新。积极吸引国内外银行、证券、保险、信托、基金等各类金融机构落户北京。着力推动产权交易和风险资本市场发展。发挥金融资源的集聚和辐射效应，扩大区域金融交流与合作。

文化创意产业。以完善体制和政策为突破口，制定支持文化创意产业发展的地方法规和优惠政策，营造良好的政策、法制环境和社会氛围，推动文化创意产业加快发展，使之成为首都经济的支柱产业。整合优质资源，积极培育发展一批具有竞争力的大型文化企业集团和文化产业集群；做强做大文艺演出、出版、广播影视、广告等优势产业，不断壮大动漫、网络传媒、网络游戏等新兴产业；打造一批具有一流国际水准、浓郁北京特色的文化精品和知名品牌；逐步把北京建设成为全国的文化演出中心、出版发行和版权贸易中心、影视节目制作和交易中心、动漫和网络游戏研发制作中心、文化会展中心和古玩艺术品交易中心。大力发展研发设计、建筑设计、咨询策划、时尚消费等创意行业。

旅游会展。提升旅游会展业发展水平，打造世界一流旅游城市和国际

第三章　北京市产业发展特征及规划思路

会展之都。继续巩固传统文化观光旅游，重点开发现代娱乐、商务会展、体育休闲等高端旅游产品。搞好国家会议中心、中国国际展览中心新馆等大型会展设施建设，进一步提升科技、汽车、文化等具有国际影响力的会展品牌。

房地产业。以"稳步发展、优化结构、稳定价格"为目标，引导房地产业健康发展。把握好土地供应总量和开发建设规模，坚持以普通商品住宅供应为主体。鼓励发展资源节约型住宅，加强房地产品牌建设。大力发展住房二级市场，规范住房租赁市场，完善住房市场供应体系。调整房地产开发布局，优化和控制中心城区开发规模，引导开发重点向通州、顺义、大兴、昌平等新城以及南城转移；原则上二环路以内，不再新批成片普通商品住宅项目；三环路以内，从严控制大型商业设施建设；四环路以内，除南部地区外，不再开发建设新的经济适用房项目。

现代物流。着重整合物流资源，提升物流效率，重点推进顺义空港、通州马驹桥等公共物流园区建设，形成物流基地、物流中心和配送中心互为补充、协调发展的物流基础设施格局。大力发展产业物流，积极推进国际物流和航空物流，重点优化城市配送物流。以信息技术和供应链管理技术为核心，显著提升物流企业的专业化、信息化和社会化水平，加快培育一批重点企业。

商贸商务服务。运用现代经营方式和信息技术改造提高传统服务业。大力推动连锁经营等现代流通方式和便利店、专业店等新型业态的发展，加快发展社区商业和郊区村镇商业，构建城乡现代化流通网络。规范现有批发、零售市场，促进有形市场的升级改造。适应产业和市场发展需要，积极引进国际知名的会计、法律、咨询、评估等中介服务企业，形成立足北京、辐射全国的商务服务体系。

2. 大力发展高新技术产业

以提升自主创新能力和整体产业竞争力为核心，重点发展以软件、研发、信息服务业为主的高技术服务业和以电子信息产业、生物产业为主的高新技术制造业。

软件产业。加快中关村软件园二期、用友软件园等软件产业基地建设。以系统集成带动软件开发，重点突破嵌入式软件、中间件、信息安全、数字内容等关键技术。依托国家软件出口基地,扩大软件外包出口。继续通过政府采购等方式支持国产软件的发展。

研发产业。以改善公共技术支撑和服务支撑为重点,建立一批具有国际一流研发环境的专业性研发基地,吸引跨国公司和国内大型企业设立研发中心和决策运营中心,鼓励测试、咨询等科技中介服务发展。

信息服务。大力发展软件服务、信息增值服务和网络服务。重点推进第三代移动通信、数字电视、下一代互联网等一批关键技术的应用。加强信息资源开发利用,大力发展电子商务、网上教育培训、数字娱乐等网络服务,促进新型信息服务业健康发展。努力把北京建设成为全国信息服务中心,国际化信息服务集团的主要集聚地和亚太地区最重要的电信枢纽之一。

移动通信。以新一代技术标准产业化为契机,支持关键技术标准研发和自有核心技术项目的产业化,重点发展基于标准的系统和移动终端设计,促进移动通信产业升级。

计算机及网络。鼓励大型计算机企业跨国经营,加快基于闪联标准3C产品的产业化步伐,支持高性能计算机的研发和产业化。强化下一代互联网产业联盟,搭建应用示范平台,打造下一代互联网产业链。

集成电路。加快国家集成电路产业园建设,以设计为重点,以制造和测试为支撑,带动集成电路产业资源集聚,完善半导体材料和集成电路设计、制造、封装、检测共同发展的产业链。

光电显示。依靠龙头企业带动光电显示产业链的形成,鼓励龙头企业和中小企业、科研机构共同创新和技术研发,形成先进显示技术产业群。重点发展LCD(液晶显示)、OLED(有机电激光显示)、LED(发光二极管)等显示产品,加快建设光电显示产业基地。

现代生物产业。积极开展基因工程、生物芯片、动物疫苗等生物工程技术和新产品研究,促进生物医药、生物农业、生物环保等产业加快发展。

在推动上述产业发展的同时,积极培育数字电视、汽车电子、新材料、新能源等潜力产业。

3. 适度发展现代制造业

加快培育具有自主知识产权的技术、名牌产品、龙头企业和支柱产业群,形成"龙头企业—产业链—产业群"相互衔接的产业格局。充分发

第三章 北京市产业发展特征及规划思路

挥产业的聚集效应和区域比较优势，提高工业整体素质和竞争能力。重点发展以下领域：

汽车产业。以理顺体制、整合资源为突破口，加快汽车工业重组。重点发展轿车、商用车和军民两用越野车产品。通过整车发展带动汽车零部件及配件制造、汽车服务贸易等相关行业发展。注重创新，培育品牌，加速先进、关键技术的引进和消化吸收，提高整体竞争力。

装备制造。以系统技术集成为重点，加快智能仪表及控制系统的研发和产业化，着重扶持发电及输变电设备、数控机床、工程机械、印刷机械等先进装备制造行业。

石化新材料。积极推进燕化1000万吨炼油系统改造、第三轮乙烯装置改造等重大项目建设。依托燕山石化，重点发展环境污染小、资源消耗少、附加值高的化工新型材料、精细化工制造。

医药产业。重点发展中药与天然药，推进中药生产现代化。加强化学药品的原创和研发，初步建立化学药、中药、生物医药和医疗器械四大领域协调发展的产业格局，建成全国一流的生物工程与新医药产业基地。

都市工业。重点发展文教体育用品、服装纺织、食品饮料、包装印刷、工艺美术等行业，培育名优品牌，服务城市消费需求。

4. 拓展优化建筑业

进一步推动建筑业技术进步，优化产业组织结构，增强产业的整体素质和竞争力。在巩固国内行业领先地位，提高国内市场占有率的基础上，积极实施"走出去"的发展战略，增强国际服务输出能力。

5. 推进农业产业化经营

坚持都市型现代农业的发展方向，重点发展籽种农业、加工农业和观光休闲农业。支持推动龙头企业做大做强，促进农业规模化、集约化发展。积极发挥首都农业技术和市场优势，打造区域农业产业链。着力发展无公害、绿色、有机农产品和满足个性化需求的高端农产品，创建名优品牌，提高农产品附加值和农业的比较效益。

6. 调整不符合首都功能定位要求的产业

积极推动现有高能耗、高物耗、高污染、低附加值的产业逐步退出，置换劣势产业存量，用于优势产业发展。严格控制并淘汰资源开采型产业，限制并淘汰落后工艺与装备。切实抓好首钢搬迁调整，积极推进曹妃甸新钢厂建设，加快顺义冷轧薄板项目实施。搞好焦化厂等企业搬迁和全市建材行业结构调整，关停环境污染严重的生产企业。

三、促进北京市产业升级与津冀产业联系的对策

"十一五"期间，北京市，包括整个京津冀都要着重以积极的产业政策和优质的发展环境促进产业高端化和集约化发展。

（一）提升产业技术能级

1. 加强自主创新能力建设

以落实国家中长期科技规划、实施自主创新发展战略为契机，落实国家做强中关村科技园区的决定，打造产业技术平台，强化创新能力建设，扶持具有自主知识产权关键技术的产业化，进一步提高北京市和京津塘地区的研发势能，增加发展后劲。

2. 构建以企业为主体的自主创新体系

通过支持龙头企业的技术开发机构，鼓励企业有组织的技术创新活动；通过支持以企业为龙头的产学研新型合作，来促进创新资源向企业的聚集，提高企业的核心竞争力；通过支持重大装备的消化吸收，提升企业再创新和集成创新的能力；通过支持通用技术和涉及提高行业技术标准的开发活动，促进行业技术水平的整体提升；通过支持行业创新联盟、工程中心、科技服务机构等来促进技术创新系统的基础平台和服务体系建设。

（二）促进产业空间集聚

突出重点功能区和专业集聚区的产业定位，促进工业项目向工业园区集中，实现特色产业集聚，依据园区发展程度，适时扩大园区规模。综合运用规划、土地、投资、信贷等手段，优先保证入园重大项目的土地供

第三章　北京市产业发展特征及规划思路

应,通过重大项目布局引导相关产业向重点功能区和专业集聚区集聚。

探索工业园区的土地一级开发模式,降低开发成本。京津冀联合探索京津塘产业带上诸多开发区的合作经营模式,以一体化的定位与布局、特色化的政策与机制打造强大的京津塘产业带。

(三) 优化产业行业结构

以贯彻落实国家加快服务业发展的若干意见为契机,加快制定区域服务业产业发展促进政策。立足现有基础,大力促进金融、物流等生产性服务业和商贸、文化等消费性服务业快速发展,以服务业的发展继续做大经济总量,带动工业结构升级。

立足现有产业优势,制定统一的区域工业发展政策,优化行业组织结构,扶持优势企业发展,促进钢铁、汽车、化工、建材等区域优势产业集群的发展。

(四) 完善综合性产业政策体系

1. 强化产业准入制度,明晰产业发展目录

提高传统制造业的准入要求,实现资源和能源的集约利用;降低现代服务业市场准入条件,加快取消阻碍多种所有制在服务业中共同发展的各种限制。按照区域产业发展方向,提出鼓励、限制、退出的产业类别,明确制定北京、天津、河北三方错落有致的产业目录。

2. 建立差异化资源价格体系和用能节水评估体系

通过差异化资源价格体系引导鼓励北京和天津发展"高端、高效、高辐射力"的产业,退出"高能耗、高物耗、高污染"的产业。对产业增量提高进入门槛,对存量通过标准和技术改造进行优化提升。开展合理用能评估、节约用水评估,最大限度地节约利用资源。

(五) 探索新型财政支持模式

1. 建立新型财税体制和政府产业投资机制

依据各省市产业定位要求,探索建立新型财税机制,制定鼓励北京和天津发展高端、高效、高辐射力产业的相关政策（财税、投资、土地、绩效考评），制定河北发展生态经济的专项政策（人口外迁、转移支付等）。进一步发挥政府产业发展资金的作用，政府产业发展资金要向提升和优化重点功能区和专业集聚区基础设施倾斜，适应园区由于总量扩张和资源升级带来的新需求；向充实和完善重点功能区和专业集聚区服务支撑体系及综合服务功能倾斜，引导生产性服务业体系的建立、资源共享和园区功能完善；向培育和实现重点功能区和专业集聚区内重大项目产业链倾斜，增强重大项目专业配套的定向吸引力。

2. 积极探索培育市场、带动产业发展的新途径

逐步加大具有自主知识产权产品的政府采购力度，研究并制定促进公共服务部门和国有企业采购自主知识产权产品的专项政策。通过税收减免、财政补贴、政府采购等手段，培育节能、节水、环保、再生资源利用产品的消费市场。

（六）加快改革促进开放，激发市场主体活力

1. 进一步加快国有企业改革

坚持"有进有退"原则，建立健全国有资本进退机制、优胜劣汰机制和合理流动机制，推动国有资本向涉及国家安全和国民经济命脉、具有社会公益性的重要行业和关键领域集中，向大型和特大型国有企业集中，实现国有经济的战略调整。在基础设施投资建设与公用服务行业，加快市场化改革步伐，提高公用企业的运营水平和竞争能力。

2. 促进非公经济发展

落实国务院《关于鼓励支持和引导个体私营等非公有制经济发展的若干意见》和中小企业创业发展相关政策，进一步推动中小企业融资和信用担保制度建设，引导非公有制经济全面进入经济社会建设的各个领域，引导外资、民营资本参与国有企业改制、改组、改造。

3. 打造具有竞争力的企业集团

鼓励企业走国际化道路。与国内外知名企业实施资产重组，充分利用

第三章　北京市产业发展特征及规划思路

国内国际两个市场去运作资产、配置资源。通过外引内联，实现资产的优化组合和投资的多元化，打造一批产权明晰、品牌优势明显、产业链条较长、具有较强市场竞争能力的企业集团。

（七）实施品牌、人才与知识产权战略，集聚高端要素

1. 实施品牌战略

拓展京津总部经济，以引进国内外知名企业总部机构（特别是投资运营总部）为手段，实现品牌要素集聚。依托中关村、滨海新区、CBD、奥运村等品牌资源，培育区域品牌、产业品牌、企业品牌和品牌产品。

2. 加强人力资源开发

以产业发展实现高端人才的集聚，以产业发展实现劳动就业与社会保障有机结合，以产业发展促进农村劳动力的专业化和职业化。围绕重点产业需求，鼓励企业与大学、院所联合培养复合型人才和高技能人才。进一步拓宽京津冀人才流动通道，鼓励人才跨省市流动。改革现有职业教育体系，大力发展职业教育，大力培养区域产业发展急需的高素质产业工人，加大农村劳动力职业技能培训的支持力度，提高农村劳动力素质，促进农村富余劳动力转移。

3. 推进知识产权与技术标准战略

制定知识产权和技术标准战略，发展知识产权和技术标准服务业。鼓励和支持大型高新技术企业以跨国并购、设立海外研发中心等方式整合国际技术资源，跨越专利封锁和技术壁垒；以资金、人员、政策等方式支持高技术中小企业原创发明申请国际知识产权保护。鼓励企业以核心技术为依托，与标准研究机构、高等院校、跨国公司等合作，积极参与技术标准的研制。鼓励建立以原创技术和先进标准为核心，以互利共赢为目的的企业联盟，支持技术标准联盟市场化独立运作。

第四章 天津市产业发展特征及规划思路

随着京津冀区域合作的不断深化，区域内产业的融合度在逐渐加深，产业链在区域内的布局也悄然展开，但由于各地区对本地产业发展的基本条件不明确以及对产业发展变化的规律把握有偏差等原因，区域内产业的分工和合作并不明显，产业发展规划各自为政的问题依然突出。本部分将遵循相关的逻辑思路，首先明确天津市产业发展的基础条件、现状和问题，而后再从历史的角度分析天津市产业变化的趋势，在此基础上，选准天津市与区域内其他地区产业合作的基点并提出针对性的对策建议。

一、天津市产业发展的基本条件

天津市产业的发展依托于其所在区域的基础条件，本部分拟对影响产业发展的优势、劣势、机遇和挑战进行较为系统的分析，以便从宏观层面把握产业发展的现实条件。

(一) 发展优势分析

天津市作为一个老工业城市，其产业发展拥有诸多优势，充分发挥和利用这些优势，对于加快天津市产业结构升级和发展具有重要意义。

1. 区位交通条件优越，为产业发展提供了基本前提

中国环渤海区域地处东北亚中心地带，东北亚区域 GDP 约占世界五分之一，占亚洲的 70% 以上，环渤海在吸纳东北亚的日本、韩国产业转移中具有更多的优势。天津滨海新区是欧亚大陆桥东部主要起点，地处

第四章　天津市产业发展特征及规划思路

"陆桥经济"带和东北亚经济圈两大国际经济区域的结合部,在西部、北部地区走"海陆并举"开放道路中,也具有不可代替的地位与作用。这些优越的区位条件使得天津具有对外输出和对内吸引的双重条件,在环渤海和京津冀的发展中占据先机。

优越的交通条件则进一步为产业的发展提供了基本前提。天津市已形成海陆空兼备的综合运输体系,特别是具有优越的港口条件,为提高集疏能力和发展现代物流业提供了良好的条件。目前天津港已成为我国北方第一大港,跻身世界港口前10强。与环渤海地区的其他大港相比,天津港具有明显的优势,如大连港主要以东三省为腹地,秦皇岛港主要承担煤炭及少量杂货的运输,青岛港主要是集装箱和石油,绝大多数货源来自山东省,而天津港则是我国沿海港口码头功能最齐全的综合性港口之一,也是大宗散货和集装箱的干线港,是京津两市的唯一出海口,其腹地主要是华北和西北,比环渤海区域内的其他大港的腹地都广阔,陆上交通也最为便捷。突出的港口优势,以及业已形成的综合运输网络和北京的陆空交通枢纽设施,无疑将更有利于扩张其辐射和吸引力,衍生与港口相关的新产业,并为天津产业发展提供基本前提。

2. 产业基础雄厚,为经济健康发展提供了支持

天津市工业门类齐全,现已形成电子信息、生物制药、光机电一体化、新材料、新能源、新环保六个高新技术产业群,在电子通讯、汽车制造等行业已具有一定的国内竞争力和市场份额。2005年全市工业增加值达到1921亿元,其中,电子信息等六大优势产业占全市工业的比重为71.6%,高新技术产业比重达到32%。服务业增加值达1485亿元。现代物流、商贸会展、房地产等行业规模也在不断扩大。农业现代化水平明显提高,进入农业产业化体系的农户达到70%。

天津有40所高校和国家级研究中心,共有75家市级企业技术中心,其中8家国家级企业技术中心,国家重点实验室8个;有48.28万专业技术人员,其中中级技术职称以上的就有19.89万,自然科学技术人员22.1万人,是北京、上海以外的任何一个城市所无法比拟的。作为一个老工业基地,天津产业工人100%受过初等教育,工程技术人员85%以上为大专学历。高素质的人力资源和突出的科研优势为天津高新技术产业的发展和产品质量的提高以及产业结构的优化升级提供了智力支持。

3. 资源相对丰富，为产业发展提供了物质基础

渤海海域石油资源总量98亿吨，已探明石油地质储量32亿吨、天然气1937亿立方米。原盐年产量240多万吨。年直接利用海水3.6亿吨。地热资源丰富，年可开采2000万立方米。拥有国家级七里海湿地自然保护区和我国最大的平原水库：蓄水面积达150平方公里。天津市海水淡化的技术具有领先优势，发展海水淡化产业，利用海水淡化产生的浓海水发展新型制盐业，既缓解了水资源不足的矛盾，又节约了制盐用地，还不会对海洋环境造成污染。电力资源丰富，年发电量为268.83亿千瓦时，占全国的1.6%，加上西煤、西电、西气的补充支持及领域广阔的渤海海洋资源，天津市的资源条件是得天独厚的。天津滨海新区现有1199平方公里可供开发建设的荒地、滩涂、盐田和低产农田，为今后产业发展预留了充足的空间。丰富的自然资源在很大程度上保证了新区经济发展的需要，节约了大量外购资源所需要支付的额外运输费用。

4. 制造业成本较低，产业发展拥有比较优势

制造业成本的高低是制造业发展环境完善与否的一个重要标志，也是影响外部资金进入的一个重要因素。天津由于得天独厚的资源条件和开发开放相对滞后以及相对较低的经济发展水平等原因，制造业成本相对于北京、上海、广州、深圳等经济发达的大城市较低。这对以现代制造业为重点发展方向的天津市的超速发展无疑是一个十分有利的条件。表4-1、表4-2、表4-3、表4-4对天津、北京、上海等城市的土地使用费、电价、水价、职工工资等进行了比较。从表中资料可以看出，天津的土地使用费仅略高于广州，远远低于北京和上海。电价在北京、上海、广东、天津四省市中是最低的。由于地区水资源短缺原因，天津的水价高于水资源条件较好的南方城市，但仍比水资源同样短缺的北京低。在职工平均工资方面，天津制造业职工平均工资在四省市中是最低的；在港、澳、台商投资企业中，仅比广东省略高；在外商投资企业中，职工平均工资远远低于北京和上海。

第四章 天津市产业发展特征及规划思路

表4-1　　　　上海、北京、天津、广州的土地使用费标准比较

单位：元/平方米·年

地级		1	2	3	4	5	6	7
上海（不含浦东）	一般工业	100	90	70	30	20	12	9
	高薪企业	80	65	40	2	5	4	3
上海浦东	一般工业	70	30	20	10	7	5	3
	高薪企业	35	20	5	3	2.5	2	1
北京	工业	—	70	35	20	15	12	10
天津	工业	15~30	7~10	5~8	3~5	2~4	1~3	0.5~2
广州	工业	8~12	6~10	4~8	2~6	—	—	—

资料来源：《中国区域经济发展报告（2003~2004）》，社会科学文献出版社2004年版，第263页。

表4-2　　　天津、北京、上海、广东综合电价比较　　单位：元/千瓦时

电价＼地区	天津	北京	上海	广东
商业电价	0.530	0.680	0.742	0.803
普通工业电价	0.478	0.530	0.557	0.425
大工业电价	0.349	0.385	电炉铁合金0.291	0.310

资料来源：同表4-1，第266页。

表4-3　　　天津、北京、上海、广州水价比较　　单位：元/立方米

地区＼用途	工业用水	商贸用水	生活用水
天津	2.4	2.6	1.8
北京	3.2	3.2	2.3
上海	1.1	1.1	0.88
广州	1.47	1.8	1

资料来源：同表4-1，第267页。

表4-4　　　天津、北京、上海、广东职工平均工资比较　　单位：元

	制造业	港、澳、台商企业	外商投资企业
天津	14237	15865	17643
北京	17645	27193	39428
上海	22083	19583	30192
广东	14701	14349	19323

资料来源：《中国统计年鉴（2003）》，中国统计出版社2003年版，第154、164页。

（二）发展劣势分析

全面辩证地分析天津产业发展的比较劣势，有助于突破制约产业发展的内部瓶颈，促进产业发展。

1. "嵌入型"产业在本地延伸有限，对本地产业带动不足

"嵌入型"产业主要是依靠本地的各种优势吸引外来直接投资企业而形成的产业，有助于促进本地经济的发展。天津就是这类地区的典型，2004年天津规模以上国有经济和"三资"经济的增加值占全部工业增加值的比重分别达到16.4%和41.3%。"十五"期间，天津市实际直接利用外资103亿美元，引进内资800亿元。这极大地推动了天津经济的发展。但是，"两头在外"的外资企业生产和研发的地方化和本土化的程度比较低，技术扩散非常有限。虽然近几年多数外资企业都增加了对天津的投资，为之配套的本地企业也有所增加，但大多数都集中在非核心技术和附加值较低的环节，因此，地方性生产企业虽然已经成为跨国公司全球网络中的一个节点，但是还没有深度嵌入全球生产体系之中。如果这种状况得不到改善，总是处于技术在外、市场在外、资本在外，只有工厂在内，在产业链中永远处于低端的情形下，就不能形成"集群胶"，跨国公司也会很容易发生转移。

跨国公司的产业链在本地延伸有限还体现在许多跨国公司核心的研发机构并不在本地。跨国公司研发机构一般分为两类：一类是核心技术开发，一类是产品技术开发。在我国的研发机构绝大多数是为生产机构服务而进行的产品生产和市场研发。虽然天津市拥有许多跨国公司，但是在本地设立研发机构的跨国公司并不多，而进行核心技术研发的机构则更少。当本地技术开发能力薄弱，而又没有外来的研发机构进入本地的时候，这势必会导致区域内创新能力和竞争能力的低下。

虽然以国企为主的产业群基本都是与本地资源结合建立起来的，但是其产业链的延伸也相当有限。以石油化工产业群为例，石化产业的产业链结构总体分三部分：上游、中间体和下游。而天津市目前的石化产业群主要集中在上游和中间体较少的一部分，涉及下游产业相当少，下游产业的大部分都以本地的中间体产品为原料在外地生产。

第四章 天津市产业发展特征及规划思路

产业链在本地延伸有限,一方面可能导致产业群的脆弱性和不稳定性,另一方面不利于本地资本的积累。虽然短期内政府获得了大量的税收收入,但长期内会使地方经济发展的动力不足。因此,政府要采取措施促进本地企业与现有的产业配套,另外,还需要培育具有自我强化机制的地方产业群,把产品链集群变成创新链集群,以强化"集群胶",促进本地经济的发展和民营企业的成长,提高区域竞争力。

2. 三次产业结构不尽合理,第三产业相对滞后

尽管天津市的产业结构在不断优化,第一产业的比重从1994年的6.42%下降到2004年的3.58%,第二产业的比重从1994年的55.72%下降到2004年的53.21%,第三产业的比重从1994年的37.86%增加到2004年的43.20%,但天津市第三产业发展与国内其他直辖市相比仍旧相对滞后。如表4-5所示,在四大直辖市中,天津市第三产业占GDP的比重仅高于重庆,排在第三位。而据统计,1998年,全世界三次产业结构为5.2:31.4:63.4[①],第三产业比重比2004年天津市的高20.21个百分点。目前,西方发达国家的第三产业占国内生产总值的比重已经达到70%多,与之相比,天津市第三产业增加值的比重过低。

表4-5　　　　2004年国内部分城市三次产业的比重　　　　单位:%

	第一产业	第二产业	第三产业
北京	2.4	37.6	60.0
天津	3.6	53.2	43.2
上海	1.3	50.8	47.9
重庆	16.2	44.3	39.5
全国平均	15.2	53.0	31.8

资料来源:全国和各地方统计年鉴。

天津第三产业发展滞后主要表现在其内在的结构不合理。天津市的交通、运输、邮电、批发零售、餐饮业等传统第三产业所占比重过大,现代服务业如信息、咨询、文化、娱乐、旅游、房地产、社区服务等虽然近几

---

① 任旺兵,《我国服务业的发展与创新》,中国计划出版社2004年版,第5页。

年有所发展，但比重还很低。尤其是金融保险业和房地产业，近年来所占比重一直处于下滑状态。生产性服务业发展滞后已不适应天津市走新型工业化道路的要求。

3. 淡水资源短缺成为产业发展的瓶颈

天津是资源型严重缺水城市，人均水资源占有量仅 $180m^3$，为全国人均占有量的 1/13，世界人均占有量的 1/50，远远低于世界公认的人均占有量 $1000m^3$ 的缺水警戒线，属于严重缺水地区。而且，由于海河流域水体污径比严重失衡，致使处于下游的天津水污染严重，更加剧了缺水矛盾。据测算，天津年平均用水缺口 6.45 亿 m^3。近几年连年干旱，上游地区大力修建水库拦蓄径流，入境水量逐年减少，而对于本区域水资源的开发已接近饱和，尤其南部地区（市区和滨海地区尤为严重）的水资源开发过度，深层地下水超采严重。而在用水方面，耗水型产业仍占很大比例，农业仍然是用水大户，传统的大水漫灌仍为主要灌溉方式；耗水大的工业，如化工、冶金、电力、造纸等仍占主导地位，一些工业产品单位用水定额偏高。在此情况下，现有的供水能力只能优先满足工业和生活需水，而水的供需缺口完全由农业污灌来解决，没有新的水源，这种供需矛盾将会越来越严重。水资源短缺已成为影响和制约天津产业发展的重要因素[1]，提高水资源承载力已经迫在眉睫。

（三）发展的机遇

21 世纪头 20 年是我国经济社会发展的重要历史时期，也是天津市产业新一轮发展的战略机遇期。抓住机遇、迎接挑战、发挥优势、加快发展，努力提高经济社会发展水平，是天津市产业发展战略的重点内容。

1. 全球性产业结构调整与转移带来的机遇

目前，世界范围内科技创新与产业的转移，给我国经济结构调整与产业升级提供了难得的外部机遇。不少发达国家就是在这一背景下，借助自身的科技优势，通过对技术领先程度下降的产业不断外迁，推动了产业结

---

[1] 王媛、徐利淼：《天津水资源承载力与经济协调发展研究》，载《天津师范大学学报》，2003 年第 1 期。

第四章　天津市产业发展特征及规划思路

构的调整、优化和升级。20世纪80年代以来，美国及时进行产业结构调整与升级，使信息技术和生物技术为基础的"新经济"成为推动经济社会发展的持续动力，从而创造出历史上最长的经济扩张期。世界范围内的产业转移，最终形成了世界各国在全球范围内配置资源，共享市场和全球资源的经济全球化大格局。这一大趋势是加速产业结构调整、优化、升级，并培育和发展更具发展潜力和更具国际竞争力的主导产业的最大的"利好"条件。

在世界范围的产业转移中，跨国公司不仅充当了产业转移的载体角色，还起到了十分积极的推波助澜的促进作用。研究表明，跨国公司全球布局的动因可以归为三种类型：一是市场驱动型，即主要是适应投资国当地市场开发、设计和产品改进；二是资源寻求型，旨在获取企业发展所需要的人力资本、自然资源、政策环境等优势；三是技术导向型，为了搜取最新技术资讯，以低成本获取先进技术、研发基地、研发环境，进而保持其竞争优势。天津市的条件基本能满足这几种类型跨国公司的要求。首先，天津的市场非常广阔。天津市的常住人口超过1000万，不仅自身市场容量非常大，而且凭借优良的交通条件和港口条件，对外拓展市场的空间也非常大。其次，天津市的资源也相当丰厚。市域内自然资源丰富，海洋资源和油气资源在华北地区具有较明显的优势；市内拥有许多高校和国家级研究中心，智力储备丰富，研发优势明显；滨海新区内的经济技术开发区和保税区等功能区为企业的发展提供了优良的发展环境。最后，天津市的技术实力雄厚。作为传统的工业城市，天津市具有浓厚的制造业文化、产业氛围和制度环境，天津的产业技术在过去曾创造了一个个辉煌，培育了一大批熟练的产业工人，这种社会文化特征作为一种不可交易的资产，只有在已有知识和技术沉淀的地区才能获得，这构成了天津产业发展最有价值和最宝贵的资源。

天津近10年来引进外资的成功经验表明，在接受全球性产业结构调整和转移的过程中，结合自身的优势招商引资是推动本地经济发展的重大举措。天津市未来产业结构的调整、优化与升级和进一步打造新的产业竞争优势，仍然要充分利用这一十分有利的大环境，坚持利用外资，吸引跨国公司来津投资以促进天津产业发展的经验。

2. 全国经济重心北移带来的机遇

在改革开放的推动下,我国沿海地区经济的发展经历了两次浪潮:一是改革开放初期以广东作为改革试验田为突破口,推动了珠江三角洲经济的快速增长;二是20世纪90年代以浦东开放、开发为契机,促进了长江三角洲的快速崛起。按照区域经济学中的梯度转移理论,经济增长一般是由最具活力的增长地区渐次向周边增长活力相对较弱的地区转移,以推动增长活力相对较弱的地区逐步进入获得经济快速增长的阶段。长江三角洲地区继珠江三角洲地区成为新的经济增长极就是最好的佐证。随着长江三角洲地区的发展和土地等生产要素供给刚性的约束,经济增长沿着海岸线向北转移的趋势也日益明朗,随着我国进入了新的发展机遇期,掀起区域经济发展第三次浪潮的条件业已成熟。在市场经济体制日益完善的条件下,抓住机遇,利用区域既有的有利条件,促进区域经济合理布局是我国经济社会发展的迫切要求。充分利用国际产业转移和一切有利的国际条件,加快环渤海地区和东北亚地区的协调发展,是我国区域经济新的发展方向。环渤海地区将是我国改革开放和现代化建设中又一个对全国具有带动作用的增长引擎。天津市作为环渤海地区经济发展的重要一环,发展基础雄厚,增长潜力极大,在承接长三角地区的扩散和转移中最有条件,这无疑为天津的发展提供了重大的外部机遇。

3. 天津滨海新区纳入国家战略带来的机遇

国家《国民经济和社会发展第十一个五年规划纲要》中指出:"继续发挥经济特区、上海浦东新区的作用,推动天津滨海新区开发开放,支持海峡西岸和其他台湾投资相对集中地区的经济发展,带动区域经济发展。"滨海新区开发开放已经纳入国家总体发展战略。经国务院批准,天津滨海新区已成为继上海浦东新区之后,第二个"国家综合改革试验区"。滨海新区的开发,必将打破中国北方"诸侯经济"割据的状况,掀起中国沿海开放的第三次高潮,必将引领中国"三北"乃至全国经济社会发展格局的战略性改变。根据滨海新区的区位条件,滨海新区应当按照临海型经济模式开发。这种开发模式的特征是:国家利用海岸线,依托低成本的海运,调配全球的经济资源在深水港附近的陆地发展工业产业,形成产业聚集。把天津滨海新区建成中国高水平的现代化制造业基地和中国北方国际物流中心，为实现中国第三次战略开发目标打下坚实的基础。

4. 海洋世纪带来的机遇

近年来，我国海洋经济迅猛发展，全国主要海洋产业总产值从1978年的60多亿元，跃升到2005年的近17000亿元，对国内生产总值的贡献率达到4%，海洋产业逐渐成为国民经济的支柱产业和新的经济增长点。《全国海洋经济发展规划纲要》提出，到2010年全国海洋产业增加值占GDP的比重达到5%以上，沿海地区的海洋经济则需要有新的发展，海洋产业增加值在其国内生产总值中的比重达到10%以上，形成若干个海洋经济强省（自治区、直辖市）。海洋经济发展的诱人前景和我国对海洋经济发展的具体规划，为天津市发展海洋产业提供了大好机遇。天津海洋资源丰富，主要有海盐、石油和鱼类等。这里有全国最著名的海盐产区长芦盐场，原盐年产量200多万吨。渤海海底蕴藏着大量的石油和天然气，它是华北盆地上的胜利、大港、辽河等油田向海洋延伸部分。渤海油田目前已形成一定规模，中国与日本合作开采的海上油井，日产量达1000多吨。天津的海岸线长，水产资源丰富，仅鱼类就有70多种。天津地处海河水源入海口，河流纵横，洼淀密布，有淡水鱼类60多种。这些海洋资源为天津发展海洋产业提供了物质基础。

（四）发展的挑战

天津市经济发展在面临若干重大发展机遇的同时，也面临着诸多挑战。只有正视和直面挑战，勇敢地接受挑战，化压力为动力，变被动为主动，才能实现天津市经济的大发展。

1. 长江三角洲和珠江三角洲的先发优势

经过20多年的改革开放以及作为我国对外开放窗口而先行获得了其他地区所没有的优惠政策，长江三角洲和珠江三角洲地区利用已有的经济基础使地区经济获得了快速的发展，并在一系列的经济和社会要素上都确立了自己的先发优势。这些优势集中表现在高效的政府行政管理、发达的城市化水平、较高的产业配套能力和完善的基础设施等方面。尽管京津冀地区比长江三角洲和珠江三角洲地区开发开放晚，但具有投资环境建设起点高、投资边际收益大、借鉴他人经验等方面的后发优势和人力资源素质高等方面的独特优势，具备了赶超先行开放和优先发展地区的条件，但这种后发优势和独特优势却受到了长三角和珠三角地区先发优势的挑战。首先，长江三角洲和珠江三角洲地区在产业、资金方面对人才的吸引力度明显加大，对京津冀地区的人力资源优势提出了挑战。其次，长江三角洲和珠江三角洲较为强大的产业配套能力对外资依然保持较为强劲的吸引力，对京津冀地区依靠后发优势引进外资发展经济、参与国有企业改革提出了挑战。第三，长江三角洲和珠江三角洲地区已经经过了区域内各地单打独斗进行发展的阶段而进入了强化区域经济协作、促进区域经济一体化进程的阶段，区域综合竞争力将迈上一个新的台阶。这对在区域经济一体化建设方面刚刚起步的京津冀地区提出了严峻的挑战。

2. 周边地区产业发展带来的挑战

虽然天津市及周边地区的产业已形成了一定的地方特色，但总体而言，产业的地域分工并不明显，并且这种状况还有延续的趋势。如表4-6所示，在"十一五"期间，天津市及周边省市的产业选择都具有某种雷同性。如，北京市、天津市和河北省都将电子信息产业、汽车制造业、石化产业、医药产业等制造业作为今后发展的重点，而纺织业则是天津市、河北省和山东省今后五年都要重点发展的产业。这种雷同的产业结构不利于发挥地方资源优势与区位优势，不利于高效地利用有限的资本投入，更不利于区域经济一体化发展。不仅如此，这种雷同的产业结构还引发区域内在土地、税收、人才等方面的不良竞争，制约了区域经济竞争力的增强。

表4-6　天津市及周边地区"十一五"期间产业发展重点

地区	产　　业
北京市	产业定位：大力发展高新技术产业，适度发展现代制造业，加快发展现代服务业 高新技术产业：软件、集成电路、信息网络、生物工程和新医药、新材料、新能源 现代制造业：电子通讯设备制造、汽车制造、装备制造、生物医药、光机电一体化、石化、新材料 现代服务业：金融、文化产业、现代物流、旅游会展、信息服务、中介服务

第四章 天津市产业发展特征及规划思路

续表

地区	产　业
天津市	产业定位：建设具有更多自主知识产权和品牌的现代制造业基地，加快发展现代服务业 现代制造业：电子信息产业（无线通信、新型元器件，软件）、石化产业（石油、海洋和精细化工）、汽车制造业、石油钢管和优质钢材、现代医药产业、绿色能源和环保产业、装备制造业、纺织业 现代服务业：现代物流、金融保险、旅游
河北省	产业定位：壮大提升工业主导产业，加快发展高新技术产业，全面振兴服务业 工业主导产业：钢铁、装备制造（汽车、船舶、电力、环保、通讯）、石油化工、食品、医药、建材建筑、纺织服装 高新技术产业：电子信息、新材料、新能源、生物与医药 现代服务业：现代物流、旅游
山东省	产业定位：着力建设制造业强省，繁荣发展服务业 支柱产业：电子信息及家电产业、机械设备产业、化工产业、食品产业、纺织服装产业、材料产业 现代服务业：金融保险业、现代物流业、中介服务业

资料来源：各省市"十一五"规划纲要。

3. 周边港口的竞争

尽管《全国海洋经济发展规划纲要》对环渤海地区港口的发展方向做出了较为明确的规定（如表4-7），但各地区在规划港口的过程中，都提升了本地港口的定位。如，天津市就提出将天津港建设成为"北方国际航运中心"，到2010年，天津港港口货物吞吐量将达到3.3亿吨，集装箱吞吐量将达到1200万标准箱；山东省也提出将青岛港建设成为"北方国际航运中心"，2010年沿海主要港口货物吞吐量达到6亿吨以上，集装箱吞吐量达到1400万标准箱；大连市提出将大连港建设成为"东北亚国际航运中心"。环渤海地区三大港口近乎相同的定位必将引发激烈的竞争，这对天津港的未来发展带来了严峻的挑战，并将直接影响天津海洋产业和与航运等相关产业的发展。

表4-7 《全国海洋经济发展规划纲要》中确定的环渤海地区港口的发展方向

	发展方向
大连港	以大连港为枢纽，营口、丹东港为补充，建设多功能、区域性物流中心
青岛港	强化青岛港集装箱干线港的地位，提高烟台、日照等港口综合发展水平
天津港	强化天津港的集装箱干线港地位
黄骅港	继续建设黄骅港和京唐港
京唐港	
秦皇岛港	继续保持秦皇岛港煤炭输出大港的地位，拓展综合性港口功能

资料来源：《全国海洋经济发展规划纲要》。

不仅如此，天津港与附近的秦皇岛港、京唐港、黄骅港和正在建设的曹妃甸港之间的竞争将会更加激烈。河北省"十一五"规划纲要指出："统筹秦皇岛港、唐山港和黄骅港的建设与发展，在确保煤炭运输大通道畅通的同时，积极发展铁矿石、杂货、集装箱、原油、天然气等大型专业化运输。……积极推进曹妃甸重化工业循环经济示范区建设，建设现代化的重化产业基地和国际物流中心。加快黄骅港临港工业区开发，建设以化工为主的综合工业园区。"这种定位对天津临海产业的发展和海洋产业的发展带来了非常严峻的挑战。

二、天津市产业发展的现状、问题和规划设想

认识和了解天津市产业发展的现状、问题及今后五年发展的重点，是正确把握天津市产业发展战略研究的前提条件。

（一）产业发展的现状

经过多年的发展和调整，天津市的产业规模逐渐壮大，产业结构不断优化，已形成了部分具有优势的产业。

1. 产业规模逐渐壮大

改革开放以来，天津市的产业规模逐渐壮大。第一产业的增加值由

第四章 天津市产业发展特征及规划思路

1978年的5.03亿元上升到2005年的109.42亿元，增长了20.7倍；第二产业的增加值由1978年的57.53亿元上升到2005年的2050.34亿元，增长了34.6倍；第三产业的增加值由1978年的20.09亿元上升到2005年的1504.10亿元，增长了73.9倍。尽管三次产业的规模都在增加，但增长的速度并不一致，其中，第三产业增长最快，第一产业增长最慢。从增长的阶段性来看，在1992年以前天津市三次产业规模的增长速度比较缓慢；1992年至1997年，尽管第一产业增长的速度依然比较平缓，但第二产业和第三产业增长的速度开始加快；1997年至今，第二产业和第三产业进入高速发展阶段（如图4-1所示）。前面的分析表明，天津市三次产业发展的阶段性与我国开发区发展的阶段性具有很强的一致性[①]，这意味着开发区是天津经济发展有力的助推器。

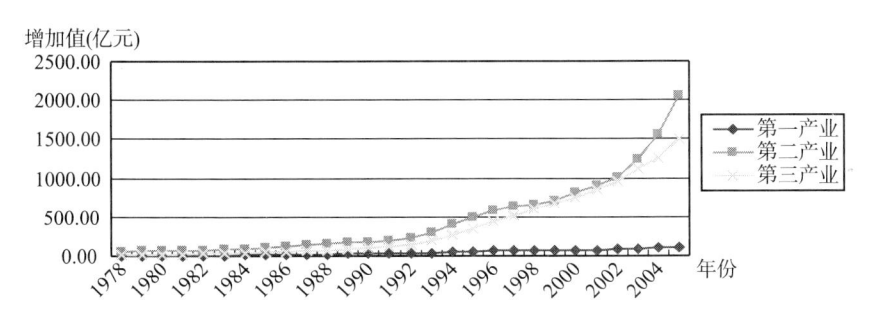

图4-1 天津市三次产业结构变化趋势

2. 第二产业优势突出

尽管天津市的产业结构也在不断优化，但第二产业的主导优势仍然非常突出。如图4-2所示，第一产业的比重1992年为7.36%，到2005年下降为2.99%，第二产业的比重1992年为56.08%，2005年下降到55.96%，其中，工业由1992年的51.07%上升到2005年的51.44%，第三产业的比重由1992年的36.57%上升到2005年的41.05%。值得注意的是，在此期间，除第一产业的比重一直表现为下降趋势外，第二产业和第三产业的比重都有升有降。但无论如何变化，第二产业占GDP的比重

---

① 皮黔生、王恺，《走出孤岛—中国经济技术开发区概论》，北京生活·读书·新知三联书店2004年版，第41~74页。

基本都在50%左右。该比重不论是与其他两大产业相比，还是与三大经济圈的核心城市相比都是比较高的（如表4-8所示）。2004年天津市第二产业的比重不仅高于上海、广州、北京等城市，而且比全国平均水平还高出0.2个百分点，第二产业主导优势非常突出。随着滨海新区综合改革试验区地位的确立，天津市工业产业的主导地位将更加突出，第二产业占GDP的比重将会有更大的提升。

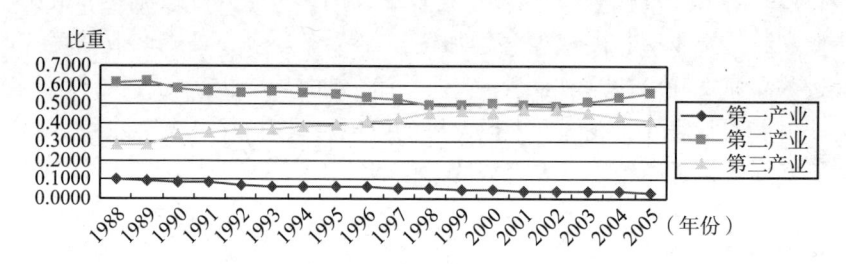

图4-2　三次产业比重变化趋势

表4-8　2004年三大经济圈核心城市三次产业比重比较　　单位：%

地区	核心城市	第一产业的比重	第二产业的比重	第三产业的比重
长三角	上海	1.3	50.8	47.9
珠三角	广州	2.81	44.16	53.03
京津冀	北京	2.4	37.6	60.0
	天津	3.6	53.2	43.2
全国平均	—	15.2	53.0	31.8

资料来源：国家发展和改革委员会。

3. 第三产业成为吸纳就业的主要渠道

据天津市统计局人口抽样调查结果显示，2006年5月天津市第一产业就业人口为74.85万人，占全市就业人口的13.81%，比2000年下降16.51个百分点；第二产业就业人口为230.89万人，占42.6%，比2000年上升了7.78个百分点；第三产业就业人口为236.4万人，占43.59%，比2000年上升了8.73个百分点。三个产业的就业结构为13.81∶42.6∶43.59。第三产业在业人口在总量和结构上都超过了第二产业，成为吸纳劳动力就业的

第四章 天津市产业发展特征及规划思路

重要渠道①。

天津市第三产业就业人数增加与越来越多的外来资本流入天津集中发展第三产业密切相关。以港资为例，主要投向房地产、港口物流、国际贸易和服务业，其中，第三产业的投资额已占投资总额的一半以上。天津市充分利用第三产业社会需求大和发展前景广阔的优势，大力拓展第三产业就业空间，发展商业、餐饮、娱乐等居民服务业和家政服务、社区服务业等具有较强劳动力吸纳能力的社会服务业。特别是近年来以IT技术为代表的新经济的崛起，带动信息技术、电子传媒、电信等行业得到迅速发展，同时，金融、房地产和旅游业蓬勃发展成为新的"三产"支柱产业。②

4. 外向型经济特征明显

依托泰达经济技术开发区和保税区，天津市外向经济发展异常迅猛。2000年至2005年期间，天津市实际直接利用外资103亿美元，年均增长32%。引进内资800亿元。2005年外贸进出口总额534亿美元，比2000年增长2.1倍。2005年，天津港货物吞吐量2.4亿吨，位居北方三大港之首，集装箱吞吐量480万标准箱，次于青岛港位居第二。天津海关进出口总额819亿美元，其中外省市货物总值占54%。开发区连续8年在国家级开发区综合投资环境评价中名列第一。保税区主要经济技术指标位居全国保税区前列。

从横向比较看，不论是在三大经济圈的核心城市中，还是在四大直辖市中，天津市经济发展的外向程度都比较高。如表4-9所示，选定的衡量经济外向度的3个指标中，天津市均远高于全国平均水平。这三个指标与同期的北京市、上海市、重庆市和广州市比较，除外贸出口额相当于国内生产总值的比重及工业增加值中外商和港澳台投资企业所占的比重两个指标比上海低外，这三个指标均超过其他城市。

---

① 李海燕、槐克刚、杨霞：《236万天津人从事第三产业 劳动力分布日趋合理》，http://www.tj.xinhuanet.com/2006-05/10/content_6941275.htm。
② 《渤海之滨的明珠—2006年5月无忧指数天津篇》，http://arts.51job.com/arts/05/293434.html。

表4-9　　　　2005年天津市经济发展外向程度比较　　　　单位：%

外向度指标	全国	天津市	北京市	上海市	重庆市	广州市
外贸出口额相当于国内生产总值的比重	34.56	61.88	37.46	82.07	6.79	43.11
实际利用外资相当于全社会固定资产投资的比重	5.63	18.15	10.33	15.99	2.13	16.25
工业增加值中外商和港澳台投资企业所占比重	28.57	49.04*	42.10*	63.24*	17.63	—

注：* 中的数据为2004年的数据。
资料来源：根据各地2005年的统计公报计算。

5. 产业发展特色初步形成

经过多年的发展，天津市逐步形成了电子信息、石油和海洋化工、汽车和装备制造、生物技术与现代医药、新型能源和新型材料、现代服务业等支柱产业。

电子信息产业方面，以摩托罗拉、三星电子、LG等大型跨国公司为基础，已形成电子信息产业集群，产品具有高科技含量、高附加值，在国内外市场有较强的竞争优势。

石油和海洋化工产业是依托资源禀赋成长起来的有几十年甚至近百年历史的传统产业，天津石化、大港油田炼油厂和一石化已具备炼油约1000万吨、乙烯21万吨的能力。其中天津石化的750万吨炼油能力是比较先进的，并有很好的下游部门（乙烯、聚酯等）。最近，中石化在大港区建设100万吨乙烯的项目已经得到批准，初步选择在大港石化工业区三角地。该项目动工之后，天津石化的炼油能力将扩大到1500万吨左右。天津碱厂生产的"红三角"牌烧碱在国内外市场都具有较强的竞争力。

汽车和装备制造业方面，天津丰田和一汽联合，正在开发区建设丰田第二厂区，启动"皇冠"高档轿车项目，为其配套的零部件项目也将相继来天津市落户，有望形成汽车产业集群。装备制造业中的造船、港口装备、石油套管、各种机械加工装备、各种工程机械、各种建筑装备等等，天津市均有较好基础。目前，尽管天津船舶、重机工业的发展远远落后于上海和大连，但天津的船舶、重机工业仍然有很大的发展机会。天津钢管公司生产的石油套管技术先进，在国际市场上拥有很强的竞争力。空客A320落户天津滨海新区，也将极大推动天津市装备制造业的发展。

第四章　天津市产业发展特征及规划思路

生物技术与现代医药方面，拥有诺和诺得、史克必成等大中型制药公司，以及生命科学院、泰达国际创业中心、华生生物园、华立达生物园、中新药业生物园等众多研发机构和生物医药企业孵化器，公共服务平台坚实。

新型能源和新型材料方面，以统一工业、劲量电池、德达捷能为主形成了新能源产业集群。拥有大港蓝星天津化工新材料基地和国家级纳米产业化基地，一批纳米技术和材料、膜技术和材料、化工新材料、航空复合材料、磁材料等项目已经开始启动。

现代服务业已经进入全面快速发展阶段。近年来，随着买方市场的形成，企业对物流领域中存在的"第三利润源泉"开始有了比较深刻的认识，优化企业内部物流管理，降低物流成本成为目前多数企业最为强烈的愿望和要求，专业化的物流服务需求不断扩大。物流业依托港口和天津港保税区以及空港物流的优势，近年来发展势头强劲。港口物流以及与之相关服务业，包括筑港工程、航道疏浚、报关、船代、货代、仓储、运输、商检、旅游、会展等等，今后无疑仍应是规划和发展中的支柱产业和主导产业。

6. 产业布局逐步优化

自从实施工业东移战略以来，天津市加快了老城区改造和退二进三的企业搬迁工作，一批工业企业向城市周边地区，特别是滨海新区转移。如天津钢厂由老城区搬迁到海河下游工业区、中新药业也由老城区变迁到泰达经济技术开发区、天津碱厂由塘沽区搬迁到临海工业区等。2005 年滨海新区完成工业总产值占全市工业总产值比重就超过了 50%（分别是 3996.73 亿元和 6774.10 亿元）。工业企业从老城区的外迁，不仅有利于调整城市产业布局，为企业扩大规模和产业集聚创造条件，而且也为城市中心发展服务业提供了空间。

（二）发展中存在的问题

1. 产业结构层次较低

近年来，虽然天津市的经济结构得到了一定的调整优化，但产业结构层次依然较低。首先，传统行业居主导地位。2004年，在规模以上工业增加值中，煤炭、电力、电器、烟草、交通运输设备、纺织、食品、饮料、石油、化学、钢铁冶金及有色金属等传统工业行业所占比重高达70%，而电子及通信设备等高技术产业所占比重只有15.68%。传统行业比重大意味着物耗高、能耗高、污染高的行业比重大。2005年，尽管天津市万元产值的能耗为1.28吨标准煤，低于全国平均水平的1.43吨标准煤，但高于北京0.81吨标准煤和上海0.93吨标准煤的水平。其次，企业间协同效应不显著。尽管天津市工业基础雄厚，各种规模企业的结构较为合理，但由于分工协作差，大企业难以发挥规模优势，中小企业向"专、精、特、新"专业化协作方向发展不够，没有形成强有力的"集群胶"，大中小企业之间没能形成合理的专业化分工与协作关系。最后，现代服务业发展滞后。从第三产业内部结构看，批零贸易餐饮业等传统服务业所占比重偏大，为生产和生活服务的综合技术服务业及科学研究部门发展明显不足，作为现代经济生活重要组成部分的电影电视、信息咨询、证券、中介、现代物流等新兴服务业发展更是滞后。2005年，天津市交通运输、邮电、批零贸易餐饮和房地产业占第三产业增加值的比重达60.7%，而其他服务行业所占增加值只有39.3%。

2. 所有制结构不尽合理

天津作为一个老工业基地和大中型国有企业比较集中的地区，所有制结构方面存在的问题比较突出。如表4-10所示，天津市国有经济和集体经济的比重均高于北京、上海、重庆和广州等市，而私营经济的比重约为全国平均水平的一半。如果这种所有制结构不能得到改变，从而建立健全以混合所有制为主要特征的现代产权制度，必将制约天津市发展现代加工业和走新兴工业化道路。从目前的实践看，天津在发展混合所有制经济过程中比较成功地引进了大量外国资本。2005年实际利用外资达到了33.29亿美元，国际投资开放度（实际利用外资与地区生产总值的比重）达到7.51%。但在发展私营经济、个体经济，引进国内民间资本等方面滞后于上海、广州等城市，并且这些私营企业也多集中在技术含量不高的建筑业、交通运输仓储业、批发零售贸易业、餐饮业等行业，雇佣的人数也比较少。实践已经证明，民营经济不发达，地区经济就难以繁荣，从而就难

第四章 天津市产业发展特征及规划思路

以形成旺盛的"人气"和较高的产业配套能力。

表4-10 2004年天津市工业企业所有制结构与国内部分城市的比较　　单位：%

所有制结构	全国	天津市	北京市	上海市	重庆市	广州市
国有经济	—	16.4	16.0	7.4	10.1	9.4
集体经济	5.3	6.2	3.2	2.9	2.1	4.0
"三资"经济	27.8	41.3	37.7	63.2	19.7	63.2
私营经济	15.1	7.6	4.3	6.9	—	9.0

资料来源：各地2005年统计年鉴。表中上海市为工业总产值的比重，其他为工业增加值的比重；广州市为2003年的数据。

3. 产品的附加价值偏低

近年来，尽管天津市多数行业的增加值保持了平稳上升的态势，但总体上，产品的附加价值还是偏低。如表4-11所示，天津市工业企业的增加值率和单位资产创造的增加值分别为0.26和0.27，比全国平均水平的0.29和0.28都低。制造业的增加值率与三大经济圈的核心城市相比，与北京一起列最后一位。如果与美国、日本和德国相比，则增加值率分别低23个、22个和11.7个百分点[①]。从行业内部看，天津市产品增加值率相对较高的行业基本都集中在石油和天然气开采业、烟草制造业、医药制造业等垄断性比较强的产业，而化学纤维制造业、电气机械及器材制造业、通讯设备和计算机及其他电子设备制造业、仪器仪表及文化办公用机械制造业等高新技术产业的增加值率比全市平均水平还低（如表4-12所示）。其中，通讯设备和计算机及其他电子设备制造业领域，增加值率仅为21%，与美国等发达国家的差距超过了36%。导致产生该问题的一个重要原因是全球价值链分工中天津市的制造业处在低端位置。在许多工业领域，国内企业或者通过零部件进口组装实现生产，或者对国外核心技术和关键部件高度依赖，因此国内企业只能在产业链的低端位置获取少量的加工费用，增加值率因此被限制在较低水平。

---

① 金达仁指出：中国制造业增加值率为26.2%时，与美国、日本和德国相比分别低23个、22个和11.7个百分点。在信息产业及相关设备制造业领域，增加值率仅为22%，与美国等发达国家的差距超过了35%。

表 4-11 2004 年天津市工业企业资产增值水平与其他省市及全国的比较

	工业总产值（亿元）	工业增加值（亿元）	资产合计（亿元）	每元资产所创造增加值（元）	增加值率
全国	187220.70	54805.10	195261.69	0.28	0.29
天津市	5375.09	1395.64	5113.82	0.27	0.26
北京市	4880.89	1259.5	6082.44	0.20	0.26
上海市	12885.01	3427.0	13684.78	0.25	0.27
重庆市	2142.73	579.7	682.14	0.85	0.27
广州市	4017.83	1149.17	3787.91	0.33	0.29

资料来源：各地 2005 年的统计年鉴。

表 4-12 2004 年天津市部分行业企业资产增值水平

行业	每单位资产创造的增加值（元）	增加值率
行业平均	0.27	0.26
石油和天然气开采业	0.45	0.67
食品制造业	0.30	0.28
饮料制造业	0.25	0.31
烟草制造业	0.59	0.65
纺织业	0.08	0.21
家具制造业	0.20	0.25
造纸及纸制品业	0.16	0.17
文教体育用品制造业	0.36	0.30
石油加工炼焦及核燃料加工业	0.38	0.16
化学原料及化学制品制造业	0.24	0.26
医药制造业	0.22	0.40
化学纤维制造业	0.47	0.35
塑料制品业	0.32	0.31
黑色金属冶炼及压延加工业	0.25	0.22
有色金属冶炼及压延加工业	0.33	0.18
金属制品业	0.32	0.23
专用设备制造业	0.25	0.28
交通运输设备制造业	0.26	0.23
电气机械及器材制造业	0.17	0.18
通讯设备和计算机及其他电子设备制造业	0.38	0.21
仪器仪表及文化办公用机械制造业	0.19	0.22

资料来源：《天津市统计年鉴（2005）》。

第四章 天津市产业发展特征及规划思路

4. 自主创新能力较低

尽管天津市高新技术增加值率和高新技术产值占工业总产值的比重都比较高（如表4-13所示），但与发达国家相比，还是有差距。如英国1998年高新技术产值的增加率就达到36.4%，美国在2000年达到42.6%（如图4-3所示），而天津在2004年才达到26.6%，差距是显而易见的。即使与全国2001年的水平相比，天津也仅高1.4个百分点，优势并不明显。而从获得专利的情况看，2004年，天津市全年的专利申请为8406件，第一次进入全国前10名。这凸显了天津市工业企业自主创新能力仍然比较薄弱。造成这种情况的一个重要原因是制造业研究与开发投入不足。2004年天津市全社会的研究与发展投入占地区生产总值的比重为1.81%，尽管比全国平均水平1.23%高0.58个百分点，但比上海市2.29%和北京市7.0%的水平分别低0.48个百分点和5.19个百分点（见表4-14）。目前，天津市产业共性技术研究队伍出现萎缩态势，产业创新能力有进一步削弱的危险。

表4-13　　　　2004年国内部分城市高新技术产业情况

	全国高新区	天津市	北京市	上海市	重庆市	广州市
高新技术产业产值（亿元）	11605.2	1731.0	1780	3947.8	960.0	1432.5
高新技术产业增加值（亿元）	5542.0	459.75	377.70	—	—	—
高新技术产业增加值率（%）	47.75	26.56	21.22	—	—	—
占工业总产值的比重（%）	51.30	32.20	35.73	28.2	21.10	24.92

资料来源：根据各地2005年的统计年鉴。

国家/年份	增加值率(%)
中国2001年	25.2
韩国2000年	25.2
法国2000年	25.8
英国1998年	36.4
意大利2000年	37.6
加拿大1999年	38.7
日本2000年	39.3
德国1999年	39.6
美国2000年	42.6

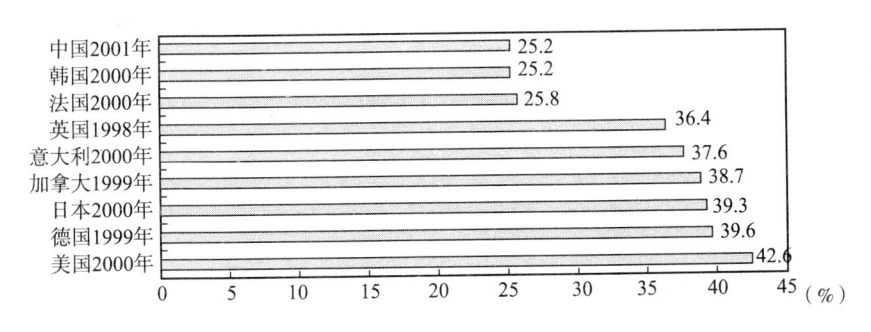

图4-3　部分国家高新技术产业的增加值率

资料来源：世界银行《世界发展指标（2002）》。

表 4-14　　　　2004 年国内部分城市研发经费投入情况

	全国	天津市	北京市	上海市	重庆市	广州市
研发经费支出（亿元）	1966.3	53.18	300.0	170.56	29.70	68.0
研发经费占 GDP 的比重（%）	1.23	1.81	7.0	2.29	0.93	1.7

资料来源：根据 2005 年天津市统计年鉴。

5. 产业与科研机构没有形成有效的互动

尽管天津市拥有许多研发能力比较强的大学和科研机构，但由于缺乏良好的合作机制，企业和这些机构之间没有形成良好的互动，外企中大部分具有竞争优势的项目不是来自邻近的大学和研究机构。这种局面不仅与天津制造业在国内较为发达的地位不相称，而且有悖于天津打造现代制造业基地的目标。同时，这些研究机构因没有充分和企业合作，一方面导致研究经费的短缺，另一方面是研究成果因缺乏资金支持而转化缓慢。为改变这种情况，政府可以设计一种制度，强化大学和研究机构与产业间人员的信息交流和沟通渠道，促进二者自愿联合，最终形成企业、大学和科研机构、政府三者之间的互动，共同营造区域的创新环境。此外，政府在培养具有自强化机制产业群的过程中，也需要鼓励大学和研究机构研制出具有自主知识产权的技术，以推动区域持续的创新力。

（三）产业规划设想

天津市的"十一五"规划分别提出了农业、制造业和服务业今后五年的发展方向①。

发展沿海都市型农业，建设四大农产品基地和三大畜产品基地。农业产业化龙头企业超过 500 家。搞好区县经济开发区、工业园区的规划整合，提高土地利用率和投入产出效益，形成若干个有特色的产业聚集区和示范区。

加快新型工业化步伐，建设具有更多自主知识产权和品牌的现代制造业基地：

坚持国内领先、世界一流，高水平推进新一轮嫁接改造调整，建设现

---

① 以下内容来自 2006 年 1 月 16 日天津市市长在天津市第十四届人民代表大会第四次会议上所做的《关于天津市国民经济和社会发展第十一个五年规划纲要的报告》。

第四章 天津市产业发展特征及规划思路

代制造业基地。力争工业增加值年均增长14%以上。

调整优化工业布局。建设国内一流的电子信息产业基地,重点发展无线通信、新型元器件,壮大软件等生产规模;建设国家级石化产业基地,重点发展石油、海洋和精细化工,形成3000万吨炼油、120万吨乙烯生产能力;建设国家重要的汽车制造业基地,发展高档轿车和具有自主品牌的环保经济型轿车,形成100万辆生产能力;建设国际领先的石油钢管和优质钢材制造基地,保持石油专用管材生产在世界上的领先水平;建设我国重要的现代医药产业基地;建设国家重要的绿色能源和环保产业基地;建设装备制造业基地;建设具有高新技术的纺织工业园。

提高工业整体素质和竞争能力。围绕做大做强优势产业,打造一批主业突出、具有核心竞争力、在国内外同行业中位于前列的大型企业集团。2010年,销售收入超100亿元的大型企业集团达到30个以上。大力发展高新技术产业,实施50个重大高新技术产业化项目,培育壮大力神电池、子午轮胎机械等20个具有自主知识产权的知名品牌。高新技术产业增加值占全市的比重达到15%。

围绕提升城市功能,加快发展现代服务业:

多年来,天津市采取一系列措施支持服务业发展,取得明显成效。但由于制造业发展速度更快,服务业所占比重略有下降。要坚持从实际出发,促进各个产业协调发展,力争服务业增加值年均增长13%。

大力发展与制造业相互促进的服务业。按照专业分工和市场需求,鼓励有条件的大型制造企业将供销业务从生产环节独立出来,组建大型物流集团和综合商社,促进第二、第三产业共同发展。加快构建快速货运集散网和海陆空立体联运体系,发展过境运输。加快九大物流园区建设,培育更多的物流企业进入全国"百强"。规划建设国际会展中心,办好国际物流博览会。

全面提升满足居民生活需求的服务业。加快推进连锁经营、电子商务等现代流通方式,提升零售商业档次,规范发展便民商业。建设海河开发四大商贸功能区,建成一批中心商业区和特色商业街、区县商业街。健全农村商业网络,改善和扩大社区服务。

建立和完善与北方经济中心相适应的现代金融服务体系。办好商业银行、保险公司、证券公司等各类金融企业,增建新的金融企业。培育和发展区域性金融市场。发挥渤海银行在促进区域经济合作中的作用。扩大直接融资,通过投资公司、集合资金信托、产业基金、企业上市等多种渠道,把一部分社会资金转化为产业资本。开办非上市公司股权交易业务。探索金融业的综合经营。积极推进外汇管理和开发性金融改革试点。利用临近国家级金融机构的优势,发展金融培训等各种服务。改善金融生态环境,把天津办成金融安全区。

以北京举办奥运会为契机,发展旅游经济,向国内外展示飞跃发展中的天津。整合旅游资源,打造"近代中国看天津"核心旅游品牌。加快建设海河旅游观光带,着力开发12大旅游主题板块,建成一批标志性旅游景点。

三、天津市产业变化趋势分析

为准确把握天津市的产业与周围区域的联系及合作的深度和广度,需要对天津市产业结构的变化趋势有深入的了解。这也是本部分研究的逻辑起点。

(一) 产业结构变化的趋势分析

1. 分析工具的选择

分析产业结构变化的趋势多借助于区位商。它可以用来衡量某一产业在某地区的比较利益或相对专业聚集程度,也可据此了解地方经济基础、当地产业资源等基本情况。其公式为:

$$L_i = \frac{e_i/e_t}{E_i/E_t} \ (i=1, 2, \cdots, n)$$

式中 L_i 为区位商,e_i 为城市中 i 产业的职工人数,e_t 为城市总职工人数,E_i 为全国或全省 i 产业的总职工人数,E_t 为全国或省的职工人数。

当 $L_i \leq 1$ 时,表明该产业没有集中以及专业化趋势,为净输入部门,全部属于非基本活动;当 $L_i \geq 1$ 时表明该产业有集中以及专业化趋势,存在着输出活动,即存在基本经济活动。

第四章 天津市产业发展特征及规划思路

从事基本经济活动的职工称基本人口，又称基本就业。从事非基本经济活动的职工称非基本人口，基本人口与非基本人口的比率（B/N）表示基本和非基本经济活动构成。$B_i = e_i - \frac{E_i}{E_t} \cdot e_t$，$B_i$ 为剩余职工指数。B_i 小于 0，则此部门只为本地服务；B_i 大于 0，则 B_i 为 i 部门从事基本活动的职工数。

2. 趋势分析

利用区位商分析的结果列在表 4-15 中。表中显示，1994 年，制造业、交通运输邮电通讯及仓储业、房地产业、社会服务业、科学研究和综合技术服务业等产业的区位商都大于 1，表明这些行业除了包含非基本活动外，还包括基本经济活动。2004 年，区位商大于 1 的行业与 1994 年相比，少了房地产业，多了地质勘探与水利管理业、批发零售贸易和餐饮业。这表明随着天津经济的发展，不仅自己的房地产业不能向外提供服务，而且还需要引进外来的房地产开发企业。

从 1994 年到 2004 年这十年行业区位商的变化趋势看，制造业、地质勘探及水利管理业、交通运输邮电通讯及仓储业、批发零售贸易及餐饮业、社会服务业等的区位商都有不同程度的增加，这意味着这些行业对外服务的功能进一步增强，服务的规模进一步扩大。

从基本人口的比重看，1994 年天津市基本人口的比重均小于非基本人口的比重，这说明在该时间内天津市内部需要服务的经济活动规模大于为城市外部需要服务的规模。2004 年，天津基本人口比重超过非基本人口比重的行业为科学研究和综合技术服务业，这表明天津市科学技术力量的向外辐射开始增强。

表 4-15　　　　　城市经济基础变化发展分析表

行　　业	1994 年				2004 年			
	区位商	基本人口比重（%）	B/N（1/x）	就业比重（%）	区位商	基本人口比重（%）	B/N（1/x）	就业比重（%）
农林牧渔	0.17	—	—	0.79	0.12	—	—	0.50
制造业	1.27	21.11	26.76	46.39	1.50	33.14	49.58	41.86

续表

行　业	1994 年				2004 年			
	区位商	基本人口比重(%)	B/N(1/x)	就业比重(%)	区位商	基本人口比重(%)	B/N(1/x)	就业比重(%)
建筑业	0.96	—	—	6.91	0.68	—	—	5.00
地质勘探业、水利管理业	0.87			0.81	1.05	4.71	4.94	1.96
交通运输邮电通讯及仓储业	1.09	8.38	9.14	6.14	1.20	16.33	19.52	6.76
批发零售贸易、餐饮业	0.97			12.02	1.03	2.50	2.56	6.91
金融保险业	0.63			1.11	0.76			2.05
房地产业	1.36	26.55	36.15	0.66	0.83			0.94
社会服务业	1.49	32.87	48.96	4.48	1.76	43.03	75.53	3.71
卫生、体育和社会福利业	0.91			2.62	0.87			3.93
教育、文化艺术及广播电影电视	0.81			6.78	0.70			10.13
科学研究和综合技术服务业	1.65	39.56	65.45	1.94	1.65	65.44	64.79	2.72
国家机关、政党机关及社会团体	0.61			4.16	0.63			6.84
其他行业	—			5.19				6.69
全市区	—	15.95	1.44	100	—	20.75	1.19	100

资料来源：根据《天津市统计年鉴》以及《中国统计年鉴》1995 年、2005 年数据计算。

作为城市经济基础的天津制造业，其基本经济活动的规模在扩大。天津市 1994 年制造业的基本人口比例为 21.11%，到 2004 年基本人口比例上升到 33.14%。尽管从 1994 年到 2004 年制造业就业比重从 46.39% 下降到 41.86%，然而其基本就业规模却在不断扩大，制造业总就业规模也仍旧保持在第一的位置。这意味着天津作为老工业基地，制造业是天津城市发展的主要动力，因其基本经济活动规模位置靠前而成为城市经济的重要基础。制造业基本和非基本比率的变化说明制造业作为城市经济基础的垄断地位在进一步增强，制造业在城市的集聚趋势也在不断加强，工业的区域比较优势得以强化。而就业人口比重和基本人口比重的反向运动表明随着天津市产业结构调整和技术改造升级，制造业降低了对制造业工人的相对需求量。

第二产业中的建筑业，区位商从 1994 年的 0.96 下降到 2004 年的

第四章 天津市产业发展特征及规划思路

0.68,说明建筑业产业集聚的趋势在缩小。

第三产业中许多行业基本经济活动和非基本经济活动正在发生此消彼长的转变,但从总体上看,第三产业的就业比重在不断增加,这也符合经济发展趋势。从1994年到2004年十年间,第三产业集聚趋势比较明显的是社会服务业,其原因在于天津除拥有较大的为城市居民服务的公共、娱乐服务业以外,还包括了20世纪90年代以来发展十分迅速的租赁、信息咨询、计算机应用等基本经济活动。遗憾的是,第三产业中金融保险业的区位商一直小于1,这表明本地的金融服务业还不足以为天津市提供服务。

3. 基本结论

上面的分析表明,工业仍然是天津经济发展的主体。尽管它的就业比重有所下降,但集聚趋势却在加强。这与天津这些年来,依托滨海新区,大力发展工业是相吻合的。而第三产业的地位也随着政府优化产业的努力有所改变,但从第三产业内部分析,尽管现代服务业有较快发展,但目前传统服务业依然居主导地位。

(二)工业内部结构变化的趋势分析

1. 分析工具

偏离—份额法(Shish-share)自20世纪60年代由美国学者邓恩和佩罗夫(Dunn & Perloff)等人相继提出后,在国外区域与城市经济结构分析中得到广泛应用。20世纪80年代初邓恩集各家所长,总结成现在普遍采用的形式。偏离—份额方法是用于说明一个地区产业竞争力和分析地方经济基础的一种方法。该方法的基本原理是把区域或城市经济的变化看作是一个动态过程,以其所在区域或整个国家的经济发展为参照系,将区域或城市自身经济总量在某一时期的变动 G 分解为份额分量 N 和偏离分量 S,偏离分量 S 由结构偏离分量 P 和竞争力偏离分量(或称为区域区位偏离分量)D 组成。以此来说明区域或城市经济不断集聚、发展或衰退的原因,评价区域或城市具有相对竞争优势的产业部门,进而确定城市未来经济发展以及产业结构调整的合理方向。其表达式为:$G = N + S = N + P + D$。尽管这种分析技术非常简洁明了,但不足之处也显而易见:第一,许多影响经济发展的因素都被简化了,如经济周期、比较优势等;第二,尽管它分析得到的结果能够指出哪些产业具有竞争优势,但是却不能明确这些竞争优势是否受来自于当地的原料或产出、运输方式、工资率、教育水平、消费和储蓄等因素的影响;第三,该方法不能指出区域较大的损益是不是基本的产业或出口产业,因为这些产业具有"乘数效应",且对增加本地的产出非常重要;第四,该方法对分析期间的选择具有高度的敏感性。因此,对利用该方法分析得到的结果需要结合定性的分析方法予以修正。

根据偏离—配额法(Shish—share)方法,首先确定城市工业发展的参照系。由于天津工业在全国占有重要地位,对全国工业的发展具有较大的影响,所以选择全国工业发展为参照系来分析天津的制造业结构。

设 b_i 为 i 城市的工业产值,B 为全国工业总产值,b_{ij} 为城市 i 工业部门 j 的产值,B_j 为全国工业部门 j 的产值,下标 0、t 分别表示初始期和末期情况。则城市 i 工业部门 j 在 [0, t] 时段的变化率为:

$$r_{ij} = \frac{b_{ij,t} - b_{ij,0}}{b_{ij,0}} \ (j = 1, 2, \cdots, n)$$

全国工业部门 j 在 [0, t] 时段的变化率为:

$$R_j = \frac{B_{j,t} - B_{j,0}}{B_{j,0}} \ (j = 1, 2, \cdots, n)$$

以全国各工业部门所占份额将城市各工业部门规模标准化为:

$$b'_{ij} = b_{i,0} \times \frac{B_{j,0}}{B_0} \ (j = 1, 2, \cdots, n)$$

这样在 [0, t] 时段内城市 i 工业部门 j 的增长量 G_{ij} 为:$G_{ij} = N_{ij} + P_{ij} + D_{ij}$,

$N_{ij} = b'_{ij} \times R_j$,$S_{ij} = P_{ij} + D_{ij}$,$P_{ij} = (b_{ij,0} - b'_{ij}) \times R_j$,$D_{ij} = b_{ij,0} \times (r_{ij} - R_j)$

$G_{ij} = b_{ij,t} - b_{ij,0}$

N_{ij} 表示整个地区的增长分量,即,区域行业按全国工业总产值的增长速度而应该有的增长额。

P_{ij} 为产业结构分量,是区域行业产值增长偏离全市行业平均增长的部分,它的增长是由于区域行业相对于全国总产值的增长差异引起的,它反映出 j 区域以全国为标准产业结构的优劣程度。

D_{ij} 表示区域行业增长额分解的剩余部分,是扣除全国增长和部门结构变动的因素后的增长额。由于剩余部分的正负和大小反映了该行业在全

第四章 天津市产业发展特征及规划思路

国同行业中的相对增长水平,因而也被称为竞争分量。利用竞争分量可以分析区域行业在全国同行业中所占有的竞争地位,还可分析全国经济增长中各行业部门在不同区域的配置(见表4-16)。

表4-16　　　　　天津市制造业偏离—配额法分析

	b'_{ij}	$b_{ij,0}-b'_{ij}$	r_{ij}	R_j	$r_{ij}-R_j$	G_{ij}	N_{ij}	P_{ij}	D_{ij}	S_{ij}
1. 食品加工业	63.21	-2.36	0.77	1.45	-0.68	47.07	91.79	-3.43	-0.99	-4.42
2. 食品制造业	20.81	-4.81	2.69	1.77	0.92	43.00	36.88	-8.53	1.62	-6.91
3. 饮料制造业	25.45	-6.94	1.71	1.21	0.49	31.57	30.82	-8.40	0.60	-7.80
4. 烟草加工业	24.41	-19.01	0.61	1.31	-0.70	3.27	31.92	-24.9	-0.92	-25.78
5. 纺织业	124.71	-36.34	-0.14	0.56	-0.70	-12.28	69.92	-20.4	-0.39	-20.77
6. 服装及其他纤维制品业	36.32	10.00	0.69	1.38	-0.69	31.75	50.00	13.77	-0.95	12.82
7. 皮革毛皮羽绒及制品业	21.25	-2.34	0.59	1.70	-1.11	11.13	36.04	-3.97	-1.88	-5.85
8. 木材加工及竹藤棕草制品业	9.23	-1.11	0.74	1.70	-0.97	6.02	15.78	-1.90	-1.65	-3.55
9. 家具制造业	5.51	-0.86	6.97	2.29	4.68	32.40	12.63	-1.97	10.72	8.74
10. 造纸及纸制品业	19.11	-3.34	1.40	2.33	-0.93	22.04	44.53	-7.79	-2.17	-9.96
11. 印刷及记录媒介复制业	10.19	-3.87	2.16	1.54	0.62	13.67	15.69	-5.96	0.96	-5.00
12. 文体用品业	7.56	2.31	1.81	2.22	-0.41	17.83	16.77	5.13	-0.92	4.21
13. 石油加工及炼焦业	47.37	18.82	2.05	2.32	-0.27	135.40	109.72	43.58	-0.63	42.95
14. 化学原料及化学制品业	79.75	22.73	2.06	1.92	0.14	211.53	153.17	43.66	0.28	43.94
15. 医药制造业	22.03	3.18	3.25	2.30	0.94	81.85	50.78	7.32	2.17	9.49
16. 化学纤维制造业	16.05	-8.09	0.16	1.27	-1.11	1.31	20.44	-10.3	-1.41	-11.71
17. 橡胶制品业	13.86	0.77	2.48	1.39	1.09	36.26	19.22	1.07	1.51	2.58
18. 塑料制品业	23.35	-5.71	3.08	2.31	0.78	54.39	53.84	-13.2	1.79	-11.37
19. 非金属矿物制品业	75.51	-49.20	1.45	0.89	0.56	38.03	66.92	-43.6	0.50	-43.11
20. 黑色金属冶炼及压延加工业	104.94	40.51	1.96	1.40	0.55	284.69	147.18	56.81	0.78	57.59
21. 有色金属冶炼及压延加工业	30.29	-2.30	0.93	1.96	-1.03	26.04	59.50	-4.52	-2.03	-6.55
22. 金属制品业	43.03	23.83	1.42	1.26	0.16	94.73	54.15	29.99	0.20	30.19

续表

	b'_{ij}	$b_{ij,0}-b'_{ij}$	r_{ij}	R_j	$r_{ij}-R_j$	G_{ij}	N_{ij}	P_{ij}	D_{ij}	S_{ij}
23. 普通机械制造业	60.26	-6.89	1.44	1.39	0.05	76.77	83.63	-9.56	0.07	-9.49
24. 专用设备制造业	45.15	-14.91	1.27	1.14	0.13	38.34	51.39	-17.0	0.14	-16.82
25. 交通运输设备制造业	80.26	63.34	1.19	2.52	-1.33	171.00	202.26	159.6	-3.35	156.26
26. 电气机械及器材制造业	58.63	-16.24	3.62	2.40	1.22	153.55	140.81	-39.0	2.93	-36.07
27. 电子及通讯设备制造业	50.38	46.99	5.85	6.92	-1.07	569.61	348.68	325.2	-7.41	317.75
28. 仪器仪表文化办公用机械业	10.69	-0.99	3.12	2.86	0.26	30.25	30.54	-2.84	0.75	-2.09
29. 其他制造业	18.98	-3.07	1.0	—	—	—	—	—	—	—
总计	1293.8	44.52	1.27	0.86	0.41	1646.61	986.40	38.24	535.63	573.87

资料来源：根据《天津市统计年鉴》、《中国统计年鉴》1995年，2005年数据整理。

2. 趋势分析

从表 4-16 可以看出，在 1994~2004 年间，天津市制造业部门除了纺织业外，其余各部门均为增长性部门，其中增长最快的是电子及通讯设备制造业，其次是黑色金属冶炼及压延加工和化学原料及化学制品业，增长较为迅速的部门还有交通运输设备制造业、电气机械及器材制造业、石油加工及冶炼业、金属制品业等部门。与全国平均水平相比，在初期，天津市的交通运输设备制造业、电子及通讯设备制造业、黑色金属冶炼及压延加工业、金属制品业、化学原料及化学制品业、石油加工及炼焦业、服装及其他纤维制品业、医药制造业、文体用品业、橡胶制品业等十个部门所占比重较高，其 $b_{ij,0}-b'_{ij}$ 为正，说明这些部门的区位商大于 1，这些产业专业水平有所提高，产业有集聚趋势。其他产业由于 $b_{ij,0}-b'_{ij}$ 为负，表明产业集聚程度在下降。

1994~2004 年间，食品制造业、饮料制造业、家具制造业、印刷及记录媒介复制业、化学原料及化学制品业、医药制造业、橡胶制品业、塑料制品业、非金属矿物制品业、黑色金属冶炼及压延加工业、金属制品业、普通机械制造业、专用设备制造业、电气机械及器材制造业、仪器仪表文化办公用机械业等产业 $r_{ij}-R_{ij}$ 为正，意味着这类产业增长速度快于全国平均水平，发展势头较好。而其他产业的 $r_{ij}-R_{ij}$ 为负，产业增长速

第四章 天津市产业发展特征及规划思路

度低于全国平均水平。

从结构分量 P_{ij} 来看，电子及通讯设备制造业、交通运输设备制造业、黑色金属冶炼及压延加工业、化学原料及化学制品业、石油加工及冶炼业、金属制品业、服装及其他纤维制品业、医药制造业、文体用品、橡胶制品业等10个行业结构分量大于零，表明这些行业增长速度超过全市行业平均增长速度，结构基础较好。而其他产业的增长速度则低于全市行业平均增长速度，结构基础较差。

从竞争力分量 D_{ij} 来看，家具制造业、电器机械及器材制造业、医药制造业、塑料制品业、食品制造业、橡胶制品业、印刷及记录媒介复制业、黑色金属冶炼及压延加工业、仪器仪表文化办公用机械业、饮料制造业、非金属矿物制品业、化学原料及化学制品业、金属制品业、专用设备制造业、普通机械制造业等16个行业竞争分量大于零，表明这些行业的增长速度高于全国同行业的增长速度，竞争力较强。而其他产业的增长速度低于全国同行业平均增长速度，竞争力相对较弱。

以部门增长优势（部门偏量分量）S_{ij} 为横轴，以份额分量 N_{ij} 为纵轴，建立部门优势分析图（见图4-4）。

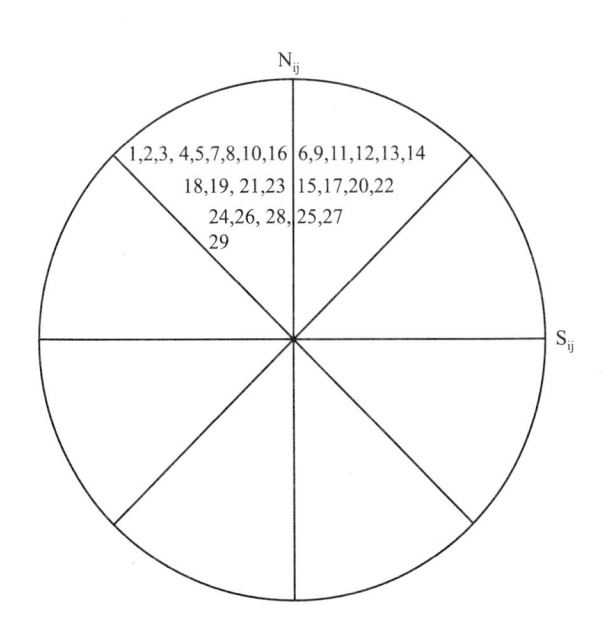

图4-4 天津市制造业部门优势分析

图中6（服装及其他纤维制品业）、9（家具制造业）、11（印刷及记录媒介复制业）、12（文体用品业）、13（石油加工及炼焦业）、14（化学原料及化学制品业）、15（医药制造业）、17（橡胶制品业）、20（黑色金属冶炼及压延加工业）、22（金属制品业）、25（交通运输设备制造业）、27（电子及通讯设备制造业）等12个行业为具有部门增长优势的产业。而其余17个部门属于不具部门优势的产业，其地位处于下降状态。

以竞争力偏离分量 D_{ij} 为横轴，以结构偏离分量 P_{ij} 为纵轴，建立部门偏离分量图（如图4-5）。

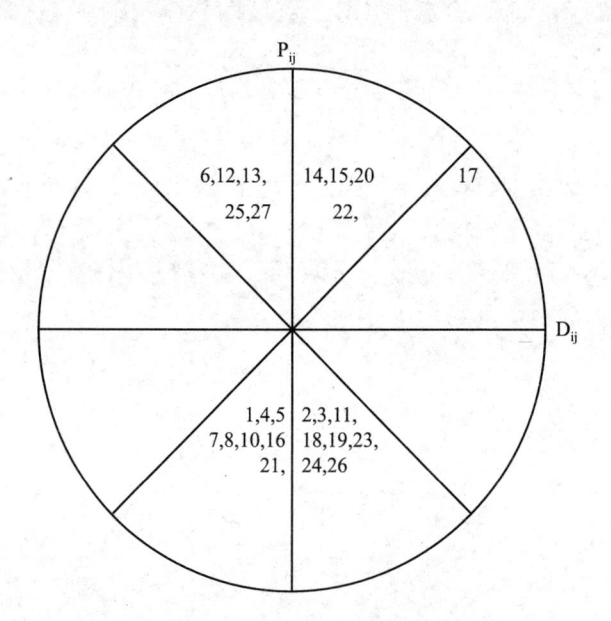

图4-5 天津市制造业部门偏离分量

图中17（橡胶制品业）位于第一扇面，说明这些行业原来的基础较好，竞争力很强，产业有集聚的趋势。而14（化学原料及化学制品业）、15（医药制造业）、20（黑色金属冶炼及压延加工业）、22（金属制品业）处于第二扇面，说明这些行业产业基础非常好，竞争力也比较强，产业也有集聚的趋势。第三扇面的6（服装及其他纤维制品业）、12（文体用品）、13（石油加工及炼焦业）、25（交通运输设备制造业）、27（电子及通讯设备制造业）等5个行业产业基础非常好，但竞争力却有所下降。

第四章 天津市产业发展特征及规划思路

第六扇面的 1（食品加工业）、4（烟草加工业）、5（纺织业）、7（皮革毛皮羽绒及制品业）、8（木材加工及竹藤棕草业）、10（造纸及纸制品业）、16（化学纤维制造业）、21（有色金属冶炼及压延加工）等 8 个行业不论是产业基础，还是竞争力等都比较弱。第七扇面的 2（食品制造业）、3（饮料制造业）、11（印刷及记录媒介复制业）、18（塑料制品业）、19（非金属矿物制品业）、23（普通机械制造业）、24（专用设备制造业）、26（电器机械及器材制造业）、28（仪器仪表文化办公用机械业）等 9 个行业尽管产业基础并不非常好，但竞争力相对比较强。

3. 基本结论

前面的分析表明，天津市制造业内部重化工业和机械制造业不论是产业基础，还是竞争力都比较强。特别是劳动密集型的服装及其他纤维制品业和家具制造业，技术密集型的电子及通讯设备制造业、交通运输设备制造业、医药制造业等都有集聚变化的趋势。而轻工业、非金属矿物制品业、有色金属冶炼及压延加工业等不论产业基础，还是竞争力都比较弱。

四、促进天津市产业发展及与京冀产业联系与合作的对策

通过对天津市产业发展的 SWOT 分析、产业发展的现状和问题以及产业发展变化的趋势分析，本书认为，为有效促进天津市产业与京津冀其他地区产业的协调发展，需做好以下几方面的工作：

（一）明确京津冀各城市的功能定位

京津大城市带要提高区域经济实力，就要站在全球化平台高度，以建设世界制造中心为目标，就要有一批世界性的顶级企业。这些企业要具有在世界立足的核心竞争力，而这种企业形成的主要途径是产业的区域聚集。产业聚集与产业带形成是大城市带竞争力形成的基础，产业带形成的基础是专业化分工。而专业化分工要以城市功能定位为依据。目前，国务院对北京的城市功能定位是："国家首都、国际城市、文化名城、宜居城市"，对天津的城市功能定位是："现代化国际港口大城市，中国北方经

济中心"。京津冀内部两大城市首先要根据城市的功能定位选择适合自身发展的产业，错位发展。而河北的各城市要结合各自资源的特点和自身优势，大力发展资源特色型产业。

通过区域内城市的紧密合作，资源配置的统一规划，实现经济结构优势互补，基础设施共享共用，经济政策协调统一，最终形成人口、产业的最佳空间结构。

（二）加强政府和民间两个层面的互动

区域经济合作和统筹发展需要强有力的组织体系支撑。要启动政府、企业、民间多层次的协作、联合。培育和完善商会、协会、行会等民间组织，发挥它们在市场组织和区域合作中的作用，加速民间交流和互动。政府之间要建立定期协商制度，逐步建立起区域政府间一体化的治理架构，推动区域经济的融合。

（三）建立利益分享、让度与协调的长效机制

为强化产业之间的合作，增强产业发展针对性，保护区域内的生态环境，政府之间需要建立利益分享、让度与协调的长效机制。建立解决社会保障争议的协调机制，增强各方面的利益共享，防止恶性竞争；建立财税分享机制，重点解决可更深入合作的产业，如旅游、交通、汽车等行业的适合共同开发的利益分配机制；建立生态补偿机制，为区域可持续发展提供保障条件。

（四）强化区域内基础设施建设

统筹规划京津冀区域城市空间布局，提升京津周边卫星城镇的功能；构建都市圈一体化交通网络体系，加快建设区域内城际铁路和高速公路网络，建立主要城市间的便捷通道，加快公路、铁路的改造，提高陆路运输能力；强化区域内港口合作，共同打造具有国际竞争力的北方航运中心；加强区域内航空公司、机场间的合作，构建机场的合理分工体系；增加区域内飞行航线，建设支撑京津冀都市圈发展的空中走廊。

（五）寻求区域产业合作的突破口

京津冀地区的产业由于多方面的原因，区域内部的产业联系还比较

第四章 天津市产业发展特征及规划思路

弱，合作也不够强，这种状况在短期内不可能得到根本性的改变。为此，寻求区域产业合作的突破口还需要从以下几方面着手：进一步降低行政壁垒，促进区域内生产要素和商品的自由流动；扩大对内开放的力度，引导产业梯度转移；强化地域性强、竞争性弱的产业合作，如以旅游业等需要合作的产业作为突破口，在京津冀区域内展开广泛的合作。

第五章 河北省产业发展特征及规划思路

河北省内环京津,东临渤海,总面积18.8万平方公里,海岸线487公里,2005年总人口达6851万,占全国的5.2%,地区生产总值达10096.11亿元,占全国的5.5%,河北省共有11个地级市,这些城市拥有比较类似的发展条件和经济成长基础,如何在日趋激烈的竞争环境中确定自己的产业发展方向,培育和创造城市的核心竞争力,不仅是每个城市提高发展水平的关键,也是提升河北省总体经济竞争能力的关键。

一、河北省产业发展条件

(一) 发展优势分析

1. 具有突出的区位和交通优势

河北省紧邻我国两大直辖市——北京市和天津市,是纵贯我国东西南北的重要交通枢纽,河北省内环京津,是首都的畿辅地区,与京津土地水系天然一体,成为相互依存相互影响的整体,具有重要的生态、安全战略地位。河北省是京津冀区域岸线较长的省份,具有较好的对外开放条件,既可以充分利用国内国外资源和市场,也为发展壮大加工制造业和物流业提供了优越的区位条件。省内纵贯东西的交通优势为各个城市的发展提供了良好的基础,可以密切与京津及周边广大区域的经济联系与合作,借助京津发达的科技教育人才信息等众多优势,带动河北省自身产业的发展。

第五章 河北省产业发展特征及规划思路

2. 已形成较强的产业基础

河北省是我国农业和基础原材料工业生产大省,主要农产品中的肉类、棉花、蔬菜、蛋、奶、果品产量居全国前5位,主要工业产品钢、钢材、生铁、化学原料药、原盐、水泥、平板玻璃、纯碱、农用化肥、发电量、棉纱、棉布等重要原材料的产量均居全国前6位。农业已建成一批国家级粮食、油料等农副产品生产基地,形成了粮油加工、肉类加工、乳制品生产、饮料、果酒等食品加工生产体系;工业建成了唐钢、宣钢、冀东水泥、太行水泥、浅野水泥、耀华玻璃、华北制药、天鹅化纤、常山纺织等一批大型骨干企业。经过多年的发展,钢铁、建材、纺织等原材料工业技术装备水平大幅提高,先进适用技术得到普遍推广使用,经济效益增长显著。丰富的农产品和原材料工业优势,为继续提升产业结构层次,提供了基础。

3. 具有丰富的人力资源优势

河北省是我国人口众多的省份之一,劳动力资源十分丰富,多年来为京津冀及周边区域的发展提供了大量丰富的劳动力。整体来看,河北省劳动力的受教育程度相对较高,九年义务教育普及程度在全国领先,人均受教育年限为8.4年,初中以上文化程度的人口占总人口的63%,高中以上文化程度人口占总人口的19%。丰富的人力资源优势,将对京津冀区域和各市的产业发展提供有利的支撑。

4. 具有丰富的港口资源

河北省有丰富的港口资源,其中大型港口资源4处:秦皇岛港、京唐港、曹妃甸港和黄骅港,中小型港口资源7处:新开河、大蒲河口、七里海、大清河口、黑沿子、歧口和李家堡。秦皇岛港海域广阔,岸线稳定,是我国北方不冻不淤的深水良港和我国西煤东运的第一条大通道,是世界上最大的能源输出港。京唐港港区地势平坦开阔,水深条件好。曹妃甸港址位于唐山市滦南县南部海域的曹妃甸岛,港址水深条件得天独厚,25米等深线紧靠海岛,岛前深水区局部达40米,是渤海湾中央深槽的一部分,海域地质受构造控制,水深稳定,沿岸陆域低平宽广,具有建设大型深水港口的良好条件。黄骅港,是我国神府煤炭的出海口和我国西煤东运的第二条大通道,也是冀中南及晋、陕、内蒙古西部、鲁西北等地区的重要出海口。这些港口的建设为河北省发展重化工业及对外运输提供了便利条件。

(二) 制约因素

1. 水资源和能源供求矛盾加剧

由于农业和重化工产业的快速发展,对水资源、能源持续扩大着需求,导致水资源、能源供给严重不足。河北省人均可用水资源量不足全国人均的八分之一,亩均水资源占有量仅为全国平均水平的九分之一。全省水资源年正常消耗量为 211 亿立方米,而常年水资源总量只有 160 亿立方米,一年差 50 多亿立方米;人均矿产资源占有量仅为全国平均水平的 67%,铁矿石 40% 以上依赖进口;人均原煤、天然气储量分别为全国平均水平的 66% 和 21%,一半的能源需从外省调入,近年原煤产量保持在 7000 万吨左右,而调入量已超过 8000 万吨。资源消耗量较大,利用率较低。万元生产总值综合能耗比全国平均水平高 32.6%,资源相对短缺,对外依赖度高。

2. 生态环境比较脆弱

河北省是我国东部沿海地区生态环境基础脆弱的地区之一,由于人口密度大,资源垦殖强度大,导致水土流失、地表裸露、风沙问题严重。虽然 70 年代以来,国家投入巨资进行了一系列的生态建设、环境保护和农业基础设施建设等工程项目,生态环境在一定范围内得到有效改善,但总体环境恶化的趋势没有得到有效遏制。平原地区整体生态环境趋于干化,表现为土壤干化、河床干化、河道断流、湖泊湿地萎缩、水生及滨水生物群落减少。水环境容量减少,水体稀释自净能力降低,导致河流水体污染十分严重。工业固体废弃物综合利用率比全国低 7 个百分点,二氧化硫、烟尘和工业粉尘的排放量分别居全国第二、三、四位,远远超出了环境的承载能力。随着经济的快速增长,生态环境保护的任务将更加艰巨。

第五章 河北省产业发展特征及规划思路

3. 科技和人才的瓶颈制约突出

河北省科技总体实力较差,综合科技进步水平指数排全国第 21 位。企业科技创新能力弱,消化吸收能力低,专利申请量增速比全国平均水平低 8.6 个百分点。高技术产业总产值仅为广东的 3.4%、江苏的 5.8%、山东的 22.1%、辽宁的 46.3%。人才总量不足,结构性矛盾突出。国有企事业单位专业技术人员中,具有高级职称的比例为 5%,全国平均水平为 6.3%;科学研究人员占 0.28%,全国平均为 0.99%。私营企业负责人中,具有高级职称的仅占 0.03%,受过本科以上高等教育的只占 0.09%。人才分布不平衡,优秀人才主要集中在大中城市、党政机关和优势行业,而企事业单位、经济欠发达地区和基层单位人才奇缺。

二、河北省产业发展基本特征

(一)传统的资源性产业占较大比重,产业层次不高

河北省的产业发展中普遍存在农业比重大、产业化水平低,工业发展粗放,技术水平、产品层次偏低,高附加值产品偏少,现代与新兴服务业发展不充分等特点。各市工业发展中几乎均依赖于传统的资源性产业(见附表),如煤炭、钢铁、纺织、医药、建材等行业,能耗及物耗较高,资源综合利用水平低,工业整体效益低,产品结构、技术结构和企业组织结构等不能适应市场需求。在支柱产业内部,产品结构单一、产业链条短、产品附加值低,造成支柱产业大而不强、大而低效。如石家庄市的医药产业虽然有较大的知名度,但化学药中的原料药比重过大,高出全国平均水平 20 个百分点,中药、生物制药比重偏小。各市纺织工业内部,除棉纺织有一定的优势外,化纤、针织、毛麻纺以及染整、服装、辅料、纺机等都比较薄弱。在石化工业中,以原油加工、氯碱、纯碱和化肥等初级产品为主,以石油为原料的石化产品加工深度不够,一些我国长期依赖进口的石油化工产品如乙烯、丙烯及其衍生产品几乎是空白,高附加值产品比例偏低。

(二) 高新技术产业规模小，国有经济比重大

高技术产业规模偏小，以企业为主体的技术创新机制尚未形成。产业发展普遍存在技术水平和管理水平不高、设备老化、工艺装备落后、引进消化吸收和技术改造缓慢、产品档次低的问题，技术进步对经济增长贡献率不高。另外，国有经济比重大（国有资产占全社会总资产的一半，在冶金、化工、机械、建材等支柱行业国资比重达到60%~80%），但布局分散、效率低下、资产负债结构不合理的问题仍很突出；非公有制经济体系发育程度低，专业化、协作化的产业集群规模小；大企业、大集团的规模效益和带动作用不强，品牌优势不明显。

(三) 各市工业行业基本雷同，内部竞争严重

由于依托类似的资源基础和长期的发展积累，形成了目前各市工业行业结构十分雷同的特征，从各市工业行业结构可以看出，河北省11个地市中工业总产值位居前六位的行业多半为能源、原材料产业，其中电力、热力的生产和供应业在各市均居前六位，黑色金属冶炼及压延加工业除了保定市外，其他城市均居前六位，化学原料及化学制品制造业有六个城市排在前六位，先进制造业行业在各市中的地位较弱，只有保定的交通运输设备制造业位居第一位，秦皇岛的交通运输设备制造业位居第五位，张家口专业设备制造业位居第三位，保定和邢台的电气机械及器材制造业位均居第五位。类似的工业结构特征造成各市之间恶性竞争加剧，资源争夺强烈，对河北省整个水土矿资源和生态环境的保护都造成巨大的影响。

(四) 产业集中度低，企业规模效益差

各市产业布局和结构调整中普遍存在布局过度分散、开发区数量多，但规模不大，企业规模小，效益低等问题。以唐山市为例，该市产业组织普遍具有小型化的特点。由于企业规模过小，数量多，而且企业全能性的多，专业化和集中化程度低，难以取得规模经济效益，导致劳动生产率以及技术水平和竞争能力进一步下降。例如钢铁行业，全市3000多万吨的钢铁产能分布在30家企业；产品结构不合理，主要生产的是低附加值的产品，部分高附加值的关键钢材品种不能生产或满足不了市场需求；生产

第五章　河北省产业发展特征及规划思路

技术和工艺落后，机械设备的技术含量低，大多是陈旧淘汰的，能达到国家标准的不多，能耗高、环境污染严重。又如建材行业，生产力布局分散，企业规模普遍较小，生产集中度也不高。唐山市建材工业大中型企业数仅是全行业规模以上企业总数的12%。

（五）有发展潜力的工业行业和特色产业集群优势正在显现

河北省目前正处于产业结构调整的迅速变动时期，许多城市正在努力探索寻求符合自身特色的产业发展方向，其中一些城市已经在总体上或局部上形成了一些具有较大发展潜力的优势产业和特色产业集群，它们将成为这些城市产业发展的重要支撑。例如保定市的汽车制造业和新能源及能源设备制造业已经显示出比较突出的优势。保定现有汽车制造企业12家，主要有长城汽车股份有限公司（香港上市企业），河北中兴汽车制造有限公司，河北长安汽车有限公司。主导产品有皮卡、SUV商务车、微卡、大中型客车。其中长城皮卡连续7年全国销量第一，已占国内市场的26.6%；中兴皮卡居全国出口量第一，成为中国汽车海外第一品牌。新能源及能源设备制造业中，太阳能光伏发电业、新型储能材料产业、高效节能产业及电力与电子自动化产业等新型产业相继出现，表现出巨大的生命力和广阔发展前景。诸多城市形成了各具特色的产业集群，如三河新型建材产业集群、香河包装印刷产业集群、霸州胜芳镇钢木家具产业集群、安平中国丝网产销基地、桃城工程橡胶、枣强玻璃钢、临西的轴承大世界、平乡中国自行车零件城、隆尧食品产业集群等。

三、河北省各市产业发展方向

（一）石家庄市

1. 改造提升传统优势产业

医药产业。以构建药品加工制造基地、中药材标准化生产供应基地、药品科研教育基地、药品会展交流中心为目标，提高化学药加工深度，推进中药现代化，大力发展生物制药。加速推进华药、石药、神威、以岭、四药等主业突出、实力雄厚的医药企业发展壮大，力争培育出2~3家具有国际竞争力和独立知识产权、销售收入100亿元以上的大型制药集团。到2010年全市医药产业增加值力争达到200亿元，打造"中国药都"。

纺织服装产业。按照"大规模、高档次、新技术、外向型"的产业定位，瞄准纤维纺纱织造、服饰面料印染、纺织面料功能整理、绿色环保产品生产等四大关键技术，改造和提升传统纺织产业。以常山集团为龙头打造石家庄市纺织工业产业园，以恒新纺织国家级技术研发中心为依托，打造纺织工业研发基地；以卓达纺织服装产业园、辛集皮革服装园为平台，打造服装产业基地。到2010年全市纺织服装产业增加值力争达到80亿元，形成全国重要的纺织服装基地。

2. 培育后续支撑产业

加快建设以循环经济化工示范基地为龙头的化工产业；以电源、天然气为重点的能源产业；以乳品为代表的食品产业；以通用飞机、专用汽车、纺织机械为龙头的装备制造工业；以特种钢材为重点的冶金工业；以新型干法水泥、陶瓷为重点的建材工业。完善配套服务体系，培育龙头企业、知名企业和产业园区，尽快形成规模，成为拉动经济增长的新生力量。

3. 发展高新技术产业

围绕电子信息、生物技术与新医药、新材料、新能源与高效节能技术、环保产业、现代农业等领域，创新、引进一批先进技术，加快国家生物产业基地、石家庄信息产业基地、半导体照明产业基地、河北软件工业基地建设，重点抓好高新技术产业示范工程和重大项目，加大用高新技术改造传统产业力度。建设布局合理、生产有序、相互关联、互为依存、特色突出的高新技术研发和加工城市，成为影响带动全市经济快速发展和对全省有重大辐射作用的区域性高新技术产业中心。到2010年高新技术产业增加值力争达到400亿元左右，年均增长22%左右。

4. 全面振兴服务业

坚持市场化、产业化和社会化方向，加快构建与华北重要商埠相适应

第五章 河北省产业发展特征及规划思路

的高增值、强辐射、广就业的现代服务业体系，以增强综合服务功能、提高规模和水平为目标，着力发展现代服务技术和新型业态。改造提升交通运输、邮政通信、商贸流通、餐饮、公用服务、农业服务等传统服务业，依托北人集团、东方购物中心、新燕春集团和新华集贸、南三条等一批全国知名的企业和市场，整合资源，扩大规模，提升档次，培育大型商业集团，完善提高传统商业业态。建设有产业支撑的大型化、标准化的批发市场。推动连锁经营等现代经营方式和物流配送、电子商务等技术手段与各行业的有机融合，实现业态创新与发展。大力发展现代金融、现代物流、会展经济、信息资讯、科技服务、社区服务、中介服务等新型服务业，培育大型物流企业，建设石家庄国际物流园区、石家庄航空物流园区等物流园区和抓好石家庄内陆港等专业物流项目建设。全面推进教育、文化、体育、医疗卫生等公共服务业。充分发挥"红、绿、古、新"四大特色旅游资源优势，加快"1个中心、8大旅游区、20个精品景区"建设步伐；改造和提升传统观光产品，丰富和完善环省会度假产品，加强旅游基础设施和配套要素建设。到2010年全市服务业增加值力争达到1200亿元左右。

（二）唐山市

1. 优化提升支柱产业

坚持走新型工业化道路，广泛采用高新技术和先进适用技术改造提升传统产业，引导生产要素向优势产业集中。加快钢铁工业整合重组，推进产品结构向高端、精品、专业化、深加工升级，加快首钢京唐钢铁公司建设，打造国内一流钢铁产业基地。强化能源产业基础性地位，坚持开源、提效并重，加快曹妃甸电厂、冀东油田勘探开发等大项目建设。巩固和提升水泥、建筑卫生陶瓷等名优建材产业优势，加快发展新型优质建材。全面提升装备制造业整体素质，推进水泥和矿山等重型机械、高速电动车组、数控机床等机电一体化开发力度，壮大汽车零部件、自动焊接设备、专用汽车制造、环保机械等新兴产业。化学工业以提高加工深度、延伸产业链为重点，积极打造盐化、煤化和石油化工基地。振兴陶瓷、纺织、食品等劳动密集型传统产业，使之逐步成为优势产业。

2. 大力发展现代物流业

开发现代物流市场，坚持扩大物流需求与改善物流供给相结合，推进工商企业物流优化管理和发展社会化、专业化物流服务企业相结合，物流市场培育与物流市场规范相结合。引导制造业企业转变管理观念，开展流程再造，建立高效的物流管理模式。放宽市场准入，取消对物流企业经营范围的行政限制，促进现有运输、仓储、外贸、批发企业的服务延伸和功能整合，鼓励企业采取多种方式进行资产重组，扩大经营规模，促使传统物流企业向现代物流企业转变。

3. 培育发展高新技术产业

着力在电子信息、智能机械、新材料、新能源、生物与医药、现代农业等领域，培育形成一批具有较强市场竞争力的优势产业群体。加快重点行业和骨干企业的信息化改造步伐，提升国民经济和社会信息化水平。

（三）邯郸市

1. 做强钢铁、煤炭、电力和建材传统支柱产业

钢铁工业。按照"总量控制、扶优汰劣、优化结构、提高效益"的调整思路和高端、精品、专业化、深加工的发展方向，加快钢铁企业组织结构、产品结构、技术装备结构和产业布局调整，提高产业集中度和技术水平。实施大集团战略，组建邯钢、新兴铸管、武安钢铁、纵横钢铁、紫山特钢五大集团。引进先进适用技术改造传统工艺，开发适销对路产品，减少半成品比例，增加高效品种。在2010年全市钢铁产量要稳定在2000万吨左右，钢材产量达到1900万吨，板、带、管产品比例达到75%以上，球墨铸管生产技术及规模名列世界前茅，建成以邯钢为龙头的优质板材和以新兴铸管为龙头的优质铸造精品钢铁基地，从钢铁大市走向钢铁强市。

煤炭工业。以提高煤炭规模化生产水平，实现低成本扩张为目标，大力支持峰峰集团、邯郸矿业集团与其他中小煤矿实施战略性重组，加强中小煤矿治理，实现适度有序开采，提高资源利用率；实施煤炭产业综合经

第五章　河北省产业发展特征及规划思路

营策略,按照煤电、煤化两个方向,延伸产业链条,实现加工增值;积极推进煤矿技术改造,建设高产高效矿井。加强采煤沉陷区综合治理,实现煤炭产业的可持续发展。2010年,原煤产量达到3500万吨左右。

电力工业。加强与国电、华能、河北建投、大唐等大集团的合资合作,推进现有电力企业扩能改造,建设新的发电项目,尽快实现规模扩张。调整电力结构,鼓励支持热电联产和坑口矸石发电、余热余气发电、垃圾发电、秸秆发电、小型水电站和西部地区风力发电建设。加快技术改造,鼓励发展超临界大容量空冷机组,提高现有发电设备的利用效率。加快电网建设改造,推进500千伏主干电网和配套220千伏电网建设,增强电网的安全稳定性和可靠性。"十一五"末,电力装机总容量翻番,成为全省最大的电力能源基地。

建材工业。坚持巩固传统建材与开发新型建材并重、支持建材工业龙头企业发展和扶持中小企业形成集群效应并重,积极推动太行水泥等大企业发挥既有优势,寻求京津地区合作伙伴,实施战略性重组,拓展新的发展空间。扶持中小型民营建材企业做大做强,形成产业规模效应。淘汰落后生产工艺,加快企业改造升级步伐。同时,提高新型建材比重,加快发展新型墙体材料、装饰装修材料、钢结构建筑材料、非金属资源深加工材料等,积极推广粉煤灰、煤矸石等工业废弃物循环利用材料,支持日产2500吨以上新型干法水泥技术推广应用。"十一五"末,新型建材占行业比重达到50%以上,新型干法水泥占全部水泥产量达到60%以上,新型墙体材料占全部墙材达到70%以上。

2. 提升纺织服装、食品和陶瓷三大传统优势产业

纺织服装工业。坚持外引、内联并重,整合现有资源,引进战略投资者,促进纺织服装产业升级。以纺织服装工业园为平台,以扩大产业规模、完善产业链条和争创知名品牌为重点,集中发展高档面料、服装加工和产业用、装饰用纺织品产业。以雪驰、海盛威集团为龙头,发挥名牌效应,实施集团化经营。推进市域纺织服装企业战略重组和技术进步,提高产品质量和档次,加快产业升级步伐。"十一五"末,力争形成一批拥有知名品牌和自主知识产权、主业突出、核心竞争力强的大型企业集团,使纺织服装工业技术、产品在业内具有相对优势,成为国内、国际市场上具有一定影响力的新型纺织服装基地。

食品工业。按照从终端产品抓起、带动整个食品工业产业链发展的思路，搞好食品资源的开发和综合利用。扩大生产规模，提高技术水平，实现由资源拉动型向技术带动型转变，由传统食品向营养、安全、方便、多样化、工业化食品转变，走经营规模化、企业集团化之路，支持食品企业与国内外大企业大集团合作，做大做强龙头企业。积极推进食品工业与农业产业化和农产品基地建设对接，以特色粮食加工、油脂加工、肉类加工、果蔬加工、乳品加工行业等为重点，加快培育特色园区，依靠龙头企业带动食品工业发展。"十一五"末，要成为带动农村发展农业增效农民增收、促进县域经济发展、促进结构转型的重要产业。

陶瓷工业。以市场为导向，加快产业升级和产品结构调整，进一步加大陶瓷工业的技术创新和新型高档产品开发力度，巩固提高传统日用陶瓷、工艺陶瓷，加快发展工业陶瓷、建筑陶瓷、卫生陶瓷等，研究开发多元化、个性化高档艺术陶瓷，实现陶瓷产业的升级晋档，"十一五"末，建成中高档陶瓷产品主要生产基地和出口基地，实现陶瓷工业复兴。

3. 培育壮大装备制造业、化学工业和高新技术等成长性产业

装备制造业。以专用汽车发展为重点，依托邯钢板材基地资源优势，加强与国内外大集团合作。加快中国重汽路神专用车、宇康重型车、鹏利达特种车等项目建设，发展具有国内先进水平的新型环卫车、市政作业车等新产品。推动涡轮增压器、内燃机摩擦付、安全气囊、制动空压机等汽车零部件规模化生产。"十一五"末，全市专用汽车产量达到5万辆左右。同时，发挥大型机加工与成套设备制造能力，加快发展农业机械、工程机械、冶金机械、纺织机械、包装机械、环保设备等装备制造业产品，并积极发展鸡泽、馆陶、永年、邯郸县等特色铸造业。

化学工业。以发展煤化工为重点，着重抓好西部县（市、区）煤化工产业基地建设，实现炼焦煤资源的深度加工和增值，使之成为重要的经济增长点。同时，抓好化工区搬迁改造，整合化学工业资源，积极发展有机化工原料及精细化工产品，提高综合加工能力。优化现有化肥企业产品结构，支持重点企业在结构调整中发展壮大，走肥化并举、综合经营、多元发展的路子。重点支持峰峰矿区煤化工、磁县煤化工、武安煤化工、涉县

第五章 河北省产业发展特征及规划思路

煤化工等项目建设。2010年,将煤化工产业培育成为新兴支柱产业之一。

高新技术产业。选择优势领域,突出重点产品,打造局部优势。重点抓好高新技术产业示范工程和重大项目,在电子信息、新材料、新能源、光机电一体化等领域,培育一批有较强市场竞争力的优势产业群体。发挥信息产业的突破性带动作用,加快重点行业和骨干企业信息化改造,推进国民经济和社会信息化。以邯郸经济开发区为依托,重点谋划建设办公自动化耗材基地、高技术陶瓷基地、718所产业园、工程大学电子信息四大高新技术产业化基地。"十一五"末,建成全国重要的办公自动化耗材基地,高新技术产业增加值占全市生产总值比重达到5%以上。同时,大力推进医药工业,以邯郸制药公司为依托,扩大规模,开发新品,培育著名商标,尽快发展成为全省有较大影响力的中药现代化产业基地。

(四)保定市

1. 精心培育先导产业

高新技术产业。以国家级保定高新技术开发区为阵地,以新能源技术、能源设备智能化、自动化技术,农业种子技术,生物技术,新医药,现代制造业技术和以节能降耗、治理污染为目标的循环经济新技术为重点,以华北电大、河大、农大等十一所高校为主要依托,同时大力引进京津技术和人才,运用政府主导、高校参与、京津保联合、市场运作的机制,加大高新技术产业发展力度,争取在较短的时间内,努力把高新技术产业做大做强,成为区域经济的先导力量。

休闲旅游业。这是本区域颇具发展潜力的产业。其现在虽然占国民经济的比重不大,但随着人们收入的增加、空闲时间的增多和消费观念的转变,保定休闲旅游业将会迅速发展,并成为第三产业的主要组成部分。

2. 加速发展主导产业

汽车制造及其零部件业。重点加快长城、长安、中兴汽车工业园区建设,加快资产重组和资源整合步伐,力争2010年形成80万辆以上的整车生产能力。零部件要以长城发动机、风帆蓄电池、立中轮毂等企业为龙头,其他26个配套产品企业为群体,努力打造配套京津、面向全国的汽车零部件基地。

能源及能源设备制造业。以天威集团、风帆公司、英利新能源公司和保定惠腾风电设备公司为龙头，以在国内技术领先，具有世界先进水平的超大型变压器、太阳能储能材料、锂电储能材料、风力发电叶片、新型电源开关部件等产品为骨干产品，通过京津平台推进天威与西门子、风帆与维林斯等世界五百强的强强联合和多元化资本、技术投入，继续做大产业规模，将本区域建成全国最大的新能源和能源设备基地。

精细化工、塑料制品及新型建材业。以乐凯集团、宝硕集团为龙头，以彩色胶卷等传统感光材料、农用塑料、塑料包装材料和合成高分子材料为主的新型建材系列产品为骨干产品，面向京津市场，利用京津平台，引进先进技术，建设全国最大的感光材料基地、北方最大的软包装膜基地和具有国际先进水平的塑钢门窗型材基地。

3. 继续壮大支柱产业

农副产品生产及其加工业。进一步加强绿色无公害健农产品供应基地建设。调整优化26个优势农产品生产布局，抓好8个国家级、16个市级农业标准化生产示范区，建设100万亩无公害蔬菜基地、200万亩优质果品基地和绿色牧渔产品生产基地，建设三大乳业经济区和乳业加工、优质奶源、饲草饲料三大基地，做强12家省级以上龙头企业，产业化经营率由43%提高到45%。

纺织服装、皮革箱包、机械制造、酿酒制药、造纸印刷、电工器材等产业群。继续发挥其安置就业和对经济的支撑作用，面向京津及全国市场，加强传统产品的技术升级和更新换代，为京津提供更多的生产、工作和生活必需工业品。

（五）廊坊市产业发展研究

1. 优化第一产业

突出科技兴农、绿色生态，积极开发优质、高产、抗逆植物新品种，推进农业现代化。积极发展无公害、绿色和有机农、畜产品，推动畜牧、蔬菜、粮油、林果四大产业上规模、提质量、增品种、创品牌、扩市场，

第五章 河北省产业发展特征及规划思路

提高产业竞争能力。"十一五"期间，第一产业力争累计完成投资200亿元，到2010年，四大产业产值占第一产业总产值的比重达到90%以上。

2. 壮大第二产业

按照"增投资、上项目、抓龙头、促聚集"的思路，依托园区，重点建设电子信息、汽车零部件、金属制品、木材深加工及家具制造、食品加工与制造、新型材料六大产业基地，培育以华为、中兴为龙头的通讯设备产业集群，以豪威为龙头的视听设备产业集群，以香河家具城为龙头的木制家具产业集群，以胜芳国际家具博览城为龙头的钢木家具产业集群，"十一五"期间，工业累计完成投资1800亿元。

电子信息产业。依托廊坊、燕郊开发区和固安工业区，建立完善液晶面板配套件、半导体、计算机及其外设三条产业链，建立形成计算机及其外设、液晶面板上游配套件、半导体、电子材料、视听整机及通讯设备的生产加工基地，重点推进华为、中兴、京东方、豪威、博为、汉王二期、河北信息产业园等一批关联度强、影响力大的建设项目，加快产业集聚，形成集群效应。"十一五"期间，电子信息产业累计完成投资400亿元，到2010年，形成一批在国内外有重要影响的骨干企业，成为京津冀地区重要的电子信息产业基地。

汽车零部件产业。依托廊坊、香河、燕郊开发区和固安工业园区，瞄准国内外整车汽车厂商的需求，扩大提高轿车制动器总成、真空助力器总成等汽车保安件生产，加快推进香河展望、正兴车轮、世源精工等一批在建项目，继续引进一批新的汽车零部件制造项目。"十一五"期间，全市汽车零部件累计完成投资300亿元，成为一汽大众、北京现代、天津丰田等主流车型零部件的重要供应基地，汽车刹车盘、制动钳等关键零部件成为国际汽车厂商的重要采购基地。

金属制品业。依托廊坊环京津的区位优势，立足金属切削刀具、管螺纹丝锥等现有基础，与汽车零部件、食品加工与制造、家具制造等主导产业相配套，重点发展金属结构制品、金属装饰制品、不锈钢制品、金属包装及金属压力容器制品、金属工具制品等产品系列，大力推进前进钢铁不锈钢项目的建设、建安特金属结构有限公司金属压力容器项目、永清红旗家具金属装饰品项目等一些大项目。"十一五"期间，全市金属制品业累计完成投资300亿元。

木材加工及家具制造业。依托左各庄胶合板技术民营科技产业园区、华日工业园、香河家具城、胜芳国际家具博览城,推进顺德家具生产基地、胜芳八达公司家具生产、曲美家具等项目建设,培育一批龙头企业、发展一些名牌产品,加强原料生产、原料加工、家具设计、家具制造以及产品展览、产品销售等各个环节的有效衔接,尽快形成产业链条,变销售优势为制造优势,变企业聚集优势为产业集群优势。"十一五"期间,家具相关产业累计完成投资200亿元。

食品加工与制造。依托廊坊、燕郊开发区和现有龙头企业,立足消费市场,发挥资源优势,重点发展绿色食品,进一步做大做强汇福粮油、梅花味精、华农集团、五丰福成、福华肉类、明慧集团等重点企业,增上一批新的食品加工与制造项目,拓宽新的食品加工与制造领域,使廊坊成为京津冀都市圈重要的粮油深加工基地、畜禽产品深加工基地和果蔬深加工基地。"十一五"期间,廊坊食品加工与制造业累计完成投资200亿元。

印刷包装、建材、机械、冶金及黑色金属压延等传统产业。按照统筹规划、整合资源、优化结构、科技兴业、做大做强的思路,走规模化、专业化、集约化经营之路,实现产业的上档升级。新能源、资源再生与综合利用等前瞻性产业要超前谋划,立足于高起点、力争在项目建设、产业发展上有一个较大的突破。"十一五"期间,累计完成投资400亿元。

3. 提升第三产业

着眼于服务社会生产、服务人民生活,廊坊市加快发展现代物流、金融保险、信息服务、中介咨询等现代服务业,会展旅游、房地产、社区服务等新兴服务业,商贸餐饮、交通运输等传统服务业,形成以会展旅游为主导的、多业并举的发展格局。"十一五"期间,累计完成投资800亿元。

(六)沧州市

1. 巩固化学工业

继续巩固沧州化工行业在河北省最大化工基地的地位,建设石油化工、盐化工和精细化工有机结合、协调发展、独具特色的化工基地。形成

第五章 河北省产业发展特征及规划思路

由乙烯、丙烯等上游产品与聚氯乙烯、异氰酸酯、聚碳酸酯等中游产品以及精细化工、合成材料等下游产品相结合的完整产品链。重点发展乙烯丙烯联合装置、乙烯下游产品、丙烯下游产品、氯碱等下游产品。主要产品系列包括：醋酸系列、苯乙烯系列、环氧丙烷系列、丙烯腈系列、苯酚丙酮系列、丙烯酸系列、PVC系列和聚氨酯系列。在石油化工方面，通过大型炼油、乙烯和芳烃联合装置的建设，依托中石化沧州炼油厂、华北石化等现有炼化企业建设超大型炼化一体化装置，发展下游核心产品包括各种油品、聚乙烯和聚丙烯、丙烯酸及酯等，以及丁二烯、环氧乙烷、乙二醇、对二甲苯等。

2. 壮大装备制造产业

重点发展电线电缆产业、弯头管件业、铸造业、模具加工、其他机械制造业等特色产业，围绕产业升级和市场需求，加快发展，做大做强，适时发展技术含量高、附加价值高的重大技术装备产业。

3. 做强做精纺织服装产业

做强做精棉纺织行业，增加新型纺纱设备的数量，提高纺纱设备的技术装备水平。在增加各种纺织品产量的同时，积极提高质量。鼓励采用清梳联、细络联、精梳机、自动络筒机、新型纺纱机等先进设备及部件。

加快服装业发展的速度，并使之向创新型、设计型方向发展。以小批量、多品种的产品形式，提高市场快速灵敏反应度，以附加值高、名牌效应强的产品适应世界服装的潮流，谋求经济效益，带动纺织工业的发展。将裘皮业作为特色产业推广，建立完善的产品流通体系，并带动沧州相关产业的发展，扩大养殖规模，积极为农民创收。

4. 提升食品工业

加快建设具有相当知名度的特色食品生产基地，继续抓好重点项目建设，开发新产品，积极拓展国际市场，实施名牌战略，扩大生产能力，形成全国重要的食品工业基地。

（七）邢台市

1. 大力延伸资源加工型行业的产业链条

"十一五"期间，邢台市要不断提升已有的资源加工型传统产业，把节约能源和资源作为结构调整的重要手段，促进循环经济的快速发展。通过用新技术新装备改造传统产业，不断降低能耗和物耗，减少污染物排放，实现废物回收循环利用，达到产业发展与生态环境保护的协调统一。

适度发展煤炭开采业，以发放安全生产许可证为契机，认真贯彻国家产业政策，整合资源，强化监管，安全生产，调整结构，稳定产量，实现煤炭开采业的持续发展。坚持高起点、高技术、高水平的"三高"方针，不断延伸煤炭产业链条，大力发展煤化工业，搞好副产品的深加工。依托旭阳、建滔两大支柱企业，整合沙河炭黑及周边地区煤化工资源，延长产业链条，发展能替代石油化工产品的基础化工原料及其下游产品，提高产品附加值，并带动相关产业发展，把邢台建成全国一流的煤化工基地。

依托现有的邢钢、德龙、龙海、吉泰等四大钢铁生产企业，抓住当前国家钢铁产业重组力度加大的机遇，按照"提升质量、延伸产业链条和错位竞争"的原则，积极提升钢铁产业的竞争力和产品附加值。以邢钢线材制品加工基地为核心，不断延长产业链条，发展壮大邢湾机械制造、临西轴承、平乡自行车零配件、任县、隆尧县和邢台县拉丝制钉产业、清河汽摩配件等钢铁产品制品业，同时带动周边邢东板材业、南和县造纸业、邢台县和市区纸箱、塑料业等配套产业发展。

建材业发展要以提高产品质量和经济效益为目标，加强传统产业的经济结构调整和技术改造力度。整合现有生产企业，加大小水泥和小玻璃窑的污染治理力度，提高生产技术水平，加大产品的深加工力度，鼓励生产更多的符合市场需求的高附加值产品。大力开发石膏矿资源，逐步形成以水泥、玻璃、石膏和新型建材为主的产业体系。

2. 做大做强优势和潜力产业

纺织服装业要在扩大生产规模、提高技术水平、创立名牌产品，调整产品结构的基础上逐步形成合理的产业格局。棉纺织、印染业重点支持巨

第五章 河北省产业发展特征及规划思路

鹿的棉纺基地建设。服装业重点推进宁纺集团合资步伐，加快宁晋格瑞特服装公司、市服装二厂扩能改造。羊绒及羊绒制品业重点支持清河宇联公司、宏业公司、亿利来公司、节能集团等公司的纺纱项目改造，清河京城公司与三友公司羊绒面料项目的建设，清河兆君、东高、奕兴、太和四公司羊绒针织服装项目。

食品工业要全面扩大规模，在技术水平和产品结构方面取得突破性进展，推进食品工业由资源拉动型向技术带动型转变，产品结构由传统食品向营养、安全、方便、多样化、工业化食品转变，初步建成支撑食品工业发展的技术创新体系、食品安全监督检测体系、标准化生产体系和食品工业物流体系。重点抓好隆尧东方食品城工业园的建设、河北千喜鹤肉类产业有限公司南宫食品工业园的建设和巨鹿玉米淀粉加工园区建设，围绕柏乡、宁晋、新河食用菌产业的发展，建设食用菌加工集中产区，形成以方便食品、玉米淀粉、肉类加工、粮油加工、食用菌、乳制品加工为主导，龙头企业规模、技术、档次在全国领先，中小企业"专、精、特、新"，立足冀南，面向全国，主导产品进入国际市场的食品工业体系。

医药业的发展要抢抓河北省建设石家庄"中国药都"的机遇，以结构调整为主线，以提高竞争力为目标，以市场为导向，围绕优势企业、优势产品，上规模、上质量、开发新产品，促进重点流通企业向工业生产的延伸，全面搞活小企业，大力发展原料药深加工和中药产业，促进邢台市医药产业的跨越式发展。首先，培育和发展重点工业企业。以"康必得"、"乳疾灵"、"复方芦荟胶囊"等名牌优势产品为龙头、重点扶持恒利集团、邢台制药厂、临西县制药厂和广宗通络等具有优势产品的企业。其次，发挥流通企业的优势带动作用。重点培育恒祥、东盛英华两家龙头流通企业做大做强，加大引导、支持力度，鼓励医药经营企业走工商联合之路，发挥流通企业带动作用，促进流通企业向工业延伸，加快建立健全现代企业制度。

对于目前发展势头很好的单晶硅生产，重点加强研发能力和技术创新，不断提升产品的质量和市场竞争力，同时根据市场需要，适度开发系列化产品。

对于邢台的汽车及汽车零配件的发展，应重点发展汽车零配件为主的机械制造业，实施"小产品、大市场"战略，在不断提高产品质量和增加产品系列的同时，积极拓展外部市场。同时，充分利用"长征"重型车既有汽车生产目录的优势，推进与二汽的合资步伐，充分借助外部资金、技术、人才、管理和市场网络，盘活存量资产，稳步发展汽车整车制造业。

3. 进一步提升商贸物流业

进一步发挥既有专业市场优势，不断完善商贸物流功能，并将此作为将邢台建设成为冀南重要中心城市的手段。为此，首先，进一步做大、做强、做优既有的专业市场，完善市场功能，规范市场行为。重点发展清河成为世界著名的羊绒及羊绒制品的加工中心、展销中心、配送中心和转运中心，隆尧、临西、平乡和沙河分别建设成为以食品、轴承、自行车（零配件）、玻璃为特色的加工商贸和物流中心，市区成为在全国有较大影响的医药批发和流通中心。其次，应充分利用现有的交通运输、仓储配送、流通加工、网络信息等潜在优势，构筑现代物流基础设施平台和信息平台，扩大专业市场辐射范围。最后，借力发展，积极引进国内外著名物流企业，结合当地的专业市场，加快区域物流枢纽建设步伐，构建物流网络体系，提高其对专业市场、工农业生产的服务水平和对经济发展的拉动作用。

4. 加快发展旅游业

充分发挥邢台自然和人文旅游资源特色，打造"生态、休闲、养生"的生态旅游品牌和"科普、风俗、教育"的文化和红色旅游品牌，推动旅游业跨越式发展，力争到"十一五"末，实现旅游产值80亿元，占GDP 8%的目标，使旅游业成为邢台市国民经济的支柱产业。首先，加大旅游基础设施建设投入，扩大旅游景观的对外包装宣传，建立旅游业经营管理的市场化机制，发挥对其他关联产业的拉动作用。其次，加强与发达地区旅游对接，加大市场开发力度。针对邢台旅游资源布局相对分散并且存在较严重行政分割的实际情况，今后要积极整合邢台市内的旅游资源，加强各旅游景点之间的有机联系，与周边地区联合打造精品旅游线路。最后，针对当地宾馆餐饮业发展相对落后的实际情况，尽快加强旅游配套设施建设，提高旅游管理和服务水平，增强邢台的旅游接待能力和档次。结

第五章 河北省产业发展特征及规划思路

合生态旅游城市建设,逐步将邢台建设成为中国优秀旅游城市和华北地区生态休闲、疗养度假的后花园。

(八)张家口

1. 加快发展独特优势产业

清洁能源(电力)产业:突出风电特色,坚持风电、火电、热电全面推进,力争通过几年的努力,建成千万千瓦级的北方电力能源基地。充分利用清洁能源的良好发展机遇,重点推进张北、尚义、沽源、康保及其他县区风电项目,大力发展产业集群,加快百万千瓦级风电场建设。

绿色煤化工产业:重点是依托当地及周边地区丰富的煤炭资源,发挥优势,加大产业技术开发力度和引进国内外先进技术,加速资源深度开发。实施"11132"工程,重点支持粤华化工有限公司、河北盛华化工有限公司、昊华集团宣化化肥有限公司、河北新朝阳化工股份有限公司等企业的煤化工技改项目,把河北新朝阳化工股份有限公司建成我国北方最大的酯类产品生产企业。

电子信息产业:应用信息技术改造传统产业,推进企业信息化,提升传统产业在产品设计开发、生产制造、市场营销、资源配置和客户服务等方面的水平。充分利用京津大专院校和科研院所的技术优势,加大新产品开发力度。创造条件吸引京津等发达地区信息产品制造业向本地转移,促进信息产业的集约化、规模化发展。加快以涿鹿北大青鸟智能化产品制造为龙头的涿鹿信息产业园建设,加快以宣化七〇一厂、涿鹿中源单晶硅为龙头的半导体材料深加工基地和怀来信息产业软件园的建设,逐步培育信息产业群。进一步加强信息基础设施建设,积极推进三网合一,推动资源共享,实现信息产业集约发展。

2. 改造提升传统优势产业

机械制造产业:充分发挥地域优势、资源优势、人才优势、龙头企业优势及龙头产品优势,以发展汽车专用车为重点,不断提升传统优势产品的科技含量,积极探索开发风电设备和配套产品,全面提升机械产品的规模和效益,把机械工业做大、做强、做优,形成以汽车专用车为龙头的机械产业体系。建成全国同行业最大的两个龙头企业（张家口煤矿机械有限公司和宣化工程机械股份有限公司），建成全国较大的两个机械产品生产基地（汽车专用车和液压油缸），扶持在省内占有优势的八个特色产品（矿山机械、高压气瓶、锅炉、凿岩钻孔机械、空气换热器、地质钻机、环保设备、烟草机械及电控设备）。实施重型及超重型运输机、全自动采煤机、SD9高驱动400马力推土机、水泥泵车等一大批新产品开发项目。重点支持宣工福田、宣化工程机械、煤机等企业实施一批技改工程。

钢铁产业：按照发挥优势、错位竞争的原则，调整产品结构。坚持钢、铁、材配套生产，以发展优质钢结构用钢和特种钢为主，大力发展具有市场空间的高质量、高技术含量、高附加值精品。形成以生产棒线材、中厚板、薄板、焊接H型钢为主，以生产机械、造船、轻工、家电及一般用途汽车用钢为辅的钢铁产品生产结构。将张家口市建成北方优质钢结构用钢生产基地。重点支持宣钢集团的15项重点建设项目。

卷烟产业：全力支持张烟技改工程。按照"大品牌、大市场、大企业"的战略指导思想，借鉴国内外先进技术经验，加快产品结构升级，加强品牌建设，走出一条投入少、质量高、见效快、回报高的科技创新之路。

制药产业：巩固和提高原料药优势地位，强力推进化学原料药深加工，以张药集团优势为依托，打造华北北部主要的抗生素生产基地；以长城药业为中心，延伸草药种植、饮片加工、成药制造上下游产品链，形成以成药制造为龙头，饮片加工为骨干，以草药种植为补充，共同发展的中成药产业格局；跟踪生物技术发展趋势，积极培育生物制药产业，重点发展有自主知识产权的产品生产，推动医药产品由仿制向创新的战略转移；加快医药物流基础设施建设，构建现代化的医药物流平台，形成以医药物流为龙头，以原料药深加工和药物制剂为主体，以现代中药和医疗器械为两翼的产业格局，推进医药大市向医药强市的转变。

3. 加快矿业开发步伐

利用丰富的矿产资源优势和矿业开发基础，重点加大煤、铁、黄金、铅锌、沸石、磷矿等矿产资源的开发力度。注重矿产资源的综合利用和精深加工，延伸产业链，提高附加值。加快蔚县、沽源、康保、万全煤田开

第五章 河北省产业发展特征及规划思路

发,积极推进煤炭资源综合利用,力争更多的煤炭资源就地实现煤电转换。突出抓好蔚州煤电路化综合开发项目,积极推进沽源煤田煤电路化综合开发。提升铁矿开发的技术和装备水平,努力改善生产条件,降低成本,提高产出率。加快有色金属矿产开发,采用先进技术提高资源加工深度,建设有色金属生产加工基地。积极引进市外资金和技术,以沸石、磷矿为重点,规模开发非金属矿产,研制深加工产品,尽快将非金属矿的资源优势转变为经济优势。

4. 大力发展特色食品加工业

依托丰富的农业资源,紧紧围绕特色龙型经济的发展,坚持走工业化与农业产业化紧密衔接的路子,大力扶持产业关联度高、发展潜力大的龙头骨干企业进行产品的深度开发,重点支持奶业、酿酒、肉制品、制糖、食品酵母等特色农产品加工行业的发展,着力打造以绿色品牌为标志的特色食品业。酿酒业重点发展葡萄酒,稳步发展啤酒和名优白酒。把怀涿盆地建设成为全国最大的干型葡萄酒生产基地。肉制品行业以优质牛羊肉加工为重点,按照适度规模的原则,积极支持各类肉制品加工企业创名优品牌,发展深加工产品。其他特色农产品加工行业瞄准国际国内市场,突出绿色品牌,搞好杏扁、口蘑、燕麦、蕨菜等特色优势资源的开发。

突出抓好奶业开发。全力推进百万头奶牛工程。以推动奶牛规模化、标准化饲养,提高奶牛单产水平,以乳品质量为主攻方向,按照高效、安全、协调、现代的发展思路,充分发挥资源和区位优势,加大投入力度,促进产业适度集中,形成坝上地区、怀涿地区及市郊三大奶业优势区域,建成科学完整的奶产业体系,把奶业发展成为新兴的富民强市的支柱产业。

5. 振兴建材纺织业

建材产业,要围绕"优化结构和提高效益"这一中心,加速由数量增长型向质量效益型的转变。支持建材行业进行结构调整,鼓励采用新技术和新工艺改造老企业,淘汰落后工艺,扶持符合国家产业政策、市场有需求的产品的生产。水泥行业要积极推广采用节能、降耗、除尘、增产、提高质量等方面的新技术,逐步向节能、利废、环保方向发展。高起点发展新型建材、保温材料、石材和非金属制品。发展利用当地资源，低能耗、低污染、高性能、高强度、多功能、系列化，能够提高施工效率的新型墙体材料产品。保温材料方面重点支持下花园岩棉及其保温制品的发展，使其成为全国乃至亚洲最大的岩棉制品生产基地。

纺织产业，鼓励和支持纺织企业以厂房、设备和资源为纽带，加强与市外经济实体的合作，促进产品结构的优化升级。发挥亚麻资源优势，大力发展亚麻纺织品生产。依托现有企业基础，联合市外企业集团，全力打造宣化国际羊绒交易中心。在用传统优势产品开拓国际国内市场的同时，积极支持纺织企业加大新产品开发力度，大力发展产业用纺织品和功能型、保健型家用纺织品的生产。

6. 大力发展旅游业

以创建中国优秀旅游城市为目标，突出生态特色，加速旅游资源开发，着力打造旅游精品，逐步把旅游业培育成为富民强县的支柱产业。围绕历史文化、坝上草原、崇礼滑雪和军事旅游等特色旅游资源，强化品牌建设，重点打造"早、爽、名、冠"四大特色品牌。把崇礼建设成"国家级滑雪基地"，把崇礼滑雪打造成全国知名旅游品牌。加速旅游景区开发，建设富有吸引力的旅游景点，重点建设好崇礼天然滑雪、长城大境门、张北中都草原、沽源金莲川草原、宣化古城、蔚州绿色大峡谷、涿鹿黄帝城、怀来鸡鸣驿、赤城温泉、阳原泥河湾古人类遗址等十大旅游区。充分发挥春夏秋冬四季旅游资源丰富的优势，努力形成四季兴旺的旅游格局。着眼于把张家口市建成"北京的后花园"，加强与北京的旅游对接，优化以北京为起点的六条精品旅游线路。进一步延长旅游产业链，积极支持蔚县剪纸等特色旅游产品的开发。

（九）秦皇岛市

1. 进一步壮大优势产业

特色农产品及粮油食品加工。在现有基础上抓规模、抓品牌、抓下游产品开发，建设粮食物流中心、粮食批发市场、粮食专用泊位，重点发展金海玉米深加工、骊骅玉米淀粉、华夏干红酒扩产等项目，努力打造中国

第五章　河北省产业发展特征及规划思路

北方最大的粮油食品加工基地。

重大装备及机械制造业。一是加快哈尔滨动力集团出海口基地，重大输变电装备，发展燃煤、燃气电站装备及核电站装备等项目，建设重型装备制造基地，争取办成东北老工业基地改造中一个重要出海口。二是充分利用山海关船厂、秦皇岛造船厂、船机厂的基础条件，大力推进山海关船厂百万吨造船项目，建设修造船和海洋工程装备基地，为唐山港、黄骅港和天津港，以及渤海湾其他港口的过往船只提供维修服务和国内外船商造船。三是推进戴卡公司轮毂扩产、旭硝子汽车风挡玻璃、科泰公司5万吨汽车铸件、轿车门、玻璃灯罩扩产、万向节等项目的进度，加快汽车配件基地建设，为京津冀乃至全国的汽车制造商提供配件服务。

金属压延及制造基地。重点发展高精度铝板带箔、汽车板、涂层铝材、镁合金构件等国内空白及替代进口产品，重点发展管罐深加工，推进渤铝公司热轧项目，建设全国重要的铝板箔加工基地和亚洲最大的高性能铝箔生产基地。发展管线钢、船板钢，为万基钢管、船舶制造提供配套产品。重点推进中冶集团300万吨板材项目、首秦公司宽厚板技改项目和60万吨钢料配送中心项目。

玻璃制造和深加工基地。发挥玻璃工业技术、人才、品牌等方面的优势，引进国外先进技术，大力发展超厚玻璃、在线镀膜玻璃及玻璃深加工及制品。力争玻璃工业综合实力居全国领先地位。重点推进 LOW－E、SUN－E、光致变色玻璃、自洁净玻璃等绿色和节能玻璃开发生产，为促进整个京津冀地区生态环境保护服务。开发玻璃器皿、玻璃工艺口等项目，建设系列化、配套化、规模化、具有世界先进水平的玻璃及深加工基地和建设中国最大及世界最大玻璃市场。

精细化工及石油深加工。在现有腈纶厂、华瀛磷酸公司、中阿化肥公司等项目的基础上，依托秦皇岛油港码头、东部临港工业区建设，重点发展石油化工、精细化工。谋划建设1000万吨炼油项目、100万吨乙烯项目和蓝星石化100万吨CPP等项目，并以此向下游深加工产品延伸。构建精细化工及石油深加工基地，重点发展石油化工、精细化工产业，谋划建设1000万吨炼油项目、100万吨乙烯项目和蓝星石化100万吨CPP等项目，并以此向下游深加工产品延伸。

2. 积极发展特色旅游业

抓好产品开发。积极发展休闲度假旅游，与之配合做好三篇文章，一是"海"字文章，在扩大、净化海滨浴场的基础上，把旅游项目向海上、远海延伸。包括开辟帆船、帆板等海上运动，海上垂钓、捕鱼、潜水、观光艇、海上游船等参与性强的项目。二是"城"字文章，复建山海关鼓楼、明清一条街，兴建长城碑林、文体中心、会展中心、高尔夫球场等，大力提高城市的载体功能，为开展文化、体育、会议、商务旅游奠定基础。三是"山"字文章，重点搞好祖山、长寿山、背牛顶、九道缸等山地资源的深度开发，努力将秦皇岛山地观光打造成与海滨、长城齐名的又一张王牌。加强合作，积极营建京—承—秦和秦—大—烟两个旅游黄金线。争取条件，积极促成秦承高速公路或秦承一级公路的建设，秦承铁路直达快速客运列车的开通和秦皇岛至大连、烟台高速客轮的开通，为形成我国北方独一无二的魅力无穷的陆上旅游黄金线和海上旅游黄金线打下了坚实的基础。

3. 挖掘潜力，大力发展优先产业

建设高新技术产业基地。依托秦皇岛开发区建设以软件产业、光机电产业、生物技术、新能源与环保产业、新材料等为内容的高新技术产业基地，发挥燕大科技园、东大软件园等产业园区功能，加快软件开发，重点建设软件开发基地。

建设重要物流集散中心。建设煤炭交易中心、进口矿石交易集散地、秦皇岛北方物流中心、秦皇岛市博纳进出口果蔬交易中心、秦皇岛运通物流工程等项目，依托港口建成三北地区和环渤海地区的煤炭、粮食、石油产品、化肥等重要物资集散中心。

大力发展文化产业。依据北京今后将设立专项扶持基金和奖励基金，构建动漫和互联网游戏产业链，推动北京派格数字文化创意产业基地建设。秦皇岛应充分利用环境优势，借助北京的辐射能力和传播力，成为北京文化产业疏解区。

整合资源，做强做大体育经济。利用奥体中心优势，搞好足球、篮球、排球等体育赛事活动；利用山、海域等自然条件，发展可参与性体育

第五章 河北省产业发展特征及规划思路

休闲旅游。加强培育和繁荣体育市场研究，促进体育产业发展。大力发展休闲体育健身服务业、体育竞技表演业、体育用品市场等体育相关产业。

着重发展高等教育，提升人力资源结构。一是扩大现有驻秦高等学校规模，努力提高高等学校的教育质量。二是加强继续教育和成人教育，促进终身教育的发展，习型城市。三是大力发展高等职业教育，加快南戴河外语学院、职业技术学院建设，促进人力资源的结构的优化。

（十）承德市

1. 做大做强优势产业

立足可持续发展，努力延伸产业链条，大力发展制造业，用高新技术改造提升传统产业，最大程度地发挥资源的开发效益，走出一条资源充分加工利用、环境得到有效保护、上下游企业关联配套、产业核心竞争力强的新型工业化道路。重点发展冶金矿山、建筑建材、食品医药、可再生能源、纺织造纸、机械电子六大主导产业，建设开发区、帝贤、钢延、建材四大工业园区。把钒钛产业化基地建设作为重中之重，优化整合矿山采选业，加快钒钛钼等资源优势与科技的融合，提高产业集中度和技术水平，支持承钢、建龙、盛丰等骨干企业的技术改造。

2. 发展特色农业

"十一五"期间，承德强化"农业强市"地位，充分发挥地域广阔、气候冷凉、环境良好的优势，以发展品牌农业为切入点，大力调整农业内部结构，实行区域化布局、标准化生产、品牌化加工，全面提高农业综合生产能力，提升优势农产品的比较效益和市场竞争力。突出发展畜牧业，建设肉牛、奶牛、生猪、肉羊、蛋肉鸡五大产业带，建成农业第一特色主导产业，畜牧业产值占农业总产值的比重达到60%以上。调整优化种植业，建设400万吨蔬菜、100万吨马铃薯、20万吨食用菌、12万吨玉米制种和14万吨中药材基地，优质农产品比重达到60%以上，农作物良种覆盖率达到100%。加快发展林果业，实施5个100万亩、5个10万亩林果工程，建设55万吨果品基地，森林覆盖率达到55.8%。大力发展农牧产品精深加工，提高附加值，推进产业化经营，培育市级以上龙头企业

200家，农民专业经济合作组织和行业协会发展到400家，完善良种、科技、动植物保护、质量安全、市场信息、资源与生态保护、服务与管理七大体系建设，农业产业化经营率达到50%以上。

3. 壮大旅游产业

深化"旅游旺市"思路，围绕建设国际旅游城市目标，实现旅游收入和接待人数双翻番，推进旅游形态向观光购物、休闲度假、商务会展等多元化、四季型发展，实现由旅游辐射地向旅游目的地和集散地转变。实施"一体两翼"布局发展规划，以市区复合型旅游区为核心，北翼重点打造御道口、塞罕坝和丰宁坝上3000平方公里森林草原特色生态旅游区，南翼重点打造金山岭长城、雾灵山等山水观光型休闲度假旅游区。积极构建通畅便捷的黄金旅游线路，培育一批全国一流、世界知名的名牌产品，推出一批具有较高知名度的旅游文化项目，壮大一批综合竞争力强的旅游企业，形成开发科学有序、支柱地位突出、经济效益明显的旅游产业格局。

（十一）衡水市

1. 做大做强优势工业

坚持"存量调强，增量调优"的方针，集中打造金属制品及机械装备制造、化工医药、汽车零部件、食品加工、纺织服装、林板林纸等六大战略支撑产业，做大做强产业集群，提高主导产业整体竞争力。按照专业化协作和规模经济的原则，大力实施集团引领和品牌带动战略，着力培植一批实力雄厚、竞争力强的大企业、大集团，并以优势骨干企业为基础，培育一批优势名牌产品和产业。坚持园区建设与城市建设紧密结合，加快工业园区建设，积极推进项目向园区集中、园区向城镇集中、农民向城市集中，实现工业集约发展。重点抓好市经济技术开发区、桃城区北方工业园区和冀衡循环经济工业园的整合升级，建设大路北工业区，构筑全市工业经济发展新的增长极。坚持自主创新与技术引进相结合，在新材料、生物工程、电子信息及现代装备等领域，组织实施高新技术产业化工程，培育工业发展的后续支撑力量。

对于丝网、采暖制造、金属橱柜、焊管、橡塑、玻璃钢、酿酒、纺纱

第五章　河北省产业发展特征及规划思路

织布、汽车零部件等已经具备相当发展规模，在国内乃至国际市场占据一定市场地位、具有一定影响力的支柱行业，通过引进先进技术和先进工艺，提高产业创新能力，提升产业层次，延伸产业链，增强产业核心竞争力，巩固其支柱地位。

对于金属铁塔、彩涂板、粮油加工、有机化学制品、化肥、基本化工原料、皮毛制品等具备一定发展基础、市场拓展空间较大的优势行业，通过找准市场定位，加强内引外联，加大新产品开发和市场开拓力度，继续扩大产业规模，不断提高市场占有率，逐步奠定其在经济发展中的主导地位。

对于精密铸造（汽车配件）、化学原料药、无公害农药、肉类屠宰和加工、果蔬加工、休闲方便食品加工、林板、林纸、服装加工贸易等刚刚起步、技术含量相对较高、市场前景广阔、有自主发展优势的新兴行业，发挥自身资源优势，引进先进生产线和先进工艺技术，明确发展定位，推动产业向专业化、特色化、精深化发展，逐步培育成未来工业经济发展的主导力量。

2. 全面振兴服务业

围绕建设冀东南商贸物流中心和生态旅游观光基地的战略定位，着重发展现代物流业，规划建设榆科物流和路北物流两大园区，打造安平丝网、衡水祥运、枣强大营、深州安华、饶阳邦顺等八大物流中心；改造提升传统商贸业，创新经营业态，运用连锁、配送、电子商务等现代流通方式，优化商业网点和市场布局，推进东明农产品、饶阳瓜菜等专业市场的升级改造；积极培育旅游业，以衡水湖生态旅游为重点，大力发展自然生态游、文化精品游和红色旅游。加快发展邮电、通讯、社区、金融、保险、信息、会展和法律服务等新兴服务业，稳步发展房地产业，规范发展中介服务业，提高第三产业的整体发展水平。

第六章 京津冀重点产业发展特征及规划思路

以汽车、钢铁、化工、电子信息及高新技术、旅游和物流业为主的六大产业不仅是当前也是未来一定时期内支撑京津冀发展的重要产业，本章主要针对每个产业发展的基本情况及存在问题、未来发展的基本思路和主要措施进行分别的论述。

一、京津冀汽车工业发展

（一）汽车工业发展现状和存在问题

京津冀城市群汽车工业在全国汽车工业体系中占有重要的地位。2005年以北京现代、天津一汽夏利和保定长城等为主的京津冀汽车集中产区，产量为110.9万辆，占全国汽车总产量570.5万辆的19.4%，在我国已形成的六大100万辆左右的汽车集中产区中居首位。其中北京汽车产量58.7万辆（轿车22.1万辆），居全国各省区首位，天津汽车产量32.8万辆，河北汽车产量19.4万辆。京津冀汽车集中产区不仅汽车产量第一，而且生产的汽车类型也比较齐全，涵盖了主要的乘用车和商用车品种。京津冀汽车集中产区初步形成了各有侧重的汽车工业分布格局：北京汽车工业主要以生产中高档轿车、越野车和重型载货车为主；天津汽车工业主要以满足一般大众需求的经济型轿车为主；河北（保定、石家庄和廊坊等地市）汽车工业则重点生产轻、微型客（货）车、MPV、经济型SUV、摩托车以及各种专用车为主。各省区在汽车零部件生产上也有一定的分工

第六章 京津冀重点产业发展特征及规划思路

（与合作）：北京以生产汽车电子控制装置、车载汽车电子装置、专用芯片、控制软件、传感器等高附加价值的零部件为主；天津以发动机、变速器等关键零部件为主；河北则以铝轮毂、变速器、等速万向节前驱动轴、制动器、新型免维护蓄电池、制动空压机、发动机、内燃机摩擦付、安全气囊、安全玻璃等低附加价值零部件为主。

汽车工业存在的主要问题有：

1. 企业规模还比较小，缺乏自主知识产权

京津冀汽车集中产区有近10家主要的汽车整车生产厂家，即使将所有的汽车产量都算在一起，平均每个厂家年产量也只有10万辆左右，距离最佳经济规模还比较远。从汽车零部件和汽车总成看，规模经济的差距更大，国外发动机和变速箱最佳规模一般都在200万台左右，而天津一汽的发动机生产能力虽然是京津冀汽车集中区最大的发动机生产厂家，但也只有30万台左右，其他如长城、北京现代等规模都不大。汽车企业规模小与我国汽车企业缺少自主知识产权有直接的关系。

2. 汽车企业的跨区域联合还有待加强

京津冀汽车集中产区中通过与国外汽车企业的和区外大企业的合作，在企业整合上取得了一定成效，但在产区内的企业之间的合作上还有待加强，特别是河北汽车制造业尚需要大力整合，努力提高企业的整体效益，并尽快形成整车大型企业与专业化零部件中小企业良好的协作关系。汽车零部件厂家三省区规模都比较小，虽然各省区有一些分工，但尚缺乏实质性合作关系。

3. 汽车零部件产业还有待大力发展

京津冀汽车集中产区汽车零部件产业有了一定的区域分工，但区内联系不多，各省区除了依靠自己的零部件配套外，其他需要配套的零部件多依赖于区外（或国外）的零部件厂。区内各省区零部件厂基本上各成体系，零部件标准也不一致，影响零部件的通用性和汽车产品的成本。

（二）汽车工业发展的基本思路

京津冀汽车工业发展总体思路是：进一步整合资源，走集团化、国际

化、专业化和基地化道路，努力率先实现成为国民经济支柱产业的目标。要进一步通过国际国内兼并和联合，尽快扩大汽车企业规模，尽快形成集团化的优势；加强区内汽车资源的整合，尽快形成有一定分工合作的区域整体优势；要进一步强化汽车基地建设，尽快形成若干个具有明显专业化特色和竞争优势的汽车工业园区，继续保持全国最大汽车集中产区的地位；要进一步加大研发投资投入力度，大力调整产品结构，提高自主创新能力，努力提高轿车的比重，使本产区成为国内中高档轿车的生产基地。

1. **北京汽车工业发展**

大力培育乘用车、商用车及配套零部件全面发展的产业体系，进一步整合资源，促进汽车产业的协调发展。重点发展乘用车，重点引进戴—克体系的高中端产品，加快现代中低端产品入市；开发新能源轿车；做精做大越野车。商用车依托北汽福田、戴—克两家企业做大商用车产业，完善产品链；引进戴—克体系高中端重型车，发展具有特色的中低端轻型车；与戴—克合作发展高端客车，联合开发生产城市间高档客车和公交客车。加快汽车零部件产业发展，通过整车带动和零部件自身发展两个途径，促进北京汽车零部件产业发展，完善北京汽车产业链。重点支持对产业链完善起到关键作用的项目、具有核心竞争力的项目、面向多个体系配套和进入跨国公司国际采购链的项目。

2. **天津汽车工业发展**

要继续走与国际跨国公司全面合作的路子，形成轿车高中低档次齐全，乘用车成系列，高中档豪华客车成规模的产品格局，建成中高档轿车、经济型轿车、乘用车和中高档豪华客车四大整车生产基地，形成1.0至3.0以上的多品种、宽系列的梯次型产品结构。同时，加快建立汽车零部件生产配套体系。

3. **河北汽车工业发展**

重点发展轻、微型客（货）车及适合我国国情的经济型乘用车、关键零部件和专用车，积极发展大中轻型系列客车和重型载货车。微型客（货）车：整合现有资源，加大与国内外大集团的合作，在进一步做大做

第六章　京津冀重点产业发展特征及规划思路

强皮卡车系列产品的基础上，开发生产适合我国国情的经济型乘用车和多功能商务车，在全国同类产品中形成较强的竞争优势。关键零部件：重点发展锻造铝轮毂、变速器、等速万向节前驱动轴、制动器、新型免维护蓄电池、制动空压机、发动机、内燃机摩擦付、安全气囊、安全玻璃等关键零部件。专用车：重点开发和发展具有国内先进水平的新型环卫车、市政作业车、化工液体运输车、施工工程车、油田作业车、沙漠专用车、高速公路维修车、重型运输车、旅居车、大吨位厢式车和自卸车等专用车。提高专用装置的技术含量和服务功能，增加专用车品种。大中轻型客车：在巩固提高中轻型客车的同时，开发高档大巴。重型载货车：以太脱拉车型为基础，与大集团合作，发展重型越野车。

（三）汽车工业发展的主要措施

1. 进一步完善企业做大做强的政策

大力推动汽车产业结构调整和重组，扩大企业规模效益，提高产业集中度，避免散、乱、低水平重复建设。通过市场竞争形成几家具有国际竞争力的大型汽车企业集团，力争到2010年跨入世界500强企业之列；鼓励汽车生产企业按照市场规律组成企业联盟，实现优势互补和资源共享，扩大经营规模；培育一批有比较优势的零部件企业实现规模生产并进入国际汽车零部件采购体系，积极参与国际竞争。

2. 鼓励开展汽车产业共用关键技术的联合攻关

要在我国汽车产业政策中，进一步细化鼓励汽车企业提高自主开发能力的政策措施。可考虑对自主开发的产品，在销售、流通环节，给予减免税费的优惠；对自主开发新产品的企业，在企业有关税费方面予以减免；鼓励企业在海外投资、兼并专业汽车设计开发企业，鼓励企业与海外专业汽车设计开发企业合作开发新产品；对自主开发产品的民族企业，给予资金等扶植。对汽车工业中共用的重大新技术项目、基础研究项目，可以组织产学研联合攻关，以打破跨国公司的技术垄断。针对此类问题，政府应当制定有关政策，促进重大前瞻性新技术的产业化，创造必要的条件，提供必要的资金支持。我国新一代电动车的开发已经取得了突破性进展，政府应从战略高度予以重视，尽快制定政策，促其产业化，使我国汽车工业取得跨越式的发展。

3. 进一步调整汽车产品结构，大力发展节油型汽车

要进一步鼓励经济型小轿车的发展，大力发展节油型汽车。一是通过技术标准、政策法规引导节油和环保。政府应当制定有关标准、政策法规扶植清洁能源汽车、新能源汽车的使用。同时通过这一措施淘汰规模小、产品落后的汽车生产企业。二是应制定汽车消费政策，引导大众汽车消费，鼓励企业多开发生产和消费者多购买小排量轿车。三是应当尽快推出燃油税。四是发展柴油车是必然趋势，普及柴油车应当成为国策。今后要进一步提高客车的柴油化率，尤其在推进轿车的柴油化上下工夫。五是提高我国油品水平与质量，要加快开发清洁汽柴油生产适用技术。同时，加速开发新的汽车发动机，炼油企业要抓紧时间对炼油生产装置进行技术改造。从我国汽车能源供应的发展看，能源工业要加速推进LNG、LPG、乙醇、甲醇等燃料的开发与供应。汽车工业应加强利用其他能源的技术的研究（尤其是发动机技术），开发相应的汽车产品。

4. 加速汽车工业集聚地区的发展

继续加强六大集中产区的建设。在汽车工业产业积聚的重点地区，引导与鼓励地方政府打破地区间的行政束缚，加速企业间的兼并重组，形成以若干大企业集团为中心的、具有国际竞争力的汽车工业产业集群。同时，中央政府不应再支持目前尚无汽车工业的地区，独自上马汽车整车项目，而是鼓励现有企业去设分厂，要使汽车企业成为布局和区位选择的主体，防止汽车工业可能出现的再次分散化的趋势。

二、京津冀钢铁工业发展

（一）钢铁工业发展状况

京津冀城市群是我国最重要的钢铁生产基地。2005年京津冀地区生

第六章 京津冀重点产业发展特征及规划思路

产粗钢 9208 万吨，占全国粗钢产量的 26%，其中北京达 828 万吨，天津达 955 万吨，河北达 7425 万吨，分别占京津冀城市群的 9%、10.4% 和 80.6%（见表 6-1）。2005 年京津冀地区生铁产量 8315 万吨，占全国生铁产量的 24%，其中北京达 814 万吨，天津达 660 万吨，河北达 6841 万吨，分别占京津冀城市群的 11.9%、7.9% 和 80.2%（见表 6-2）。2005 年在我国年产 500 万吨以上粗钢的 18 家钢铁企业中，京津冀地区占了 4 席，分别是北京的首钢、河北的唐钢、邯钢和建龙钢铁。

表 6-1　京津冀主要钢铁企业粗钢产量及在全国排名（2005 年）

排名	企业名称	产量（万吨）		同比增长	
		本年累计	2004 年同期	数量	(%)
2	唐山钢铁集团有限公司	1607.81	1311.16	296.65	22.63
6	首钢总公司	1044.12	847.27	196.85	23.23
11	邯郸钢铁集团有限公司	734.43	680.12	54.31	7.99
18	唐山建龙实业有限公司	501.18	413.83	87.35	21.11
21	唐山国丰钢铁有限公司	454.28	404.47	49.81	12.31
26	天津天铁冶金集团公司	342.53	344.55	-2.02	-0.59
27	河北津西钢铁股份公司	337.21	338.75	-1.54	-0.45
36	邢台钢铁有限责任公司	237.81	216.12	21.69	10.04
39	石家庄钢铁有限公司	216.32	207.98	8.34	4.01
42	天津天钢集团有限公司	208.19	177.4	30.79	17.36
51	天津钢管集团有限公司	156.79	120.05	36.74	30.6
59	河北滦河实业有限公司	112.88	112.84	0.04	0.04

表 6-2　京津冀主要钢铁企业生铁产量及在全国的排名（2005 年）

排名	企业名称	产量（万吨）		同比增长	
		本年累计	2004 年同期	数量	(%)
2	唐山钢铁集团有限公司	1465.71	1188.37	277.34	23.34
5	首钢总公司	1015.92	816.55	199.37	24.42
14	邯郸钢铁集团有限公司	538.35	504.55	33.8	6.7
18	唐山建龙实业有限公司	502.18	480.17	22.01	4.58
19	唐山国丰钢铁有限公司	487.49	375.1	112.39	29.96
25	天津天铁冶金集团公司	325.42	300.23	25.19	8.39

续表

排名	企业名称	产量（万吨）		同比增长	
		本年累计	2004年同期	数量	（%）
27	河北津西钢铁股份公司	314.27	304.34	9.93	3.26
34	邢台钢铁有限责任公司	231.99	214.08	17.91	8.37
42	石家庄钢铁有限公司	176.57	170.89	5.68	3.32
46	天津天钢集团有限公司	141.15	82.53	58.62	71.03
52	河北滦河实业有限公司	114.5	111.53	2.97	2.66
62	天津钢管集团有限公司	55.55	0	55.55	0

河北省是我国钢铁产能最大的省份，2005年粗钢产量达到7425万吨，占全国钢产量的21%。河北现有钢铁企业202家，其中拥有炼钢能力的企业88家，独立炼铁企业42家，独立轧钢企业72家，据2004年统计，炼铁能力7703万吨。随着落后生产能力的逐步淘汰，产品结构正在逐步优化，河北钢铁产品的板带比正在不断提高，热轧及冷轧薄宽钢带、热轧及冷轧薄板等高技术产品产量成倍增长，合金钢大幅度增长。

京津冀钢铁工业存在的主要问题是：钢铁工业对水资源的需求较大，华北地区水资源短缺的状况对钢铁工业的发展有较大的制约；钢铁工业普遍存在产业布局分散、企业规模偏小，产品结构不合理、附加价值低，技术创新不足、消耗高、污染重等问题。如以河北省为例，该省目前尚没有一家千万吨级的特大型钢铁企业，产品结构上，以螺纹钢、型材、线材等为代表的建筑用材产量占60%以上；在板带材中，技术含量较低的窄带钢占有较大比重，真正具有较高水平的热轧薄板、优质中厚板比例较小。天津尽管拥有世界水平的无缝钢管生产能力，但同样存在炼铁和炼钢环节低水平重复问题。首钢虽然生产能力较大和技术水平高，但其发展与首都定位不相称。

（二）钢铁工业发展的基本思路

京津冀城市群钢铁工业的发展应由规模扩张转向产品结构和组织调整以及布局的优化方面，提高高品质、高附加价值等高端钢材产品比重，根据生态环境承载能力和环保要求，严格控制生产厂点继续增多和生产能力扩张，并使布局向沿海和资源产地集中。

第六章 京津冀重点产业发展特征及规划思路

1. 天津钢铁工业发展

按照国家钢铁产业发展政策，在控制总量的基础上，继续对产品结构、工艺结构进行整体调整和优化升级，大力发展高附加值和深加工产品，提高产品技术含量，抢占行业制高点。重点做细做精以石油管材、高档锅炉管材为主的钢管产业，建成以石油套管为主，以油管、钻杆等高附加值产品为辅的专业化生产的石油专用管材生产基地；加快天铁等老企业的改造，建设以汽车板、彩涂板等板材为代表的优质钢材精品加工基地，解决汽车和家用电器的配套问题。围绕发展金属制品，全面提高技术装备水平，集中发展精品钢铁产品。

支持开发超纯净钢冶炼工艺技术、低温轧制技术、钢铁生产过程的全自动控制技术等先进的制造工艺技术（重大共性技术）以及熔融还原炼铁工艺技术、薄板坯连铸技术等前沿工艺技术；支持开发高合金不锈钢套管、可膨胀套管、大口径厚壁专用无缝钢管及汽车用管；支持开发高强度大规格耐腐蚀低松弛预应力钢绞线、高速列车、地铁用车体铝合金型材等技术和产品以及高强度冲钢板、细晶粒钢材、高氮不锈钢等新一代钢铁材料；大力推广干熄焦技术、高炉炉顶压差发电技术（TRT）、富氧喷煤技术、煤气及蒸气回收技术、余热回收技术、蓄热技术、静电除尘技术。

2. 河北省钢铁工业发展

以国家宏观调控为契机，以由钢铁大省向钢铁强省转变为主旨，以结构调整为主线，调优钢铁产业结构，调高钢铁产业层次，调大钢铁企业规模，调强钢铁工业综合竞争力，重点抓好以企业组织结构调整，提高产业集中度以推动产品结构、技术结构和工艺装备结构的调整，促进全省钢铁产业结构的优化升级。河北钢铁工业主导产品方向定位是大力发展板管带材，培育壮大优特和专用钢材，稳定提升建筑用钢材。从产品结构总体上形成以板带材、优特材、管材、高效钢材、建筑用材和钒钛制品等六大产品系列为主的基本框架，满足市场对钢材产品不同层次的需求。开发和建设连续化、紧凑化和高效化的钢铁生产流程，采用各种技术措施，进一步缩短工艺流程，提高冶炼强度，缩短制造周期，达到节能、降耗、优质、高效的目的，这是技术结构调整的主要目标。

（三）钢铁工业发展的主要措施

1. 整合重组

钢铁生产的技术特点决定了规模经济在钢铁产业生存与发展中的重要地位。在产业资源市场化配置的条件下，竞争和规模经济的效率优势会促使产业渐进式重组，部分企业的规模会越来越大，直接的结果就是产业集中度的提高。京津冀地区的钢铁企业目前仍主要以中小钢铁企业为主，大型钢铁企业不多，仅有首钢、唐钢和邯钢等少数几家产品产量在500万吨以上的大中型企业，其余钢铁企业不仅规模较小，而且大都是以生产普通建筑类钢材为主的民营钢铁企业，其产品附加值较低，缺乏竞争力。当前，要充分发挥首钢等特大型企业在技术、资金、管理、人才等方面的综合优势和骨干作用，推进钢铁企业的联合重组，在更大范围实行专业化分工和合理配置资源，防止盲目扩张和盲目扩大产能，组建世界级特大钢铁企业集团，提高国际竞争能力。在这项工作中，当前的重点是要大力推进跨省市、跨地区的钢铁企业联合重组，加快向前推进首钢与唐钢联合成立首钢京唐钢铁公司，首钢控股水钢，唐钢与宣钢、承钢联合以及唐山建龙重组新抚钢等工作。

2. 调整结构

优化产品结构、提高产品的技术含量和附加值，是京津冀钢铁工业实现由"大"变"强"的关键环节。钢铁企业的努力方向仍是加强产品创新，把工艺创新的成果凝聚在产品中，把增加高附加值产品比例作为重要目标，增加高附加值钢种的产量以替代进口。结合本地区汽车及装备制造业的发展，可以大力发展优质板带类钢材，提高中厚板、热轧薄板、冷轧薄板和涂层板材生产技术水平，开发优质船用板、不锈板、家电板等高档板带产品。同时也要巩固长材产品的现有市场份额，实行专业化、精品化生产，增加高等级螺纹钢、高档优质线材、优质钢棒材、经济断面型钢等高效钢材产量。

3. 加快创新

要按照国家产业政策要求，积极推进工艺设备大型化、连续化和自动

第六章　京津冀重点产业发展特征及规划思路

化,提高生产效率,降低生产成本,减少资源和能源消耗。加快重点骨干企业技术改造步伐,突出抓好钢铁生产共性关键技术创新攻关,开发具有自主知识产权的工艺技术,提高企业技术装备水平。进一步加快钢铁工业自主创新体系建设,加大技术开发资金投入,建立产学研密切结合的技术创新体系。

三、京津冀化工产业发展

(一) 化工产业发展现状和存在问题[①]

经过多年的发展,京津冀地区的化工产业已经形成了相当的基础,拥有了较强的产业实力和众多大小企业,在京津冀工业行业中一直占有重要的地位。其化工行业主要以原油加工及石油制品制造、合成材料制造和基础化学原料制造为主。2005 年,京津冀地区原盐产量达 659.77 万吨,占全国的 14.15%,原油产量达 2355.44 万吨,占全国的 12.99%,乙烯产量达 119.76 万吨,占全国的 15.85%,纯碱产量达 264.24 万吨,占全国的 18.59%,烧碱产量达 150.51 万吨,占全国的 12.14%。京津冀都市圈已经形成了一批骨干化学工业企业,如燕山石化、天津石化、中海石油、中石油大港油田公司、天津化工厂、大沽化工厂、天津碱厂,及河北的中石油华北油田分公司、中石油华北石化分公司、中石化石家庄炼油厂、河北沧州化工实业集团公司、中石化沧州炼油厂、唐山三友碱业集团有限公司、中国乐凯胶片公司、沧州大化集团、河北冀衡集团等。这些企业通过引进技术和自主开发,对现有化工产品的生产技术已完全掌握,拥有一定的自主知识产权。京津冀医药产业近年来发展比较快,以中新药业、石药、华药等大型企业为骨干的医药企业发展着重要的作用,医药行业重点以化学原料药为主,其次是中成药和化学制剂。

京津冀化工产业发展中存在的主要问题有:

---

① 资料来源:国家发展和改革委员会。

1. 企业规模偏小，抗风险能力不高

京津冀地区的化工企业虽然有一些市场占有率高，竞争力强的产品，但大多数企业的生产设备、装置能力仍没有达到经济规模，导致企业生产成本偏高，抗风险能力差。如2004年，京津冀地区12家炼油企业原油加工能力平均规模为227.5万吨，低于全国平均水平，远远低于2003年世界炼油厂约572万吨/年的平均规模，该地区只有1家加工能力达到800万吨，规模低于100万吨的有6家。企业群体规模比例不合理，不利于企业间形成合理的垂直分工体系。

2. 产品结构层次低，产业链条短

从产业链上看，石油化工的生产配套水平还很低，上下游产业发展比较缓慢。如天津石化工业所需要乙烯的自给率只有15%（天津石化公司只能提供少量乙烯），乙烯缺口很大。河北省石油化工的产品结构，仍以原油加工、氯碱、纯碱、化肥等初级产品为主，以石油为原料的石化产品加工深度不够。以盐为原料的盐化工后续产品加工延伸度不足，以煤为原料的煤化工产业链尚未形成。医药产业产品结构单一、产业链条短、产品附加值低，造成医药产业大而不强、大而低效。化学药中的原料药比重过大，中药、生物制药比重偏小的格局尚未从根本上扭转。

3. 创新能力不强，技术水平有待提高

整个京津冀地区化工产业的技术开发能力不高，高新技术产品开发和成果产业化速度慢，对日新月异的市场需求变化反应迟缓，导致化学工业产业竞争力总体水平下降。如在国际上，聚氯乙烯的品种多达数百种，而目前京津冀主要石化企业的产品品种仅十几种，天津市作为一个老化工基地，其精细化工产品的生产无法满足市场需求的变化，全市化工行业的精细化工率仅为30%，与国际上的60%~70%水平相比差距较大。河北省有机化工原料及中间体、精细化工产品、技术含量高的新产品比重过低，而低浓度化肥、高毒、高残留农药、低档橡胶制品等高消耗、粗加工、低附加值产品比重过高。

第六章 京津冀重点产业发展特征及规划思路

4. 地区间缺乏分工合作

从地域集聚的角度看,京津冀都市圈化工布局比较分散,没有形成规模化的产业集群。造成地域分割和自成体系,使得公共工程及配套设施建设投资大,利用效率低,企业产品互供程度低,运输成本高。如天津的炼油、乙烯装置布局在大港,聚氯乙烯装置布局在塘沽区、汉沽区,彼此相距较远,难以形成聚集效应。京津冀三个区域受行政因素影响,在化工产业发展方面缺乏合理的分工和定位,产品雷同,区域合作未充分展开,地区优势没有得到有效的发挥。

(二)化工产业发展的基本思路

1. 加大结构调整力度,提高产品附加价值

要加大炼油、石化和医药行业的结构调整力度,大幅度提高化工产品附加价值,通过技术创新、开发新产品,加快化工行业的产业升级,通过节能降耗,集约经营,提升行业的综合竞争能力。京津冀地区化工行业应重点提高炼油水平和产品质量,在重点发展乙烯总量的基础上,以聚烯烃及聚酯为重点,突出发展生物制药和化学药。炼油工业发展受原油资源供给的限制,不能盲目扩张,要在国家总体布局指导下,调整炼油行业的产品结构,提高油品质量。氯碱行业积极鼓励盐碱联合,碱电联合以及氯碱与石油化工相结合的发展模式;大力发展 PVC 及精细氯产品。化肥工业要加快原料路线和技术路线的调整,降低基础肥料成本,提高高浓度化肥、三元复混、专用肥料等具有市场潜力的化肥产品产量,提高肥料复合化比例。大力发展具有一定基础优势的精细化工行业,如涂料、染料、重要中间体生产、超细纤维用系列助剂等。重点开发新领域精细化工产品,如饲料添加剂、食品添加剂、造纸化学品和生物化工产品中的新产品。大力发展中药与天然药,推进中药生产现代化;加强化学药品的原创和研发,推进化学原料药深加工,提高化学药物制剂比重;跟踪生物技术发展趋势,积极培育生物制药产业。

2. 向基地化、大型化、一体化、园区化方向发展

京津冀地区石油化工产业的发展要采取"基地化、大型化、一体化、

园区化"的发展模式,根据区位、资源、现有基础等综合发展条件合理确定各区域石油化工产业发展的最佳规模,以现有大型企业为依托,立足现有企业改扩建和新建相结合,以可持续发展的理念,按照分工合理、炼化一体化、专业化、精细化和高附加值化的方向建设化工产业园区,在园区内实现资源的有效利用,提高经济效益,降低生产成本。重点建设以天津港、曹妃甸、黄骅等大港口为依托的石油加工及化学工业集聚区。

3. 积极发展差别化、差异化、功能化特色化工产品

河北省的化工产业发展水平虽然低于北京和天津市,但是河北省在发展特色产品方面已经取得了非常显著的成绩,一些县形成了特色化工产品的集群,一些大企业的化工产品特色优势十分突出,这些产品在未来的发展中都具有了显著的市场竞争力,应在其基础上,朝着产品差别化、差异化和功能特色化的方向继续努力。在京津大城市化工规模优势的基础上,河北省有关地市化工行业发展应采取的积极策略,是在日益激烈的市场竞争中采取的"你无我有、你弱我强、你有我精"的发展之路。企业发展特色产品应依托京津冀地区化工产业的现有基础,依托大型企业的主导产业,在延伸产业链中寻找有科技含量的、新型的、先进的化工产品,有利于形成与大企业的合理分工和在市场细分中找准自己的位置,有利于推动广大中小企业的发展。同时中小企业应主动与大企业建立良好的信息联系通道,及时掌握市场信息,企业发展设想,在与大企业的合作中逐步形成自己的战略发展方向。

(三) 化工产业发展的主要措施

1. 发挥政府在化工产业发展中的指导作用

化工行业的发展不仅涉及投资数额比较大,而且对资源的要求高、对环境的影响也比较重,因此国家在化工行业的发展过程中应制定严格实行行业准入制度,重大化工项目的布局应遵循国家跨区域的区域规划、部门规划,对项目建设所涉及的资源利用、安全环保等方面的问题都必须有严格的设计和规划,防止事后出现问题。一般化工项目在遵循市场经济条件下,企业作为投资主体的积极作用,但政府必须在布局导向、发展规划、

第六章 京津冀重点产业发展特征及规划思路

原料供应、安全环保等方面提出具体的硬性指标，否则不能允许建设。同时，还要加强项目建设后的监督和管理，对不符合生产安全和环保要求的企业要有严厉的措施予以惩罚。

2. 积极开展人才交流与科技合作

要充分发挥京津化工行业的人才优势，积极开展京津冀地区人才的交流与合作。建立有利于人才流动的管理政策，包括以居住地登记户口为基本形式的新型户籍管理制度；制订科研人员向企业流动的社会保险衔接办法；灵活人才流动机制。鼓励京津化工人才以不同形式参与到河北省化工行业的发展当中，河北省的化工行业或企业则要制订相应的吸引人才的相关政策，在涉及有关人才的子女就学、住房、社会保障等方面要做到尽善尽美，否则难以吸引高层次人才向河北的流动。采取多种方式发挥京津化工人才的作用，如开研讨班、聘用顾问、开展培训、设立专家咨询组等。

在科技方面，要打破区域界限，积极发育新型产学研组织。支持化工企业与高校及科研院所采取多种方式合作从事研究开发。促进联合共建研发机构，加强各地区间的相互交流与合作，促进跨地区产学研合作和跨地区产学研联盟的形成。积极发挥财政、税收、金融等政策以及政府科技计划对产学研合作的导向作用，进一步完善产学研利益分配机制、成果共享机制、信息交流机制和人员流动机制，强化产学研合作的政策和机制保障。积极鼓励拥有自主知识产权的企业之间建立技术联盟与专利联盟。创建与国际接轨的新产品开发体系，提高自主知识产权的创新能力及重大技术的消化、跟踪能力。

3. 充分发挥行业协会的作用

市场经济条件下，产业和企业的发展更多应该依靠市场经济的办法，而不是政府的计划指令，在引导产业和企业发展中，行业协会应发挥更大的作用。在京津冀区域应成立区域内的化工行业协会，重点了解京津冀区域内化工产业发展的现状，了解所有化工企业的基本需求，通报化工行业发展信息，指导化工企业选择投入项目，为大企业与中小企业的合作牵线搭桥，促进区域化工行业的合作和整体水平的提升。

四、京津冀电子信息及高新技术产业发展

(一) 产业发展现状及存在问题

京津冀城市群是我国重要的电子信息产业和高新技术产业的聚集区，2005年京津冀高新技术产业总产值为4180.99亿元，全国的12.14%，利润总额268.28亿元，占全国的18.78%，出口交货值1884.16亿元，占全国的10.14%。2005年，京津冀地区生产的移动通信手持机达15258万台，占了全国的50.27%，全国最大的100家软件企业有1/3集中在京津。[①] 北京在手机、电脑、扫描仪、显示器、彩色显像管、软件、程控交换机、数码相机等产品方面位居全国首位；天津是全国重要的手机生产基地、全国最大的片式元件生产基地，以三星和现代为代表的显示器行业；河北省在显示器件、半导体材料和设备制造领域获得了相当的成就，形成一定的技术优势，部分产品居全国前列。

经过近年来的规划和发展，京津冀地区形成了8个一定规模的高新产业园区，主要分布在京津塘高新技术产业地带，有中关村、亦庄、廊坊开发区、天津华苑、武清开发区、塘沽高新区、泰达和津港保税区。其中，中关村是中国最大的电子信息产业科研、贸易、生产基地，集中了软件开发及信息技术的优秀人才；泰达开发区已成长为环渤海沿海经济活跃度最高、发展速度最快的区域，电子信息制造业在全国处于领先地位，还是全国最大的电子通讯设备、液晶显示器等生产基地。在上述高新工业园区初步形成了电子信息、通讯、生物医药、光机电一体化、新材料、绿色能源等六大支柱产业。

京津冀电子信息与高新技术产业分工与合作存在的问题是：

1. 市场创业氛围不浓厚

高新技术产业风险较大，企业间竞争较强，要求有比较强的竞争、创

---

① 资料来源：国家发展和改革委员会。

第六章 京津冀重点产业发展特征及规划思路

业与风险意识。与珠三角和长三角地区相比,京津冀地区社会经济改革相对滞后,个人和经济主体的竞争、创业、风险意识远不及珠三角与长三角地区,通过参与市场竞争来实现自身价值和谋求发展的观念不强,高新技术产业市场创业氛围不浓厚,对发展高新技术产业产生不利影响。

2. 市场配置机制不完善

由于京津冀地区国有资本占绝对优势,市场配置资源的机制作用并不充分。一方面,行政区域利益主体意识太强,条块分割严重,导致地区间经济协调成本很高;另一方面,地区政府对资源控制能力仍很强,对企业干预比较大,导致区域经济的市场化程度有待提高。高新技术产业是一种市场配置程度要求比较高的产业,人才、技术、资金和信息的流动性大,要求有比较完善的市场机制,从根本上转换机制是京津冀地区高新技术产业进行区际分工合作的关键。

3. 产业整合能力不足

在京津冀地区内,北京、天津高新技术产业通过多年较快速度发展,一定程度上遇到了发展的瓶颈,产业增长速度乏力,产业抵抗风险能力下降,产业整合能力问题已经突显。主要表现在:第一,产业化能力弱与研发能力强之间不相适应。第二,周边地区产业承载能力弱与中心城市产业辐射能力强之间不相适应,难以形成一体化区域经济格局。第三,产业组织结构的松散性与集群配套协作的紧密性之间不相适应。第四,制度安排滞后与产业快速发展之间不相适应。

4. 外源型经济特征明显,自主创新能力不强

京津冀地区电子信息及高新技术产业虽然发展相对较快,但由于大多依赖外资的进入,而这些外源型经济与当地经济的融合程度不高,容易造成对外环境的过度依赖,同时,自身拥有的自主知识产权比重很低,企业创新能力有待进一步提高。从高新技术产业实现总产值的不同经济成分来看:2005年,北京高新技术产业当中外资及港澳台经济企业实现工业总产值1791.0亿元,占高新技术产业实现的工业总产值的比例高达74.4%,其中天津市外资和港澳台企业的高新技术企业实现的总产值占高

新技术产业总产值的比重高达 86.40%。①

（二）产业发展思路

1. 推进高新技术创新

一是深化河北与京津两地科研院所和高校的合作。二是以环京津高新技术产业圈为依托，建设一批区域科技创新平台和科技成果产业化基地。三是加强京津冀高新技术战略合作，合理规划产业布局，共同建设北京—廊坊—天津、北京—保定—石家庄、北京—唐山—秦皇岛三大高新技术产业带。带动京津高新技术产业的生产加工环节向周边地区转移，构建京津冀都市圈高新技术产业分工协作，上下游产品衔接配套的产业链条和集群发展格局。

2. 强化市场机制，推动京津冀电子信息及与高新技术产业要素的整合

依靠市场主体特别是企业在推动高新技术的应用及其产业化方面的主导作用，强化市场机制对京津冀电子信息与高新技术产业生产要素的配置功能。突破阻碍电子信息与高新技术产业生产要素流动的体制障碍，加快推进智力、资本、技术等生产要素区域内的自由流动，促进区域内高新技术产业整合和企业在市场机制基础上的重组。

3. 加强区域分工与合作

根据北京电子信息及高新技术产业发展条件方面的优势与产业发展基础，北京的高新技术产业应向科技含量高、经济效益好、科技人力资源优势得到充分发挥的方向发展。继续巩固和发挥中关村"一园七区"的核心地位和带动作用，重点发展软件与信息服务业、数字电视行业、液晶显示器产业、计算机及网络设备制造业、汽车电子产业、生物技术药物、数控机床、激光技术及产品、纳米材料、生物医用材料、新能源材料、环境保护与环境监测仪器设备等行业。

天津市重点发展电子信息、生物技术与现代医药、新能源三个产业；

---

① 资料来源：国家发展和改革委员会。

第六章　京津冀重点产业发展特征及规划思路

积极鼓励和引导光机电一体化、新材料以及环保三个产业快速发展。电子信息类产业包括：软件及系统集成业、通信设备、网络产品、电子元器件、视听产品。生物技术和现代医药类产业包括：医药生物技术产品、合成与半合成药物、新型中药及天然药物、药物新制剂、新型保健品、农业现代生物技术产业。新能源类产业包括：新型高能电池、高效节能机电设备、太阳能利用产品。光机电一体化类产业包括：精密成型加工设备、柔性制造设备与数控机床重点、机电一体化机械设备、电力电子技术设备、新型防伪技术设备。新材料类产业包括：高性能金属材料、新型无机非金属材料、有机高分子材料和新型复合材料。环保类产业包括：污水处理技术和成套设备、大气污染治理技术和设备、环保新材料，积极扶持废弃物处理装置和资源化技术设备。

河北省电子信息及高新技术产业发展应把握自身特色和比较优势，突出优势产业，壮大骨干企业，重点发展生物技术与现代医药、电子信息、新材料、新能源与高效节能技术、环保等产业。以石家庄、保定、廊坊、唐山、秦皇岛为重点，创新、引进一批先进技术，加快国家生物产业基地、石家庄信息产业基地、河北软件工业基地建设，重点抓好高新技术产业示范工程和重大项目。

（三）产业合作的对策建议

1. 强化市场机制，推动要素整合

依靠市场主体特别是企业在推动高新技术的应用及其产业化方面的主导作用，强化市场机制对京津冀IT与高新技术产业生产要素的配置功能。突破阻碍IT与高新技术产业生产要素流动的体制障碍，加快推进智力、资本、技术等生产要素区域内的自由流动，促进区域内高新技术产业整合和企业在市场机制基础上的重组。

2. 建立电子信息及高新技术产业合作的交流平台

创办京津冀高新技术产业区域合作发展论坛，邀请学者、企业家、政府官员共同参与，定期举办，介绍国内外区域合作最新进展，总结上一年区域合作情况，交流发展经验，研讨今后合作过程中需要解决的重大问题，开展合作的重点领域以及推动合作的重点项目和重要措施。设立京津冀高新技术产业区域合作门户网站，及时公布技术供需信息，合作项目，报道合作进展，并密切关注国内外区域合作动态。通过提供广泛的交流平台，拓宽京津冀高新技术产业区域合作的渠道，建立起"专家引导、民间推动、政府促成、企业主导"的良性官产学民互动机制。

3. 出台鼓励区域电子信息及高新技术产业合作的政策措施

加紧研究制定促进电子信息及高新技术产业链、产业集群形成与发展的相关产业政策和区域政策，合理调整高新技术产业发展的区域政策，以有利于重点发展领域、形成产业集群来进行产业布局和安排项目。实行更灵活的区域市场准入制度。

4. 建立有利于京津冀高新技术产业区域协调发展的人才支撑体系

完善创新人才高等教育和职业培训体系。针对京津冀电子信息及高新技术产业的人才需求，完善学科、专业和课程设置，加强高等教育对科技人才培养的针对性和实用性，采取企业、学校、科研机构合作的人才培养模式，鼓励科研机构、大学开办技术人员培训班，与企业联合建立面向需求的人才培育基地，推动科技人才的培育工作。鼓励创新人才的自由流动，完善科技人才市场。建立完善科技企业家人才市场；倡导科技创新人才从科研院所向企业转移；积极引进外埠高级技术人才、产业稀缺人才，消除在人事制度上的人才流动障碍；对不同的科技创新人才分类管理，实行职业资格管理制度。

五、京津冀物流产业发展

（一）物流业发展现状和存在问题

经过多年发展，京津冀地区物流业已具备比较好的基础。

1. 社会物流总额持续增长

京津冀地区近年的社会物流总额、物流增加值、货物运输量及周转

第六章　京津冀重点产业发展特征及规划思路

量、年末存货额数据表明,该地区的物流需求正处于不断增长之中,社会物流需求的满足状况较为平稳,这为京津冀地区物流业的发展提供了较好的市场需求和条件。

2. 基础设施建设比较完善

京津冀地区是华北、华东、东北和西北四大经济区的交汇地,其交通设施不仅承担着该地区繁忙的客货运输任务,而且在四大经济区之间人员、物质的交流中发挥着主干通道的作用。目前以渤海西岸港口为龙头、铁路为骨干、公路为基础、航空运输相配合、管道运输相辅助,以北京、天津和石家庄为枢纽的综合交通网络已初步形成,发展港口物流业便捷的交通体系建设已有相当的基础。

3. 物流企业蓬勃发展

通过改造传统国有运输、仓储企业,发展民营物流企业,引进国外物流企业,以及实现生产流通企业物流社会化等途径,发展了一批专业化物流企业,正在形成不同所有制形式、不同经营模式和不同经营规模的专业物流企业共同发展的格局。以天津为例,目前天津物流相关企业达2万家,注册资金1850亿元,其中,货运企业1万余家,专业运输企业5千余家,仓储企业3千家,货运代理1千余家,有近50家跨国物流公司在天津运营,其中的2/3物流企业将业务拓展到全国范围,1/3拓展到国外,实现了与国际物流系统的对接[①]。

京津冀物流业发展存在的主要问题是:

1. 条块分割、部门分割的物流管理体制不利于港口现代物流发展

物流是一个跨部门、跨行业的复合型产业,其发展涉及国家宏观经济与对外贸易,涉及铁路、公路、水路和空运等多种运输方式,也涉及口岸监管、商务、土地、税务和信息等其他相关部门。条块分割、部门分割的物流管理体制导致各行业、各企业、各地区多从自身角度出发,规划缺乏统筹考虑,物流基础平台分割,衔接协调管道不畅,布局网络不合理,物

---

① 陈洪建、万洁:《天津市物流产业发展对策研究》,载《经济经纬》2005年第3期。

流效率低下，设施利用率低，重复建设浪费严重，不利于港口现代物流的健康发展。以地域之间的分割为例，京津冀地区的港口分属河北省和天津市，港口缺乏统一规划，在"以港兴市"的战略下，很多地方把发展集装箱作为重点，导致许多集装箱码头因地方经济发展原因、腹地货源少难以发挥应有的效益，而一些专用码头如大型原油、大型矿石码头又较为紧张。此外，由于长期以来为争夺北方经济中心的地位，北京和天津之间的竞争大于合作，前些年，北京市政府强化了与河北省的唐山港（特别是原京唐港）和沧州港的合作，导致了区域内港口的重复建设和闲置浪费。

2. 现代物流人才紧缺，务实经验缺乏

据统计，我国第三产业中高新技术含量仅占 6.29%，商业系统仅占 2.0%，我国商业系统具有大专以上学历的各类专门人才只占 3% 左右。物流企业的人员素质，尤其是领导层的素质难以适应现代物流企业运营所要求。物流人才是物流行业发展的关键，也是物流企业成长的保障。国家标准化管理委员会制定的《物流企业分类与评价指标》（征求意见稿）中要求各类物流企业中高层管理人员至少 40% 具有本科或相当于本科以上学历，业务人员至少 30% 具有相关专业知识和专业资格，京津冀地区物流人才状况与这一要求还有一定差距。

3. 京津冀地区对外交通发达，内部交通不畅

综合运输网络以北京为主中心（陆路及空路）、天津为副中心（水路）。京津冀地区一直是国家交通建设的重点地区，经过 50 年的大力建设，综合交通运输网络初步形成，是我国陆路交通网络密度最高的地区之一。但城际交通网络不够发达，城市之间的交通网络与联系是综合交通体系的一部分，但是没有引起足够的重视。目前许多城市之间的交通联系线路大都不能充分满足迅速、便利、安全、经济的要求。大城市之间的交通联系方式单一，经营管理和服务水平不高，客货运输缺乏选择与必要的竞争，这集中体现在北京同河北省城市间的交通及河北省内的交通问题。这也是制约京津冀地区港口物流业发展的重要因素之一。

4. 拓展现代物流的服务领域

许多企业将现代物流等同于一般运输、装卸和仓储，港口综合性物流

第六章 京津冀重点产业发展特征及规划思路

服务水平低下。港口企业是在传统体制下发展起来的,许多企业仍停留在装卸、仓储、运输上,码头前方装卸与后方仓储、运输不协调,尤其是后方仓储,运输业规模小,多数仍为粗放式经营,很少有企业能够做到提供综合性的物流服务,物流的统筹策划和精细化组织与管理能力都明显不足。加快装卸服务型港口向物流服务型港口转移步伐就是将传统港口业的优势与发展现代物流业相结合,统筹规划,充分利用传统港口业的设施、网络、技术和管理人才的优势,通过转轨、新建、完善等手段,使港口企业从理念、规划、机制、管理、运作等稳健有序地将装卸服务型港口向物流服务型港口转移。必要时,可以建立一批有现代理念和现代物流设施的物流中心、配送中心或物流专业公司,并使它们与传统的港口服务优势互补,既占有港口的垄断性资源优势,利用港口的信息、网络优势,又拓展现代物流的服务领域,形成港口企业综合竞争优势。

(二) 物流业发展的基本思路

加快发展港口物流业,是京津冀地区落实科学发展观、提高资源利用效率、提高国民经济运行的质量和效益、提高区域整体竞争力的重大途径,是广大工商企业降低成本、增加收益的必由之路,也是京津冀地区立足港口物流业的发展现状、基本条件及发展趋势的必然选择。京津冀地区将本着发挥优势、减少劣势、强抓机遇、直面挑战、实现优势互补等原则,以天津港、秦皇岛港、唐山港和沧州港等四大港口为支点,以促进区域产业互动发展为着力点,努力构筑大流通、大经贸、智能港的港口物流发展格局。

1. 总体思路

京津冀地区港口物流业发展的总体思路可概括为:"确定一个理念、建设两个设施、拓展三个领域"。"一个理念":资源整合、优势互补、协调发展的理念。"两个设施":港口基础设施及与之配套的集疏运设施。"三个领域":加快天津港集装箱泊位建设,改善区域内口岸环境,拓展国际远洋干线及远东地区近洋航线;依托港口和交通枢纽建设物流园区,开展多式联运,引导现代物流服务业发展;拓展大宗散货物质水上中转运输,加快专用泊位建设,加快与国际远洋干线及近洋航线、水铁联运步伐等。

2. 发展目标

港口物流的发展目标是：以服务于国内外企业提高经济效益为宗旨，充分发挥深水港和保税区的优势，以国际和国内货物运输为载体，以现代电子商务为支撑，国际物流与国内物流并举，大力发展物流经营主体，引进国际著名的物流经营企业及其资金技术、管理和经营网络，加快港口和以港口为中心的集疏运网络、仓储、信息网络等物流基础设施的建设，积极探索港区一体化和自由贸易区，培育物流市场，健全物流法规，努力把港口建设成为布局合理、功能完善、设施先进、管理科学、运作高效的现代综合物流中心。

3. 基本原则

更新物流理念，明确发展目标。以加快发展为主题，以结构调整为主线，坚持以市场为导向，以企业为主体，以信息技术为支撑，以降低物流成本和提高综合服务质量为中心，提高对港口物流的认识，切实增强港口物流企业在国内外市场的竞争能力；积极采用先进的物流管理技术和设备，加快建立港口物流园区等多层次的，符合市场经济规律，与国际通行规则接轨的，能达至物畅其流、快捷准时、经济合理、用户满意的社会化、专业化现代物流服务网络体系。

整合现有存量，积极扩大增量。在积极整合和利用现有港口物流资源、提高资源利用率的基础上，围绕天津港、曹妃甸的建设，规划新建一批大型物流基础设施和物流园区，促进产业集聚。

加强统筹规划，突出发展重点。本着"统筹规划、适当超前、分期实施"的方针，协调地区之间、部门之间和项目类别之间的关系，防止盲目攀比和内部过度竞争。在统筹兼顾的基础上，重点发展对京津冀产业发展有重大带动作用的项目，重点发展与天津滨海新区形成优势互补的物流基地建设，培育精品，树立品牌。

政府加强引导，企业自主运作。发挥政府鼓励、支持和引导的作用，加强京津冀政府间的组织协调；打破部门和地区分割，统一技术标准，促进港口物流市场的市场化和资源利用的社会化。建立利益诱导机制，调动企业的积极性，从满足物质需求实际出发，注重投资的经济效益分析。

第六章 京津冀重点产业发展特征及规划思路

营造发展环境,强化服务意识。加快引入竞争机制,简化相关程序和手续;规范企业经营行为,创造公平、公正、公开的市场环境;转变政府职能,强化服务意识,积极帮助解决港口物流企业在经营中遇到的困难,逐步建立起与国际接轨的物流服务体系及管理体系。

(三) 物流业发展的主要对策

京津冀地区的交通区位优势、港口经济优势等是港口物流业发展的基础条件。实现京津冀地区港口物流业的快速发展,还需要解决好以下几方面的问题:

1. 强化区域内港口物流业的组织协调

首先,加强以京津冀为重点的区域物流合作,建立健全非政府间的横向协调机制,组建区域性行业协会和企业联合会,推进区域内物流基础设施的集约利用和生产要素的自由流动,促进区域大交通体系、统一市场体系和公共服务体系建设,实现资源共享。积极帮助物流企业在跨地区经营中遇到的工商登记、办理证照、统一纳税、城市配送交通管制、进出口货物查验通关税等方面的实际困难。其次,在明确港口功能定位的基础上,加快制定港口物流产业发展规划。最后,深化体制改革,打破行业分割和地区封锁,建立高效便捷的物流体系。

2. 努力扩大需求,激活现代物流市场

第一,鼓励制造企业剥离物流功能,促进物流的专业化、社会化,优化物流供应链管理。第二,加快技术和管理创新,提高物流企业自身的素质,增强企业开拓市场的能力。第三,充分发挥中介组织作用,协调各利益主体的关系,共同推进物流产业发展。第四,打破条块分割和地区封锁,建立开放、竞争的统一市场体系,加快物流市场的培育与发展。最后,积极推动大宗商品和特种商品物流。依托曹妃甸地理区位、深水大港、资源组合、产业聚集等优势,大力发展矿石、钢铁、原油、煤炭、LNG 等大宗商品物流,建设国际性能源原材料集疏枢纽港、国家商业性能源储备和调配中心。依托秦皇岛港北煤南运的枢纽港的功能,大力发展煤炭等散货运输。依托天津港作为北方第一大港的地位,大力发展集装箱运输。

3. 完善基础设施建设，建立高效畅通的物流体系

首先，加强港口物流基础设施的对接，修建连接各大港口的环渤海铁路和高速公路。建设曹妃甸通往天津、沧州、石家庄等地石油化工骨干企业的输油管线。其次，加强综合运输体系建设，发展多式联运、集装箱运输、散货运输、航空快递等方式，推广应用厢式货车、集装箱、散粮车辆，开发使用专用车辆，加快集装箱中转站及散装码头建设，加强各种交通设施建设的紧密衔接配合，提高运输速度和效率。再次，加强和完善大宗重要商品的储备设施和流通通道建设，建立高效畅通的各类商品物流体系。最后，积极推动以北京—天津为轴线的京津唐地区，通过整合资源、优化结构、调整布局、扩大开放、完善物流基础设施和信息化建设，促进海陆空等各种运输方式有效衔接和物流信息技术的推广应用，建立高效率、高质量的社会化、专业化、国际化的现代物流服务体系，成为国内和国际双向物流和海陆空立体物流相结合的国际性物流中心。

4. 加快物流产业对外开放步伐

首先，放宽物流市场准入。要按照我国加入世贸组织的承诺开放现代物流业领域，并逐步由基础设施建设向交通运输、仓储服务、信息服务等专业化物流服务领域拓展。允许外商和民营资本投资现代物流业，参与改造物流企业。逐步扩大外商直接投资的范围，按照国家规定及时调整外商投资股权比重。其次，加快引进先进的物流技术和管理经验。尽可能吸引和争取大跨国公司把分拨、分销中心设在京津冀地区，提高该地区在国际国内两个市场上的集散能力。通过扎实工作，使京津冀地区成为全国上重要的物流、信息流、资金流、人才流的集聚和辐射之地。再次，加快物流服务"走出去"步伐。建立沟通国际的物流网络体系，拓展直接进入国际市场的分销渠道，促进物流企业参与国际物流服务市场竞争，推进国际化进程。最后，加快传统物流企业与国际规则接轨的步伐。传统物流企业与国际接轨主要包含以下几个方面：（1）与服务标准的接轨；（2）与服务规范的接轨；（3）与服务体系的接轨；（4）与服务管理方式的接轨。

第六章 京津冀重点产业发展特征及规划思路

5. 优化口岸通关流程，提高通关效率

首先，边防、海关、检验检疫、税务、外汇管理等部门要在有效监管的前提下，简化作业程序，实现信息共享，加快通关速度。其次，优化口岸通关作业流程，实行申办手续电子化和一站式服务，对进出口货物实施"提前报检、提前报关、货到放行"的新模式。最后，推广应用"口岸电子执法系统"，建立大通关信息平台，积极推进大通关工程建设。

六、京津冀旅游业合作发展

（一）旅游业合作现状及存在的问题

1. 京津冀旅游合作现状

京津冀地区是我国最早提出并进行旅游合作探索的地区。早在1985年就成立了京东旅游区，致力于京东地区两市一省旅游资源的开发和景区的合作。1987年，由北京旅游学会发起，联合天津旅游学会、河北旅游学会，在北京密云白龙潭召开了第一次"京津冀区域旅游合作研讨会"，后来发展为北方十省市旅游联谊会，1996年开始成为每年一届的"北方旅游交易会"，这是我国较早的旅游联合体，到2005年中国北方旅游交易会已成功举办了10次。

2004年5月18日在廊坊举行的"5·18中国三大旅游圈论坛"上，京津冀初步达成了《区域旅游合作廊坊共识》。"共识"的内容包括：在区域间、政府间、企业间建立无障碍旅游合作机制，力求资源共享；为发挥各自优势，不断加强合作，建立旅游磋商机制，每年定期不定期就大家共同关注的旅游发展问题进行磋商；逐步打破旅游市场中的种种壁垒等。

2004年8月在大连举办环渤海区域旅游合作论坛，北京、天津、河北、山东、辽宁五省市代表共同签署了《北京市、天津市、河北省、山东省、辽宁环渤海区域旅游合作联合宣言》。提出在旅游规划、资源开发、宣传促销、信息交流等方面建立环渤海旅游区域合作机制，共同打造环渤海无障碍旅游区。

2004年12月，京津冀三省市旅游局局长在廊坊宣布正式成立三省市区域合作办事机构"京津冀旅游局秘书处"，宣布三省市将共同整合旅游资源，合作推出共同的主打旅游产品线路，共同编制旅游宣传品，联合进行海内外整体促销等。

2005年8月25日，京津冀——港澳台旅游合作大会在河北香河第一城举行。会上，天津市旅游局局长陈忠新宣读了《京津冀——港澳台旅游合作宣言》。参与的旅游部门共同表示：加强两大区域的旅游合作，在旅游资源产品开发、宣传促销、项目建设、招商引资、教育培训、旅游市场管理等方面加强交流与合作，增加互访活动，鼓励六地旅游人才交流，促进企业间协作联合，共同策划突出六地特点和优势的联合线路及产品组合等，不断扩大合作领域。与此同时，还将建立常设机构协调合作。

2006年3月22日，北京、承德、秦皇岛三个旅游热点城市在京签署合作协议，宣布将携手打造"旅游金三角"，并努力将其培育成为国内乃至国际的知名旅游品牌。

多年来，京津冀三地旅游界在理论探索和实践过程中已经形成了共识：京津冀旅游业只有联合，才能获得更多的发展机遇和更为广阔的发展空间。京津冀旅游合作在开放市场、共组路线等方面已经迈出了步伐，有了一个良好的开端。

（1）开放市场。从2004年1月1日起，河北旅游条例里增加了"外地旅行社组团河北，可以不再经过河北旅行社的对接"，无异于在三地一度厚重的旅游市场壁垒中打开了一道门。但是目前京津冀三地的旅游市场距离完全开放还有较长的路。

（2）共组线路。在京津冀——港澳台旅游合作大会上，京津冀旅游景点以一个整体的形象首次进行了联合推介，三地共同推出了20条精品旅游线路。北京到东南亚进行旅游产品促销，也与承德一起串起了一条"文物古迹旅游线路"。

（3）旅游通票。2004年，北京市文物局、博物馆学会发起的活动，以"博物馆网"为依托，发行了票价为80元的通票，游客凭此票可在一年中免费、半价或以优惠价游览京津冀三地的138家博物馆和旅游景点。

（4）设施共享。在廊坊达成共识，前奥运期间把天津、河北的旅游

第六章 京津冀重点产业发展特征及规划思路

精品线路纳入奥运推广计划,将环北京 1.5 小时车程内的河北 100 家星级酒店纳入北京奥运接待体系。

2. 存在的主要问题

缺乏旅游发展统一规划。目前京津冀三地都还是各作各的规划,在旅游区的划分、旅游资源开发、旅游线路设计等方面还都是局限于自己的一亩三分地内,缺乏大旅游区的概念。

区域旅游开发与管理机制不健全。目前,京津冀三方虽然成立了区域合作办事机构"京津冀旅游局秘书处",但在高层决策的经常性协调方面还缺乏有效的制度保障以及更深层次的信息、资金协调机制。

区域旅游合作支撑系统不完善。交通、通讯等相关部门是区域旅游合作的重要支撑,目前京津冀的交通、通讯等还缺乏协调。在公路交通方面,还存在关卡林立、互设障碍的现象,在海上交通、机场等方面还缺乏相互协作,没有形成流畅的区域交通格局。在通讯网络、旅游信息设施建设等方面,还仍有画地为牢的现象存在,没有真正成为一个整体。

缺乏跨区域经营的连锁企业、旅游集团。京津冀整个地区还缺少在资产、资金、人事、管理、运作、品牌等方面联系密切的旅游连锁企业和企业集团,旅游企业之间的合作多为一次性或短期的,旅游企业之间缺乏长期、规范、稳定、深入的联系,区域合作微观基础并不牢固。虽然三个地区都有各自颇具规模的旅游集团,但集团之间似乎没有形成合作的机制,没有真正合作的行动,没有做到强强联合的态势,业务范围仍局限于当地。

缺乏区域旅游形象和区域旅游产品。京津冀作为一个整体,缺乏一个统一的形象,也没有有影响力的区域旅游产品。北京是中国旅游最发达的城市,但却未能将河北、天津和北京的旅游资源整合在一起,缺乏一种区域旅游凝聚力。比如北京的故宫、长城很难和河北的北戴河联系到一起。京津冀区域旅游合作未能通过北京旅游产品的延伸带动河北、天津旅游发展。

(二) 旅游业合作内容及合作构想

1. 合作内容

京津冀区域旅游合作,就是要以市场交易为基本方式,以政府协作为补充，以地方利益为基础，塑造和发挥各相关景区的特色，建设富有吸引力的旅游目的地。合作内容包括旅游产品、客源市场、信息交流、人才培养等多个方面。

旅游产品合作。共同开发和保护旅游资源，开展跨地区资源重组，形成新的更富有吸引力的旅游产品和更富有效益的旅游线路，合作建立适应于多元化市场需求的旅游产品体系。联合进行旅游产品的开发可以增加旅游产品的内涵，提升旅游产品的吸引力，勾画出区域整体形象，从而形成更强的竞争实力。

客源市场合作。利用合力，培育共同市场，增加客源，提高市场档次，取消市场壁垒，使之互为客源地和目的地，共同居民的旅游意识，相互宣传对方，提高出游率。

产品营销合作。构建区域旅游网络营销系统，创建旅游电子商务服务平台，对区域旅游产品进行整体营销。

信息交流与合作。加快建设区域信息化交流网，建立区域信息交流协作机制，加强区域信息技术的研发和应用合作，实现资源共享。实现区域内公共主干信息传送网、卫星传送网、信息应用系统的联通。联合出台电子政务信息和信用体系信息的共享方案，建立跨省区覆盖整个区域的旅游信息平台，保证游客在异地可直接了解到区域内任何一地的住宿、旅游产品等方面的信息。

人才培养合作。保证区域内各地区之间旅游人才的自由流动，为人才流动创造良好环境。重视人才培养，对区域内的旅游人才进行联合培养，联合培训旅游企业高级管理人员、职业经理人等高级人才队伍。

2. 京津冀旅游合作构想

根据京津冀旅游资源类型特点、旅游资源分布特征、旅游区（点）开发现状特点和变化趋势，结合该区域旅游发展阶段，京津冀应构建以北京为核心的辐射型的泛北京都市旅游圈合作的空间布局，形成多旅游服务中心和多旅游产业带的空间发展格局。重点建设以下四类旅游区：

历史文化与现代都市文化观光旅游区。依托北京、天津、承德、保定、邯郸、正定、山海关等七个历史文化名城，利用北京的故宫、长城、颐和园，天津的大沽口炮台、近代建筑，承德的避暑山庄和外八庙，保定

第六章 京津冀重点产业发展特征及规划思路

的大慈阁、直隶总督府、古莲花池,正定的隆兴寺、古塔、荣国府,山海关的古关城、长城遗迹等较有代表性的历史文化旅游资源,开展历史文化与现代都市文化观光旅游。

山地、湖泊、草原自然生态观光、休闲度假旅游区。利用坝上草原、白洋淀以及燕山、太行山等旅游资源,开展自然生态观光、休闲度假旅游。

农业休闲、度假旅游区。利用京津郊区休闲农业旅游资源,如北京的韩村河、蟹岛绝色生态度假村、朝来农业园、小汤山现代农业科技示范园,天津的津南国家农业科技园、蓟县下营镇常州村等。开发河北的农业旅游资源,开展农业休闲、度假旅游。

滨海休闲度假旅游带。充分利用河北已开发的山海关——老龙头、北戴河、南戴河、昌黎黄金海岸、乐亭三岛等一批滨海旅游景区,连接天津汉沽、塘沽、大港,形成滨海旅游产业带。

(三) 旅游业合作的主要措施

1. 编制区域旅游合作规划

实现京津冀旅游一体化,必须要规划先行。要在三地旅游发展规划的基础上,对区域旅游合作的条件和基础作出评价,制定合作的指导思想和原则,规定合作目标和内容,确定重点合作项目,提出开展合作方案和具体措施。通过规划,整合旅游资源,确定发展重点,科学安排开发时序;通过规划,合理布局,统一线路设计;通过规划,加强旅游交通基础设施建设、旅游服务配套设施建设;通过规划,树立区域旅游整体形象,进行区域旅游总体宣传;通过规划,增强京津冀旅游业发展的科学性、前瞻性、指导性和可操作性。

2. 建立有效的旅游合作机制

尽快建立专门的、权威性的区域旅游合作机构,负责政策制定及建立监督机制,确保合作的稳步进行,避免合作流于表面和形式。通过建立各层级的旅游发展联席会议,建立区域旅游合作联合体等协调机构,统一制定本区域旅游业发展的方针政策,消除区域间旅游发展的明显政策差异;

共享旅游发展信息，动态监控旅游市场，策划重大旅游节庆活动，实现区域联合，产销联合，政策协调。

3. 设立旅游信息平台

整合京津冀区域内的各类旅游信息，建立信息交换机制，设立一个界面友好的京津冀旅游信息平台，以此推广区域旅游资源、推介区域旅游线路、推出区域旅游优惠信息等。

4. 加强旅游交通基础设施建设

针对京津冀旅游交通的薄弱环节，重点改善北京、天津到河北省各城市间的交通。通过公路、铁路建设，同时设立城际列车、旅游专列等，将北京到河北各城市、河北省城市之间、天津到北京、天津到河北各城市之间连成"交通网络"、"旅游网络"，使得游客在京津冀区域内自由、便利流动成为现实。加强空中网络建设，建设首都第二机场，以此形成完善的京津冀空中服务体系。培育连接天津、秦皇岛等至沿海旅游城市的客运航线，打通海上通道。

5. 开放旅游市场，实现京津冀无障碍旅游

所谓"无障碍旅游"，即是各地充分放开各自的市场，拆除旅游发展的障碍，打造无政策障碍、无市场障碍、无交通障碍、无服务障碍的"无障碍旅游区"，为旅游者提供政策宽松、交通顺畅、互惠互利、服务满意的旅游大环境，以实现旅游服务的"无缝隙化"和旅游资源的完美整合。京津冀地区要在无障碍旅游方面迈出实质性的步伐，就需要进一步开放旅游市场，促进区内旅游者和旅游业资金、资产、人才等各要素的自由流动，建立开放、统一、规范、有序的市场体系。消除制度障碍，积极推出旅游经营便利化，实现当地旅行社和外地旅行社的同等待遇，允许外地旅行社异地开设分支机构，逐步取消强制地陪制和其他市场准入壁垒，撤销公路分散收费关卡，使公路交通通达通畅，联合开发旅游精品线路、联合进行旅游宣传促销，加强投资领域、人才培养等多方面的合作。

第七章 天津滨海新区产业链的构筑

经济全球化的大趋势需要进一步强化区域经济一体化。随着产业分工的进一步细化,以产业链的延伸为载体和导向的区域间合作在推动产业传递及各地区特色优势产业逐步聚集方面起着越来越重要的作用。区域间的经济关系向来是在竞争与合作的矛盾运动和相互作用中实现的。而中心城市则循着聚集——扩散规律形成集聚和倍增效应,在提高自身综合实力的同时,不断带动区域综合竞争力的提升。

天津滨海新区作为北方经济的龙头,壮大优势产业集群,延伸产业链,带动环渤海地区产业结构优化升级,这是时代赋予天津滨海新区的历史使命。本章围绕着天津的优势产业和未来重点发展的产业,从电子信息、石油和海洋化工、汽车、生物技术与现代医药、石油钢管及优质钢材、新型能源和新型材料、现代物流业等七大产业来研究产业链的构筑和延伸。

一、产业链基本理论及滨海新区产业链构筑的方向

产业集群和产业链是现代产业发展的新趋向。滨海新区本地产业目前面临着集群发育不足,区域产业链断链的困境。构筑滨海新区产业链,需要坚持区域理念、产业集群理念、产业融合理念、循环经济理念、有所为有所不为的五条原则,从内部、外部两个方向延伸,构筑产业网链和循环经济产业链。

（一）产业链的基本概念与特征

1. 产业链的概念

产业链的思想来自于亚当·斯密关于分工的卓越论断，早期的观点认为产业链是制造企业的内部活动，它是指把外部采购的原材料和零部件，通过生产和销售等活动，传递给零售商和用户的过程。马歇尔把分工扩展到企业与企业之间，强调企业间的分工协作的重要性，可以称为产业链理论的真正起源。荷利汉（Houlihan，1988）认为产业链是从供应商开始，经生产者或流通业者，到最终消费者的所有物质流动。哈里森（Harrison）将产业链定义为采购原材料，将它们转换为中间产品和成品，并且将成品销售到用户的功能网链。史迪文斯（Stevens，1989）将产业链看作是由供应商、制造商、分销商和消费者连接在一起组成的系统。尽管对于产业链，目前尚无统一明确的定义。但是从产业关联的角度，我们认为，产业链包括纵向产业链和横向产业链。纵向产业链是指，在一种最终产品的生产加工过程中，从最初的矿产资源或原材料一直到最终产品到达消费者手中所包含的各个环节所构成的整个纵向的链条。横向产业链则是指包括研发、制造、销售、服务等多个环节所构成的整个横向的链条。

2. 产业链的特征

产业链具有以下三方面的主要特征：

（1）构成产业链的各个组成部分是一个有机的整体，相互联动、相互制约、相互依存，它们在技术上具有高度的关联性，上游产业（环节）和下游产业（环节）之间存在着大量的信息、物质、价值方面的交换关系，即它们之间具有多样化的链接实现形式。

（2）产业链上的各个组成部分呈现出分离和集聚并存的趋势，它们存在着技术层次、增值和盈利能力的差异性，因而就有关键环节和一般环节之分，而且各个组成部分对要素条件的需求具有差异性，这就导致了产业链的战略环节存在着区域差异性。

（3）产业链受产业特征及发育状况影响，存在繁简程度的差异性，同时产业链之间相互交织，往往呈现出多层次的网络结构，存在主链条、

第七章 天津滨海新区产业链的构筑

次链条的区分,而且这些链条都处于一定的外部支撑环境之下。

(二) 滨海新区产业链存在的问题

1. 滨海新区产业集群发育不足,产业链延伸有限

滨海新区的重点产业以外资企业为主,而外资企业在产品市场和要素市场上主要是与国际市场联系,地方化和本地化的程度比较低,技术扩散非常有限。主要表现在某些关键性的零部件和原材料要么通过其国际供应链来供应,要么是在全国范围内采购。虽然以国企为主的产业群基本都是与本地资源结合建立起来的,但是其产业链的延伸也相当有限。此外,六大产业群与本地研究机构也没有有效的互动,外企中大部分具有竞争优势的项目不是来自邻近的大学和研究机构。

2. 京津冀产业联系不紧密,区域产业链严重缺失

在我国现有行政管理体制和财政体制下,各地区对经济增长尤其是对产业发展都有很强的内在动力,行政区经济和诸侯经济往往是区域经济发展的最大障碍。在我国目前较为成熟的区域经济发展中,珠三角由于属于同一省域,行政分割相对来说更容易协调,因此,珠三角的产业分工是最明显的。长三角由于区域内各城市在经济发展中的互补性较强,形成了一定的产业分工,但是竞争也是非常明显的。而京津冀地区尽管各城市的互补性也很强,发展梯度也十分明显,但是行政分割却非常严重。三地各自为政,过分追求与保护地方利益,自我循环特征强,一直没有在区域内建立起有效的产业分工与合作机制。京津之间产业结构趋同,竞争大于合作;河北经济发展水平与京津的落差较大,产业配套能力弱,未能融入到京津的产业体系链条中。因此,京津冀地区的产业关联度比较弱,各地均在小区域范围内搞协作和配套。以钢铁产业为例,天津紧临钢铁大市唐山,并拥有以钢铁为原料的具有国际优势的产品:石油钢管,但是津唐之间的协作却并不十分密切,甚至天津还在规划自己上钢铁项目。正是这种小区域内的产业链配套导致京津冀区域产业链缺失。

(三) 目前国内构筑产业链的主要手段

目前国内构筑产业链的主要手段,是围绕构成一个产业的主导产品和与之配套的原材料、辅料、零部件和包装件等产品来吸引投资者投资,谋求共同发展,形成倍增效应,以增强产品、企业、产业乃至整个地区综合竞争力。主要手段可以概括如下五种:

1. 利用终端产品和核心产品优势,吸引配套企业投资落户

广州市抓住日本本田汽车成功落户后的品牌和整车生产优势,开展汽车产业链招商,使全球范围内与本田汽车有着数十年合作关系的50多家本田核心零部件配套企业,目前大部分落户广州或已有落户广州的计划。并使广州市通过整车产业吸引和带动零部件产业发展、通过零部件产业发展托起广州整车产业发展壮大的思路逐步走向成功。

2. 用产业优势,吸引组团式投入

江苏苏州吴江经济技术开发区,利用本地IT产业发展较快的优势,通过以"台"引"台"、以"小"引"大"、以"大"带"小",陆续引进了多个组团式投入的外资企业,形成IT产业企业集群。区内93%的外资企业从事IT产业,自我配套率达80%以上。如果再与周边的一些IT企业相衔接,配套水平可达98%以上。IT产业较为完善的配套水平,形成了"马太效应",促进了吴江IT产业的进一步集聚。目前区内已有的120多家台商独资企业,其中投资1000万美元以上的企业就达43家,已形成年产1000万台彩色显示器、1000万台不间断电源供应器、1000万台手机、360万台扫描仪、300万台笔记本电脑、300万台电脑主机及一大批电脑周边产品的加工生产能力。

3. 利用企业群体优势,吸引龙头企业投资发展

有"领带王国"之称的嵊州,利用本地生产领带企业众多的优势,主动出击,招来一批国外大的领带生产企业落户嵊州。仅是韩资领带及面料生产、后整理企业就有13家,每年的出口额在6000万美元以上。通过产业链招商,不但使嵊州的领带"系"住了大半个中国市场,而且引发世界领带产业的大转移。目前,嵊州生产的领带占全国总产量的80%,占世界总产量的33%。

第七章 天津滨海新区产业链的构筑

4. 利用新兴产业，吸引优秀传统产业企业加入

贵州省通过产业链招商在贵阳市金阳知识经济产业化基地建立硬盘技术中心，以致力于读写磁头工业、微动马达工业、自动化设备等硬盘顶尖硬件核心技术的研发。通过有计划的招商整合上中下游产业，使金阳知识经济产业化基地在硬盘顶尖核心技术的研发上取得了丰硕的果实。从2003年年初1.0英寸微硬盘的投产成功，到2003年的秋季1.8英寸微硬盘的投产，再到金阳硬盘技术研发中心的建立，逐步形成了硬盘技术的产业链。其中参与这一高科技产业链中搭乘高科技快车的，就有汇通股份、贵州茅台集团和山东兖矿集团三家主要从事传统产业的国内上市公司。

5. 立足区域特点和优势，确立产业招商重点吸引外资

长沙为加快全市产业链招商的步伐，确定了五大产业链招商引资重点。即：围绕汽车产业链招商，重点瞄准欧美著名汽车公司，及时同步引进汽车零配件项目；围绕数字媒体产业链，重点发展数字电视机、智能仪表等项目；围绕家电产业链，瞄准冰箱、洗衣机等家电零配件的招商；围绕"蓝猫"品牌产业链的延伸，重点发展蓝猫系列儿童用药、饮料、童装等相关产业；围绕机床制造业产业链，以数控机床、机床、锯床等产品作为招商重点。

（四）滨海新区构筑和延伸产业链的原则

产业链条的构筑和延伸有一个循序渐进的过程，滨海新区完善产业链条要遵循以下原则：

1. 立足京津冀，辐射环渤海

在经济全球化时代，区域的概念已经深入人心，长三角、珠三角的发展充分说明，市场经济条件下，一个地区的发展，必须依托大的区域，所谓一荣俱荣、一损俱损。离开京津冀、环渤海这一广阔市场和腹地，滨海新区的产业再具备优势，也是难以发展壮大的。因此，树立区域观念是天津滨海新区自身发展的需要。

树立大区域观念也是国家赋予滨海新区的重任，更是时代赋予的重任。我国的经济发展呈现出由南向北梯度推进的趋势，继珠三角、长三角崛起之后，京津冀、环渤海地区将成为我国下一轮经济发展的重点和热点地区。为了实现这一地区的发展，国家做出了推进天津滨海新区开发开放，带动区域经济发展的重要战略部署。

现阶段对于滨海新区来说，树立区域观念尤其重要。随着国家将滨海新区的开发开放提到国家战略层面，滨海新区已经成为国内外投资的热点。而滨海新区目前产业发展还有较大的空间。这时，如果缺乏区域观念，只满足于自身产业的引进和发展，不注重区域产业和市场的培育，不注重区域产业竞争力的提升，很可能在一段投资热过后，这些产业就会由于缺乏市场、人才、资金、技术等方面的支撑而归于昙花一现。

在构筑和延伸产业链时树立区域观念，就是要摒弃小区域内自成体系、自我发展的小农意识，要在做大做强主导产业的基础上，以此为龙头，带动区域内相关产业的发展壮大。紧密的产业联系是市场发达国家或地区产业发展的一个重要标志，经济越发达，其产业联系网覆盖面越广。我国的产业市场竞争力普遍较弱，其中一个重要原因就是长期以来采取自我封闭的方式发展，而不注重建立长远的横向和纵向联系。分工协作、取长补短是现代产业发展的必然趋势，也是提高产业竞争力和产业生存的必要条件。只有加强与京津冀和环渤海区域的经济联系和协作，才能增强滨海新区产业的生命力和竞争力，才能真正构筑起一条能够抵抗市场风险的强有力的产业链。

2. 强化产业集群理念

产业集聚是现代产业发展和区域发展的新现象，也是提高产业竞争力和区域竞争力的新途径。当今世界，那些具有国际或区域竞争优势的产业，大多聚集于某些特定区域而发展起来。这些优势产业，根植于当地独特的社会经济和制度文化背景，不仅拥有高度的知识流动和信息交换，还拥有高度的竞争、合作与创新精神和较高的社会信任和专业化劳动力市场，从而形成具有较强的经济活力，较高的就业水平，较强的创新和竞争力的产业空间。通过企业网络外部效应、知识溢出与协同创新、基础设施和公共服务共享、创新产业空间和社会资本等集群"要素"的发挥，可以大大提升区域产业竞争优势。美国底特律的汽车产业集群、德国多特蒙

第七章 天津滨海新区产业链的构筑

德、埃森和杜塞尔多夫的钢铁产业集群、意大利米兰的时装产业集群都是建立在上述"要素"发挥作用的基础之上的具有国际影响力和竞争力的产业集群。在我国的广东、浙江、江苏、福建等地，类似的产业集群也越来越普遍，已经成为区域产业发展的主流趋势。

滨海新区要构筑和延伸产业链，必须要强化产业集群的理念。国际产业发展的经验表明，世界级的制造基地或国际性的产业中心大都以产业区或产业集群的形式出现，发展产业集群早已成为国家和地区提升产业竞争力的一条重要途径。发达国家如此，发展中国家也如此。滨海新区要成为高水平的现代制造业和研发转化基地，必须要坚持集群发展的原则。

3. 发展循环经济，坚持可持续发展

循环经济是一种新型的、先进的经济形态。传统的经济增长模式是把资源持续不断地变成废弃物，忽视了各产业间的有机联系和共生关系，忽视了经济社会系统和自然生态系统间物质、能源、信息的传递、迁移、循环等规律，致使资源枯竭和生态恶化，并进一步制约了产业的可持续发展。循环经济有助于提高资源利用效率，减少生产过程中的资源和能源消耗。有助于拓宽和延长生产技术链，将污染尽可能地在生产企业内进行处理，减少生产过程的污染排放。"十六大"以后，在我国倡导科学发展观，把节约资源作为基本国策，加快建设资源节约型、环境友好型社会的背景下，天津滨海新区作为国家的综合改革实验区，要建设成为经济繁荣、社会和谐、环境优美的宜居生态型新城区，必须要大力发展循环经济，促进经济发展与人口、资源、环境相协调。

从滨海新区现有产业来看，不乏资源消耗大、环境污染严重的重化工产业。而滨海新区的淡水资源比较缺乏，对产业发展的支撑作用不强，继续走传统产业发展之路是不现实的。因此，大力发展循环经济，促进资源的循环利用，将资源消耗和环境污染降到最低限度，是滨海新区构筑和延伸产业链必须要坚持的原则。

4. 促进产业融合，推动技术创新

产业融合是信息化进程中产业发展的一种新范式。伴随着技术进步，产业边界趋于模糊化，两种产业或多种产业融合在一起，形成了全新的融

合型新产业。在信息化时代,产业融合速度大大加快,表现在信息产业与其他产业的融合上,如信息与电子、电力、机械、航空、汽车产业的融合等。同时随着生物技术革命的深化,生物技术将以其极大的渗透力融合到其他产业之中。

产业融合对技术、经济和管理具有更高的要求。推进产业融合,通过信息技术的广泛应用,改造和提升传统产业,提高资源利用率,降低成本,增强产品竞争力,将促进一些增长速度快、市场前景好、对区域经济有重大带动作用的高新技术产业的形成和发展,培育出新的经济增长点。因此,促进产业融合,有助于滨海新区走出一条以信息化推动工业化,以工业化促进信息化的新型工业化道路,真正发展成为高水平的制造业和研发转化基地。

5. 坚持有所为,有所不为

滨海新区作为带动京津冀和环渤海地区经济发展的重要增长极,需要构筑具有区域影响力和带动力的产业链。产业链上有关键环节和一般环节之分,滨海新区构筑和延伸产业链,不可能对产业链上的每个环节都要介入,必须要有所选择,有所为,有所不为。要选择和完善产业链条上的关键环节,尤其是具有核心竞争力的环节,而一些非核心的、附加值不高的环节可以放到其他地方,以降低成本。在构筑和延伸产业链时,滨海新区一定要避免和周边地区进行低水平的竞争和重复建设,而是要错位发展,要与周边地区形成产业技术水平上的梯度,因此要始终坚持有所为、有所不为的原则。

(五)滨海新区产业链延伸的方向

根据以上五条原则,滨海新区产业链的延伸主要有四个方向:

1. 内部延伸——产业集群

滨海新区要建设成为我国北方对外开放的门户、高水平的现代制造研发转化基地,要在国家区域发展战略中发挥经济增长极的辐射带动作用,必须要促进产业集群的形成和发展。提升这一地区的竞争力和影响力,要充分利用滨海新区的主导产业、优势产业、重点产业,从产品、技术、服务等多个方面延伸产业链,吸引国内外的同类型企业向滨海新区聚集,加快形成

第七章 天津滨海新区产业链的构筑

产业集群。同时,吸引配套企业集聚,为核心企业进行配套,延伸产业链,形成布局比较合理、体现集聚效应和产业集群优势的特色工业园区格局。

2. 外部延伸——产业合作及产业转移

从滨海新区目前发展阶段看,极化效应大于扩散效应,以集聚要素、集聚产业为显著特征,处于极化发展阶段。国家作出推进天津滨海新区开发开放的战略决策后,全世界的目光都聚焦到了滨海新区,大量的企业、项目蜂拥而来。在这种形势下,滨海新区一定要保持冷静的头脑,要未雨绸缪。尽管目前滨海新区有大量的滩涂和荒地,但是土地资源毕竟还是有限的,如果不加选择、过早地把空间填满,单纯强调小区域内产业配套,滨海新区将重蹈一些地区经济发展的覆辙,将不得不面临未来产业优化升级时缺少空间的尴尬。因此,一定要在发展的初期阶段就要有规划和远谋,吸取浦东、深圳的经验教训,抬高项目门槛,在产业链构筑和延伸时将视野放得更高一些,在京津冀甚至更大区域内统筹考虑产业链构筑和延伸。

一是以产业方向、产业链条、产品上下游关系为纽带,加强优势产业和主导产业的空间整合,以积极的态度与京津冀地区进行合作。

二是将滨海新区不具有资源环境优势和比较竞争优势的产业及其生产要素,积极主动地转移到具有资源环境优势和比较竞争优势的京津冀其他地区,形成该类产业在其他地区的产业聚集,发挥滨海新区的正"溢出效应"。

3. 构筑产业网链

产业链并非表现为单一的线性结构,往往呈现出网络状形态的"网链"。在这个"网链"上的各大环节都有若干核心企业,同时围绕核心企业存在的中小企业,又往往形成企业集群。滨海新区在产业发展和产业链延伸上不能搞遍地开花,什么都做,什么都引进,那必定是什么都做不好,做不大。滨海新区已经确定了"十一五"发展的六大重点产业,围绕这六大产业前向、后向又会延伸出很长的产业链,因此,在产业链延伸上要有选择、有重点,而非产业链上的所有行业兼收并蓄。要选择产业链上的关键环节,尤其是对那些有助于产业融合的行业要予以格外关注,如,汽车和电子产业融合形成的汽车电子业,既是汽车的零配件,又是电子产业的下游产品,应是重点发展的行业。要通过产业融合,将产业链整合编织成网络状，构造网链，这样滨海新区的产业发展的根基才能牢不可破。

4. 构筑循环经济产业链

天津滨海新区作为全国综合配套改革试验区，正吸引越来越多投资者的目光，其投资环境成为投资者关注的焦点。国家对滨海新区的定位之一是宜居生态型新城区，而滨海新区的重点产业中又有石油化工、钢管和钢材等一些耗水大、污染性的产业，为了将污染和能耗降到最低，就需要发展循环经济，构筑循环产业链。要不断延伸优势产业和主导产业的产业链和产品链，提高加工深度、加大技术含量、增加附加价值、提升产业层次；同时按物质流向在具备废弃物输出、输入潜能的企业、产业、园区之间建立废弃物输出输入的链接关系，形成反馈流程，建立产业生态系统的"食物链"。产业链和循环链共同构成"资源—产品—再生资源"的新产业链，构成新的循环经济运行体系，为其他地区发展循环经济，转变经济增长方式提供范式。

二、电子信息产业链的构筑和延伸

电子信息产业的发展需要依托强有力的科研机构，需要有较强的研发力量，这是目前滨海新区电子信息产业链的主要断链点。北京、天津、石家庄等科研院所和高等院校云集的城市具有明显的研发和人才优势，同时电子信息产业发展具备了一定的规模优势。因此，滨海新区在构筑和延伸电子信息产业链时，要充分考虑利用北京、天津、石家庄的研发、人才优势，着重打造研发——转化基地产业链。

（一）产业发展及产业配套现状

天津的电子信息业在全国处于领先地位。全市有近千家电子信息产品制造业企业，其中三资企业584家，在《财富》500强企业中，已有39家跨国公司在天津投资了81个项目。2003年天津电子信息产业销售收入达1170亿元，是天津第一大支柱产业和第一大出口行业，在全国也是位列前茅。目前，天津市已形成了以通信设备制造业为核心的6大骨干产品

第七章　天津滨海新区产业链的构筑

制造群体，有40种电子信息产品市场占有率位居全国前5名，17种产品位列第一，是全国最大的电子元器件生产基地。天津市被称为"手机之都"，2005年天津手机产量达到6832万部，约占全球手机总产量的10%，占中国总产量的24%，中国大陆每生产4部手机，其中就有1部产自天津。此外，天津在电子信息产业领域还拥有5家国家级研发中心、工程中心和5家外资超过1000万美元的外商研发中心。

天津的电子信息业在滨海新区形成了产业集群。天津开发区是全国最大的电子通讯设备、液晶显示器等生产基地，已经初步形成了以摩托罗拉、通用电器、韩国三星等为代表的电子信息产业群。2003年，以摩托罗拉、三星、三洋3家著名的跨国公司为代表的手机厂商的生产总量达到3630万台。天津开发区的IT产业，不仅产值、销售收入、出口交货值处于前列，而且利润排名第一位，成为IT产业投资回报率最高的地区之一。

电子通讯设备的产业链和产业集群已经初步形成。随着集成电路、片式元器件、功率器件、LCD显示器件、锂离子电池等产业的发展，移动通信关键配套元器件的产业规模和技术水平明显提高，配套能力显著增强。摩托罗拉有超过一半的手机零部件配套商在天津附近，随着三星、三洋两个手机厂的建设和投入生产，越来越多的配套商到天津附近来设厂。滨海新区电子信息产业呈现出手机、零部件、生产配套的生产协作体系不断完善的状况。目前，天津开发区及周边地区为摩托罗拉和三星电子等整机厂商加工配套的企业已有300多家，配套产品400多个，产值近200亿元，移动通信产品配套已经发展成为天津的重要产业。以鹏斯特、微密、泓越（大霸）、天津光电为主的OEM和EMS厂，以摩托罗拉强芯、南开强芯、天大IC设计中心为代表的IC设计，以松下部品、三星电机、西迪斯等企业为主的片式元器件企业，以绿点、富裕、亚光耐普罗、赫比电子为主的注塑企业，以及以摩托罗拉、力神、台达、和平海湾、蓝天三洋等为主的电池生产厂，以光宝、罗姆、斯坦雷、天星等企业为主的LED背光源生产厂等通讯产品重要零配件企业，在天津开发区及周边地区形成了较为完整的零配件产业供应链。天津目前已形成五大手机配套生产基地，包括以三星、松下、罗姆为代表的片式阻容元件生产基地；以飞思卡尔、中芯国际为代表的集成电路生产基地；以力神、蓝天三洋为代表的绿色能源生产基地；以西迪斯、通用为代表的元器件生产基地；以亚光耐普罗为代表的注塑生产基地。

与此同时，电子信息产业链也在向下延伸。目前天津已形成了摩托罗拉汽车电子事业部、富士通天电子有限公司、松下汽车电子开发有限公司、现代电子（天津）有限公司、津住线束有限公司等数十家公司为主的汽车电子企业群。主要产品包括车用半导体、燃油喷射控制系统、汽车电子点火装置、车用仪表、汽车音响等。2003年，天津市汽车电子行业共完成销售额50.16亿元，工业增加值11.46亿元，净利润3.09亿元，税金1.80亿元，出口3.36亿美元，固定资产投资1.69亿元。摩托罗拉公司将在泰达建立摩托罗拉的汽车电子工厂，届时将全面提升天津汽车电子的行业竞争力。

（二）产业链发展方面存在的问题

1. 处于产业链的低端，核心和高端产品依赖进口

优势主要集中在元器件的加工组装及配套环节，加工方式主要是通过直接引进国外先进技术、关键电子设备和现代化生产线进行贴牌生产。在关键元器件、基础软件、集成电路等方面则主要依赖进口。以汽车电子业为例，产品主要集中在汽车音响、汽车空调、中控锁、防盗系统以及电动车窗等低附加值产品上，而自动变速控制系统、安全气囊、电子组合仪表以及发动机控制系统等高附加值产品仍大量依赖于进口。

2. 外资企业占主导，在关键技术、专利和标准方面受制于人

以汽车电子业为例，据统计，目前国内汽车电子市场70%以上的份额被国外企业占据，剩下30%的市场份额还有相当一部分被合资企业所占据。天津的汽车电子信息企业基本上全部是外资企业。由于国内的轿车生产厂多是合资企业，生产的轿车多是外方设计的，外方掌握着技术决策权，装配的电子产品也多是原外方的配套厂商提供的产品。

3. 研发投入不足，研发与产业脱节，京津地区的研发优势未能充分利用

京津地区高校及科研院所云集，研发力量雄厚，但是在电子信息业上的研发投入却不足。同时，研发机构和企业间缺乏合作，存在着研发与产业、

第七章 天津滨海新区产业链的构筑

产业与市场脱节的问题。以集成电路为例,由于研发上的滞后,生产环节的技术几乎全靠引进,研发环节无法为生产提供必要的技术支撑;而研发环节需要的线上研发由于体制等原因无法利用生产企业闲置的生产能力。

4. 产业链延伸有限

电子信息产业内涵非常丰富,包括微电子、光电子、软件、计算机、通信、网络,消费电子以及信息服务等众多领域。而且这一产业发展变化快,不单能够满足需求,还能创造需求,与其他行业交融,还能产生新的产业。目前滨海新区的电子信息业还主要局限于电子通讯设备制造上,在软件、服务、研发等方面产业链缺损。

5. 配套能力不强,发展后劲不足

滨海新区尽管有摩托罗拉、通用电器、韩国三星这样的大型跨国电子信息制造业企业,但是却缺乏大的零部件配套企业,制约了电子信息业的发展后劲。

(三) 电子信息产业链的构成及发展趋势

电子信息产业链包括从芯片、元器件到整机,从研发、生产到销售,以及软件和信息服务的各个环节。从产业内部分工和供需关系出发,形成了电子信息产品制造业垂直的供需链和横向的协作链关系。一方面,芯片和元器件制造商、进行品牌运作的整机制造商以及面向用户的分销商分别作为产业链的上、中、下游产业,从附加值追加过程中形成了垂直的供需链。另一方面,作为整机制造的原设备生产商(oem),通过电子制造业服务(ems)方式,建立了与合同制造商(cem)的横向协作链关系。在这一产业链关系下,存在着高端产品和低端产品生产的区别。作为高端产品的生产,整机厂商扮演着重要的角色并呈现出明显的产业一体化趋势。整机厂商往往借助于其知识产权(ip),支配着上下游企业并最大限度地谋取附加价值。另外,作为低端产品的生产,整机厂商的行业进入壁垒不高。同时,作为芯片等专业部件的制造商在规模、技术上处于领先地位,而渠道运营商的市场掌握能力和运作能力则具有很高的附加价值。在产品标准公开之后,由于整机生产壁垒不高,所以整机厂商的附加价值不高。

而专业部件则可利用对核心芯片的产权以及规模化生产而获得较高附加价值。此外，分销商也可以利用渠道运营的市场掌握能力和运作能力具有很高的附加价值。

（四）滨海新区电子信息产业链的构筑和延伸

针对电子信息产业链丰富的特点，滨海新区既要纵向延伸产业链，也要横向延伸产业链，以形成完整的电子信息产业体系和巩固其在滨海新区产业中的主导地位及在全国的领先地位。同时，加强与北京、石家庄的产业合作与交流，积极发挥滨海新区的辐射带动作用，形成全国最大的以滨海新区为龙头的京津冀电子信息产业基地。

1. 吸引配套企业，向上延伸产业链

随着竞争的日益激烈，面对来自中国国内企业终端制造能力的提升，电子信息产业的跨国公司日益将资源投向产业链上游的材料、芯片等环节，英特尔、AMD、安捷伦等上游芯片和材料厂商纷纷加大了对产业上游材料的投资力度，夏普、三星、LG等多元化企业也加大了对液晶面板等上游环节的投资。

随着滨海新区电子信息产业的发展，产业融合、产品拓新将不断扩大。滨海新区要保持电子信息产业的主导地位，就需要继续吸引配套企业在周边集聚，形成完善的上游产品供应链。要围绕无线通讯、显示器、基础元器件、集成电路、汽车电子、数字视听、光电子和软件等行业和产品，扶持零部件产业发展，形成配套产业集群。重点是发展芯片生产，推进中芯国际芯片、飞思卡尔集成电路等项目，将滨海新区建设成为我国重要的芯片生产基地。

2. 开发高端产品，向下延伸产业链

从行业上讲，电子信息产业的出路还是寻找可增长性比较强的主流产业作为下一步投资促进的重点。从滨海新区电子信息产业链来看，继续向下延伸产业链，发展新产业，开发新产品，应是未来的主要发展方向。开发高端产品重点可从以下几个方面进行：一是开发3G手机和设备，发展新型显示器，建设移动通信液晶显示器项目，拓展大规模集成电路和基础

第七章 天津滨海新区产业链的构筑

元器件。二是发展 IT 和汽车行业交叉形成的汽车电子业。一部新的汽车整车里面含有包括半导体、传感器在内的电子元器件几百个，因此，汽车电子产业是一个非常有前途的行业。滨海新区应依托两个汽车整车厂，建立汽车电子零部件企业与整车企业之间的良好合作模式，抓住共性关键问题，提高自主创新能力，将发展重点放在汽车发动机控制系统等附加值高的电子产品上。同时，积极引进日本、韩国、美国的汽车电子业厂家，加快形成汽车电子产业链。三是网络和家电数字化，这一大类的产品还有非常大的潜力。四是机电产品，也就是机械和电子结合的产品。另外，软件和光通信产品，也都应成为滨海新区下一步发展的重点。

3. 吸引研发机构，横向延伸产业链

研发与营销是价值链上利润丰厚的环节，也是跨国公司的重点投资对象。滨海新区应充分抓住跨国公司加大在中国研发投资的有利时机，积极吸引跨国公司的研发机构落户滨海新区，改变以装配为主的生产模式，提高产品的本土增值能力。同时，要吸引并充分利用京津冀地区的研发机构，在产品检测、企业孵化器等各个环节上加大投入，开发拥有自主知识产权的新型产品、提高手机设计和研发、软件和芯片的设计能力。

4. 重视软件和服务环节

在硬件—软件—服务产业链上要充分重视软件和服务环节。软件和服务是电子信息产品进入需求主导阶段后最具发展空间的环节，同时也是目前滨海新区的薄弱环节。因此，应大力提升软件和服务产品的档次，全方位提高质量，增加这两个环节的市场竞争力。

5. 加强与京冀的合作，合力打造研发—转化的基地产业链

电子及通信设备制造业也是北京工业中的第一大产业，2005 年，北京的电子信息产业实现增加值 364.3 亿元，中关村是中国最大的电子信息产业科研、贸易、生产基地，集中了软件开发及信息技术的优秀人才，北京在手机、电脑、扫描仪、显示器、彩色显像管、软件、程控交换机、数码相机等方面位居全国首位。滨海新区在电子信息产业上与北京应该加强合作，尤其是在软件开发、产品研发以及人才交流等方面，双方的合作空

间还很大。河北的电子信息产业相对于京津来说较弱，但是河北具有劳动力优势和土地资源优势，河北的石家庄、廊坊、保定等的电子信息产业都具备一定的基础，如石家庄的汽车电子安全气囊、廊坊的液晶面板配套件、保定的软件开发等，尤其是石家庄，不仅具备产业基础，而且石家庄信息产业基地和河北软件工业基地的建设已初具规模，同时，石家庄还具备一定的研发优势。滨海新区在构筑电子信息产业链时，一方面要充分利用河北的产业基础，一些非核心的零部件可以转移到河北配套，以降低成本。另一方面，要与北京、石家庄的研发链接起来，共同打造电子信息研发—转化的基地产业链。

三、石油化工产业链的构筑和延伸

石油化工具有产业链条长、关联度强的特点，石化产品是电子、纺织、建材、医药和汽车等相关行业的原材料。因此，滨海新区石化产业链的构筑和延伸不仅仅限于石化产业内部，更重要的是要通过石化产业的发展实现京津冀地区的轻工、汽车、家电、医药、纺织、建材等化工关联产业的联动发展。发挥滨海新区的港口优势，依托大乙烯项目，将滨海新区的石化产业与京津冀地区的轻工、汽车、家电、医药、纺织、建材等产业链接起来，构筑一条稳固而牢不可破的关联产业网链。

（一）产业发展及产业集聚现状

天津是中国现代化学工业的发源地，化学工业有近百年的历史，涉及的行业包括石油开采、炼油、石油化工、海洋化工和精细化工等，目前天津已形成了石油、石化、盐化工三大产业。产品包括原油、乙烯、塑料树脂及共聚物、合成洗涤剂、化学原料药、轮胎外胎、中成药、纯碱、烧碱、合成氨、农用化肥、化学农药等，其中，原油开采、聚酯、化纤、聚氯乙烯、苯酐、有机涂料、重质纯碱、烧碱、环氧丙烷、环氧氯丙烷等的规模及技术水平在国内位居前列，原油、原盐、纯碱、烧碱、聚氯乙烯等产品居世界前列。中石油、中海油、中化工、中石化等巨型石化企业均在天津建有分公司。石油、石化及化工产业在天津市工业中占有重要位置。2004

第七章 天津滨海新区产业链的构筑

年年底,石油、石化及化工产业总资产达到1089亿元,占全市工业的21.3%;实现销售收入1033亿元,占全市工业的18.8%;工业增加值373亿元,占全市工业的25.96%;利税总额191亿元,占全市工业的31.83%,利税总额在全市六大支柱产业中居第一位。天津渤化集团是全国最大的以氯碱化工为核心的盐化工企业。天津的石化产业主要集中在滨海新区,精细化工区、开发区化工区等工业园区正在建设中,目前初步形成了以大港油田、渤海石油、天津石化、天津渤海化工集团公司等为代表的石油化工与海洋化工产业群。2006年6月26日,我国历史上最大的单套装置——中石化天津100万吨乙烯炼化一体化项目100万吨乙烯工程在大港正式开工。以大乙烯项目为龙头,天津正式拉开了建设国家级石化产业基地——滨海化工区的序幕。与此同时,渤化集团对接项目正在同步建设。中化工蓝星集团化工新材料基地已计划投资13个项目,其中一期4个项目和配套公用工程,总投资76亿元,2008年已经开工建设。天津渤大硫酸项目、金明达塑料制品项目、三乙基铝项目、清华紫光的含油污泥处理项目、重芳烃利用项目、北斗星精细化工项目等一批项目已投入生产和正在建设之中。

(二)产业链发展存在的问题

1. 初级产品比重高

天津石油化工产业以原油加工、氯碱、纯碱、化肥等初级产品为主,以石油为原料的石化产品深加工程度不够,专用化学产品和日用化学产品等精细化工产品比重低,产品链不完整。2004年,在天津的石油化工产品结构中,石油加工及石油制品制造占到38.28%,基础化学原料制造占到18.35%,而专用化学产品和日用化学产品制造仅占5.91%和3.75%。

2. 技术含量偏低

天津石油化工产业有机化工原料及中间体、精细化工产品、技术含量高的新产品比重低,低浓度化肥、高毒高残留农药、低档橡胶制品等高消耗、粗加工、低附加值产品比重过高。

3. 一些关键产品生产能力不足

天津的石油化工产业虽然历史悠久、产品种类较多、规模较大、实力较强，但在一些关键产品上的生产能力明显不足，如聚氯乙烯是天津石化工业的主导产品，2003年的生产能力已达76万吨，其原料的45%左右依赖进口。天津石化工业所需要乙烯的自给率只有15%（天津石化公司只能提供少量乙烯），乙烯缺口很大。当然，随着大乙烯项目的上马，这一问题即将得到解决。

4. 产业布局分散

天津的炼油、乙烯装置布局在大港，聚氯乙烯装置布局在塘沽区、汉沽区，相互相距较远，难以形成聚集效应。

（三）石化产业链构成及发展趋势

石化产业链从石油原料开始，经过一系列炼油化工加工过程，形成了油品、化工产品、合成树脂、工程塑料、聚氨酯、合成橡胶、合成纤维原料、合成纤维和化肥等各个不同系列的产品，涵盖了石油和天然气开采业、石油加工及炼焦业、化学原料及制品制造业、化学纤维制造业、橡胶制造业、塑料制造业等多个行业，所涉及行业之间的关联度非常高，上下游产业链的关系非常密切，所以，石化行业具有非常鲜明的产业链结构和产业链信息传递效应（见图7-1）。从石油化工发展的特点看，一体化、园区化和大型化已成为当今世界石油化工产业发展的主流趋势。

1. 一体化

一体化主要体现为综合一体化。从石化工艺流程分析，既包含了前向一体化，又包括了后向一体化，其中炼油化工一体化和精细化工一体化是石油化工产业一体化的主要形式；从配套设施建设分析，还包括基础设计一体化、公用工程一体化、环保处理一体化、物流一体化。

2. 园区化

园区化是各国、各地区大力发展石化产业的重要形式。从国际化工产业发展的特点看，由于石化工业上中下游产业链长，相互间物料和能源利用上关联性强，装置大型化、综合化，要求相对集中地、有规模地发展。目前，世界大型石化生产基地大多是以化工园区形式兴建，相对集中地布

第七章 天津滨海新区产业链的构筑

局在一个区域,如美国的休斯敦、荷兰的鹿特丹、新加坡的裕廊化工区等。世界主要石油化工园区的地理特点一般都有良好的港口条件,有充足的水源,有发达的交通运输网络,有完善的基础设施,有较强的科研机构,有良好的教育和人才资源,同时又比较靠近下游产业。

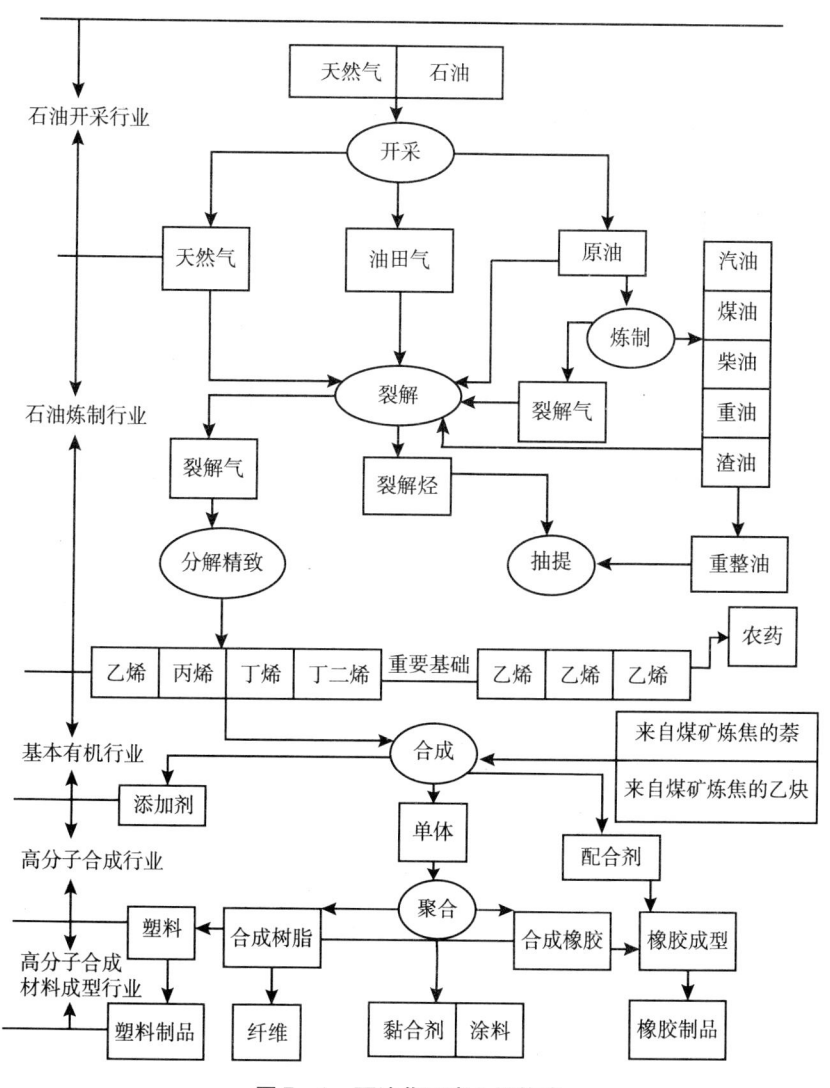

图7-1 石油化工产业链构成

石油开采行业 / 石油炼制行业 / 基本有机行业 / 高分子合成行业 / 高分子合成材料成型行业

天然气、石油 → 开采 → 天然气、油田气、原油

原油 → 炼制 → 汽油、煤油、柴油、重油、渣油

裂解 → 裂解气、裂解烃

分解精致 → 乙烯、丙烯、丁烯、丁二烯

重要基础:乙烯、乙烯、乙烯

重整油 → 抽提

农药

来自煤矿炼焦的萘
来自煤矿炼焦的乙炔

合成 ← 添加剂
↓
单体 → 配合剂
↓
聚合 → 合成树脂、合成橡胶 → 橡胶成型
↓
塑料 → 塑料制品、纤维、黏合剂、涂料、橡胶制品

3. 大型化

以炼油装置和乙烯装置为例，目前世界规模最大炼油装置的原油加工能力超过了4000万吨/年，炼油装置的经济规模在2000万吨/年左右；目前世界规模最大乙烯装置的年生产能力达到250万吨/年以上，乙烯装置的经济规模在100万吨/年左右。

（四）滨海新区石油化工产业链的构筑和延伸

石化产业上下游联系紧密，产业链非常长。有人形象地把石油化学工业喻为工业的"粮食产业"，石化业在整体经济中的影响系数和感应系数较高，石化产业的飞速发展，能为电子、纺织、建材、医药和汽车等相关行业的腾飞提供原材料动力。京津冀区域的轻工、汽车、家电、医药、纺织等化工关联产业发达，巨大的市场容量为天津石化产业的发展提供了广阔的市场前景，同时也为石化产业链的延伸提供了条件。而乙烯是石油化学工业中的"龙头"，以乙烯为原材料，可繁衍系列关联度密切的工业企业。乙烯可以得到聚乙烯、聚氯乙烯、乙醇、乙酸、乙二醇等一系列有价值的乙烯衍生物。乙烯装置生产出的乙烯、丙烯、丁二烯，苯、甲苯、二甲苯，即"三烯三苯"是生产各种有机化工原料和三大合成材料的重要基础原料。现今，乙烯工业的发展水平也从总体上代表着一个国家或地区化学工业的发展水平。乙烯可以产生很多有价值的下游产品，其衍生物对于现代工业来说，无论是航天工业、汽车零件业、电子零件业、体育用品业，还是建材业、轮胎业、包装业、纺织服装业、涂料业、染料业、医药业都发挥着重要的作用，人们称乙烯是工业"粮食之母"。

据有关部门测算，大乙烯项目和渤化集团与大乙烯对接项目，于2010年将直接和间接拉动天津的全部增加值（GDP）增量为126亿元，拉动天津市生产总值（GDP）增长2.2个百分点。石化产业将成为滨海新区今后3至5年最强的产业支撑，并拉动港口、物流等相关产业的更大发展。

因此，滨海新区的石化产业链延伸要依托大乙烯项目，发展乙烯及后续产品深加工，重点发展石油化工、海洋化工、新型制盐、能源综合利用等化工循环经济产业链，延伸塑料、化纤、橡胶和精细化工等产品链，发

第七章 天津滨海新区产业链的构筑

展油漆、染料、涂料、化学助剂、顺酐、苯酐、环氧树脂等下游产品,构建完善的石化循环经济产业体系,形成滨海新区石化产业集群。

1. 依托炼化一体化项目构建三条产品链

滨海新区石化产业链的构筑方向重点是依托炼化一体化项目向下延伸,发展化工产品。这也是摆脱目前与京津冀区域内其他石化基地低水平竞争局面的重要对策。可沿着以下三个方向向下延伸产业链:

一是石油化工循环经济产业链。以炼化一体化产出的汽煤柴、乙烯、丙烯、碳四、碳五、芳烃、乙烯焦油等石油化工产品为原料,生产高质量成品油、聚烯烃塑料、聚酯化纤轻纺、炭黑轮胎合成橡胶、化工新材料等产品。

二是海洋化工循环经济产业链。以炼化一体化产出的部分乙烯、丙烯、苯和原盐为原料,生产合成树脂、环氧树脂、聚氨酯材料、有机硅材料、甲烷氯化物、氯化聚合物、蛋氨酸添加剂等产品。

三是一碳化工循环经济产业链。以炼化一体化产出的部分乙烯、丙烯、基本有机化工产品和天然气、煤、原盐、合成气为原料,生产纯碱、化肥、工程塑料、合成纤维、纺织浆料、涂料、染料、医药、塑料增塑剂等产品。

2. 构建能量综合利用循环经济产业链

石化产业是污染和能耗均比较高的行业,大乙烯项目的上马必然会对环境保护和能源保障造成一定的压力。为了尽可能将石化产业对环境的影响降到最低,滨海新区应该高度重视循环经济产业链的构筑。应当利用石油天然气深冷分离、炼化一体化、异氰酸酯、电石法聚氯乙烯回收的副产品和废弃物、海水冷却、LNG与空分能量交换、废弃物焚烧为原料和能源,建设发展能量综合利用产业。

3. 发挥大乙烯的龙头带动作用,构筑关联产业网链

天津、燕山、唐山、沧州是京津冀地区4个重要的石化产业基地,目前,天津与其余三地之间在石化产业上还基本上处于低水平竞争上,产业层次没有拉开。随着大乙烯项目的建成投产,滨海新区的乙烯生产能力在京津冀地区将占有绝对优势。发挥大乙烯的龙头带动作用，带动区域内石化产业的整体发展，有利于滨海新区石化产业做大做强，同时也有利于增强区域内石化产业的整体竞争力。同时，由于石化产业关联度强，石化产业竞争力的提高还有助于区域内纺织、建材、医药、轻工等关联产业的联动发展。因此，滨海新区在构筑石化产业链时，一方面要占领产业链的上游，发挥港口石油化工产品进出口的优势。另一方面也要加强产品的深加工程度，建设大型石化产业基地。同时，百万吨乙烯也不可能完全在滨海新区消化，需要充分利用唐山、沧州的设备和生产能力，发挥这些地区的劳动力和土地资源等的比较优势，同时也可以减少滨海新区环境、资源的压力。更加重要的是，利用乙烯产品的原料特点，通过产品的供应链打造起一条涵盖京津冀地区的轻工、汽车、家电、医药、纺织等化工关联产业链。

四、汽车产业链的构筑和延伸

京津冀地区是我国重要的汽车产业基地，区域内有北京、天津和保定三个主要整车生产基地，同时还有保定、廊坊两个主要的零部件生产基地。构筑滨海新区汽车产业链一定要延伸到河北，利用河北的零部件生产优势和成本优势，发挥滨海新区自身的整车生产优势和汽车贸易优势，形成一条零部件——整车的区域汽车产业链。

（一）产业发展现状

天津是全国四大轿车基地之一，经过20多年的发展，天津汽车工业已具备比较完整的体系，形成了30万辆汽车和30万台发动机的生产能力。现有汽车生产企业200余家，其中整车厂6家（分别为天津一汽丰田、天津一汽夏利、天津一汽华利、天津伊利萨尔客车、天津星马特种车、天津三峰），零部件企业196家。2005年，天津汽车产量达到32.8万辆。天津最主要的整车企业是2家，一是位于天津市西青区的天津一汽夏利汽车股份有限公司，是中国第一汽车集团公司控股的经济型轿车制造企业，是一家集整车制造、发动机、零部件、内燃机配件、变速器生产、

第七章 天津滨海新区产业链的构筑

销售以及科研开发于一体的上市公司。二是位于天津经济技术开发区的天津一汽丰田汽车有限公司,是由一汽夏利和丰田公司共同投资设立的,其主营业务是开发、生产经济型轿车及其零部件,销售自产产品并提供相应的售后服务。目前,天津以夏利、威姿、威乐、威驰、花冠、特锐、伊利萨尔为主导产品的经济型轿车、乘用车、豪华客车生产基地已初具规模,丰田皇冠中高档轿车基地也已经投产。

天津的汽车零部件产业也具有了一定规模。2000年,天津一汽丰田在天津开发区注册,一个围绕丰田汇集了大批核心配套企业的汽车生产基地也悄然兴起,60多家汽车及配套厂商先后聚集于此,其中40多家企业为丰田做配套,比较知名的企业有日本电装、东海理化、爱信、天津富士通天电子有限公司、斯坦雷、矢崎、统一等;上海大众汽车公司已在天津开发区设立了面向华北地区的配送基地。一条汽车产业链条已经初具规模。

(二) 产业链发展存在的问题

1. 整车产品链有待完善,生产规模有待扩大

目前,天津的整车以夏利、威姿、威乐、威驰、花冠等经济型和中低档轿车为主,高档轿车和豪华客车的产量还较有限,产品链还不够完善。从企业规模来看,如果按9家整车厂、30万辆生产规模计算,平均每家的生产规模不足4万辆,生产规模明显偏小,难以发挥规模效应。

2. 京津冀区域合作不够,缺乏区域产业链

京津冀地区的汽车工业在我国占有重要地位,有不少的知名企业和品牌。北京有北京现代、北汽福田、北京奔驰,天津有天津一汽夏利和天津一汽丰田,河北有保定的长城、中兴和天马等。京津冀地区的汽车工业迅速成长,但是三地汽车工业的发展基本上是独立进行,像三条不相交的平行线,区域合作不够,更不用说在区域内构建产业链。滨海新区的整车生产,零部件的采购要么是本地,要么是区外甚至是国外,区域内的采购很少。

3. 零部件产业有待加强

滨海新区的汽车工业以整车制造为核心，零部件企业主要还是围绕着为本地整车进行配套，缺乏具有区际影响的零部件企业，更提不上国际竞争力。

（三）汽车工业产业链构成及发展趋势

汽车零部件业、汽车制造业、汽车贸易服务业共同构成一条汽车工业产业链。就国际上成熟的市场而言，整车制造是一个高投入和低回报的行业。汽车制造业的上下游业务：零部件制造，汽车经销，汽车服务的整体盈利性要远好于汽车制造业本身。从我国来看，汽车制造业对外开放较早，是市场化程度较高的竞争性行业之一，但是企业生产规模偏小、自主研发能力薄弱是我国汽车制造业的最主要问题。我国汽车零部件的生产落后于整车的生产，核心零部件主要还是依赖进口。而汽车贸易和服务业是汽车产业链中最为滞后的行业，同时也是最具发展潜力的行业。

世界汽车工业经历了百年的发展和技术积累，已经成为一个相当成熟的产业。从未来发展看，呈现出以下几个明显的发展趋势。这些趋势对滨海新区汽车产业链的构筑和延伸具有重要的意义。

1. 产业进一步集中化

表现为汽车企业的集团化和汽车产地的集群化。进入 21 世纪，世界汽车工业再次掀起了全球性的兼并重组高潮，经过激烈的市场竞争和博弈，一批规模更大的跨国巨型汽车制造业航母出现了，形成了通用、戴克、福特、丰田、大众、雷诺 6 大集团和本田、宝马、标致雪铁龙 3 个独立厂商的所谓"6+3"格局，前 6 大集团产量都在 500 万辆以上，后 3 个独立厂商产量也有 200 万辆左右，9 个集团的产量占世界总产量的 85%。从地区分布看，美、日、德等汽车大国的汽车产量占世界汽车产量的比重进一步提高，超过了一半以上，并继续呈上升势头，产量明显地继续向汽车工业基地集中，也就是汽车产地的集群化。

2. 技术进一步高新化

体现在传统的汽车主体技术，机构技术将由微电子信息技术、新材

第七章　天津滨海新区产业链的构筑

料、新能源等高新技术所取代，新一代汽车将轻便化、安全化、环保化、智能化、成为高新技术的集成体，新一轮汽车工业的发展将不仅带动相关传统产业的发展，而且更加有力地促进高新技术的发展。

3. 经营进一步全球化

许多跨国汽车公司已经实现了全球供货、全国采购，生产全球布局、销售网遍布全球。多品种、小批量、个性化生产，敏捷制造促使虚拟联盟、战略联盟应运而生，开发的全球联合是重要趋势。

4. 生产进一步精益化

生产精益化是汽车工业发展永恒的主题。通过生产精益化流程的不断改造，将不断提高汽车质量、不断降低汽车成本，从而不断提高汽车公司的核心竞争力。

5. 产品进一步节约化

在保证汽车质量的前提下，尽量节材和节能是汽车产品发展的一个重要方向。节材要求汽车小型化、微型化。节能的目的是应对石油价格飞涨的能源压力。一方面要鼓励生产和使用小排量汽车，另一方面还要鼓励生产和使用汽油替代品，如生物乙醇、柴油、天然气以及电动汽车等。

（四）滨海新区汽车产业链的构筑和延伸

滨海新区汽车产业链的延伸要依托整车优势，建成以整车为龙头，零部件为基础，形成集研发、采购、制造、营销、物流、贸易、服务于一体的完整的汽车产业链。

1. 增加整车品种，完善整车产品链

在整车上要在现有经济型轿车为主的基础上，发展中高档轿车和豪华大客车，发展高端产品，提高产品附加值。形成轿车高中低档次齐全，乘用车成系列，高中档豪华客车成规模的产品格局，建成中高档轿车、经济型轿车、乘用车和中高档豪华客车四大整车生产基地，形成1.0至3.0以上的多品种、宽系列的梯次型产品结构。

2. 培育具有国际竞争力的关键零部件产业，构建零部件供应链

要积极支持汽车关键零部件产业的发展，创造有利于吸引关键零部件企业的发展环境，加大招商引资的力度，围绕发动机、底盘、车身、汽车电子等形成产业链，强化本地供应体系，并朝着国际汽车零部件采购中心的方向努力。

3. 大力发展汽车贸易和服务业，构建支撑链

滨海新区发展汽车贸易具有较强基础。借助天然的海港和港口贸易，以天津空港国际汽车园为载体，利用国际先进的物流经验和保税区200多家汽车经销商的成熟渠道，建设全国最大的汽车贸易园区和全国最大的进出口汽车基地，以此带动京津冀地区汽车产业的发展。

同样，滨海新区发展汽车服务业具有广阔空间。汽车服务业的重点一是汽车售后服务。在整车生产、销售利润缩水的今天，汽车服务业成为汽车产业链中的黄金产业。随着轿车逐渐进入家庭，汽车售后服务市场将成为汽车产业链中最为稳定的利润来源。二手车交易、汽车美容、养护、装饰、快修等行业将成为一个庞大的黄金产业。目前天津市汽车保有量达到140万辆，预计五年内将突破200万辆，北京的汽车保有量已达300万辆，如果再考虑河北的汽车保有量，天津汽车服务市场的空间将十分巨大。滨海新区应抢抓先机，推动汽车服务业的快速发展。二是汽车金融服务。加大天津银行业对汽车业的金融支持力度，采取银行参与汽车行业重组、组织银团贷款、发展汽车消费信贷和为汽车行业提供一揽子金融服务等方式；积极建立中小企业担保基金，为汽车产业中小企业提供担保服务；鼓励、支持信誉高、实力强、前景好的企业通过银行贷款、发行股票、债券和对外融资等渠道筹集发展基金；利用现有政策，充分运用民间资本。

4. 加强在河北的零部件配套体系建设，构建区域性产业链

河北保定、廊坊等的汽车零部件产业具有较强的产业基础。保定拥有汽车零部件生产企业93家，骨干企业有保定风帆股份有限公司、保定立中车轮制造有限公司等，主要产品轮毂、蓄电池等在国内处于领先地位，保定正在着力打造汽车零部件产业基地。廊坊的汽车刹车盘、制动钳等产

第七章　天津滨海新区产业链的构筑

品具有优势,正兴车轮、世源精工、香河展望等一批项目在建,"十一五"期间,廊坊将着力打造成为一汽大众、北京现代、天津丰田等主流车型的零部件供应基地。随着滨海新区的开发建设,生产成本必将上升。而随着廊坊、保定等汽车零部件生产基地的崛起,滨海新区的汽车零部件产业应当加强与廊坊、保定的汽车零部件生产基地的配套,要与京冀地区的汽车零部件企业开展广泛而深入的合作。

五、生物医药产业链的构筑和延伸

京津冀的生物医药产业发展各有所长。北京具备研发优势,河北具备化学制药优势,天津具备生物制药优势。构筑滨海新区生物医药产业链,关键是要将北京的研发与滨海新区的制造链接起来,形成研发——转化产业链。

(一)产业发展现状

天津市医药产业历史悠久,凭借优越的地理条件和水陆交通之利,在18世纪中叶,天津便成为中国北方重要的中药集散地。天津化学医药工业有100多年的历史,1884年天津出现了第一家西药房,1902年开设第一家西药厂。目前天津市医药工业由五大板块组成:天津医药集团、金耀集团、天士力集团、外商独资企业、西青区民营医药企业。其中,前三大集团的产值约占天津医药行业的75%,产业集中度较高。天津市通过GMP认证的制药企业有84家。

天津滨海新区是生物技术和制药企业最为集中的区域。截至2005年年末,天津开发区已吸纳了生物医药企业70余家,汇聚了葛兰素史克、泰沃、诺和诺德、诺维信、施维雅、德普、田边制药和新丰制药等一些著名的外资企业,同时还拥有生命科学院、泰达国际创业中心、华生生物园、华立达生物园、中新药业生物园等众多研发机构和生物医药企业孵化器,公共服务平台坚实,产业发展潜力巨大。

2006年6月26日,科技部和天津市签署了共建国家生物医药国际创新园的议定书,国家生物医药国际创新园正式落户天津滨海新区。创新园将以创新药物和生物医学工程产品研发与产业化为主,形成吸纳海内外先进生命科学和生物技术研发成果、提升聚集国内外优秀科技人才和各类金融资本的能力,力争用 5~10 年建设成为中国最大、世界知名的生物医药创新与产业化基地,形成一个集研究开发、产业孵化、生产贸易于一体的产业链完整的国家生物医药园。

(二)产业链发展存在的问题

1. 产业规模偏低

天津滨海新区生物医药企业数量不少,但企业规模都不大,与国际生物技术企业的大规模形成了鲜明的对比,比如 2001 年,滨海新区的生物医药产业产值仅为 11.38 亿元。而美国最大的生物技术公司,2000 年销售收入为 24 亿美元,净利 64 亿美元。与国外企业相比,滨海新区的生物医药企业没有竞争优势。

2. 创新能力不强

尽管国家生物医药国际创新园已经正式落户天津滨海新区,但是目前滨海新区在生物医药创新能力方面还不足,尤其是自主创新能力不够,有自主知识产权的产品少,生物医药产品多为仿制。生物技术研究成果本地转化率低,一大批具有自主知识产权、有明确疗效的生物工程产品在研发的早期就已和外地企业结合,天津企业的早期介入严重不足。

3. 产业化人才缺乏

由于生物医药方面的研究开发人员培养周期长,大量的优秀科研人员又滞留在国外,国内缺乏生物医药方面的优秀人才,尤其缺少技术兼经营型的人才。此外,我国的研究人才偏重于理论研究,产业化研究相对缺乏,在生物技术发展中常出现实验室的科研成果难以产业化,或者产业化成果很高而无经济价值的现象。滨海新区尽管制订了吸引高端人才的政策,但是,要真正吸引到一批生物医药方面的产业化人才却不是一蹴而就的事。

第七章 天津滨海新区产业链的构筑

4. 融资渠道不畅

缺少完整的信誉和银行信贷系统。生物医药产业是高投入的行业,进入门槛较高,而天津生物技术企业有许多都是小企业,品种单一,几乎不具备贷款条件,此外风险投资介入也极少,与北京、上海广东、深圳风险投资介入状况相比反差强烈。

(三) 生物医药产业链构成及产业发展趋势

生物医药产业链包括产品研发、技术转化、生产制造、市场营销、服务等关键环节。进入21世纪,世界生物医药产业进入一个前所未有的全新发展时期,呈现出产业化进程加快、产业集群涌现、研发投入增加、并购重组高潮迭起等趋势,这些趋势将直接影响着我国及滨海新区生物医药产业的发展及产业链的构筑。

1. 产业化进程加快

近20年来,以基因工程、细胞工程、酶工程为代表的现代生物技术迅猛发展,人类基因组计划等重大技术相继取得突破,现代生物技术在医学治疗方面广泛应用,生物医药产业化进程也明显加快。20世纪90年代以来,全球生物药品销售额以年均30%以上的速度增长,大大高于全球医药行业年均不到10%的增长速度。生物医药产业正在进入快速增长期。

2. 产业集群涌现

在产业集群化发展的今天,生物医药产业也不例外。目前许多发达国家在技术、人才、资金密集的区域,已逐步形成了生物产业聚集区,由此形成了比较完善的生物医药产业链和产业集群。美国已形成了旧金山、波士顿、华盛顿、北卡、圣迭戈五大生物技术产业区。其中硅谷生物技术产业从业人员占美国生物技术产业从业人员的一半以上,销售收入占美国生物产业的57%,R&D投入占59%,其销售额每年以近40%的速度增长。除美国外,英国的剑桥基因组园、法国巴黎南郊的基因谷、德国的生物技术示范区、印度班加罗尔生物园等也聚集了包括生物公司、研究、技术转移中心、银行、投资、服务等在内的大量机构,提供了大量的就业机会和大部分产值。这些生物技术产业集群已在这些国家和地区产业结构中崭露头角，对扩大产业规模、增强产业竞争力作出了重要贡献。

3. 研发投入不断增加

生物医药产业具有高投入、高收益、高风险、长周期的特征，需要高额投入作为产业进入和持续发展的条件。为应对科技创新瞬息万变和国际科技竞争日趋激烈的局势，各国际大型跨国医药企业争相加大科研投入。据统计，全球大型制药公司研发投入占销售额的比重在9%~18%之间，而著名生物技术公司的研发投入占销售额的比重则在20%以上，对于纯粹的生物技术公司，研发投入比重更大。

4. 并购重组高潮迭起

为建立全球性的生产与销售网络，最大限度降低成本，也为了获取新药或是直接掌握新技术，生物技术公司之间、生物技术公司与大型制药企业以及大型制药企业之间在全球范围内的兼并重组非常活跃。如2000年，英国葛兰素威康公司和史克必成公司合并成立葛兰素史克公司。美国华纳-朗勃特公司和阿古伦制药公司（Agouron）、强生公司和美国生物制药公司（Centocor）的并购案等。全球范围内生物医药行业的并购和重组热潮，大大提高了发达国家及跨国公司抢占市场、垄断技术、获取超额利润的能力。

5. 战略性技术同盟成为新药开发的成功模式

新药发现是一项整合分子生物学、基因组学、系统生物学知识和技术的复杂的系统工程，前期投资巨大，风险也很大，需要跨国制药巨头之间、生物技术公司和制药公司结盟并联合进行投资。据资料反映，2000年被批准的生物技术药物中有一半是通过合作的方式研制成功的。这种加强合作的趋势主要表现在：一是战略同盟促成生物技术向产业化转化。由于大部分生物技术产品及生产技术掌握在新生的生物技术企业手中，为保持新药研发的持续性，几乎所有的制药企业都与生物技术公司结成战略联盟，由这些技术力量雄厚的专家型小生物技术公司进行技术开发与创新，通过合作开发，获得生物药品的生产技术或生产权，这种模式成功促进了

第七章 天津滨海新区产业链的构筑

生物医药产业的良性发展。二是创新药品开发采用委托外包策略。为了缩短创新药品的开发时间,近几年许多生物技术和制药公司开始和一些小型公司结成技术联盟,将技术性强的研究开发内容,分包给具有研究实力的小型公司完成。据爱尔兰爱康控股临床研究国际有限公司(CenterWatch)公司统计,目前"委托研究机构"(CRO)公司已承担了美国市场将近1/3的新型药物开发的组织工作。CRO已经成为制药企业产业链的重要一环,正以其低成本、专业化和高效率的运作方式,受到生物技术及制药公司的高度重视。

(四) 滨海新区生物医药产业链的构筑和延伸

滨海新区生物医药产业链的延伸,必须要顺应世界生物医药产业发展趋势,结合我国生物医药发展现状,立足滨海新区生物医药产业现有基础,加强研发、制造、服务等产业链的各个环节,构建一条包括基础研究、应用研究、产品与技术发现和发明,产品的临床实验和应用测试,中试和报批,规模化生产和市场营销在内的完整的生物技术产业链条,形成我国北方重要的生物医药产业集聚区。

1. 重视研发环节,加强技术创新平台建设

从我国生物医药产业的发展来看,整体上还处于中间强,两头弱的格局。在中间的加工工艺上,由于我国在工艺水平的改进拥有竞争实力和低廉的人工成本和环境成本,使得我国的生物医药行业在产业链的中间环节具有国际竞争力。但是在研究开发和制剂开发上我国处于弱势,自主创新能力不强。而滨海新区在研发上具有资源优势,滨海新区周边云集了中国半数以上大中型制药公司和专业服务机构,在150~200公里范围内,拥有医药行业2/3以上的国家级研发中心和中试基地;还有国内乃至世界的原料药生产基地和创新产品生产基地;分布着五十余所综合性及专业性具有临床实验资质的医院,设有医学、药学专业的十几所高校,每年可以培养和输送数以万计的专业人才。因此,滨海新区在构筑和延伸生物医药产业链时,要格外重视研发这一上游环节,自主创新与引进并重,鼓励生物医药研究机构、生物医药工程中心等高水平的技术创新平台建设,构建核心技术体系,以不断促进产业的自主创新能力;同时也要展开与北京医药科研机构的合作研究与中科院、中国医学科学院、中国军事医学科学院等国家级科研院所展开医药方面的全方位合作；此外，创造条件加快研发成果的产业化，提高具有自主知识产权的产品比重，形成我国北方重要的生物医药研发和试制基地。

2. 加强制药环节，推进产业化

抓住当前全球医药工业向我国转移的契机，充分利用滨海新区良好的投资环境，努力吸引国内外大型医药企业来滨海新区投资，扩大医药产业规模。同时，通过设立生物医药产业化示范工程、引进生物医药孵化器、通过孵化器孵化更多的有自主知识产权的创业企业、规划生物医药科技园等方式，吸引国内科技成果到滨海新区实现产业化。重点推进基因芯片、生物药物等产业化进程，发展医药中间体、基因工程和生物工程制药、工业酶制剂、新型合成与半合成药物等生物制药领域，做强做大抗生素、维生素、激素、氨基酸等产品。建设治疗心脑血管病、糖尿病及抗肿瘤等大病种药物生产基地，将滨海新区建设成为我国北方重要的生物医药制造基地和产业基地。

3. 建立公共服务平台

鼓励建立各类生物医药专业孵化器、设立医药专业服务机构、设立风险投资（创业）机构、设立信息、技术、人才交流中心等各类服务机构，提高专业服务水平，在专业服务体系上，积极纳入京津冀医药产业服务体系。

4. 加强区域合作

京津冀地区生物科技力量雄厚，有一定的产业基础，同时在医药产业链和价值链方面具有较强的互补性。北京医药科研基础和研发能力强，在生物医药、医疗器械等价值链高端领域具有明显的实力；河北是我国重要的医药工业基地，在化学制药领域具有优势；天津生物技术研发能力较强，国际化水平较高，已经在现代中药、生物制药等领域形成了一定的优势。滨海新区应充分利用京津冀地区的生物医药资源和科研力量，加强区域合作，共同构筑医药产业链。

六、钢铁产业链的构筑和延伸

随着首钢搬迁,河北唐山的钢铁制造优势愈加明显。构筑滨海新区钢铁产业链,关键是与唐山的钢铁制造产业进行链接。滨海新区要占据产业链的下游,利用自身在石油套管、汽车、造船等产业上的优势,促进唐山的钢铁产品升级。

(一)产业发展现状

钢铁工业是天津市的传统产业,目前已形成了以天津钢管有限责任公司、天津冶金(控股)集团有限公司和天津天铁冶金集团为主体,以无缝钢管和高新金属制品为主导的系列化产品发展格局。天津钢管公司生产的石油套管技术先进,在国际市场上具有竞争力,石油套管产量跻身世界第四。

(二)产业链发展存在的问题

1. 产品结构不合理

天津目前长材的生产能力严重过剩,板带材生产能力不足,高技术含量、高附加值的产品不能满足多元化的需要,型线材、窄带钢等产品急需升级换代。

2. 内部自成体系

滨海新区毗邻钢铁大市唐山市,其优势是钢铁的深加工,具备与周边地区形成产业链的条件。但是滨海新区却未能与唐山形成合理的产业分工,内部自成体系,与周边地区产业衔接不紧密。

3. 原材料及水资源紧缺

水资源短缺是整个华北地区尤其是京津冀地区的普遍问题,是滨海新区产业发展的制约因素之一,更是钢铁这一高耗水行业发展的最主要障碍。铁矿石资源也不能满足滨海新区钢铁产业发展的需要。

4. 对周边城区形成污染

天津钢铁企业主要集中在海河下游工业区,根据城市规划,下游工业区附近海河沿岸规划了大量居住区。根据预测,天津滨海新区人口聚集越来越快,钢铁企业带来的污染势必影响周边地区,给居民生活带来不良影响。

(三) 钢铁行业产业链的构成及理论

钢铁行业的产业链由矿业企业、铸造冶炼企业、管线棒材企业、汽车、电器、建筑、机械等消费客户以及煤电油企业和运输企业等构成。(见图7-2) 矿业企业提供铁矿石等原材料给铸造冶炼企业,后者根据工艺流程进行选矿、烧结、焦化、炼铁、炼钢、轧钢等,最后生产出粗钢或者精钢钢坯等或者直接生产出汽车用钢、造船用钢、集装箱用钢、铁道车辆用钢、建筑用钢等,可以直接供给汽车、电器、建筑、机械等钢铁消费客户,也可以供给管线棒材等深加工企业生产出板、带、棒、丝等多类品种产品以满足客户更深层的需要。煤电油企业则给产业链上的各类企业提供能源,运输企业提供运输服务,虽然这些企业的活动不是直接形成有形产品,也不仅仅对钢铁产业提供服务,但是对该产业链的形成起着重要的支持作用。

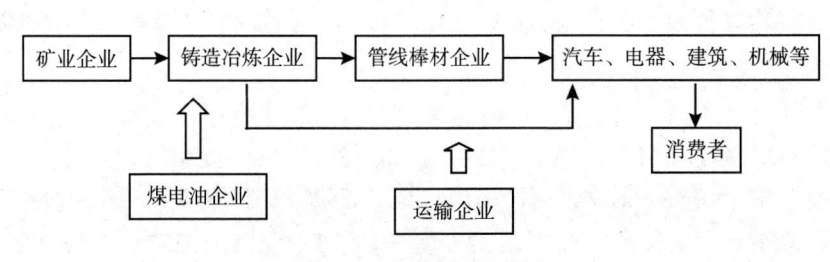

图7-2 钢铁行业产业链

1. 钢铁行业三大理论条件

(1) 产业链的参与者必须由竞争走向合作,这是现代产业发展的必

第七章 天津滨海新区产业链的构筑

然趋势,钢铁企业必须在与上下游企业的合作共赢中谋求发展;

(2) 企业经营策略必须逐步由原来的敌对性竞争变为合作性竞争;

(3) 行业电子商务将在构建新型钢铁产业链中发挥更大作用。

2. 钢铁行业三个基本要素

(1) 信息共享:即产业链的所有参与者,包括物流、资金流、信息流、工作流等都必须达到信息共享,为产业链的建立和实施提供信息保障;

(2) 战略协作:即产业链的参与者必须改变原来的对立态度,反过来必须走向战略层次的协作;

(3) 同步运作:即供应链上各企业面对市场需求变化而同时采取相应的经营行为。这是供应链管理最核心也是最困难的一个步骤。

3. 钢铁行业产业链整合趋势

(1) 横向整合,即同类的兼并,目的是提高市场集中度,或者扩大产能。例如鞍钢新轧与本钢集团的联合组建。

(2) 斜向一体化,对与本产业链紧密相关的企业进行一体化。例如,钢铁企业组建自己的物流企业;宝钢与日商合资组建广州底盘系统生产基地;攀钢发展汽车贸易等。

(3) 垂直纵向一体化,铸造冶炼企业向深加工的下游延伸,或者向上游的矿业企业延伸等。例如,宝钢集团、巴西多西河谷公司(CVRD)和河南永城煤电集团公司合资在河南建立一家年产 1000 万吨无烟煤的生产企业;宝钢与巴西多西河谷公司合资开发铁矿等。

(四) 滨海新区钢铁产业链的构筑和延伸

滨海新区钢铁产业链应向下游延伸,提高产品深加工水平,上游炼钢要压缩,避免与河北进行低水平的竞争。

1. 建设石油钢管和优质钢材深加工基地

加快技术创新和结构调整,延长产业链,提高聚集效应,抢占行业制高点,巩固和发展在全国的领先优势的石油钢管和优质钢材深加工产品。

加快钢管公司扩能改造、开发高等级产品,建成以石油套管为主,油管、钻杆等高附加值产品为辅的国内最大精品钢管生产基地。提升冷轧薄板、镀锌板、彩涂板、中厚板、H型钢、预应力钢绞线等优质钢材和高档金属制品的产品质量和档次。

2. 加强与唐山钢铁基地的协作,实现产业配套和优势互补

目前天津的钢铁生产能力不大,2004年生铁、粗钢和钢材产量分别仅为475.03万吨、741.99万吨和1493.5万吨,缺口还很大。随着滨海新区重点发展石油套管、优质钢材和高档金属制品等冶金行业,其对生铁、粗钢及钢材的需求量必将会增加。同时,随着天津汽车产业、造船业的发展,其对汽车钢板、造船钢板的需求量也会大大增加。天津或滨海新区自己上炼铁和炼钢项目既不经济,又会加剧环境压力。而唐山的钢铁产业具有资源优势和规模优势,2004年生铁、粗钢和钢材产量分别达到2640.31万吨、2936.61万吨和2372.77万吨,占到京津冀地区的一半以上,2005年唐山钢产量达到3700万吨。首钢搬迁更有助于提升唐山钢铁产品的结构,目前首钢、唐钢联合在曹妃甸建设1500万吨精品钢材生产基地已开工建设。因此,滨海新区应加强与唐山的合作,依托唐山的钢铁生产能力,重点发展下游产品和高档产品,实现错位发展。同时,发挥滨海新区汽车、石油套管、造船等的龙头作用,带动唐山钢铁产业的优化升级,实现两地钢铁产业的双赢发展。

七、新能源和新材料产业链的构筑和延伸

京津冀地区的新能源和新材料产业主要分布在北京、天津和保定。新能源、新材料属于新兴产业,在滨海新区也处于起步阶段。构筑新能源、新材料产业链,目前主要还是促进产业集群的发展,同时,加强与北京、保定的产业合作。

(一) 产业发展现状

新能源、新材料产业带动性强,发展前景好。天津的新能源、新材料

第七章 天津滨海新区产业链的构筑

产业虽然处于发展初期或起步阶段,但是已出现产业集聚的特点。产业发展主要集中在天津新技术产业园区和滨海新区。居全球风力发电业之首的维斯塔斯风力发电设备有限公司、位列全球业界第二的美国肯纳金属以及中国电动车产销量行业第一的天津富士达、国内行业翘楚的天津膜天膜科技有限公司等新能源、新材料制造企业在滨海新区落户,纳米技术和材料、膜技术和材料、化工新材料、航空复合材料、磁材料等一批研发和产业化项目已在新区启动,滨海新区的新能源、新材料产业正在成为新的经济增长点。

天津新技术产业园区已被国家电子信息产业部授牌为天津唯一一家国家化学与物理电源产业园。绿色电池及新能源作为园区重点发展的主导产业之一,近几年来已发展成为增长势头强劲的特色产业。力神电池、巴莫科技、和平海湾、三洋、蓝天电源和津能电池等电源企业拥有的锂离子电池、锂聚合物电池及太阳能电池等技术均处于世界先进水平,2004 年产值超过 12 亿元。其中,力神公司 2 亿只锂离子电池项目、津能公司 30 兆瓦非晶硅太阳电池项目、镍氢电池用隔膜材料生产线、开发氧化镍钴锂、改性氧化锰锂和石墨等锂离子电池正负极新材料以及风力发电等项目均被列为天津市产业化实施工程的重点政策扶持对象。

(二) 产业链发展存在的问题

目前,天津及滨海新区新能源、新材料产业存在的主要问题是:关键原材料需要进口或合资,本地厂家规模小,技术档次低,深加工能力低;研究机构与生产企业之间信息闭塞,缺乏有效联系,造成新材料产业上游、下游脱节;另外,产业发展的服务保障体系尚未建立起来,产业发展的技术政策、经济政策和市场政策等不配套。

(三) 新能源、新材料产业链的构成及发展趋势

研发、制造、营销、服务构成新能源、新材料产业的一条完整产业链。新能源、新材料是朝阳产业,呈现出如下发展趋势:

1. 市场需求旺盛,产业发展迅速

世界制造业和高新技术产业的飞速发展,对新能源、新材料需求日益

增长，新材料产业发展前景十分广阔。2000年，全世界新材料市场规模为4000亿美元，与新材料技术相关的产业部门年营业额突破了2万亿美元。2002年，世界锂离子电池销售收入增长超过了30%；2003年，全球半导体专用新材料市场规模为200亿美元；目前世界纳米技术的年产值为500亿美元，预计2010年纳米技术将成为仅次于芯片制造的世界第二大产业，年产值将达14400亿美元；2010年，全世界功能陶瓷的市场总规模预计可达800亿美元，生物医用材料的产值将达到4000亿美元。

2. 各国政府高度重视新能源、新材料产业的发展

美国、日本、欧盟是世界新能源、新材料生产的主要国家和地区，它们在加强对量大面广的传统材料进行改造的同时，也高度重视新能源、新材料产业的发展。政府部门制定了相关产业和科技发展计划，如美国的21世纪国家纳米纲要、光电子计划、太阳能电池（光伏）发电计划、下一代照明光源计划、先进汽车材料计划，日本的纳米材料计划、21世纪之光计划，德国的21世纪新材料计划、欧盟的纳米计划等。由此可以看出，世界新材料产业的重点发展方向是信息材料、生物医用材料、新能源材料、航空航天材料、生态环境材料、纳米材料、超导材料等。

3. 产业组织呈现集团化、规模化、国际化发展态势

目前，世界著名材料企业纷纷结成战略联盟展开全球化合作。2002年，仅在纳米技术与材料领域进行的国际重大合作就有17起。具有规模大、研发能力强、产业链完善等特点的世界著名企业如杜邦、道康宁、巴斯夫、TDK、信越化学等，在新材料产业的发展中起着越来越重要的作用。如信越、瓦克、住友、MEMC公司和三菱材料公司，这5家企业就占据国际半导体硅材料市场销售额的79.1%；半绝缘砷化镓市场90%以上被日本的日立电工、住友电工、三菱化学和德国FCM所占有，有机氟材料市场则是杜邦、3M等7大公司占据了全球90%的生产能力。

4. 前沿性技术不断突破，与相关产业的融合日益显著

一方面，新材料技术发展日新月异、转化速度加快，前沿技术的突破使得新兴材料产业不断发展。例如，在纳米材料领域，国际上英特尔、

第七章 天津滨海新区产业链的构筑

IBM、SONY、夏普、东芝、丰田、三菱、日立和富士等大型企业集团纷纷投入巨资开发自己的纳米技术，在某些领域已经初步形成了规模化的产业。另一方面，新材料与传统材料产业结合日益紧密，产业结构呈现出横向扩散的特点。传统材料产业正通过产品性能的优化和更新换代向新材料产业拓展。此外，伴随着元器件微型化、集成化的发展趋势，新材料制备与元器件制造的一体化趋势日趋明显，新材料产业与上下游产业相互合作与融合更加紧密，产业结构出现垂直扩散趋势。这种趋势减少了材料产业化的中间环节，加快了研究成果的转化速度并提高了资源利用率，降低了研发与市场风险，提高了企业的竞争能力。

5. 高性能、低成本及绿色化发展趋势明显

面对资源、环境和人口的巨大压力，可再生能源、绿色能源、生态环境材料及其相关产业的发展日益受到重视。为满足经济可承受性、实现经济可持续发展，短流程、低污染、低能耗、绿色化的生产制造行业，节约资源以及材料回收循环再利用行业，是新能源、新材料产业在资源和环境问题制约下的必然选择。

（四）滨海新区新能源、新材料产业链的构筑和延伸

规划面积36平方公里的滨海高新区将是构筑和延伸新能源、新材料产业链的主阵地。

1. 聚集研发机构

新能源、新材料属于高新技术产业，研发对于高新产业发展的重要性是不言而喻的。在研发上滨海新区要充分利用京津冀的科研力量，通过独资、共建、合作、政府支持等多种手段，大力引进和吸纳国内外知名研究开发机构来津，集聚研发转化国内外资源以促进滨海新区高新技术产业的发展。

2. 发展重点产品

新能源产业要围绕节能降耗上项目，重点发展电动汽车用镍氢电池、免维护蓄电池和燃料电池，推动电池产业化。通过推进电动车和混合动力车应用电池的开发和产业化，建成中国电动汽车电池配套基地，引领汽车

能源革命。通过国际合作，培育燃料电池产业链。

要加快滨海新区新型材料基地建设，以大型企业和企业集团为依托，发展高性能化、复合化、功能化、精细化的金属材料、新型复合材料、高性能涂料和高效催化剂等产品。

3. 构建服务体系

滨海新区要集成已有的创新服务资源，提供公共实验设施；建设公共科技服务平台、公共技术平台，建立专业性创业孵化器、滨海高新区留学人才创业园等孵化机构，发展各类创业服务机构；建设国际技术转移体系；集聚各类科技中介企业，发展科技服务产业；发展会计师事务所、律师事务所、资产评估事务所、创业投资机构、咨询公司、审计事务所、税务事务所；发展创业投资和风险投资业，建立多元化、多渠道的投融资支撑体系等。

八、物流业产业链的构筑和延伸

在京津冀物流产业发展上，北京具有空港优势，滨海新区具有海港优势，河北具备公路、铁路运输和仓储优势。构筑滨海新区物流产业链，需要整合京津冀区域物流资源，形成立体化的综合物流网络。

（一）产业发展现状

依托天津和保税区，物流业已经发展成为滨海新区的优势产业，呈现出蓬勃向上的局面。

天津港是京津、华北、西北地区对外贸易的重要口岸，是北方地区集装箱干线港和发展现代物流的重要港口，拥有港区水陆域总面积 200 平方公里，可供 10 万吨级船舶全天候进出港口，15 万吨级船舶乘潮进出港口。天津港共有各类泊位约 140 个，国际航线 170 条，与 160 个国家、地区的 300 多个港口通航。集装箱轮航线 65 条，是欧亚大陆桥在我国国内的最近起点。目前，天津港已跻身世界港口前十强，成为我国北方第一大港。2005 年，天津港货物吞吐量 2.40 亿吨，是北方首个超过 2 亿吨的港

第七章 天津滨海新区产业链的构筑

口,集装箱达到 480 万标箱,天津口岸进出口总值超过 800 亿美元。

"十五"期间,围绕天津港集疏运能力的提高,天津先后建成津晋高速公路天津东段 10 公里、天津西段 38 公里,改造杨北公路 38 公里,改造京津唐高速公路延长线,形成了天津港与腹地高速公路网相衔接的南、北、中三大横向通道。目前,京沪(天津段)、京津塘二线、津汕、津蓟延长线、海滨大道等道路正在建设中。天津港的对外通道不断拓展。

物流园区与物流中心建设也在加快推进。作为新型制造业基地,开发区建立了工业物流园区,现正着眼于为产业供应链提供物流服务,搭建物流运作平台和物流信息平台。保税区围绕国际物流运作区的定位,不但建立起国际物流的集散、分拨、配送体系和工贸结合的市场交易体系及工贸一体的进出口加工体系,而且还建成了现代物流示范区、示范库和非保税货物物流中心。天津港南疆散货物流中心已完成 12 平方公里的土地开发建设,6.92 平方公里的焦炭和煤炭货场已投入运营,区域内基础设施建设基本完成,大宗散货的年吞吐能力已达到 2000 万吨以上。天津港北疆正在建设占地 5.5 平方公里的集装箱物流中心,其中作为示范工程的 27 万平方米集装箱储运场已竣工投产。设施先进、功能齐全的天津国际贸易和国际航运中心,已建成运营。占地 0.95 平方公里的天津空港国际物流园区,依托天津滨海国际机场的基础设施条件和保税区的功能政策优势,发展航空货物的分拣、仓储、分拨、配送、加工、展销等业务。现已完成 0.55 平方公里基础设施建设,企业服务中心、海关监管库已经建成投入使用,20 多家物流企业已入区经营。天津空港物流加工区作为天津港保税区的扩展区,一期规划占地面积 23.5 平方公里,已经开始前期建设。目前,占地 19.5 万平方米的天津邮政物流中心和占地 12.8 万平方米的天津物流货运中心已投入运营。

同时,一大批世界知名的国际跨国物流公司登陆天津港保税区,如德国大众中国物流中心、新加坡叶水福物流中心、日本冈谷钢机、美国明尼苏达矿业、CH 罗伯逊、韩国现代、三星爱商网、香港亚洲物流、嘉里物流、昌京物流、绿源物流等落户保税区,在此建立其亚洲物流中心。

2006 年 5 月 26 日,《国务院关于推进天津滨海新区开发开放有关问题的意见》正式颁布,党中央、国务院明确天津滨海新区的功能定位之一是"北方国际航运中心和国际物流中心",为适应这一定位的需要,国务院提出设立东疆保税港区,并提出要以点带面,推进区域整合的加深。

(二) 产业链发展存在的问题

1. 对外联系通道不畅

天津以港口为中心的便捷对外交通网络尚未形成,这也使港口发展受到限制。天津港公路集疏运通道能力不足,高速公路不能直接进港。天津港也没有直通中西部腹地的铁路干线和与能源基地直接相连的铁路煤炭运输专用通道,也未设立海铁联运集装箱办理站。这种状况,势必影响天津港口吞吐、拆装箱、流通加工等物流功能的发挥。

2. 管理体制滞后

物流是一个跨部门、跨行业的复合型产业,其发展涉及国家宏观经济与对外贸易,涉及铁路、公路、水路和空运等多种运输方式,也涉及口岸监管、商务、土地、税务和信息等其他相关部门。条块分割、部门分割、地域分割的物流管理体制导致各行业、各企业、各地区多从自身角度出发,规划缺乏统筹考虑,物流基础平台分割,衔接协调管道不畅,布局网络不合理,物流效率低下,设施利用率低,重复建设浪费严重,甚至出现恶性竞争,不利于现代物流业的健康发展。

3. 现代物流人才缺乏

物流人才是物流行业发展的关键,也是物流企业成长的保障。国家标准化管理委员会制定的《物流企业分类与评价指标》(征求意见稿)中要求各类物流企业中高层管理人员至少40%具有本科或相当于本科以上学历,业务人员至少30%具有相关专业知识和专业资格,天津物流人才状况与这一要求还有一定差距。

4. 物流有效需求不足

由于腹地的经济发展水平相对较低,京津冀地区的竞争激烈,使得天津物流需求总量偏低,高附加值的物流需求更低。加之国有企业留恋大而全、小而全,自办物流比重较高,导致社会物流需求不旺,一些现代化的

第七章　天津滨海新区产业链的构筑

物流设施不能有效利用，第三方物流企业生存发展困难。

5. 物流服务水平偏低

物流企业规模偏小、扩张能力偏低，企业自有资金较少、银行贷款困难，不但直接影响到物流企业设施设备的更新和企业规模的扩大，而且也影响到物流企业技术水平的提高和物流网络化、信息化建设。服务理念陈旧、经营手段落后、技术含量不高、信息化偏低、网络化不足，严重制约了物流企业供给水平的提高。一些规模小、服务差的物流企业低质量、无信誉、恶性竞争，扰乱了物流市场秩序。

6. 信息化水平不高

首先，物流企业的信息化程度普遍较低。许多物流企业的信息化建设的重点还主要集中在基础网络建设及应用软件系统建设的初级阶段，至于业务流程和操作的优化，如集中采购、集中库存及大型配送中心的计算机管理尚处于起步和摸索阶段，从观念到设施还停留在传统的运输和仓储层面上。物流企业的信息化水平与国家标准化管理委员会制定的《物流企业分类与评价指标》（征求意见稿）中对物流企业最低信息化水平的要求还有很大差距，物流企业信息化任重道远。其次，物流标准化体系建设不完善。物流信息化建设缺乏标准化指导，导致许多单位和部门建立的信息数据库成为信息"孤岛"，物流作业各个环节缺乏高效衔接，数据交换和信息共享实现困难，物流活动难以顺畅进行。最后，物流技术和管理水平比较低。全球卫星定位系统（GPS）、自动化仓库系统（AS/RS）、自动分拣系统（ASS）、智能交通运输系统（ITS）、射频系统（RF）、货物跟踪系统以及物资采购管理（MRP）和企业资源管理（ERP）等物流管理软件，在物流领域中的应用水平较低，仅仅局限于少数大型物流企业，在中小企业中几乎还是一片空白。条形码技术虽然已经被广泛使用，但是水平参差不齐，有的商品基本上没有使用原印条码，有的商品虽然有原印条码，但是由于企业的销售方式、消费者的购物习惯或其他原因，条码的优势和作用没有得到充分发挥。先进的射频技术在物流中的应用非常少，除了铁道系统现在利用射频技术进行车厢识别以外，像物流中的仓储管理、货物配送等方面，尚未看到有射频技术的应用。

(三) 物流产业链的构成及发展趋势

现代物流是市场经济高度发展的必然产物，通过对运输、仓储、装卸、包装、流通加工和信息共享等功能要素的有机整合，最有效地实现产品的时空价值。现代物流已发展成为由节点和线路构成的综合性物流系统，其中港口是最重要的物流结点。作为综合物流分拨配送加工中心，港口不但负责储存、分拣、理货、配货、分发、倒装、分装、装卸、加工与送货等，还负责整个供应链的信息工作。港口作为生产要素的最佳结合点，有利于吸引产业在港口周边布局，有利于推动区域经济发展，汇集人流、物流和信息流，成为区域产业和商务中心。临港工业区的发展，使港口的功能又有了新的拓展。港口信息中心功能的发展，使现代港口正在由运输中心向综合物流中心转变，成为物流信息的枢纽。现代化的港口不再是一个简单的货物交换、中转和运输的场所，而是全球物流网络的一个重要环节。港口在现代物流链中具有的这种性质和作用，使得港口的发展方向必然是一个兼备水、公、铁、空、管道多式联运，集运输、仓储、加工、分拨、信息为一体，由多个兼营或专营的物流企业分工合作、有机结合构成的服务整体，并具备多项功能。

港口企业是港口物流发展的关键要素之一。发展现代物流，使天津港口企业成为集运输、转运、储存、配送、装拆箱、加工、货物装卸、仓储管理、多式联运及信息处理等功能于一体的综合物流提供者，这是港口物流企业的发展方向。

(四) 滨海新区物流产业链的构筑和延伸

滨海新区物流产业链的构筑和延伸方向是依托港口物流发展"大物流"，实现港口物流和空港物流、铁路物流、公路物流等的多式联运，形成区域一体化的经营网络。

1. 纵向延伸

加快天津港集装箱泊位建设，改善区域内口岸环境，拓展国际远洋干线及远东地区近洋航线，加快与国际远洋干线及近洋航线联运步伐。加快建设天津港对外集输运通道。加快建设天津港集装箱物流中心、散货物流

第七章 天津滨海新区产业链的构筑

中心、保税区海空港物流基地、开发区工业物流基地、塘沽商业物流基地和海河下游贸易物流基地等六大基地。配套建设集散、中转、存储和加工配送中心，建设手机、电子元器件、石油化工、汽车及零部件、机械、钢材等产品的分拨中心，形成多层次、开放型、社会化的物流配送系统。提高物流信息化和标准化水平，引导物流企业向规范化、集团化和国际化发展。

2. 横向延伸

全球经济一体化的趋势，促使港口物流必须向国际化、规模化、系统化发展，港口物流产业内部的整合，与路域、航空物流的全方位的合作都是势在必行，通过联合规划与作业，形成高度整合的供应链通道关系，进一步降低物流成本，提高物流效率，为客户提供更为满意的服务。因此，滨海新区应加强与北京、河北等地的合作，整合资源、优化结构、调整布局、扩大开放，促进海陆空等各种运输方式加强与周边省市及与其他重要物流枢纽的有效衔接，形成结构合理、相互协调、快速高效的立体化综合物流网络。

九、保障措施

（一）体制保障

推进滨海新区管理体制改革。目前，滨海新区各功能区与行政区之间依然处于严重的分割状态，阻碍了新区内部行政区与功能区在新区管委会统一协调和规划下对产业实施的合理分工和对资源进行的有效整合。在产业发展上，各功能区和行政区各行其是，缺乏统筹考虑和规划，或者说即使有规划，也难以落实。在招商引资上各行政区和功能区更是八仙过海，各显神通。由于滨海新区内部经济、产业发展不平衡，再加上缺乏有效的协调机构和机制，导致新区内部缺乏合作和产业链招商的理念，不利于滨海新区围绕主要产业链构筑产业集群。因此，改革现行管理体制，进行适度集权，实现新区的一体化，是滨海新区构筑和延伸产业链的根本保障。

（二）制度保障

改善制度环境，努力推进市场体制建设，最大限度地发挥市场在促进资源流动、资源配置和形成产业关联方面的基础性、主导性作用。滨海新区的六大重点产业中有三大产业属高新技术产业，而高新技术产业的发展对制度创新的要求较之传统产业更高，风险投资机制是否建立、创业资本的市场环境是否健全直接影响高新技术产业的发展。因此，健全制度、创新发展环境是滨海新区产业链构筑和延伸的最主要的保障之一。

（三）服务保障

提高政府办事效率，建设各类公共服务平台，提供全方位、高水平服务。政府服务水平是评价投资环境的重要内容，企业选择投资地点，首先要考虑的就是政府的服务水平。滨海新区要延伸产业链，吸引产业集聚，必须要努力提高政府的服务水平，提供高效、便捷的服务。

（四）人才保障

加快人才引进步伐，加大人才培养力度。人才集聚是产业集群发展的基础保障。滨海新区要延伸产业链，发展产业集群，必须要制定吸引人才、留住人才的政策，促进人才的集聚。要针对滨海新区重点发展产业和产业链延伸方向培养、培训和引进急需人才，尤其是高新技术人才和科研人才。一是从外面引进人才，充分利用毗邻北京的优势，吸引北京的优秀人才来津；二是培养人才，充分利用天津、北京的科研院所和高校，培养所需人才；三是加强职业培训，不断提高现有的人力资源水平。

（五）融资保障

建立促进企业发展的多元融资渠道和风险投资机制，为中小企业和民营企业提供融资保障。滨海新区构筑和延伸产业链，离不开中小企业和民营企业的参与，企业发展离不开资金，中小企业和民营企业在发展上面临的最大障碍之一就是融资困难。国务院已经赋予了滨海新区进行金融改革和创新的权力，滨海新区应在产业投资基金、创业风险投资、离岸金融业务等方面加快改革和试点，为企业发展创造良好的金融融资条件。

第八章 天津滨海新区与京津冀的产业联系与合作

推进天津滨海新区开发开放是在新的历史条件下党中央、国务院从我国经济社会发展全局出发做出的重要战略部署。其重要目的是通过加快滨海新区的发展带动京津冀、环渤海乃至中国北方地区的发展。京津冀地区是我国未来最具发展潜力的地区之一，但长期以来，体现区域经济发展水平的产业联系与经济合作却相对滞后，加强天津滨海新区与京津冀的产业联系与经济合作具有十分重要的现实意义。

一、天津滨海新区产业功能区建设与"十大战役"

按照中共天津市委打好滨海新区攻坚战的总体部署，天津滨海新区坚持规划先行、建设与招商同步，以九大产业功能区为主战场，全面组织实施和推进"十大战役"，形成整体推进的新局面。

（一）"九大功能区"的形成与"十大战役"

按照天津滨海新区十一五发展规划，滨海新区产业功能区有八个。分别是：先进制造业产区、滨海化工区、滨海高新技术产业园区、滨海中心商务商业区、海港物流区、临空产业区、海滨休闲旅游区、临港产业区。2007年，中新天津生态城项目落户天津滨海新区。2008年，滨海新区规划提升，提出开发南港工业区，不再提滨海化工区；临港工业区与临港产业区统一规划建设；滨海高新技术产业园区称滨海高新区，海滨休闲旅游区称滨海旅游区。至此，滨海新区产业功能区变成九个。

这九个产业功能区分别是：先进制造业产业区、临空产业区、滨海高新区、滨海中心商务区、海港物流区、滨海旅游区、临港工业区、中新天津生态城。

2009年，滨海新区在九个产业功能区基础上，按照全市提出的构筑"三个高地"，打好"五个攻坚战"要求，全力打好滨海新区攻坚战，提出以产业功能区开发建设为重点，全面实施滨海新区"十大战役"，力争2011年取得明显成效。

在新一轮区域发展中，滨海新区位居全国政策高地，是目前我国功能最齐全、形态最丰富、政策最集中的区域之一，发展前景广阔。

天津市非常重视滨海新区的开发开放。天津市第九次党代会以来，提出滨海新区龙头带动、中心城区全面提升、区县加快发展"三个层面"联动发展战略。为了有力推动滨海新区这个龙头开发开放，在组织机构上，天津市委市政府成立了加快滨海新区开发开放领导小组，组长由市委书记张高丽担任，第一副组长由市长黄兴国担任。领导小组围绕新区开发开放的重点工作进行专题研究部署，市综合部门和各区县积极主动支持新区发展，扎实推进各项工作的落实。从目前来看，滨海新区开发开放成效显著。在发展规划上，全市制定了"双城双港、相向拓展、一轴两带、南北生态"的空间发展战略，据此确定了新区"一核双港、九区支撑、龙头带动"的发展布局，极大地提升了新区在全市发展战略布局中的定位。在经济发展上，1994~2008年，年均增长20.7%；2008年生产总值达到3102亿元，增长23.1%，经济总量规模接近上海浦东新区；2009年前三季度，克服金融危机影响，经济增长23%。在配套改革上，制定了总体方案和三年实施计划，明确新区承担的10个领域、20个重点项目、37个具体改革事项，在先行先试上委以新区更大的重任。在涉外经济上，实施了"一站式"全程通关方案，建设了16个无水港，开通了电子口岸与物流信息平台，创新口岸监管、行政审批、贸易投资和税收政策，试行船舶特别登记、汽车落地保税等制度，开展了离岸金融业务试点，其融资租赁在机构数量和业务规模上均处在全国领先地位。在金融方面，设立了渤海产业投资基金和船舶产业投资基金，成立了天津股权投资基金协会和股权交易所，聚集了200

第八章 天津滨海新区与京津冀的产业联系与合作

余家股权投资基金单位,组建了渤海银行、滨海农村商业银行、泰达国际控股集团和金融租赁股份有限公司等,初步形成了门类较为齐全的金融服务体系。在土地管理上,试行土地征收和农用地转用相对分离制度,实施城乡建设用地增减挂钩试点,开展留地安置、集体建设用地使用权入股、土地股份合作等多种征地安置模式试点,试点创新内容在全国最为全面。这些政策的实施及其成效的显现,为加快推进开发开放,进一步激发滨海新区活力,奠定了非常坚实的基础。

中央领导同志非常重视天津滨海新区的发展。2009年8月,胡锦涛总书记在听取天津工作情况汇报时,作出了天津要在保增长、调结构、上水平,增强自主创新能力、发展高新技术产业,加快滨海新区建设、充分发挥带动作用,改善民生、维护社会和谐稳定,加强领导班子和干部队伍建设等五个方面下功夫、见成效的重要指示。为贯彻落实胡锦涛总书记的重要指示精神,天津市委市政府把中央精神与天津实际紧密结合起来,提出:构筑"三个高地"、打好"五个攻坚战"的总要求。着力构筑高端产业、自主创新、生态宜居"三个高地",全力打好滨海新区开发开放、结构调整、体制机制创新、文化大发展大繁荣、保持社会和谐稳定的"五个攻坚战"。

按照天津市构筑"三个高地"、打好"五个攻坚战"的部署,中共天津市委副书记、天津滨海新区工委书记、管委会主任何立峰提出:以产业功能区开发建设为主战场,全面组织实施和推进滨海新区"十大战役",提升各功能区开发的整体水平,打好滨海新区开发开放攻坚战,争取实现更大的突破和跨越。

新区"十大战役"从南到北全面布局,从东到西整体展开,新区2270平方公里的土地成为经济发展的主战场。"十大战役"既包括区域建设、功能开发、改革创新,也包括产业布局、项目建设、招商引资,涵盖了新区经济社会各项事业的发展;"十大战役"追求的是新时期滨海新区的发展速度、发展质量、发展水平,展现的是滨海新区的新形象、新成果、新业绩。

第一大战役,加快新区核心城区建设。落实"双城双港、相向拓展"战略,对开发区东区和塘沽城区组成的新城,全面进行填平补齐。

第二大战役,加快中心商务区建设。高水平建设于家堡金融商务区、响螺湾商务区，打造新区中的形象标志区。

第三大战役，加快南港工业区、轻纺工业园和生活区建设。为南港工业区搞好配套服务。

第四大战役，加快东疆保税港区建设。搞好生活配套，加大项目引进力度，全面推进二期封关。

第五大战役，加快北塘片区建设。将北塘与森林公园紧密衔接，打造会议、会展、旅游示范区和小企业总部聚集区。

第六大战役，加快临港工业区建设。将航道、港口和产业开发紧密结合，大力发展装备制造业和街道"飞地"工业。

第七大战役，加快新区西部片区建设。尽快形成开发区西区、滨海高新区、空港加工区的联动效应。

第八大战役，加快中新生态城建设。起步区4平方公里，将中新生态城的产业发展、环境建设和生态住宅开发有机结合。2009年7月1日，全国最大的动漫产业基地——国家动漫产业综合示范园在中新生态城正式动工建设，形成发展新亮点。

第九大战役，加快滨海旅游区建设。做足临海文章，实现现代工业、商务和休闲旅游齐头并进。

第十大战役，加快中心渔港区建设。着力建设北方水产品加工集散中心和物流中心，建设北方游艇制造、展示、销售、维修和培训中心。

滨海新区"十大战役"总投资1.5万亿元人民币。在开发模式上，坚持规划先行、建设与招商同步，争取一年半左右时间取得明显成效。目前，滨海新区"十大战役"全面展开。其中：

核心城区，市容环境综合整治工作进展顺利，交通环境整治、节日景观布置取得阶段性成效。

响螺湾和于家堡中心商务区，高层楼宇建设加快推进，部分主要道路竣工验收，高铁站紧张施工。

南港工业区，首批重点产业项目全面启动，标准厂房正式开工，轻纺工业园及生活区正在规划。

东疆保税港区，一期4平方公里基础设施全部完成，邮轮母港码头工程完工。

北塘片区，拆迁工作有序进行，北塘海鲜街投入使用。

第八章　天津滨海新区与京津冀的产业联系与合作

临港工业区，造陆 50 平方公里，临港铁路竣工试车，10 万吨级航道疏浚工程启动。

西部片区，滨海高新区综合服务中心投入使用，渤龙湖总部经济区动工。

中新生态城，"一泥三水"环境治理全面展开，首条示范路建成通车，动漫基地、科技园区、生态住宅等一批项目开工。

滨海旅游区，吹填造陆 4.5 平方公里，正在进行区内道路施工。

中心渔港，码头建设快速推进，正在筹划冷冻库和游艇项目建设。

为配合"十大战役"，滨海新区还提出大力推进基础设施建设。形成畅达便捷的集疏港输运体系，建设 7000 兆瓦电厂装机、50 万吨/日海水淡化、160 万立方米/日供水和 143 万立方米/日污水处理能力工程。

（二）滨海新区八大主导产业

新区"十大战役"着眼于显著增强滨海新区综合实力，通过打造若干平台载体，已经形成航空航天、电子信息、装备制造、石油化工、现代冶金、新能源新材料、轻工纺织等八大主导产业优势，在服务天津市、京津冀乃至环渤海发展中发挥着更大作用。

航空航天产业：发展"三机一箭一星"，实施大飞机、直升机、无人机、新型运载火箭、航天器研发及制造、航空复合材料、卫星导航研发等 20 多个重点项目。预计到 2011 年形成年产空客 A320 飞机 48 架、直升机 400 架的生产能力，成为国家重要的航空航天产业基地。

电子信息产业：发展集成电路、千万亿次高性能计算机服务器等九大行业。预计到 2011 年形成手机 2 亿部、高清数字电视 100 万台、高性能计算机服务器 50 万台的生产能力，打造国家级电子信息产业基地。

装备制造产业：发展轨道交通设备、大型工程机械、核设备、造修船等成套装备，如中国一重装备制造、和谐号机车、长城汽车、电动汽车、锦湖轮胎、新兴铸管、风电整机制造等。预计到 2011 年，形成 700 辆机车制造维修、300 万吨造修船、120 万辆轿车打造国家级重型装备制造基地。

石油化工产业：不断完善石油化工、海洋化工、精细化工、能源综合利用等四条产业链，建设第二套百万吨乙烯和千万吨炼油、化工新材料基地、聚碳酸酯等项目。预计到2011年，形成3500万吨原油、2500万吨炼油、130万吨乙烯的生产能力，打造国家级石化产业基地。

现代冶金产业：建设高速线材、不锈钢薄板、金属制品等项目。预计到2011年，形成300万吨无缝钢管和金属制品的生产能力。

生物医药产业：巩固化学制药优势，大力推进中药现代化和国际化，加速生物医药产业化步伐，建成国际生物医药联合研究院、诺和诺德胰岛素灌装、诺维信生物制药、金耀生物工程工业园等项目。预计到2011年，建成全球最大的皮质激素生产基地、亚洲最大的大输液生产基地，打造国家重要的生物医药产业基地和关键技术领航区。

新能源新材料产业：发展绿色电池、纳米材料等，实施节能新材料基地等50个重大项目。预计到2011年，形成10亿只锂离子电池、5000兆瓦以上风电整机生产能力，建设国家重要的绿色能源研制基地、国内最大的风力发电设备生产基地之一。

轻工纺织产业：发展自行车、手表及精密加工等六大行业，实施海鸥精密机械加工、高档纺织等一批重点项目。预计到2011年建成特色鲜明的轻工纺织产业体系。

（三）把握机遇、科学发展

中共中央、国务院、天津市委、市政府对滨海新区寄予厚望，希望新区能尽快成为我国科学发展和改革开放的排头兵，成为服务环渤海和带动北方经济发展的经济增长极。

新区牢牢把握历史性机遇，以"十大战役"为载体，以区域开发带动各项任务的落实，切实转变经济发展方式。把握国际产业调整机遇，坚持走创新驱动、内生增长之路。把握消费市场调整机遇，坚持走"内需外需"并举之路。把握经济增长模式调整机遇，坚持走绿色经济、低碳经济、循环经济之路。以理顺行政管理体制为契机，力争用3～5年左右时间，努力建设成为高端产业的聚集区、自主创新的领航区、新型消费的热点区、宜居生态的新城区、和谐社会的模范区、改革创新的先导区，全面开创滨海新区开发开放的新局面。

高端产业集聚区：瞄准世界产业发展趋势，加快聚集规模大、带动性强、技术水平高、影响长远发展的关键项目，抓高端、补短板，使新区成

第八章　天津滨海新区与京津冀的产业联系与合作

为内外结合、带动力强的经济增长区域。依托西部片区航空谷，发展以"三机一箭一星"为核心的航空航天产业，促进产业由嵌入型向根植型转变。依托开发区西区、滨海高新区和空港加工区，积极衔接国家重点产业调整振兴规划，加快发展新能源、节能环保、电动汽车、新材料、新医药和信息等新兴战略产业，尽快成为新区的优势产业。依托南港工业区和南港轻纺工业园，加快完善石油化工、海洋化工、精细化工、轻工纺织四条产业链，促进石化产业链向下游延伸、向高端拓展，形成下游产品的消费需求市场，打造成为世界级石化工业基地。依托临港工业区，重点发展轨道交通设备、大型工程机械与运输设备、造修船等十大成套设备，打造国家级重型装备制造基地。

自主创新的领航区：紧紧围绕产业发展需求，做好战略决策储备、科技创新储备、领军人才储备、产业化储备，强化集成创新和引进消化吸收再创新，争取在最有基础、最有条件的领域率先突破。依托西部片区内规划建设的航空谷、渤龙湖等总部经济区和科技创新园，积极引进国内外高水平的研发机构、工程中心和科技人才等创新源，加快建立科技研发平台、转化平台、市场交易平台、产品展示平台、金融服务平台和人才培训平台，采取"助学贷款＋风险投资"模式支持科技型中小型企业上市融资、加快发展。通过构建科技创新的新机制，促进现代制造业、航空航天、海洋经济、现代物流等重点领域的科技进步，尽快使新区在气动脱硫、绿色储能电池、非晶硅薄膜电池、风电设备、地源热泵、复合材料和纳米材料、整体煤气化联合循环、生物制药、物联网等技术领域，达到世界先进水平。坚持在扩大开放中推动科技创新，把引进技术与引进先进管理经验、科技人才结合起来，把发展对外贸易与培育品牌优势结合起来，把有效利用外资和促进产业升级结合起来，逐步形成核心竞争力，扩大滨海新区自主创新产业在国际分工中的份额。

新型服务消费的热点区：一方面要加快发展生产性服务业，另一方面还要下大力量发展新型消费性服务业，构筑现代服务业产业体系。要依托于家堡金融区，加快发展股权投资基金、融资租赁、离岸金融、房地产和工业厂房信托投资基金（REITS）等新型金融业态，建立与北方经济中心相适应的现代金融体系。要依托东疆保税港区，加快建设北方国际航运中心和物流中心，尽快成为国内外航运物流企业总部、区域大宗商品交易市场、物流资金结算和金融服务等方面的集聚中心。要依托新区核心区，加快提升城市服务功能，满足人口快速集聚的需求，促进房地产业良性发展。依托中心渔港，着力建设中国北方水产品加工集散和物流中心，游艇制造和展示销售中心。要依托滨海旅游区、北塘片区，发展滨海特色旅游和商贸会展业，打造国际会议中心，把新区做成我国北方的休闲胜地和国际组织、国际会展进入中国的首选之地。

发展绿色经济的引领区：积极探索绿色经济发展新模式，在全国率先建成由生态功能区、生态廊道和生态组团有机连接的生态区。要依托中新天津生态城，用生态理念、生态方式、生态技术，创建一个具有国际水平的生态文明新城区，为其他功能区开发建设提供经验和示范。在生态城建设中，要把节水、节能、节地摆在更加突出的位置，切实提高资源能源的利用效率，提高单位面积的投资强度和产出效益；要从扩大碳吸收和减少碳排放两个方面发展低碳经济，尽快形成多层次、多功能、网络化生态体系；要把文化创意、电子商务、现代传媒、教育培训等低碳产业作为新兴主导产业，加快建设国家动漫文化产业园、人才培训基地等，尽快形成产业发展、环境建设和生态住宅开发共同推进的良好态势。

和谐社会建设的示范区：进一步实现好、维护好、发展好最广大人民的根本利益。在城乡发展上，要统筹规划，统筹产业布局，统筹基础设施建设，统筹社会事业，把功能区的资金、技术优势和行政区的土地、劳动力优势结合起来，努力实现城乡一体化发展。在促进就业上，要以政策保障就业，以创业带动就业，以培训提高就业，以项目建设扩大就业，多渠道、多层次吸纳富余劳动力进入二、三产业。做到发展为了人民、发展依靠人民、发展成果由人民共享。

综合配套改革的先行区：率先建立比较完善的社会主义市场经济体制，是党中央国务院赋予滨海新区重大而紧迫的任务。通过综合配套改革，建立起与北方经济中心相适应的现代金融创新体制，建立起与北方国际航运中心、物流中心相适应的涉外经济体制，建立起与土地资源集约高效利用相适应的土地管理体制，建立起与现代产业体系相适应的科技创新体制，建立起与促进滨海新区又好又快发展相适应的管理体制，为新区发展提供强有力的制度保障。

第八章　天津滨海新区与京津冀的产业联系与合作

二、天津滨海新区与京津冀加强产业联系与合作的意义

《国务院关于推进天津滨海新区开发开放有关问题的意见》（国发〔2006〕20号）明确指出：推进天津滨海新区开发开放，有利于提升京津冀及环渤海地区的国际竞争力。促进这一地区加快发展，可以有效地提升京津冀和环渤海地区的对外开放水平，使这一地区更好地融入国际经济，释放潜能，增强竞争力；促进这一地区加快发展，有利于促进我国东部地区率先实现现代化，从而带动中西部地区，特别是"三北"地区发展，形成东中西互动、优势互补、相互促进、共同发展的区域协调发展格局；有利于探索新时期区域发展的新模式；有利于全面落实科学发展观，实现人与自然和谐相处，走出一条区域创新发展的路子。

天津滨海新区位于环渤海地区的中心位置，内陆腹地广阔，区位优势明显，产业基础雄厚，增长潜力巨大，是我国参与经济全球化和区域经济一体化的重要窗口。经过十多年的发展，综合实力不断增强，服务功能进一步完善，是继深圳经济特区、浦东新区之后，又一带动区域发展的新的经济增长极。

国务院还为天津滨海新区明确了功能定位和主要任务。其功能定位是：依托京津冀、服务环渤海、辐射"三北"、面向东北亚，努力建设成为我国北方对外开放的门户、高水平的现代制造业和研发转化基地、北方国际航运中心和国际物流中心，逐步成为经济繁荣、社会和谐、环境优美的宜居生态型新城区。其主要任务是：以建立综合配套改革试验区为契机，探索新的区域发展模式，为全国发展改革提供经验和示范。走新型工业化道路，把增强自主创新能力作为中心环节，进一步完善研发转化体系，提升整体技术水平和综合竞争力。充分发挥区位、资源、产业等综合优势，加快基础设施建设，积极发展高新技术产业和现代服务业，努力提高综合竞争力和区域服务能力，提高对区域经济的带动作用。统一规划，综合协调，建设若干特色鲜明的功能区，构建合理的空间布局，采取有力措施，节约用水、集约用地、降低能耗，努力提高单位面积的投资强度和产出效率。搞好环境综合整治，维护生态平衡，大力发展循环经济，实现

人与自然、经济社会与生态环境相和谐。推进管理创新，建立统一、协调、精简、高效、廉洁的管理体制。

提高对区域经济的带动作用既是天津滨海新区的重要任务，也是天津滨海新区的发展方向和目标。而要实现这一方向与目标，就必须积极主动地加强与京津冀的产业联系和经济合作。坚持增强服务功能，带动和促进区域经济发展。一方面，通过加强产业联系，提升产业配套能力，不断提高综合实力、创新能力、服务能力和国际竞争力；另一方面，提升在区域经济中的地位和带动作用，在带动天津发展、推进京津冀和环渤海区域经济振兴、促进东中西互动和全国经济协调发展中发挥更大的作用，成为名副其实的带动中国北方地区发展的龙头。

在经济全球化和区域经济一体化进程加快，我国全面建设小康社会和构建社会主义和谐社会的新形势下，必须把握国际国内形势的变化特点，用新的思路和发展模式推进天津滨海新区的开发开放。其中一个重要的思路就是加强区域合作，要把周边城市作为重要的合作伙伴，协作共赢。北京、天津主城区和河北省各市均是天津滨海新区的重要依托，要把他们的优势化为自己的优势，要把他们的资源作为自己的资源，分工协作，功能互补，共同发展。

京津冀地区城市之间距离较近，交通方便，要素互补性强，具备产业合作的良好条件。北京是中国最大的交通枢纽和通讯中心，以北京为中心的陆空交通和通信干线连接世界各地，已基本形成综合运输网和通信网，天津港是国际性港口，形成了连接海内外的以港口为中心，海陆空一体化的交通体系，河北省有秦皇岛港、唐山港、黄骅港，使得京津冀具备了海陆空相互支撑。以北京和天津为核心的现代交通枢纽，为该区域对外联系和区内产业合作提供了良好的基础设施条件。

京津冀地区密集的"智力"资源是天津滨海新区获得持久创新能力的源泉。由有形资本对劳动的替代到无形资本对有形资本的替代，是区域创新能力不断提升的基础。以北京和天津为核心的京津冀地区的科研人才优势是很明显的，未来将成为我国知识创新和技术创新的核心区域，这为滨海新区传统产业升级和高新技术产业的迅速发展以及三次产业结构的优化调整提供了重要的条件。

国务院对北京的城市功能定位是："国家首都、国际城市、文化名

第八章　天津滨海新区与京津冀的产业联系与合作

城、宜居城市"。在北京"十一五"规划中，明确提出了以科学发展观统领首都经济社会发展的各项工作，即通过创新、产业结构调整来提升北京的经济竞争能力，以人为本，通过解决就业难题、完善社会保障等来构建和谐社会，将北京建设成为宜居城市。未来北京市产业发展的方向将以现代服务业为主，同天津在产业方面的竞争将转化为合作。一般制造业对于北京来说不具有竞争优势，而具有优势的产业是现代服务业、高端制造业和高科技产业。天津滨海新区应以北京为依托，在高科技产业和现代服务业方面进行密切合作，使其成为发展先进制造业的重要支撑。

任何经济和社会现象的背后都有文化的根源，作为传统的工业城市，天津市具有浓厚的制造业文化、产业氛围和制度环境。天津的产业技术在过去曾创造了一个个辉煌，培育了一大批熟练的产业工人，这种社会文化特征作为一种不可交易的资产，构成了天津产业发展最有价值和最宝贵的资源。作为老工业基地，浓郁的制造业文化和齐全的工业门类奠定了天津工业发展的基础。经过20多年的改革开放，已初步形成了电子信息、汽车、化工、石油钢管与优质钢材、生物技术与现代医药、新能源及环保等六大支柱产业，高新技术产业产值占工业总产值比重达到32%。进入21世纪，天津市国民经济持续快速协调健康发展，经济增长方式发生了积极变化，城市载体功能快速提升，科技综合实力明显增强，社会事业全面发展。国务院已明确天津市要建设成为现代化国际港口大都市和我国北方地区的经济中心。滨海新区必将成为其最重要的支撑，主城区也将为滨海新区的产业发展注入强大的动力。

河北省产业结构调整已取得积极成效，主导产业带动作用增强。工业继续发挥对经济增长的主导作用，钢铁、石化、医药、建材、农副产品加工等比较优势进一步显现；服务业整体结构正在逐步优化，新兴和现代服务业发展较快；农业综合生产能力提高。石家庄的医药、唐山和邯郸的钢铁、沧州的化工、保定和廊坊的机械制造、秦皇岛的玻璃等已形成一定优势，为开展与天津滨海新区的产业合作提供了基本条件。

从国家开发开放的整个发展战略看，20世纪80年代初设立的深圳特区，成为我国开发开放的"第一高地"，90年代初开发开放浦东新区，成为我国经济增长的"第二极"。在深圳特区和上海浦东两个龙头的带动下，珠三角和长三角地区经济发展速度大大加快，经济一体化程度提高，区域经济竞争力和经济活力增强。天津滨海新区的开发开放，将成为中国经济增长的新的发动机，成为"第三增长极"。随着天津滨海新区龙头作用的发挥，必将打破中国北方"诸侯经济"割据的状况，掀起中国沿海开放的第三次高潮，必将引领中国"三北"乃至全国经济社会发展格局的战略性转变。区域经济发展的理论和国内外的成功实践证明，大城市群的活跃与国际竞争力的形成，关键在于是否有龙头城市，京津冀地区也需要有一个具有巨大发展潜力的龙头来带动，天津滨海新区以其诸多优势能够发挥龙头作用，并且正在成为带动京津冀、环渤海乃至整个北方地区经济发展的龙头。

从理论上讲，能够在区域经济发展中发挥"龙头"作用的城市，是指在特定的区域范围内承担金融、贸易以及生产性服务等多种功能，具有强大吸引能力、辐射能力和综合服务能力，能够渗透和带动周边区域经济发展的中心城市。其之所以能够成为"龙头"城市，主要受两大因素影响：基本因素和促进因素。基本因素是指城市的地理位置和自然条件。通过考察世界性和区域性经济中心城市所处地理位置可以发现，它们或处于河海交汇处，或处于大河口的三角洲地带，优越的地理位置使其成为国家或地区的海陆空交通枢纽，这是"龙头"城市形成的必要条件。同时，还取决于"龙头"城市内部的各项促进因素：第一，城市经济实力和要素集聚力，这与集聚和控制经济区域内部各种经济要素的能力密切相关；第二，具有高级化的产业结构，即在区域经济发展中，其产业结构处于高级水平，能够通过占据具有高附加值的核心环节控制区域产业链；第三，具有现代化的基础设施，包括对外交通基础设施、城市内部的综合基础设施以及先进的通讯基础设施，能够依托优越的地理区位，通过大力兴建现代化港口、高速公路、铁路、航空港等交通设施，使其成为区域的交通运输中心及人流、物流中心，成为经济区联结国内外市场的中转站和桥头堡；第四，具有制度、文化的开放性。制度的开放性是制度创新的基础和保证，而制度创新的核心则是建立一套与市场经济相适应、与国际惯例相衔接的经济运行机制、体制和法律体系。在城市及区域内部建立统一、开放、规范有序的市场体系，对外为整个区域经济发展提供更多参与国内外产业分工和竞争的机会，带领经济区充分参与到国际经济大循环中去；第五，具有良好的腹地条件。发挥龙头作用的中心城市的聚集力、扩散力和

第八章 天津滨海新区与京津冀的产业联系与合作

辐射能力,在很大程度上依赖其腹地条件,即通过要素的聚集、产业的转移和扩散达到经济资源在区域内的优化配置,实现整个区域空间整体效益的提高。

对比上述条件,天津滨海新区还有许多工作要做,同时,还存在很多障碍和制约因素。通过深化改革,通过体制机制的创新,天津滨海新区的优势将逐渐发挥出来,制约发展的障碍将被逐步清除,天津滨海新区将成为世人瞩目的焦点、人才进入的"高地"、经济要素流动的"洼地",真正成为京津冀地区开发开放的龙头。

三、天津滨海新区与京津冀产业联系与合作的条件

区域分工合作是指不同区域之间及各区域内部次级区域之间,为了充分发挥区域比较优势,提高区域资源配置效率,进行的专门化分工与经济合作。区域分工合作能够促进区域专门化产业部门的发展,获得区域经济活动专门化所带来的规模经济效益,提高区域经济资源配置效率。任何一个区域都不可能在每一个产业部门具有相同的比较优势,只有通过发展最具有市场竞争力的产业部门才能最大限度地发挥区域整体比较竞争优势,获得最大的经济收益,最大限度提高区域资源配置效率,提高区域经济发展中本区域居民的社会福利水平和地方政府的公共产品投资与供给能力。

区域分工合作必须以区域产业分工与合作为基础,以确定优势产业选择为基准,以充分发挥区域产业比较优势与市场竞争优势为主要目的。优势产业是指那些在当前经济总量中其产出占有一定份额,运行状态良好、资源配置基本合理,资本运营效率较高,在一定空间区域和时间范围内有较高投入产出比率的产业。它是一国或一地区在一定范围内具有竞争优势的产业,体现了一个地区产业的"个性",是一个地区的经济特色产业,更是区域经济的一个规模增长点。所以,滨海新区要实现与京冀地区的产业联系与合作,就必须对京津冀地区具有比较优势的产业进行分析。[①]

[①] 本文所说的京津冀地区包括北京、天津、石家庄、唐山、保定、廊坊、秦皇岛、张家口、承德、沧州、邯郸和邢台等市;所说的长江三角洲地区包括上海、南京、镇江、无锡、常州、苏州、南通、扬州、泰州、杭州、宁波、嘉兴、湖州、绍兴、舟山和台州等市;所说的珠江三角洲包括广州、深圳、珠海、佛山、江门、东莞、中山、肇庆、惠州等市。

（一）京津冀地区产业比较优势分析

天津滨海新区所在的京津冀地区同长江三角洲和珠江三角洲地区相比，经济发展水平、对外开放程度和经济一体化进程都逊色不少。但这一地区作为全国的政治、文化中心和我国北方重要的经济中心，作为两个特大型中央直辖市的所在地，其在经济发展中的优势也是很明显的，这为滨海新区与京冀区域开展产业联系与合作提供了良好的客观基础。

1. 京津冀地区在发展现代服务业和制造业方面的比较优势

无论是珠江三角洲地区还是长江三角洲地区，在智力资源和自然资源等方面都无法与京津冀地区比肩。也就是说，在中国没有任何一个地区有京津地区这样优越的城市发展平台，区内资源聚集竞争力远远高于其他两个经济区。

在智力资源方面，京津地区聚集了中国最顶尖的高等学府、科研机构和科技精英，同时北京也是国家首都所在之地。北京地区有503个市级以上的独立科研机构、62所高校，天津有40所高校和国家级研究中心，位于京津塘高速公路沿线的东方大学城也已进驻了13所高校。如果从整个环渤海地区看，人才优势更是明显，珠江三角洲有大学100所，长江三角洲有大学200所，而环渤海地区有大学300所。北京大学区域经济研究中心用知识型职业（办公室职位比重、专业技术人员比例、劳动力受教育程度指数）、创新能力（高科技就业比例、科学家和工程师占总从业人员比例、每百万人口发明专利授权量、研发民间投资额比例）、向数字经济的转型等5类15个指标，对我国省、直辖市、自治区的新经济指数进行了测评。结果北京的新经济指数分值为97.0，远远高于上海（73.30）和广东（60.0），天津的新经济指数也达到了59.1，位居全国第四位。另据《中国城市竞争力报告》的研究结果，长江三角洲和珠江三角洲的人才竞争力指数分别为0.569和0.577，两地的科技竞争力指数分别为0.321和0.285，而北京、天津的人才竞争力指数分别为1和0.598，科技竞争力指数分别为1和0.549。这说明以北京和天津为核心的京津冀地区的科研人才优势是很明显的，未来将成为我国知识创新和技术创新的核心区域。这为京津冀地区加快传统产业升级，迅速发展高新技术产业以及对三次产

第八章 天津滨海新区与京津冀的产业联系与合作

业结构进行优化调整提供了非常有利的条件。

在自然资源方面,京津冀地区较长江三角洲和珠江三角洲地区的优势也是非常明显的。区内有大港油气田、渤海油气田、华北油田、开滦煤矿、峰峰煤矿、迁安铁矿等大型矿产企业。据预测,到2010年包括华北油田、大港油田、胜利油田、松辽油田和中原油田在内的渤海湾油区的原油供给能力将达到5500万吨,约占全国的31%[①]。作为该区腹地的山西、内蒙古、陕西三省区是我国最大的煤炭产区,探明储量约占全国的64%。如果通过节水工程的开展和南水北调工程的建设缓解该地区严重的水资源危机,该地区丰富的自然资源和智力资源为该区第二产业中的石化、钢铁以及其下游的制造产业的发展提供了有力支撑。

2. 京津冀地区在产业结构方面具有的比较优势

产业结构的高级化程度代表了一个地区经济发展现代化水平的高低、发展潜力的大小以及经济竞争力的强弱。京津冀地区在产业结构优化方面所具有的优势是非常明显的。2005年京津冀地区第一产业、第二产业和第三产业之比为7.0:45.3:47.6,而长江三角洲和珠江三角洲三次产业之比分别为4.1:55.3:40.6和3.3:50.6:46.2。京津冀地区三次产业的排序为三、二、一,而长江三角洲和珠江三角洲则呈现为二、三、一的产业结构。表明京津冀地区传统产业向现代产业升级换代快,具有较高的产业优化度。

具体来说,北京作为首都和全国的文化中心以及该区域的一个重要的核心城市,独特的政治资源和丰富的智力资源为其经济发展提供了重要保证,使其不但拥有雄厚的经济实力,而且具有全国优化程度最高的产业结构。2005年北京三次产业构成依次为1.4%、30.9%和67.7%,且其产业结构仍处于不断优化的过程之中。电子、电器、生物医药等高新技术产业以及现代服务业在产业中的地位不断得到提升,并日益发展成为主导产业群。天津作为该区域的另一个核心,良好的经济基础和较强的人才、科技竞争力,使其近年来的后发优势非常明显,"十五"期间,全市地区生产总值年均增长13.9%。区域内唐山、廊坊、保定、石家庄、邯郸等几个

---

① 石宝珩:《中国石油天然气资源》,石油工业出版社1999年版,第60页。

城市也有比较雄厚的工业基础，而且廊坊、秦皇岛、保定三市的产业构成也呈现为三、二、一结构。因此，从经济实力和产业发展上来说，京津冀地区已经具备了加速经济一体化进程、提高整体经济水平的良好条件。

(二) 天津滨海新区与京冀产业联系与合作的宏观背景

中国经济的持续较高速增长和被普遍看好的良好发展前景，以及人们对区域经济一体化和增长极对区域经济发展重要性认识的不断深化，为与国际管理接轨较早、接轨程度较高、具有良好发展基础的京津冀提供了新的发展机遇。具体说来，天津滨海新区所在的京津冀区域发展机遇主要体现在以下几个方面。

1. 京津冀地区的区域经济合作日益受到关注和重视

京津冀地区的区域经济合作问题已经被讨论了多年，但由于各种各样的原因，经济协作、经济一体化的进程一直十分缓慢。面对区域经济一体化进程不断加速的珠江三角洲和长江三角洲地区经济活力和经济竞争力的日益增强，京津冀地区同两地区发展差距的不断拉大。表 8-1 是从人均 GDP、人均需求（包括人均社会消费品零售、人均进出口、人均固定资产投资）和人均利用外资等方面对三个经济区的经济发展情况进行的比较。

表 8-1　　　　　　2005 年三大地区人均经济指标对比

区　域	人均 GDP（元）	人均社会消费品零售总额（元）	人均进出口总额（美元）	人均固定资产投资总额（元）	人均利用外资（美元）
京津冀	24817	8651	1691	10402	122
长三角	41248	13083	2759	16748	321
珠三角	68096	21367	6906	19288	435

资料来源：国家发改委网站，国家统计局网站。

从表 8-1 可以看出，2005 年京津冀地区同长江三角洲地区及珠江三角洲地区无论是在人均 GDP、人均需求和人均利用外资等方面都已远远落后于上述两个地区。

京津冀地区各省市都已经意识到了加强区域经济合作的迫切性。2004 年 2 月 12~13 日，国家发展和改革委员会地区经济司召集北京市、天津

第八章 天津滨海新区与京津冀的产业联系与合作

市、秦皇岛市、承德市、张家口市、保定市、廊坊市、沧州市、唐山市发展改革部门负责人，在廊坊市共同召开京津冀区域经济发展战略研讨会。会议分析了京津冀区域发展与合作面临的形势和问题，并研究提出了相关的对策建议，达成了"廊坊共识"。会议指出了加强京津冀区域协调发展的重要性和以往协调发展中所存在的体制、机制、观念等方面的障碍；提出了市场主导、政府推动的区域协调发展原则以及各市发展改革部门定期协商制度和省市长高层定期联席会议制度；要求启动京津冀区域发展总体规划和重点专项规划的编制工作，共同构建区域统一市场体系，联合开展港口、公路、铁路、机场等交通设施建设，协调区域内重大生态建设和环境保护等问题，积极引导和支持区域内行业及企业间的经贸、技术合作。"廊坊共识"的达成和逐步得以实施以及由此带来的京津冀地区经济合作和经济一体化进程的加速，必将使天津滨海新区从良性互动、竞争合作的区域发展格局、平等有序的竞争环境、及时顺畅的信息沟通和现代化区域交通体系的形成中获益，从资源在区域内的优化配置和产业整合中获得更多的竞争优势，从而更好地发挥经济增长极对区域经济的辐射和带动作用。

2. 天津滨海新区将成为中国经济第三增长极的机遇

从国家开发开放的整体发展战略看，20世纪80年代初设立的深圳特区，成为我国开发开放的"第一高地"；90年代初开发开放浦东新区，成为我国经济增长的"第二极"。在深圳特区和上海浦东两个龙头的带动下，珠江三角洲地区和长江三角洲地区经济发展速度大大加快，经济一体化程度较高，区域经济竞争力和经济活力增强。同上述两个地区相比，由于缺乏有效的协调机制和较高的经济依存度，以及一个像深圳特区和上海浦东那样对腹地资源和经济发展具有强大聚集、辐射和带动作用的"极点"，京津冀地区的经济一体化进程较慢，区域经济竞争力相对较弱。

为解决区域经济发展格局中存在的"南快北慢"的"南北问题"，促进京津冀地区经济一体化进程，寻求能够实现国家经济发展新突破的新的经济增长极，2005年党的十六届五中全会把推进天津滨海新区开发开放纳入重要议事日程，2006年3月14日，十届全国人大四次会议批准通过的《国民经济和社会发展第十一个五年规划纲要》进一步明确了推进天津滨海新区开发开放的重要性，将滨海新区从天津市发展战略重点升级为国家发展战略重点，天津滨海新区成为继上海浦东新区之后，第二个"国家综合改革试验区"。滨海新区的开发，必将打破中国北方"诸侯经济"割据的状况，掀起中国沿海开放的第三次高潮，必将引领中国"三北"乃至全国经济社会发展格局的战略性改变。根据滨海新区的区位条件，滨海新区应当按照临海型经济模式开发。这种开发模式的特征是：国家利用海岸线，依托低成本的海运，调配全球的经济资源，在港口附近的陆地发展工业产业，形成产业集聚。把天津滨海新区建成中国高水平的现代化制造业基地和中国北方国际物流中心，实现中国第三次战略开发目标。

四、京津冀合作要突出天津滨海新区的龙头地位

区域经济发展的理论和国内外的成功实践证明，大城市群的活跃与国际竞争力的形成，关键在于是否有世界级的超级城市作为龙头或内核。换言之，区域经济的开放开发既要建立以一、二个中心城市作为核心的增长极，又要形成能带动区域经济开放开发的"龙头"。京津冀经济区其开发开放必然要求有自己的龙头。天津滨海新区以其诸多优势应该发挥着龙头作用，并且正在成为京津冀地区开放开发的龙头。

（一）天津滨海新区作为区域经济发展龙头的基本因素分析

从理论与现实相结合的角度考察，京津冀地区天然的经济中心是天津。中央政府在对天津发展的战略定位时，曾明确指出要把天津建设成为北方地区的经济中心。与此相联系，京津冀地区中能够起到带动整个区域经济发展，发挥龙头作用的，非滨海新区莫属。特别是改革开放以来，无论是天津还是其滨海新区，都以其独特优势在经济发展中取得了巨大成就，尤其是滨海新区不仅提前完成了天津市委市政府10年基本建成新区的目标，在经济总量上也占到了全市的一半左右，人均国内生产总值超过了1万美元，而且多年来始终保持蓬勃向上的发展态势，以及优越的区位优势、交通优势、产业优势、资源优势、土地优势和独有的腹地条件，使

第八章 天津滨海新区与京津冀的产业联系与合作

其完全有条件和潜力在京津冀区域经济振兴中发挥龙头作用。

1. 区位优势

滨海新区的区位条件在国内是不多见的。它位于京津城市带和渤海湾城市带的交汇点上,雄踞环渤海经济圈的核心位置,毗邻北京、天津两大直辖市,辐射华北、西北的广阔地区。它地处东北亚中心,与日本和朝鲜半岛隔海相望,直接面向东北亚和迅速崛起的亚太经济圈。区内的天津港是我国北方最大的综合性国际贸易港口,是首都北京的海上门户和京津及华北、西北地区重要的对外贸易口岸,是东北亚地区连通我国北方亚欧大陆桥最近的起点,是中国与蒙古共和国签约的出海口岸,也是哈萨克斯坦等内陆国家可利用的出海口。滨海新区还是中国三大经济区之一的环渤海经济区与世界最具经济活力的亚太经济圈的交汇点,因此,其区位优势十分明显。

2. 资源优势

滨海新区总面积为2270平方公里,是浦东新区的两倍之多。区内现有1199平方公里可供开发的荒地、滩涂、盐田和少量低产农田,以及150多公里的海岸线。已探明的渤海地质石油储量32亿吨,天然气1937亿立方米;原盐年产量为240多万吨;海岸带地区拥有充足的地热资源,年均可开采2000万立方米;海洋生物资源丰富,近岸有142中底栖生物,98种浮游生物,50余种鱼类;沿海拥有国家级七里海湿地自然保护区和我国最大的蓄水面积达150平方公里的平原水库。新区所依托的北京和天津是我国的科技、文化和教育中心,为新区提供了充足的智力资源。新区现有从业人员55万人,其中专业技术人员2.3万人。有国家科研机构41家,20多个博士后工作站,39家研发中心。滨海新区独特的自然资源优势在我国港口城市中是绝无仅有的,其得天独厚的人力资源、科技资源支持系统也是得天独厚的。

(二) 天津滨海新区作为区域经济发展龙头的促进因素分析

1. 滨海新区经济实力逐年上升

自从建区十多年来,滨海新区保持了持续快速的增长势头。1993~

2005 年，滨海新区 GDP 由 112.4 亿元增加到 1608.63 亿元，增长了 14.3 倍，年均增长 20.4%。这一增长速度不论是与周边其他地方该期间平均增长速度相比，还是与国内经济发展十分活跃的浦东新区相比都是比较高的。按 2005 年户籍人口计算，人均地区生产总值达到了 1.29 万美元（按常住人口计算人均国内生产总值 1.15 万美元），已达到目前世界上中等国家收入水平。滨海新区占天津市地区生产总值的比重也由 1993 年建区初期的 21.0%提高到 2005 年的 43.9%。强劲的增长态势已经将滨海新区打造成环渤海地区经济增长的引擎。

2. 广阔的腹地为滨海新区提供了巨大的发展空间

滨海新区腹地主要包括西北和华北地区，资源丰富，市场广阔。到 2005 年年底，华北和西北地区总人口超过了 24000 万人。作为滨海新区重要腹地的华北地区的经济发展速度和居民消费水平的提高幅度均高于全国平均水平，其中居民消费水平提高速度高于长江三角洲和珠江三角洲地区。从区域经济学来看，腹地空间的大小、资源禀赋的丰裕程度、社会购买力的高低、经济发展的快慢，在很大程度上从资源保证和市场开拓等方面影响经济增长极的发展速度和发展潜力。滨海新区由于其优越的区位条件而拥有广阔的腹地，尤其是西部大开发给西部地区所带来的经济的高速发展和市场容量的不断扩大，为滨海新区经济的腾飞提供了一次难得的历史机遇。

3. 完善的基础设施为滨海新区发挥龙头作用奠定了基础

在交通方面，滨海新区靠近全国最大的交通枢纽——北京，通过京沈、京沪、京九、大秦等国家主干铁路与全国铁路网相连，通过京津塘、津晋、唐津等高速公路与国家干线公路网沟通。强大的港口服务功能为带动区域发展提供了不可或缺的基础条件。在港口运输方面，天津港作为北方第一大港，腹地开阔、后方货源最大。2005 年，天津港全年完成货物吞吐量 2.4 亿吨，成为中国北方首个货物吞吐量突破 2 亿吨的港口，跃居世界港口十强行列，增长速度居全国各港口之首，集装箱吞吐量年 480 万标准箱，同比增长 25.8%。作为中西部地区主要的物资出海通道，天津港全年 70%的货物吞吐量来自内地，港口为区域经济发展服务的功能已经显现。

第八章　天津滨海新区与京津冀的产业联系与合作

4. 滨海新区所具有的产业优势

以滨海新区为主的现代化制造业和物流业的发展在国内外已经具备了相当的竞争能力。在已形成的京津塘高科技产业带中，滨海新区占有重要地位。滨海新区已经培植出电子信息、光机电一体化、生物医药、新材料及新能源4个具有一定规模、结构合理、技术水平领先的产业群。以经济技术开发区、海洋高新技术开发区、冶金工业区、化学工业区为代表的现代化工业基地已经成型。滨海新区的现代制造业优势有利于带动环渤海地区的产业转移，物流业的优先发展有利于为环滨海地区的产业转移和产业合作有效发挥其良好的服务功能。

5. 滨海新区具有的体制、政策优势

浦东开发开放以来，中央先后三次赋予浦东新区财税、审批权限、市场准入等优惠政策。在成为国家改革试验区之前，同上海浦东新区相比，天津滨海新区在某些国家政策优惠方面处于劣势。但是，随着中国经济发展重心向北倾斜，以及把滨海新区作为国家进行改革的第二块"国家综合改革试验区"，滨海新区将不仅与浦东新区一样享受国家优惠政策，而且在金融改革、土地利用、税收改革以及自由港建设等方面将比浦东新区更加受到重视。目前，滨海新区内的经济技术开发区、保税区、海洋高新技术开发区已经和浦东新区一样享有国家赋予开发开放区的优惠政策，而且在天津市范围内各功能经济区享有财税等地方性的优惠政策。此外，滨海新区注重体制改革和制度创新，完善和优化投资软环境。近年以来，新区国有企业改革的力度加大、进程加快。天津港、天津钢管公司等大型国有企业股份制改造取得重大突破。《天津滨海新区条例》和相关功能经济区管理条例的实施，进一步促进了新区的法制建设和制度创新。与此同时，天津市进一步推进新区内行政区政府的职能转变，清理违法的行政审批事项，增加政策和法规实施的透明度，提高办事效率，推行"一站式"服务，建立廉洁高效的服务型政府，创新服务企业模式，建立规范的企业联络制度，为企业提供全方位、立体化的服务，创建与国际经济接轨的投资软环境。伴随着行政管理体制的改革和创新，制约新区发展的体制因素将最终彻底消除，滨海新区将插上腾飞的翅膀。

五、滨海新区加强与京津冀产业合作时应注意的问题

（一）突出港口和外向型优势

从连续几年的数据看，滨海新区对外贸易发展基础要强于北京。表8-2分析了滨海新区与北京市近几年的出口贸易系数。从表中可以看出，滨海新区无论是对外贸易依存度方面，还是在人均出口总值方面都比北京高，并且出口增长速度远远高于北京。在出口总值的绝对值方面，滨海新区已经从2001年占北京市不到50%增长到2005年60%。这说明滨海新区的外向度和对外开放度方面已经超过了北京。同时，滨海新区的利用外资水平也在逐步提高，这为滨海新区制造业的发展奠定了稳固的基础。所以，强化滨海新区与京冀合作的重要前提是要突出新区相对于京冀的港口外向型优势。

表8-2　滨海新区和北京近几年的出口贸易系数比较表

项目	滨海新区合计				北　京			
	地区生产总值（亿元）	出口总值		外贸出口依存度（%）	地区生产总值（亿元）	出口总值		外贸出口依存度（%）
		亿美元	亿元（均按1:8换算）			亿美元	亿元（均按1:8换算）	
2001	667.14	54.31	434.48	65.13	3710.5	117.87	942.96	25.41
2002	820.52	72.01	576.08	70.21	4330.4	126.15	1009.2	23.31
2003	977.08	89.38	715.04	73.18	5023.8	168.52	1348.16	26.84
2004	1342.24	136.99	1095.92	81.65	6060.3	205.75	1646	27.16
2005	1608.63	184.69	1477.52	91.85	6886.3	308.71	2469.68	35.86

资料来源：滨海新区网站，北京统计局网站。

（二）充分考虑滨海新区可持续发展所面临的资源约束

由于经济要素在空间分布的不均衡性，在趋利动机的作用下要素将向获利较高的地域聚集，这种要素以产业或企业为载体向某一地域聚集，产生了巨大的规模经济效益，能用较少的投资创造相对好的投资环境和发展

第八章　天津滨海新区与京津冀的产业联系与合作

环境，因此对外部区域的吸引力大。滨海新区在作为经济增长极时，也会面临各种生产要素向区内集中的情况。但是新区在生产要素向区内快速汇集时，如果不制定产业选择标准加以取舍，那么就可能会使新区可持续发展产生资源约束问题。

在当前现代交通运输条件得到极大改善、国内国际贸易日趋活跃、原料利用水平和节能技术水平得到不断提高的情况下，相对于土地和水等特殊类型的资源，矿产资源、能源等可以运输和交换的资源对地区经济的制约作用就显得不那么突出。也就是说，不利的土地资源和水资源条件对地区经济发展的制约作用依然是明显的，并会随着这类资源供求状况的恶化而更加突出。

土地资源的约束。虽然从目前统计的土地数字上看，滨海新区的土地资源并不紧张。但是新区当前偏重大化工、大冶金工业的产业选择所带来的土地资源利用的低集约度，以及新区内部各区土地资源分布的极不平衡和土地资源开发的较高成本，使得在土地资源方面本来具有比较优势的滨海新区随着经济的快速发展，也同样会面临土地资源紧张的问题。

水资源的约束。困扰整个华北地区的严重水资源危机问题，以及地处渤海湾最里端的特殊地理位置和以重化工、大冶金为主导的产业结构所带来的水资源污染问题，使滨海新区经济的可持续发展同样受到水资源的制约。能不能真正转变发展观念和经济增长方式以谋求经济的全面、协调、可持续发展，对正在致力于建设中国北方重要经济中心的天津和谋求成为北方经济发展龙头的滨海新区而言是一种严峻的挑战。

（三）避免与周边城市产业结构雷同

滨海新区的母城天津作为一个老工业基地和我国北方重要的经济中心城市，同北京以外的该地区的其他城市差异更多地体现在经济总量上，产业结构雷同现象比较突出（一些大学科研机构不顾基本的产业发展现实通过数据分析得出的所谓结论是不足为据的），难以形成具有层次结构的产业聚集。这一状况直接导致了资源难以在该地区范围内的合理流动，限制了市场机制下所形成的产业集聚效应的产生。并且这种产业雷同现象在短期内难以改变，产业分工不合理将会持续一段时间。如表8-3所示，在"十一五"期间，天津市及周边省市的产业选择都具有某种雷同性。如，北京市、天津市和河北省都将电子信息产业、汽车制造业、石化产业、医药产业等制造业作为今后发展的重点。这种雷同的产业结构不利于发挥地方资源优势与区位优势，不利于高效地利用有限的资本投入，更不利于区域经济一体化发展。不仅如此，这种雷同的产业结构还引发区域内在土地、税收、人才等方面的不良竞争，制约了区域经济竞争力的增强。

因此，为提高滨海新区产业的竞争力，并且避免和周边城市在主导产业定位时发生冲突，滨海新区应在统筹规划基础上，制定有关政策，加强新区的功能建设，引导产业布局的集聚和区域的合理分工。根据新区确定的重点产业，积极引进符合国家产业政策和城市发展规划、具有龙头带动作用的制造业项目，提高引进、吸收和再创造能力，可以制定产业优化布局的引导政策，包括制定区域产业发展指导目录，规定鼓励发展、限制发展和禁止发展的产业；鼓励新增和搬迁改造工业项目按照产业类别和技术层次向适宜地区集中和转移；鼓励同类产业及相关配套产业集群发展；鼓励发展高新技术、节水型产业、低污染产业；划定生态保护区范围，严禁对环境破坏行为的发生；鼓励发展各具特色的区域优势产业。

表8-3　　　天津市及周边地区"十一五"期间产业发展重点

地区	产业
北京市	产业定位：大力发展高新技术产业，适度发展现代制造业，加快发展现代服务业 高新技术产业：软件、集成电路、信息网络、生物工程和新医药、新材料、新能源 现代制造业：电子通信设备制造、汽车制造、装备制造、生物医药、光机电一体化、石化、新材料 现代服务业：金融、文化产业、现代物流、旅游会展、信息服务、中介服务
天津市（滨海新区）	产业定位：建设具有更多自主知识产权和品牌的现代制造业基地，加快发展现代服务业 现代制造业：电子信息产业（无线通信、新型元器件、软件）、石化产业（石油、海洋和精细化工）、汽车制造业、石油钢管和优质钢材、现代医药产业、绿色能源和环保产业、装备制造业、纺织业 现代服务业：现代物流、金融保险、旅游

续表

地区	产　　业
河北省	产业定位：壮大提升工业主导产业，加快发展高新技术产业，全面振兴服务业 工业主导产业：钢铁、装备制造（汽车、船舶、电力、环保、通信）、石油化工、食品、医药、建材建筑、纺织服装 高新技术产业：电子信息、新材料、新能源、生物与医药 现代服务业：现代物流、旅游

六、滨海新区与京津冀产业联系与合作的对策

（一）滨海新区与京津冀产业联系合作的整体思路

立足于京津冀区域合作的现状，我们认为，天津滨海新区与京冀区域之间的合作，首要环节是要根据各自的资源禀赋优势，培育区内产业比较优势，形成合理的区域内分工，建立利益协调机制，促进京津冀区域经济一体化。

1. 根据自身的资源禀赋优势，培育区内优势产业

对产业而言，因其是一个集合概念，其竞争力必定是在不同地域间的比较，在不同区域间的比较就必定离不开区域间的交换活动，产业竞争力必然体现为不同区域不同产业之间的各自相对竞争优势，即比较优势。但现实生活中，区域间交换活动即便完全按照比较优势规律进行，市场上也会出现与比较优势相近的同一产业的比较，这时竞争力将取决于他们各自的绝对竞争优势。

在发展第一产业方面，由于城市经济的特殊性，滨海新区第一产业在GDP中的比重一直很低，而河北省具有新区无法比拟的优势，因此，新区应主动和周边河北各城市进行合作，促使其加快调整农业产业结构，发展优质高效农业，为新区提供农副产品等方面的产品或服务。在发展第二产业方面，滨海新区与京冀二地都有自己的比较优势。以滨海新区为主的天津在电子信息产品、石油化工和汽车制造等方面具有明显的优势。北京应发展制造业中的高端产业，如专用设备制造、电子及通信设备制造等。

河北在冶金、矿采和食品制造业方面等有明显优势。在发展第三产业方面，北京有独特的优势。北京未来应大力发展金融保险、高新技术、社会服务等行业。而以滨海新区为主的天津应发展物流业、金融保险业等行业。

2. 建立与京津冀产业合作的利益协调机制

随着国家经济发展重心的进一步北移，以及京津冀区域经济发展中市场化程度的进一步提高，京津冀各省市产业结构不断调整和经济规模进一步扩大，各行政管辖区域之间的分工合作具有一定的市场条件和经济基础。在滨海新区与京冀之间，既存在市场与产业的互补性又存在市场与产业的竞争性，特别是在电子及通信设备制造业、黑色金属冶炼及压延加工业、能源工业、金融保险业和物流业等领域表现更为明显，具备开展经济区内部分工合作的资源禀赋条件与市场条件，能够建立起产业之间的相互关联，以此促进京津冀产业结构的合理化和高度化。

京津冀的合作是一个典型的跨行政区的区域分工与合作，产业分工合作是经济区合作的重要组成部分。区域产业分工与合作有利于区域内利益协调机制的构建，减少区域经济发展中的摩擦和冲突，调整区域之间的经济关系，消除地方保护主义和重复建设现象。因此，滨海新区在与京津冀进行产业合作联系时，既要考虑各市的利益，又要照顾经济区内整体产业的发展。区内产业分工合作体系的建立要在国家的产业政策指导下，以产业比较优势和竞争优势为基础，根据产业特点和区位差异，合理地调整产业分工。优化区域生产力布局结构，避免重复投资和恶性竞争，加强地方政府在跨区域公共产品投资方面的分工合作关系，提高地方政府公共产品的投资效率。

3. 制定科学合理的区域合作原则，促进经济区一体化发展

第一，加强相同产业间的沟通与融合。对滨海新区与京冀共同拥有的优势产业，像滨海新区与北京共同认定的电子信息、生物工程和新医药、光机电一体化、新材料、环保与资源综合利用等主导和支柱产业，可以在保留地方优先发展的同时，加强两地企业或投资人之间的合作，加强生产和经营中的联合。按照区位选择的成本最小化和利润最大化原则，企业的

第八章　天津滨海新区与京津冀的产业联系与合作

空间选择只有符合自身的价格政策和实现生产要素的空间有效组合才可能落实，如果同企业或同一投资人把生产或流通分解到新区与北京两地，并能满足特定地点的比较优势内部化，或者是满足与其他众多企业共同集中在市场中心，即聚集在消费者周围等。因此，为了对投资者有客观的判定或选择，滨海新区与京冀两地进行合作时，应该借鉴珠江三角洲和长江三角洲的重要发展经验，就是将生产和消费动向及时通过市场传播给周边，从而给异地投资人提供选择机会，即滨海新区应加强与京冀两地之间信息的沟通，使市场更加透明。

第二，明确不同产业之间的分工与互补。滨海新区与京冀两地存在差异的产业，可以通过政府和企业在不同层面的沟通，达到一定的分工与互补。按照劳恩哈特—韦伯模型，当企业强调在不同地区存在资源禀赋和市场分布差异的时候，运输成本最小化是区位选择的决策或布局企业的标准之一。滨海新区的临海条件，能够使依赖于海洋的产业得到很好的发展，即便是交通工具发达的今天，新区依然发挥着运输成本方面的优势。因此，滨海将现代物流业和运输业的发展作为经济发展的重点是正确的。同期北京也提出要发展物流业，但北京的物流优势是在利用现代交通工具和设备方面，特别是空运。因此，两地的交通运输行业存在宽广的互补空间。不仅是相关企业应加强合作，政府部门也应该加强项目引导、物质条件改造和信息服务。在研究和开发能力方面，北京的优势又是非常明显的。由于聚集着大量的研究机构和大专院校，近年又集中了大量的外资企业研究开发中心，大大提升了北京的科技创新能力。在科研向产业的转化过程中，北京可以利用滨海新区的产业条件，加强地方间的技术合作，从而避免科研投入的浪费与不足。

（二）滨海新区积极主动搭建与各市间进行交流合作的平台

1. 牵头建立京津冀区域性同业行业协会

按照我国入世承诺、体制转型与经济改革深化的需求，政府在转型期将要陆续把一些不该管或管不着的职能移交给以行业协会等为主体的非政府组织。行业协会最重要的工作就是自觉地为企业提供更多的行业信息和经贸服务。在市场经济条件下，企业作为国民经济的基本生产单位，必须具备独立的行为能力,能够灵敏和自主地对市场中的价格信号等各种经济参数做出反应,及时调整和修改自己的经营行为,实现自身经济利益的最大化。但由于我国市场经济发展仍未成熟,企业行为仍不规范,导致市场中的各种信号和参数发生扭曲和误导,使市场对社会资源配置的基础性功能失效。通过行业协会及时的信息补给,有利于弥补市场机制的缺陷。

目前京津冀区域现存的行业协会,多是代表政府主管部门的旨意,偏重于管理而服务不够,根本不能算是市场经济的中介组织,不能适应我国加入世贸组织的需要。对此,滨海新区与京冀两地进行经济合作中,应首先建立或改革现有的区域性行业协会,应重新明确行业协会的定位与责任,切实为企业服务,有效地实现产业治理。通过组建区域性同业行业协会,将区域内的企业按行业组织起来,形成有市场力量的利益共同体,这样一方面可以建立市场与政府间相对均衡的沟通和对话渠道,以此推动政府合作向纵深发展,加快区域一体化进程;另一方面,可进一步协调滨海新区与京冀两地的竞争机制,通过同业企业的联合,通过自治和自律的方式规范企业,倡导企业间的良性竞争,达到全区域内行业资源的优化配置。

由于区域性同业行业协会的建立与发展需要一个过程,滨海新区要和京冀两地进行合作,有计划有步骤地培育和发展区域性同业行业协会。具体地说,滨海新区可以从以下几点来推动区域性同业行业协会的建立:

首先,滨海新区和京冀各城市政府应大力支持区域性行业协会建立。将区域性同业行业协会的培育和发展纳入新区和京津冀区域经济合作的发展规划中。滨海新区应把重点发展的产业按行业将行业协会成立起来,并与京津冀各省市政府部门进行沟通与合作,此外同时把各省市的行业协会组织起来,成立区域性的行业协会组织,从而能更好地发挥行业协会在区域产业合作中的作用。

其次,滨海新区及各省市政府应建议国家制定相关条例,通过制订区域性行业协会操作细则,建立风险分担机制,明确区域性行业协会注册、运作、监管等一整套程序,规范对区域性行业协会的具体管理,并形成制度。可建立有国家主管部门和注册地政府共同参与的二级管理制度,对区域性行业协会的管理实行管理风险分级负担机制。同时处理好全国性行业协会与区域性行业协会之间的利益关系,在交纳会费和参加活动方面,区

第八章　天津滨海新区与京津冀的产业联系与合作

域性行业协会可以以集体会员的形式加入全国性行业协会，服从全国性行业协会的统一指导。

再其次，滨海新区及各省市政府应为行业协会"让位"授权。入世后我国公共主体多元化已是势在必行。非政府组织在我国目前主要由公共事业单位和包括行业协会在内的社会中介组织和社区组织等构成。在很多应当由协会发挥作用的领域，一些政府部门出于自身既得利益的考虑，并不愿意把本应还给市场、还给协会的权力交出去，这使得协会的成长空间极为有限，大大削弱了协会的作用。所以，为了促进区域性的同业行业协会良性发展和协会作用的发挥，以及适应我国市场经济改革进程和世贸组织规则的要求，新区政府和京津冀各省市政府应将越来越多地从自己不能干、干不好的领域退出，"让位"于协会，"让位"于市场。

最后，滨海新区应适当给予区域性行业协会一些必要的支持和引导。新区可以通过财政上的支持，为行业协会制定一系列鼓励的措施和某些必要的优惠政策。同时，新区也应当正确引导、充分发挥行业协会对社会事务的参与和民主监督作用，调动其参政议政的积极性和主动性。

2. 促进京津冀各市政府间联系与合作

区域性政府合作可以协调区域利益，消除行政分割与障碍，建立良好的市场竞争环境和条件，也可以通过制度规范保证市场竞争的公平、公正，从而减少市场运行的交易成本，充分体现市场机制在区域资源配置中的基础性作用。通过区域协定、区域公约或局部协商、多方协议等形式打破地方保护性政策，构建区域大市场。但是能否建立区域政府合作机制并确保这一机制的有效运转，取决于能否建构起合理的组织安排和完善的区域合作规则。从京津冀区域实际情况和西方国家区域合作的实践来看，区域政府合作机制要得以真正建立，必须在政府各个层面上，形成制度性的组织机构，实行多层面的协调互动。

首先，在区域内合作的组织安排方面，滨海新区可以在环渤海地区经济联合市长会议的基础上，召开京津冀区域内多层次的区域经济合作会议。建立市长级别的"京津（滨海新区）冀经济合作与发展联席会议"制度。参加会议的应是京津两市的领导和河北各市的领导，这是区域内最高层次的会议，主要功能是要确定三省市合作的"大政方针"。地点可确定在滨海新区。主要议题是：组织协调实施跨行政区的重大基础设施建设、重大战略资源开发、生态环境保护与建设，以及跨区生产要素的流动等问题；统一规划符合本区域长远发展的经济发展规划和产业结构；制定统一的市场竞争规则和政策措施，并负责监督执行；协助各市制定地方性经济发展战略和规划，使局部性规划与整体性规划有机衔接。建立京津冀区域城市经济协调常设机构。该机构负责落实联系会议确定的事项，负责京津冀区域协调日常工作，包括与成员城市的联络，组织实施、协调有关工作；督促、推进专题工作；负责提出京津冀区域协调组织机构调整方案和成员发展工作建议；组织召开工作会议，组织实施年度工作计划；负责京津冀区域协调经费的筹集、使用和管理工作。

其次，滨海新区要与京冀各省市政府之间建立完善的区域利益协调机制。国际经验表明，区域经济一体化进程发展的快慢，与是否有完善的制度保障是直接相关的。由于目前在京津冀经济区域内缺乏一致性的规则，各地区在招商引资、土地批租、外贸出口、人才流动、技术开发、信息共享等方面的政策上都存在很大的差异，没有规范区域一体化发展的统一法规。这个问题不解决，滨海新区与京津冀区域间政府合作就缺乏必要的制度保障。因此，新区在与京津冀进行区域合作的进程中，必须以制度性的合作规则来保证。这种合作规则应达到两个基本要求：一是为合作行为提供足够的激励；二是对违反"游戏规则"者予以惩罚，以使违规者望而生畏。因此，区域经济内很有必要制定一个各地共同遵守的区域公约，以强化地方政府调控政策的规范化和法制化。

3. 举办多种形式的交流会、研讨会，深化与京冀之间的联系

滨海新区应建设商务商业区，规划一块土地，以优惠条件供京津冀区域投资建设商务设施。同时，新区也可定期举办各种形式的商品交流会，为区内企业提供一个对内对外合作的交流平台，从而促进区内企业之间以及与区外企业之间更好地合作。

滨海新区可以通过组建多种形式的民间学术机构来研究区域发展战略和推进地区协作。具体形式可有不同层次：一是可建立以各地经济专家为主体的组织机构，如"京津冀经济一体化发展咨询委员会"、"京津冀经济一体化促进会"等组织。这些组织机构不同于一般的研究机构，它应

第八章 天津滨海新区与京津冀的产业联系与合作

成为滨海新区与京冀两地政府决策的咨询参谋机构。二是积极促进城市间社会团体、学术机构、行业协会和广大市民的交流与沟通，建立广泛的合作渠道，形成多元化、多层次的区域合作体系。

（三）发展带动周边经济发展的产业，突出新区的龙头地位

未来，滨海新区与京津冀区域合作的关键是各城市要有所为，有所不为，共同推进产业结构调整。各方需要合理确定自己的产业定位和结构调整方向，沿着中心城市与周边地区实行垂直分工、中心城市之间实行水平分工、中心城市优势企业采用放牌制造和设备参股等方式向周边地区转移传统产业项目的方向，探讨企业专业化协作、集团化发展的路子，在区域内打造相互依存、衔接紧密的产业链条，逐步形成合理分工、互相促进的产业结构新格局。

滨海新区与京津冀区域进行产业合作时，要立足于各地区要素禀赋互补性和产业结构差异性的现实。在未来，各成员可能都需要切实采取措施，进一步开展经济合作与交流，实现区域优势互补，协力创造资源整合一体化、经济分工合理化、要素配置层次化、产业培育有序化、利益分配规范化的良好局面。为此，各地区均需明确自身的产业功能定位，而不能设计一套完全独立的产业体系。区域经济的发展要求生产力要素需要在一个更高的层次上进行整合和优化，同一区域内的各城市产业结构必须实现差异化。所以，从新区自身的比较优势出发，以及要发挥新区增长极作用，滨海新区在发展产业时应选择能带动周边城市经济发展的产业。

1. 发挥滨海新区在区内产业发展中的服务作用

要体现新区在京津冀区域中的经济发展龙头地位，就要求新区在发展产业时不仅要能促进新区自己的经济发展，而且更重要的是能够带动整个京津冀区域的经济发展。因此，滨海新区在发展第三产业时，在发挥新区特有的比较优势的同时，要大力发展那些对京津冀区域具有较强服务功能的产业。具体地说，滨海新区应大力发展以下几个产业：

第一，港口物流产业。滨海新区应通过整合津冀港口资源，实现港口资源的优化配置，打造临港产业群，并实现港口群带动临港产业群，进而带动城市群的发展目标，使滨海新区的航运功能、物流功能处在世界先进

水平，海港、空港、信息港的作用更加突出，现代化的交通体系更加完善，成为国内外货物大进大出的重要通道，成为联系国内外两个市场的重要枢纽。为此，首先应立足于充分开发和利用好天津港这一核心战略资源，积极推动北方国际物流中心和国际航运中心两大战略目标的实施，促进港口对北京和河北各市的服务功能，使天津港真正成为中国北方最重要的国际港口。其次，加强与河北的曹妃甸港、黄骅港、秦皇岛港等港口的沟通与合作，通过相互参股，合作建设，使之成为利益共同体，在此基础上构建区域港口协调机制，共同打造区域港口产业群，提升港口经济竞争力，以此带动和进一步提升京津冀城市整体经济实力、特别是京津两大中心城市的国际竞争力。再次，整合新区与北京的航空港资源，促进滨海机场和北京首都国际机场的战略联盟，实现北京空港物流园区和新区空港国际物流区的协调互动发展，有力推动京津冀经济圈临空经济的发展。最后，通过以北京为中心的铁路、公路枢纽与海港、空港的整合，建设京津冀经济圈的现代化物流网络体系。其中，滨海新区、北京以及石家庄、唐山、秦皇岛等城市共同构成物流中心体系。

第二，知识密集型服务业方面。咨询业、研发中介服务业、会计、法律、信息等知识密集型服务业，因其产业特点倾向于在大都市发展，并且这一趋势日益明显。知识密集型服务业是区域创新系统中不同机构之间交互作用的重要界面，能促进知识的产生和扩散，是区域创新网络的重要"聚合剂"。经济区内各地实现知识密集型服务业的协调发展，也必将促进区域创新网络的形成和完善。这也是知识密集型服务业区域协调发展的重要意义和较高境界。在京津冀地区，知识密集型服务业已成为北京的主导产业，但在津冀地区尤其河北，这一产业因其自身经济社会发展水平所限较为薄弱。按照产业发展规律，知识密集型服务业会在北京进一步发展成为支柱产业，并成为北京辐射周边地区以及全国进行产业服务的主要载体。这类产业的协调发展应以北京实现高度集聚发展，充分发挥对其他地区的带动作用为主。

滨海新区要凭借自身的产业基础来迎接北京第三产业的产业扩散：吸引知识密集型服务企业设立分支机构，连锁经营；吸引企业进行跨区域并购；实现业务的跨区域拓展和网络化链接等。从而通过产业扩散、创新扩散来带动新区相关产业的发展，提高其接受辐射并与北京进行产业互动的

第八章 天津滨海新区与京津冀的产业联系与合作

能力，实现京津冀经济区产业的协调发展。

第三，金融业方面。在京津冀区域内，北京的金融业在我国具有举足轻重的地位和作用，天津是环渤海地区金融监管和服务中心，金融业已形成一定竞争力，而滨海新区现已成为中国金融改革的示范区。河北的金融业发展相对落后，在经济圈内处于较低层次，与自身的工农业基础不相匹配。但是，目前京津冀各地的金融业与各自区域经济的发展水平相关联，相互之间具有较大差距，这导致了三地进行金融业整合的产业基础较弱。同时京津冀经济圈的一体化程度较低，产业跨地区布局、整合发展的局面尚未充分形成，因此对金融业一体化发展的需求不足，推力不够。京津冀金融业的良性互动发展有待进一步引导，客观情况决定京津冀经济圈金融业的协调发展首先要靠政府的力量，靠政策推动。通过金融业的率先协同发展，推进资金要素在区域间的自由流动，为产业的跨地区运作创造良好的平台，从而对经济圈的一体化起到引导作用。同时，通过经济协调实现各方的经济进步，一方面提升其他产业对金融业实现区域融合发展的市场需求；另一方面也由于各方金融业实力的提升，增强金融业自身实现融合发展的能力，在使市场逐渐成为产业协调发展的主导力量的条件下，金融业的区域联动向更高层次迈进。

从目前的现状来看，滨海新区与京津冀实现金融业务合作的突破口在于打破因行政区划、金融监管和金融机构内部垂直管理所造成的金融资本割裂，导致跨区域的金融服务难以实现的这一"银政壁垒"。在合作的初期，有效措施是鼓励区域内同一商业银行的各分行加强金融合作，实现信息资源共享、客户资源共享和联合营销、风险共同控制等业务合作，实行一体化的经营管理战略，为区域客户提供"一站式"服务。滨海新区与京冀两地金融合作的关键是促进新区和北京的联合，从而共同打造我国北方的金融中心。滨海新区与北京合作要实现两地功能上的优势互补，其切入点源于北京作为首都产生的对经济稳定的要求，而这在一定程度上制约了金融业的发展，滨海新区凭借其产业基础，正好可以弥补这一不足，应积极建设金融改革示范区和营运中心，与北京的金融管理中心相得益彰。

滨海新区应抓住"先行先试"的机遇，在基金、民间金融机构、外资金融机构、离岸金融服务、资本市场等方面率先发展，打造金融服务平台，为京津冀区域产业发展提供金融服务。

2. 发展第二产业应走工业产业集群化道路

随着宏观经济格局由总需求过旺转向总需求不足，买方市场继续向各领域延伸，并成为市场供求关系的主体，区域之间、城市之间、企业之间的经济竞争更加激烈，我国经济进入了一个全面竞争的环境。由于市场竞争的加剧，为了在有限增长的市场需求中争取更大的份额，企业越来越依赖于产品的不断创新和技术的不断进步，越来越依赖于分工的细密及协作范围的广阔，即产业素质的提高和生产体系的完善。随着区域竞争的加深，为降低各种生产要素成本、刺激创新、提高效率，大量相关企业以主导产业链为基础，在特定的地理范围集中，以形成有机的产业群落。这种产业集群以其地理集中、灵活专业、创新环境、合作竞争的优势，提升了整个区域的竞争能力。有竞争力的集群成为区域长期经济增长和繁荣的源泉。所以，区域的产业竞争力最终要看能否形成产业集群。

当前京津冀区域虽然具备了形成产业集群的要素优势，但一体化经济仍然处于初级发展阶段，资源、地域优势还没有充分发挥，地区壁垒导致产业难以实现优势互补。区域内经济竞争的动机强烈，而互补性合作的程度比较弱，没有形成在国内具有市场竞争优势、关联程度高的产业链，阻碍了生产要素跨地区优化组合和产业集群的发展。

着眼未来，滨海新区与京冀两地进行产业合作与联系，就要求区域内各省市应放弃单体竞争的思想，立足区域整体竞争，促进产业集群发展。当前，天津滨海新区被纳入国家总体发展战略，面临着难得的历史性机遇。具体地说，未来滨海新区要以国际、国内市场为导向，在发展第二产业方面加强与京冀区域的联系与合作，促进区域内工业结构调整和产业布局优化，共同打造若干个具有国际竞争力的工业产业集群。

（四）产业合作要强化新区改革"示范区"的作用

滨海新区与京冀产业合作时要充分利用新区被国家批准为进行改革的第二块"示范区"所带来的机遇。在进行一系列金融、税收等政策改革时，要首先为京津冀区域内的企业提供参与的机会，从而更好地带动整个京津冀经济的发展。

第八章　天津滨海新区与京津冀的产业联系与合作

1. 办好金融改革综合试验，为京津冀企业提供更好的金融服务

在滨海新区的金融业综合改革应坚持科学发展观，扩大企业融资渠道和增强金融企业综合服务功能为重点，积极推进金融综合配套改革，目标是建立与中国北方经济中心相适应的金融服务体系和金融改革创新基地。目前天津滨海新区作为国家确定的综合配套改革试验区，无论是渤海产业投资基金的试点，还是天津产权交易中心、技术产权交易中心等国家级产权交易市场，都有条件在股权融资特别是高新技术企业的股权融资方面走出新路，使落户滨海新区的企业享受一流的融资服务和金融环境。具体地说，在滨海新区进行的金融改革综合试验主要从以下三个方面着手：

一是大力发展资本市场，加快拓宽股票、债券融资渠道，扩大直接融资的比例。大力推进2006年第一期60亿元的环渤海产业基金和环渤海管理公司的筹备，把天津滨海新区逐步建成我国产业基金发行管理和交易的中心；同时通过重组和增设，建立以信托法为经营依据，鼓励发展创业投资基金、房地产投资信托基金，以及进行基金和信托投资为主业的信托投资公司试点；围绕滨海新区的开发开放，在基础设施建设、现代制造、房地产、环保等行业和领域形成信托投资的多种业务；在完善市场运作手段和控制风险的条件下，进行企业债券和短期融资发行制度的改革；开展房地产基础设施，工业、企业固定资产投资证券化的业务，为企业融资提供更多的渠道；研究和探讨开办非上市公众公司股权的柜台交易和信托基金产品柜台交易中心，以完善我国多层次的资本市场。

二是深化金融企业改革。可以在滨海新区内建立金融机构混业经营的试点，允许有条件的商业银行，最好是刚刚上市的大型商业银行，在天津设立机构，办理证券保险、金融租赁业务；允许保险企业集团，以保险业务为核心的金融控股公司到天津成立机构，办理银行证券业务；审核天津市现有国有、地方金融企业的股权，可以通过控股或参股组建金融控股集团公司来开展金融混合经营业务。

三是深化外汇体制改革。完善外汇供求市场化基础，对汇率形成机制和管理体制进行改革，形成一个配置外汇资源的市场机制；放松资本项目管制，构建在一定区域范围内的资本项目下的人民币可自由兑换机制，同时也加快利率市场化进程，从而调整汇率浮动幅度和汇率水平，为汇率的自由浮动形成机制基础；改进经常项目下的强制结售汇制度，实现居民和企业的意愿结售汇制；加快开展离岸金融业务的可行性探讨。

2. 进行保税港试验改革，发挥新区经济增长"第三极"作用

国务院已经正式批复天津港建设东疆保税港的计划。东疆保税港不仅拥有洋山保税港的所有功能，享受同等的税收、外汇等方面的优惠政策，而且还可以在机制、体制创新等方面，先行试验一些重大的改革开放措施。在税收、外汇、船舶及人员等方面实行更为开放的管理模式和政策。东疆港保税区将实行国外货物入港保税，国内货物入港退税，港内加工产品不征收增值税，港内货物自由流通不征收增值税和消费税等政策。这意味着自由港的先发优势已不再为洋山港所独有。东疆港将按照国际枢纽港、自由港及自由贸易区的运作模式和惯例，由海关按照"一线开放、二线管住、区内自由、入港退税"的监管原则，实行全域封闭化、信息化、集约化监管。海关总署正在探索制度更优惠、管理更宽松的海关特区监管区域的监管模式。

东疆保税港的建立，将进一步发挥滨海新区临海优势和港口优势，并把其区位优势、产业优势、交通优势和保税政策优势结合起来，进一步完善天津港的政策环境，实现迈向自由港的跨越，全面提升天津港的国际航运、国际贸易功能。东疆保税港运营后带来的巨大国际中转业务以及大陆桥运输业务，可以帮助天津港继续向国际深水港方向发展，建成面向东北亚、辐射中西亚的集装箱枢纽港，有利于加快北方国际航运中心和国际物流中心的建设，开创我国北方地区扩大开放的新局面。同时，东疆保税港的设立也将进一步发挥天津港的枢纽作用，增强天津对内对外的集聚和辐射能力，实现区域经济优势的互补互动。

第九章 河北各市与京津的经济合作

河北省作为京津冀区域的重要组成部分，在该区域经济发展过程中发挥着重要的作用。由于种种原因使河北省在整个京津冀区域中处于相对落后的位置。为了改变这种状况，缩小河北与京津之间的差距，实现与京津的协调发展，就必须深入地研究河北省的经济发展状况、河北省与京津产业合作过程中所存在的问题及河北省如何实现与京津之间的产业对接等问题，提出加强河北与京津之间经济合作的战略与对策，以促进河北各市经济社会的快速发展、实现京津冀区域经济发展水平和国际竞争力的整体提升。

一、河北经济发展总体特征

（一）经济增长主要依赖于资源型产业，增长速度较快

近年来，河北省经济总量保持了较快的增长速度（见表9-1）。2005年全省GDP达到10096.11亿元，突破了万亿元，比上年增长了19.09%，是1980年GDP的46倍。但河北省经济增长主要依赖于资源型产业（能源和原材料工业）的发展，从表9-2中可以看出，在工业增加值中，2005年资源型产业占将近90%，其他工业贡献率仅占10%。资源型产业是国民经济的基础产业，为其他产业的发展奠定了良好的基础，但其本身耗能高，对环境影响大，尤其是吸纳劳动力少，不利于城市化水平的不断提高。

由于河北省自然资源禀赋和经济区位等比较优势明显，从而吸引了大

量资本向资源型产业集聚,导致了资源型产业的超常发展,而资源型产业增长所带来的收入又被不断地投入到自身的发展中,形成内循环。在这种内循环模式下的工业化便是以资源型产业为主体的工业化,不是通过消费需求的扩大和升级形成的,因而带有明显的内向性和嵌入型特征,从而使得河北省工业布局及演变形成僵化的路径依赖。

表9-1　　　　河北省GDP总量及增长速度(2000~2005)

年份	1999	2000	2001	2002	2003	2004	2005
GDP总量	4514.19	5043.96	5516.76	6018.28	6921.29	8477.63	10096.11
增长速度(%)	—	11.74	9.37	9.09	15.00	22.49	19.09

资料来源:2006年中国统计年鉴。

表9-2　　　　规模以上工业企业总产值和增加值(2005)

项目	工业总产值(亿元)	工业增加值(亿元)	工业增加值占全省总计的比重(%)
全省总计	11007.98	3219.00	100
煤炭开采和洗选业	292.96	119.91	3.73
石油和天然气开采业	263.56	158.94	4.94
黑色金属矿采选业	290.80	115.40	3.58
有色金属矿采选业	9.17	2.63	0.08
非金属矿采选业	27.61	11.96	0.37
农副食品加工业	493.12	104.68	3.25
食品制造业	232.36	52.93	1.64
饮料制造业	113.59	48.86	1.52
烟草制造业	54.22	33.15	1.03
纺织业	426.39	106.40	3.31
纺织服装、鞋、帽制造业	90.58	26.89	0.84
皮革、皮毛、羽毛(绒)及其制品业	228.97	63.69	1.98
木材加工及木、竹、藤、棕、草制品业	62.73	20.01	0.62
家具制造业	39.13	9.66	0.30
造纸及纸制品业	160.80	44.48	1.38
印刷及记录媒介的复制业	36.75	13.45	0.42
文教体育用品制造业	8.82	2.60	0.08
石油加工、炼焦及核燃料加工业	501.03	120.65	3.75
化学原料及化学制品制造业	585.55	144.64	4.49
医药制造业	215.43	66.24	2.06
化学纤维制造业	44.58	12.87	0.40

第九章 河北各市与京津的经济合作

续表

项　目	工业总产值（亿元）	工业增加值（亿元）	工业增加值占全省总计的比重（%）
橡胶制品业	75.72	24.25	0.75
塑料制品业	158.22	48.52	1.51
非金属矿物制品业	451.55	147.11	4.57
黑色金属冶炼及压延加工业	3437.06	889.12	27.62
有色金属冶炼及压延加工业	148.04	33.46	1.04
金属制品业	305.96	85.95	2.67
通用设备制造业	281.77	84.22	2.62
专用设备制造业	208.05	52.30	1.62
交通运输设备制造业	336.81	91.53	2.84
电气机械及器材制造业	265.60	73.33	2.28
通信设备、计算机及其他电子设备制造业	57.06	25.14	0.78
仪器仪表及文化、办公用机械制造业	20.07	8.19	0.25
工艺品及其他制造业	28.14	8.85	0.27
废弃资源和废旧材料回收加工业	2.97	0.49	0.02
电力、热力的生产和供应业	1025.54	354.45	11.01
燃气生产和供应业	10.77	5.67	0.18
水的生产和供应业	16.50	6.40	0.20

资料来源：2006年中国统计年鉴。

（二）工业化处于中期阶段

如果从三次产业构成来判断一个区域工业化水平的话，一般而言，在一个区域内，当第一产业比重小于20%，第二产业比重高于第三产业比重时，工业化进入中期阶段；当第一产业的比重降低到10%左右，第二产业的比重上升到最高水平，工业化到了后期阶段。按照这个衡量标准，从河北省的三次产业构成来看（见表9-3），2005年河北省三次产业比为：14.89∶51.83∶33.29。据此判断，河北省目前处于工业化的中期阶段。

从历年三次产业构成数据来看，河北省第二、三次产业占GDP的比重总的来说一产所占比重呈逐年下降趋势（见图9-1）。从"十五"期间的数据来看，二产所占比重要比三产所占比重高出30多个百分点，可以预计在未来相当长的一段时期内第二产业仍将在河北国民经济中占据主要地位，第三产业比重超过第二产业比重还需要一个相当长的时间。

表9-3　　　河北省三次产业构成数额和比例（1978~2005）

年份	三次产业增加值（亿元）			三产比（%）		
1978	52.20	92.38	38.48	28.52	50.46	21.02
1979	61.11	101.76	40.35	30.07	50.07	19.86
1980	68.09	105.88	45.27	31.06	48.29	20.65
1981	71.03	103.15	48.36	31.92	46.35	21.73
1982	85.59	107.83	58.03	34.04	42.88	23.08
1983	102.10	114.89	66.22	36.05	40.57	23.38
1984	111.46	145.84	74.92	33.55	43.90	22.55
1985	120.34	184.26	92.15	30.33	46.44	23.23
1986	123.45	207.28	105.92	28.27	47.47	24.26
1987	137.66	255.97	128.29	26.38	49.04	24.58
1988	162.31	323.40	215.62	23.14	46.11	30.74
1989	196.35	374.92	251.56	23.86	45.56	30.57
1990	227.89	387.52	280.92	25.42	43.23	31.34
1991	236.89	459.91	375.27	22.10	42.90	35.00
1992	257.08	573.15	448.27	20.11	44.83	35.06
1993	301.68	847.92	541.24	17.84	50.15	32.01
1994	451.91	1053.12	682.46	20.66	48.14	31.20
1995	631.34	1322.77	895.41	22.16	46.42	31.42
1996	700.94	1664.61	1087.42	20.30	48.21	31.49
1997	761.76	1934.38	1257.64	19.27	48.92	31.81
1998	790.60	2084.33	1381.08	18.58	48.97	32.45
1999	805.97	2243.59	1519.63	17.64	49.10	33.26
2000	824.55	2514.96	1704.45	16.35	49.86	33.79
2001	913.82	2696.63	1906.31	16.56	48.88	34.55
2002	956.84	2911.69	2149.75	15.90	48.38	35.72
2003	1064.05	3417.56	2439.68	15.37	49.38	35.25
2004	1333.57	4301.73	2842.33	15.73	50.74	33.53
2005	1503.07	5232.50	3360.54	14.89	51.83	33.29

资料来源：2006年《河北经济年鉴》。

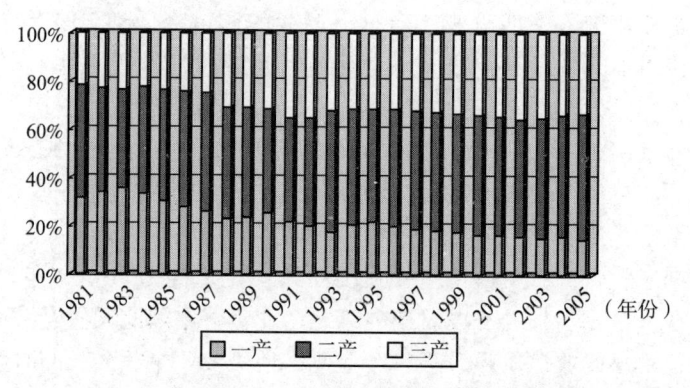

图9-1　河北省三次产业结构图（1978~2005）

第九章　河北各市与京津的经济合作

（三）地处东部沿海，经济发展内向化

河北省地处东部沿海地区，境内拥有487.3公里长的海岸线，1167.9平方公里的潮间带，132个海岛，3个临海城市，5个临港开发区，3个已成规模的海港[①]。但从其经济发展水平和对外贸易依存度等指标来看（见表9-4），远远落后于山东、江苏等东部沿海省份，且不具备东部沿海省份的经济发展特征，呈现出地处东部沿海、经济发展内向化的特征。

表9-4　河北省与东部沿海省份的部分经济指标比较（2005）

经济指标	河北省	山东省	江苏省
GDP总量（亿元）	10096.11	18516.87	18305.66
人均GDP（元）	14782	20096	24560
人均地方财政收入（元）	752.74	1164.9	4192
城市居民可支配收入（元）	9107.09	10744.79	12319
农民人均纯收入（元）	3481.64	3930.55	5276
三产比	14.89:51.83:33.29	3.5:64.7:31.8	7.98:56.57:35.45
对外贸易依存度（％）	12.73%	32.37%	99.62%

注：对外贸易依存度=进出口总值/国内生产总值，按照1美元=8元人民币来计算。
资料来源：河北省、山东省、江苏省统计年鉴。

（四）"一线"[②] 相对发达，"两厢"[③] 相对落后

2004年，河北提出了加快发展石家庄、保定、廊坊、唐山、秦皇岛"中间一线"，积极推进邯郸、邢台、沧州、衡水和张家口、承德"南北两厢"的区域发展战略。从"一线两厢"的经济发展状况来看（见表9-5），"一线"地区相对发达，五市总面积占全省的53.28%，2005年人口和经济总量五市分别占全省的50.27%和59.42%，是河北省经济发展的核心地带。而南北"两厢"则相对落后，"南厢"四市面积占全省16.05%，2005年人口和经济总量分别占全省38.71%和32.89%，属于河北省相对欠发达地区。"北厢"两市面积占全省30.67%，而人口和经济

---

① 资料来源：http://www.coi.gov.cn/difang/hebei/。
② "一线"是指石家庄、保定、廊坊、唐山、秦皇岛五市。
③ "两厢"包括南厢（邯郸、邢台、衡水、沧州）和北厢（张家口和承德）。

总量仅占全省11.02%和7.69%，是全省最落后的地区。河北省内部形成了三大不同发展水平的经济区域。

表9-5　河北省"一线两厢"三大经济区域比较（2005）

	面积所占百分比（%）	人口所占百分比（%）	经济总量所占百分比（%）
"一线"地区	53.28	50.27	59.42
"南厢"地区	16.05	38.71	32.89
"北厢"地区	30.67	11.02	7.69

资料来源：2006年《河北经济年鉴》。

（五）城市基础条件好，但城市化水平低

河北省十一个地级城市，除廊坊外均是区域经济的中心，腹地广阔，负有带动区域经济发展的使命，又绝大多数处于交通干线上，交通便捷。很多城市更是历史悠久，文化底蕴深厚，旅游资源丰富。邯郸、邢台曾为历史古都，保定、张家口、承德曾为省会城市，秦皇岛、沧州声名远播，唐山更是中国近代工业的摇篮。唐山、秦皇岛、沧州三市地处渤海湾，为天津滨海新区之两翼。廊坊位于京津塘发展轴的中心位置，当与京津并驾齐驱。衡水地处东南，京九铁路的建成彻底改变了其偏安一隅的区位，有望化边缘为中心，成为冀鲁交界地区的中心城市。石家庄虽是一个新兴城市，但作为河北省的省会和中国的交通枢纽，具有其他城市所不可企及的政治资源和区位优势。十一个城市如星罗棋布，拱卫着京津，支撑着京津，但自身发展却不尽如人意，不仅经济规模小，人口规模也不大，对区域经济发展的带动作用不明显。造成这种状况，既有体制政策方面的原因，也有观念和战略方面的原因。

城市化是伴随着工业化、市场化，引致的农村人口向城市转移和集中的过程。城市化水平是衡量一个区域经济社会发展水平的重要指标。城市化发展过程可分为三个阶段，即城市人口占区域总人口的比重在30%以下时，属于初级阶段；城市化水平在30%~70%之间时，属于中级阶段；70%以上时属于高级阶段。按照这个衡量标准，2005年河北省的总人口6851万人，其中城镇人口为2582.2万人，城市化水平为37.69%，处于城市化中级阶段的初级水平，也低于全国城镇化的平均水平（42.99%）

第九章 河北各市与京津的经济合作

(见表9-6)。

表9-6 河北各市城市化水平和城市规模情况（2005年）

地级市	总人口（万人）	城镇人口（万人）	城市化率（%）	中心城区非农人口（万人）	人口规模排序（全国）
石家庄	960.6	395.3	42.62	224.15	19
唐山	726.5	329.5	46.12	165.82	27
邯郸	865.6	329.1	37.77	122.19	44
保定	1073.5	347.6	31.83	88.53	64
秦皇岛	287.7	118.7	42.60	77.63	74
张家口	418.1	163.9	36.39	71.98	82
邢台	679.6	235.2	34.84	56.36	126
沧州	684.6	242.4	35.40	46.62	150
廊坊	396.1	158.1	40.39	44.52	157
承德	336.9	115.7	32.03	34.34	219
衡水	421.8	146.6	35.10	25.60	295
河北省	6851	2582.2	37.69		
全国	130756	56212	42.99		

资料来源：河北省统计局《河北 指标 位次》2006年。
国家建设部城乡规划司《2005年全国设市城市及其人口统计资料》。

二、河北省的优势

尽管河北省在整个京津冀区域内相对处于弱势地位，在与京津产业联系与经济合作过程中存在着诸多问题和制约因素，但河北省也具有很多优势，并对京津冀区域的发展发挥着不可或缺的作用。

（一）地理位置独特，具有区位优势

河北省内环京津，外环渤海，地理位置独特，同其他内陆省份甚至沿海省份相比具有区位优势。河北省地处我国东北、华北、西北、中南和东南五大经济区的咽喉之地，历来是我国陆路交通运输的枢纽，是我国煤炭调运的要道。在京津冀区域内，一方面可以以较低的成本吸纳京津的先进科技资源，承接京津两地的产业转移；另一方面也可借助陆路和海路运输通道，将河北省建设成为重要的支撑中国经济快速发展的发达地区。

（二）资源丰富，有比较坚实的产业基础

河北省是我国的农业和基础原材料工业大省，其资源非常丰富：肉类、棉花、蔬菜、蛋、奶、果品等主要农产品产量，钢材、水泥、棉纱、生铁、化学原料、原盐、化肥、发电量等主要工业产品产量均在全国位居前列。已经建成了一批国家级的农副产品生产基地，形成了粮油、肉类、乳制品、饮料、果酒等食品加工生产体系；建成了一批钢铁、建材、化工等基础原材料工业基地；拥有了许多大型骨干企业，如唐钢、邯钢、太行水泥、常山纺织、华北制药等。在农业和传统制造业如冶金、化工、建材、食品等产业上在全国具有较强的竞争力，是我国制造业信息化示范省。河北省丰富的资源和雄厚的基础产业优势为京津冀整个区域食品供应提供了有力保障，为发展现代加工制造业奠定了坚实的基础。

（三）拥有丰富的素质较高的劳动力资源

河北省是人口大省，劳动力资源丰富，每年都有上百万人员进入京津务工。相对而言，北京和天津聚集了全国各地的人才，但是相对缺乏具有一定文化水平、成本低廉的劳动力，而河北省这种类型的劳动力资源非常丰富。河北省和京津两地在人力资源上可以形成良性资源互补。充裕的劳动力资源不仅对于河北省经济社会的发展具有重大影响，而且对于整个京津冀区域的崛起产生着积极作用。

（四）拥有丰富的旅游资源和生态资源

河北省自然旅游资源较为丰富，是全国唯一兼有海洋、平原、山地和丘陵的省份。拥有小五台山、雾灵山、嶂石岩、苍岩山、白洋淀、衡水湖、北戴河、坝上草原等自然景观。河北各大城市历史悠久，具有丰富的人文旅游资源，承德的避暑山庄是世界上现存规模最大的古代皇家园林，遵化清东陵与易县清西陵是全国规模最大的帝王陵寝，万里长城横穿河北全境，长达2000多公里。另外，绚丽多彩的民俗文化和民间艺术也是河北省旅游资源中不可或缺的重要部分。如定窑、邢窑、磁州窑和唐山陶瓷是中国历史上北方陶瓷艺术的典型代表。蔚县剪纸、廊坊景泰蓝、曲阳石雕、衡水内画鼻烟壶、易水古砚、武强年画、丰宁布糊画、白洋淀苇编、

第九章 河北各市与京津的经济合作

辛集皮革、安国药材等名扬中外;河北梆子、老调、皮影、丝弦等富有特色;沧州武术、吴桥杂技、永年太极、保定健康长寿之道独具魅力等等。丰富的旅游资源为河北省与京津之间展开"无障碍旅游"奠定了坚实的基础。

同时,河北省拥有丰富的生态资源。河北的北部和西部山区是京津天然的生态屏障,东南部黑龙港低平原区既是粮食主产区,为京津及各大城市提供了大量优质农产品,又是京津两市和河北各市的蓄洪、泄洪集中地,为京津等城市提供了安全保障。河北省承担了京津冀区域70%以上的地表水源保护区、水土保持区、自然保护区、蓄洪滞洪区等生态功能服务区,承担着京津日趋艰巨的生态安全保障任务。这些生态资源的存在为京津经济社会的发展发挥了巨大作用,对于河北与京津之间的产业联系与经济合作的维系也起到了至关重要的作用。

(五) 港口资源发展潜力巨大

在京津冀区域内长达640公里长的海岸线上,分布着四大港口,其中三大港口秦皇岛港、唐山港、沧州港均位于河北省境内。近年来三大港口的货运吞吐能力不断快速增长。据最新数据统计,截止到2006年11月30日,河北省港口货运吞吐量首次突破了3亿吨大关,累计完成30826万吨,同比增长了24%。这是继2004年底首次突破2亿吨后,河北省港口货物吞吐量实现的又一次历史新跨越。三大港口中,唐山港(含曹妃甸港区)增速最快,全年完成4730万吨,同比增长58%;秦皇岛港和沧州港也保持了较快增长。未来五年内,河北省将进一步加快港口资源的整合,投资229亿元,重点打造这三大超亿吨大港;建设全国最大的输煤港口群;建成华北地区乃至环渤海地区最重要的能源、原材料中转、接卸基地;建成华北地区最大的矿石、原油接卸中转中心。最终,形成布局更趋合理、港口泊位结构总体得到改善,港口功能进一步提升的港口群体系。潜力巨大的港口资源对于促进河北省发展外向型经济、促进京津冀区域生产力布局的调整、促进河北与京津之间的产业联系与经济合作都将产生深远的影响。

三、加强与京津经济合作的战略构想

在经济全球化和市场化改革的双重作用下，国内各地区间的要素流动和产业转移范围日益扩大，相互之间的经济依存和互动效应逐步加深，区域经济一体化进程不断加快。加强区域经济合作将成为我国未来经济社会发展的新战略、新趋势、新动力。为落实科学发展观，促进经济社会全面协调可持续发展，国家把京津冀区域规划纳入"十一五"规划体系，区域经济合作将向更深层次发展。河北各市应抓住这次难得的机遇，制订或调整发展战略，积极促进经济合作，加强与京津间的产业联系，缩小与京津之间在经济发展方面的差距，提升在京津冀区域中的地位。本章结合京津冀发展和合作的现状，提出"接轨京津、错位发展、联合图强、合作共赢"四大战略构想：

（一）调整结构，实现对接

根据产业梯度转移规律，一个区域不同地区间的产业转移需要具备一定的经济梯度，相对发达的地区可以将在本地区相对落后或不再具有比较优势的产业转移到其他与该地区存在一定产业梯度的地区，促使这些相对落后的地区提升自身的产业层次和经济发展水平，从而实现整个区域经济的协调发展。

在京津冀区域内，河北省与京津之间确实存在着经济梯度，但这种经济梯度落差过大，形成了河北与京津之间的产业"悬崖"，不利于京津向河北境内进行产业转移。面对这种现状，河北省的当务之急是要从传统被动的"服务京津"向主动的"融入京津"、"接轨京津"转换，创造条件，积极构筑与京津产业衔接的"缓坡"，弥补与京津产业的梯度落差，承接京津两地的产业转移。抓住一切可能的机遇，努力增强自身的经济实力，从而实现与京津之间的产业对接。

落到实处，当前河北各市一方面应该大力推进工业结构的调整，以科技创新和京津的人才为依托，通过发展制造业尤其是装备工业的发展，加快工业化步伐；另一方面，通过产业集中布局，促进城镇化水平的快速提

第九章 河北各市与京津的经济合作

高,缩小与京津的经济发展差距。只有搭建与京津之间的产业合作平台,才能不断地寻求产业发展与合作的机遇,实现与京津之间的产业对接,更好地促进京津冀区域的共同发展。

(二)合理分工,错位发展

相对于京津的发展优势,河北各市应该采取"错位发展"的战略思路,扬长避短,发展一些"你无我有、突出特色"的产业。具体而言,河北各市要立足于资源优势和产业基础,打造特色产业和功能性城市。一是进一步巩固农业的基础地位,增强农业综合竞争力。大力发展生态农业、绿色农业、创汇农业和城郊型经济,培育一批有特色的农业产业集群。进一步开拓京津的农产品市场,生产出更多的无污染精细蔬菜、高档果品、畜禽产品和花卉产品等,使之发展成为京津两地的优质农产品基地。二是加大技术改造力度,加快工业信息化进程,大力发展循环经济,走新型工业化道路,做强传统优势产业,改造提升钢铁、建材、化工等传统产业,推进传统材料向新型材料产品的转换和原料初加工向精深产品制造的转换;巩固提高优势加工制造业,培育和增强医药、机械装备、食品、纺织服装等优势加工制造业的核心竞争力。三是培育发展生物技术与新医药、电子信息、新材料等高新技术产业。四是继续发展基础能源工业。五是进一步改组改造传统服务业,发展以信息、金融、会计、咨询为代表的现代服务业,提高服务业的整体水平;积极发展需求潜力大的物流、房地产、物业管理、旅游、教育、文化体育等新兴服务业,形成新的经济增长点。

依托京津冀各自特有的发展条件和比较优势所确定的合理分工是构建区域产业合作的基本前提,也是取得未来发展持久优势的根本所在。合理分工要依据区域整体发展的要求,确定每个城市的产业发展方向,确定具有众多城市特色的产业和产品,确定重点产业在不同城市的主攻方向。目前京津冀产业合作主要以垂直型分工为主,即以一个或多个制成品为核心建立相应的与之互补、依附性强的产业合作,这是发达地区与欠发达地区合作的主要方式。未来应着力推动这种垂直型分工向水平型分工转变,即按照生产要素的优劣条件,发展具有地区优势的产业和产品。

京津冀区域合作的动因在于各城市功能之间的互补。作为城市群和联系紧密的区域,对外才能形成整体竞争力。作为区域性中心城市,每一个城市都有自身的中心区和辐射区域。但作为城市群的一部分,每一个城市都相当于城市群的一个功能区,即不同城市和不同区域承担不同的功能,沿着在区域内分工的方向发展,每个城市必须要有自己相对明确的功能与定位。在明确京津冀区域产业发展总体方向的基础上,河北省各个城市应该根据自身的优势和特点,努力建立起既符合市场竞争规律又能发挥各个城市比较优势的产业结构,形成城市间的合理分工。这是构建区域产业合作的基本前提,也是取得未来发展持久优势的根本所在。

(三)优势互补,竞争图强

区域经济合作的基本条件之一就是区域内各城市发展的互补性。京津冀各城市之间生产要素和资源禀赋存在着较大的差异。河北省拥有自然资源和劳动力资源优势,北京和天津则拥有资金、技术、信息、人才、市场等方面的优势。世界各国区域经济发展的实践证明,任何一个区域的发展壮大,都不是一个城市孤立成长发展起来的,需要城市间的相互依托和优势互补,竞争图强。

目前,从京津冀各市的发展条件看,各市已经具备了很好的产业合作基础。河北省应该将自身的优势和京津的产业特点有机结合起来,找到与京津合作的切入点,取长补短,联合协作,促进京津冀区域整体经济的迅速发展。具体而言,一是发挥区位优势,化解经济发展水平的落差和规模劣势,充分利用京津的人才资源和高科技成果,壮大和振兴装备工业。二是可以凭借自身丰富的资源吸引京津企业联合开发。三是可以凭借自身的优势产业来实现与京津的联合,通过出售产权、股权等方式与京津企业合作,增强企业实力。四是充分利用京津两市日益扩大的消费市场,发展京津需要的深加工农产品和日用工业品,积极支持企业在京津两市设立连锁店和分公司、办事处等。五是向京津的许多大型制造企业提供配套产品,延伸京津的产业链条,如为京津提供装备工业所需钢铁原材料等;建立汽车零部件的生产基地,为京津汽车工业提供精品零部件;积极发展石化深加工产品,建立石化深加工基地等。

(四)更新观念,合作共赢

区域经济一体化的发展能够促进区域内资源的优化配置,能够给区域内

第九章 河北各市与京津的经济合作

各个地区和部门带来共同的利益,是增强区域竞争力的一种手段和务实的选择,因此是应对经济全球化的发展战略。区域经济一体化的实质就是从行政区划为特征的行政区域格局向以产业互动为基础的经济区域整合的转变。当前,在京津冀区域内,各省市各自为政、自成体系、从地方的经济利益出发来考虑问题的现象十分普遍,在这一点上河北省也不例外,这是导致河北省与京津之间难以深入地展开产业联系与经济合作的重要原因之一。

随着国家把京津冀区域规划纳入"十一五"规划体系,区域经济合作将向更深层次发展,河北省应该进一步解放思想,更新传统的陈旧观念,以促进区域快速发展为总体目标,大力倡导"接轨京津、错位发展、竞争图强、合作共赢"的理念,把提升京津冀区域整体竞争力视为自身必须承担的重要任务,树立"一荣俱荣、一损俱损"的区域观念,逐步消除阻碍区域内生产要素和商品自由流动的体制性障碍和各种行政壁垒,在加强联合中谋求自身和整个区域经济的共同发展。要突破京津的"护城河",必须先撤除自己的"土围子"。因此,河北各市要有开放的眼界和共同发展的心胸,只有这样,才能实现河北经济社会的全面快速发展,才能在日益竞争的世界经济格局中使京津冀区域占有一席之地。

另外,由于长期受政治、历史、文化等诸多因素的影响,河北省长期处于从属京津的地位,在制定全省的发展规划、与京津进行产业联系与经济合作过程中,往往自觉不自觉地把自己放在从属于京津的位置上来考虑问题。未来随着与京津产业联系和经济合作的深入,河北省应该努力摆脱这种"从属"心态,更新观念,树立起在京津冀区域内"繁荣看京津、发展看河北"的信心,在坚持促进区域整体经济快速发展的大前提下,立足于自身的优势,努力提升河北各市在京津冀区域内的经济地位,与京津形成共同发展的新局面。在不断加快自身经济社会全面快速发展的过程中,进一步加深与京津之间的产业联系与经济合作,增强京津冀区域经济的整体竞争力。

四、与京津产业对接的基本思路

河北省在与京津的产业对接上并非铁板一块,依据京津冀区域的空间布局和河北各市的经济层级、产业发展状况以及地理位置等因素的不同，河北各市在实现与京津的产业对接上可以划分为四大类型。第一类是石家庄。石家庄是河北省的省会、全省的第一大中心城市。在京津冀空间布局上，石家庄需要提升城市经济层级，真正成为京津冀区域内的第三大中心城市，与京津形成"三足鼎立"的局面。第二类是环京津地区，包括保定、廊坊、沧州、唐山市，这一区域从地理位置上围绕京津，处于京津的辐射范围内，应率先实现与京津的一体化，发展为京津的卫星城。第三类是河北南部地区，包括衡水、邢台和邯郸。这一地区距离京津相对较远，处在京津两市辐射的边缘区，既是本区域的经济中心，也可作为石家庄的腹地，接受石家庄市的辐射和带动。第四类是环京津生态旅游区，包括承德、秦皇岛、张家口市，三市既是本区域的经济中心，带动着本区域经济社会发展，又承担着京津生态安全保障的任务。位于不同类别的城市在实现与京津产业对接上应有不同的发展思路。

（一）石家庄

石家庄市介于京津两市辐射区的边缘，既有接受京津两市辐射的优势，又有自身的腹地，具有要素集聚和规模扩大的潜力，有可能在短期内发展成为京津冀区域的仅次于京津的大城市，成为京津大都市的二传手，向冀中南地区辐射，带动冀中南地区的发展。石家庄市的快速发展，使京津冀区域内的"两极"或"单边"变为"三极"和"多边"，变"双城记"为"三城记"。

石家庄是河北省的省会，居京津冀的中心地带，素有"南北通衢、燕晋咽喉"之称。石家庄市具有发达的公路、铁路、航运基础条件，是以医药、纺织、农副产品加工、商贸物流等产业为主的综合型城市，是京津冀城市群的重要组成部分，是京津冀区域经济发展的第三大支撑点。但近年来，由于未抓住发展的机遇又缺乏战略上的把握，无论城市规模和产业发展都比较缓慢，甚至赶不上西部地区的省会城市。其经济实力与京津冀第三大中心城市地位不相匹配。未来河北省要搭建"高台"与京津进行"平等对话"，关键就在于石家庄的崛起。而石家庄崛起的关键在于要克服自身城市规模偏小和产业层次偏低的两大缺陷。为了提升城市经济层级，在较短时间内迅速发展成为河北省最大的综合性服务业中心城市，托

第九章 河北各市与京津的经济合作

起京津冀区域倾斜的一角。我们建议石家庄从以下几个方面采取措施:

第一,扩大城市的规划范围,努力拓宽经济腹地。石家庄一个致命的缺陷在于其城市规模偏小。石家庄是我国东部沿海省会城市中规模较小的城市之一,在京津冀区域内,与京津的城市规模差距很大,难以与京津并驾齐驱。所以石家庄要崛起,成为京津冀区域内的第三极,当务之急是要扩大自身的城市规模。首先,要扩大城市的规划范围,可以考虑把正定、鹿泉、栾城、藁城等周边县城纳入到石家庄规划区,形成以现有城区为主城区,周边县城作为卫星城区的多中心组团城市结构。主城区以商贸会展、文化教育、金融保险、餐饮服务、房地产等三产为主,在开发区和卫星城发展医药、纺织、高新技术、建材等产业集群的空间布局。其次,石家庄要努力拓宽自身经济腹地的范围。由于石家庄位于京津的南部,位于石家庄北部的城市均处于京津的辐射范围之内,石家庄的经济腹地主要包括衡水、邢台地区。未来石家庄可以进一步努力拓宽自身的经济腹地范围,由冀中南地区拓展到晋东、鲁西北等地区。当然经济腹地的扩大不是人为划分可以达到的,而是建立在强大的经济实力基础之上的。

第二,提升主导产业层次,实现与京津产业对接。石家庄要提升城市经济层级,在较短时间内迅速发展成为河北最大的综合性服务业中心城市,关键还在于增强自身的经济实力,以提升产业层次为基点,做强做大主导产业,实现与京津产业的对接。从其产业发展现状来看,目前支撑石家庄经济发展的产业主要有医药、纺织、商贸、农副产品加工和钢铁等产业,它们对全市 GDP 的贡献很大,但产业层次很低。

医药产业是石家庄的第一大支柱产业,在全国 7 个医药工业城市中名列第二。但石家庄的医药产业以化学原料药为主,产品附加值偏低,在技术创新和深加工方面有待进一步加强。相比较而言,北京医药科研基础和研发能力强,在生物医药、医疗器械等价值链高端领域具有明显的实力。天津生物技术研发能力较强,国际化水平较高,在现代中药、生物制药等领域形成一定的优势。但京津由于土地、水等资源的缺乏以及劳动力成本上升等因素的限制,不宜构建大规模的生产加工基地,而石家庄在这方面具有很大的优势,三方可以形成互补。石家庄应充分利用京津的生物医药资源和科研力量,凭借在土地和资源方面的优势,加强区域合作,形成医药产品的生产加工基地。同时,在与京津的合作过程中,通过引进专业技术人才、引进京津先进技术等手段不断提高自身的研发和创新能力。另外，在专业服务体系上，石家庄也要积极纳入京津冀医药产业服务体系。共同建立医药专业服务机构、风险投资（创业）机构、信息技术人才交流中心等各类服务机构，提高服务水平。

石家庄的商贸物流产业基础雄厚。具有发达的公路、铁路、航运基础条件，是我国北方地区重要的客、货中转站，是全国三大铁路枢纽之一和环京津地区最大的货运空港，高速公路拥有量居全国第一；石家庄火车站是全国三大货物编组站之一，民航机场是国家批准的国际口岸机场。和郑州一样是连接京沪、京广、京九、同柳（大同—柳州）四条南北铁路大动脉的交通枢纽。石家庄还是国务院批准定为"华北重要商埠"的城市。在河北省境内共有30个超大规模的商品市场，其中有9个在石家庄。相比而言，京津的商贸物流业同样十分发达，但各自具有不同的比较优势和发展方向。北京具有空港优势，未来积极推进国际物流和航空物流。天津具有海港优势，主要依托天津港和天津市的优势产业，建设生产资料、工业消费品、食品三大商贸物流基地。而石家庄的优势则在于公路、铁路运输的优势，同时还具备仓储优势。其目标是建设成为华北地区重要的商贸物流中心城市。三座城市的商贸物流业具有不同的发展层次、市场结构和发展方向。未来石家庄应该进一步整合资源、调整布局、扩大开放，与京津形成错位发展，互补合作，将本市发展成为集商贸、物流、购物中心为一体的、具备现代化市场体系的华北地区重要的现代物流中心。

石家庄的高新技术产业经历了从无到有的过程，现在具备了一定的电子信息产业基础，信息产业基地初具规模，具备较强的研发优势。其生物技术与现代医药、机电一体化和电子信息产业在全国有一定地位和影响力，在与京津的电子高科技产业方面的合作具有很大的空间。未来，石家庄市要扩大高新技术产业的影响和高新技术产业在经济发展中的支撑地位，应围绕电子信息、生物技术与新医药、新材料、新能源与高效节能技术、环保产业、现代农业等领域，创新、引进一批先进技术，加快国家生物产业基地、石家庄信息产业基地、半导体照明产业基地、河北软件工业基地建设，重点抓好高新技术产业示范工程和重大项目，加大用高新技术改造传统产业力度。在与京津相关产业对接中，一方面可以凭借土地和劳动力资源的优势，在石家庄建设协作配套基地，生产相关零部件与京津进

第九章 河北各市与京津的经济合作

行产业配套；更重要的是要进一步加强自身的研发能力，在与京津的合作中进行相关的研发工作，进入高新技术产业链条的核心环节。

纺织服装业是石家庄市传统支柱产业之一。目前，纺织行业拥有重点工业生产企业52家。其原料布生产在国内市场上具有举足轻重的地位。从京津冀区域的纺织服装业发展情况来看，京津的纺织产业已经从全面发展棉、毛、化纤等产品转向专攻服装生产、家纺装饰以及产品用纺织品。京津在高档服装设计、生产和加工上具有强大优势，在国内外都具有广阔的市场。而石家庄在生产优质棉纺、印染等织品方面具有优势。未来，石家庄可以根据京津市场的需求，按照"大规模、高档次、新技术、外向型"的产业定位，攻克纤维纺纱织造、服饰面料印染、纺织面料功能整理、绿色环保产品生产等四大关键技术，吸引京津纺织服装企业以及国内外服装企业到石家庄建立生产基地，形成较为完整的上下游纺织服装产业链条，构建以棉纺织、印染为主，兼有化工化纤、毛纺、针织、服装及纺织机械器材等门类齐全的纺织工业体系。同时依托已有的纺织服装生产企业，凭借优势劳动力资源和土地资源，建设国内外具有著名品牌的服装生产和加工基地。

在石家庄发展农副产品加工业具有得天独厚的优势。农副产品资源丰富，是全国著名的粮棉主产区。在全国享有盛名的有赵县的雪花梨，藁城、晋州、辛集等的鸭梨，赞皇的大枣、胡桃，元氏大红袍，平山、井陉、获鹿等地的干鲜果品等，丰富的农副产品资源为发展农产品加工业提供了良好的基础。目前石家庄的农副产品加工业所存在的主要问题是这些农副产品多为初级产品，缺乏精美的包装和产品的深加工，农产品的附加值很低。从京津的情况来看，随着两市第二、三产业的不断升级，第一产业逐步萎缩，对农副产品的需求主要依靠河北省来满足，其中石家庄是供应京津农副产品的大户。为了提高农产品的附加值，未来石家庄应该在更广泛的层面上与京津地区的农副产品加工龙头企业展开合作，吸引更多的京津食品加工、饮料等企业到石家庄投资建厂，进一步改进农产品深加工技术和工艺，提升本地农产品的深加工水平，提高农产品的附加值，在更高的层次上满足京津对农副产品的需求，从而提升京津石之间的第一产业合作水平。

第三，注重城市品位，打造城市品牌。为了提升城市经济层级，实现与京津产业对接，除了要扩大城市规模、提升产业档次，增强经济实力以外，还要注重城市的品位，打造城市品牌。石家庄应在特色和品位上做文章，新兴城市要独具特色，新型城市要有高的品位。打造城市品牌，就是要努力提升自身的知名度。这也是实现与京津平等对话、提升城市层级的不可忽略的措施之一。

具体做法上，第一步，学习大连市的经验，美化自然环境，优化人文环境，提升和改进石家庄市的形象；第二步，中心城区要腾笼换鸟，把钢铁、焦化企业及批发市场迁移到周边县城；第三步，改变"摊大饼"的城市发展模式，向空中和地下要空间，建设石家庄市的CBD。随着外部环境的改善，石家庄要进一步提升层次，可以借鉴青岛市的做法，做强做大代表城市形象的企业和产品品牌，以产业结构调整和主导产业的发展作为推动城市水平提高的永久动力。

（二）环京津地区

环京津地区，包括保定、廊坊、沧州、唐山四市，这一区域在地理位置上紧紧围绕着京津，处于京津的经济辐射范围内，原则上作为京津卫星城来谋求发展。

其中，保定和廊坊在汽车零部件、高新技术等产业方面具有较强的优势，可以与北京的相关产业实现对接。北京的汽车、微电子、光机电一体化机械制造等产业是今后的产业发展重点，但由于土地、水等资源的缺乏以及劳动力成本上升等因素的限制，不可能有完备的、大规模的生产加工基地、协作配套基地。廊坊、保定及其下属县级市，是京津经济辐射体系中的重要节点。应充分利用这种有利条件，吸纳和集聚京津的技术、人才和资金，重点发展技术密集型的新型接续产业，形成现代制造业的零部件配套加工基地，逐步建成环京津高新技术和外向产业集群。

沧州和唐山位于天津的两侧，与天津滨海新区一起构成渤海湾重化产业区。从区位条件和港口条件看，这一产业区正好符合临海型重化工业发展模式，并同时具有发展海洋运输、滨海旅游、海洋产业等得天独厚的优势。两市最具绝对优势的是其拥有的海上交通与运输资源，除天津港以外，包括曹妃甸、京唐港两港区的唐山港和沧州港也是华北和西北地区的重要货运通道和对外口岸。曹妃甸是中国北方最大的天然良港，低成本的

第九章　河北各市与京津的经济合作

海运,为京津冀重化工业布局向沿海转移、向临港集聚创造了重要条件。值得考虑的是曹妃甸的优势"在港而不在岛",不能过多的在"岛上"做文章。要借助曹妃甸港口的建设拉动唐山和沿海地区的经济发展,建议在临近曹妃甸港口的唐海和南堡规划临港新城,使之成为港口、产业、人口集聚的新的平台和载体。沧州市的经济重心也要向临海转移,改变有港无城的历史。借助保护基本农田、严格控制土地和东南沿海地区产业结构调整的机遇,吸引东南沿海地区的产业向临港地区集聚。唐山和沧州应该抓住发展良机,乘势而上推进产业重型化。借助港口和土地优势和天津滨海新区开发开放的机遇,通过改善投资软硬环境,促进沿海经济、海洋经济开发,与天津滨海新区进行密切合作,逐步形成以临海产业为主体的外向型渤海湾能源及重化工产业基地。

廊坊地处京津塘经济发展轴上,是京津两大都市的功能扩展区和产业集中地,未来的发展趋势是与京津并驾齐驱。因此,廊坊应通过改善投资环境,大力发展以电子信息、新材料、新医药等高新技术产业,积极推广运用信息技术和先进适用技术改造提升传统产业,发展汽车零部件和现代制造业、木材加工及家具制造、印刷包装等,打造"信息装备城"。

(三) 河北省南部地区

河北省南部地区主要包括衡水、邢台和邯郸。这一区域既是京津辐射的边缘区,又是华北平原的核心区。依据各市的产业发展情况,既要接受京津石的辐射和带动,又应成为本区域的经济中心,带动本区域的发展。之所以如此定位,一方面是因为与京津距离较远,受京津的影响和辐射较小,而自身有比较广阔的腹地,有条件化边缘为中心,使自身成为京广经济带上的重要节点城市;另一方面也应努力实现与京津产业的对接,以低梯度产业为主与环京津地区形成良性互补,沿京广、京九铁路和京深、京开高速公路进行特色经济开发。京广沿线重点发展能源、冶金、化工、建材、医药等传统优势产业和电子、通信、生物工程等高新技术产业;京九沿线立足产业结构的轻型化和高级化,着重体现县域经济特色,发展中小城市,建设轻型加工基地和优质农产品生产和加工中心,发展生态农业和高效农业。

邯郸市是晋冀鲁豫接壤区最大的城市。产业基础雄厚,属于重型工业为主的资源型城市，是我国"一五"到"七五"期间重点建设的冶金、能源、建材、纺织、化工、机电等工业基地，在河北省乃至全国都占有相当重要的地位。未来，在做强钢铁、煤炭、电力和建材四大传统支柱产业的基础上，培育壮大装备制造业、化学工业和高新技术等成长性产业，大力推进医药工业发展，建设中药现代化产业基地。在改造提升钢铁、煤炭、电力、建材、纺织、陶瓷等传统工业体系的基础上，大力发展文化、旅游等服务业。一方面，接受京津石的辐射；另一方面，倾力打造晋冀鲁豫交界区域的经济中心城市。

邢台市是以钢铁、建材、煤炭、化工等为优势的区域资源型工业城市。未来，邢台市要不断提升已有的资源加工型传统产业，大力延伸资源加工型行业的产业链条，适度发展煤炭开采业，提升钢铁产业的竞争力和产品附加值，壮大特色冶金加工行业，优化建材产品结构，打造做大做强纺织服装、农产品加工、医药、单晶硅、汽车及汽车零配件等优势和潜力产业。进一步提升商贸物流业，加快发展旅游业。

衡水市已经基本形成了以瘦肉型猪、肉奶牛、设施蔬菜、林果等特色农业为基础，金属制品、化工医药、汽车零部件、纺织服装、食品加工、林板林纸加工制造业有一定基础，丝网、皮毛、橡塑、钟表流通服务产业集群已经形成。未来，衡水要以打造"北方温州"为目标，努力以现有产业为基础，建设区域性轻工制造业和流通业中心。发展丝网、采暖制造、金属橱柜、焊管、橡塑、玻璃钢、酿酒、纺纱织布、汽车零部件等已具有相当发展规模的产业和产品；发展壮大金属铁塔、彩涂板、粮油加工、有机化学制品、化肥、基本化工原料、皮毛制品等优势行业和产品；培育做特精密铸造（汽车配件）、化学原料药、无公害农药、肉类屠宰和加工、果蔬加工、休闲方便食品加工、林板、林纸、服装加工贸易等行业及产品。

（四）环京津生态旅游区

这一区域包括张家口、承德、秦皇岛市。在发展过程中，这一地区要本着尽可能无污染、少污染的原则来发展相关产业。未来，要做好生态保护和补偿、装备工业、旅游业、城市化等几篇文章。其相应的功能定位有以下三方面：一是建成京津绿色食品生产供应基地。要发挥连接京津，沟

第九章　河北各市与京津的经济合作

通晋、蒙的区位优势，充分利用本地区独特的自然条件和区域内农用化学物质影响小的特点，满足京津对传统的牛羊肉、天然错季蔬菜、绿色食品、洁净食品的需求，成为京津鲜、活、绿色产品的主要来源地。二是建成京津核心区的绿色生态屏障，担当京津稳定的水源地和生态涵养区。三是大力发展山水型生态休闲旅游。目前，张承秦地区旅游业只能说是初具规模，还有很大发展潜力，应借助北京及周边地区的旅游资源，做好旅游景点的开发与整合，加快与北京旅游的项目对接、资金对接和市场对接，延伸"旅游产业带"，建成北京的后花园。四是发展和承接京津无污染、对环境要求高的产业，如装备制造业、工艺品、旅游纪念品等为旅游业服务的产业。

张家口地处河北的西北部，位于北京和天津的上风上水区，主要功能是生态保护重点区、农副产品供应区、机械加工基地和晋蒙冀交界区域的重要商埠。机械制造、钢铁、卷烟、制药产业有很好的产业基础，未来，应大力发展装备工业和特色食品加工业，推动旅游业和物流产业发展。发展无污染或轻污染工业，以农贸、食品饮料、毛纺、机械为支柱发展成为装备工业基地和独具特色的农牧产品加工基地，打造"生态装备城"。

承德地处河北东北部，是京津重要的生态涵养区、重要的旅游中心和农副产品供应基地，冶金、建材、食品、医药和电力工业有一定基础，未来应大力发展以历史文化和休闲度假为特色的旅游业以及食品饮料加工制造等一些占地少、污染轻、低耗高效的轻型加工业。打造"旅游食品城"。

秦皇岛市拥有全国最大的能源输出港和环渤海最好的海滨旅游度假区，和北京市处于同一纬度，其最大的资源是生态资源和海滨旅游资源，教育和会展是该市最有发展潜力的产业。未来，秦皇岛市将不仅仅成为京津冀城市群的一个功能区，而且有条件发展成为冀辽交界地区的中心城市，该市粮油食品加工、修造船及机械制造、金属压延及制造、玻璃制造及深加工、精细化工及石油加工业等有比较雄厚的产业基础。未来要重点依托滨海旅游资源和港口资源，发展出口导向型的产业，以旅游、文化教育会展、临港产业为支柱，重点发展起重机械、造船修船拆船、玻璃机械等行业，建设现代化的生态型国际滨海旅游城市、文化教育会展基地。

五、加强河北各市与京津经济合作的对策建议

(一) 河北省及各市应成立促进京津冀经济合作的专门机构

根据京津冀都市圈区域规划(草案),京津冀将建立区域协调机构,河北各市应积极参加,河北省也应积极支持。为了促进河北各市与京津之间经济合作的顺利展开,避免河北各市在与京津谈判过程中陷入"级别不够"的尴尬境界,建议河北省成立一个促进河北各市与京津经济合作的专门机构。负责解决河北各市在与京津合作过程中遇到的靠各市难以解决的重大、棘手问题,搭建起一个可以与京津平等对话的平台。这一机构的名称可叫"河北省促进京津冀经济合作委员会"。委员会定期召开会议,研究各市在与京津产业联系与经济合作过程中所存在的问题,探讨和协商促进各市与京津之间展开深层次合作的战略方向、政策和具体措施等。

促进京津冀经济合作委员会是非常设机构,下设办公室作为常设机构,办公室负责日常与京津两市及河北各市的联系,落实委员会确定的事项,并定期编发有关京津冀区域经济合作的信息。办公室可设在省发改委或经济协作办公室。各地级市也应相应成立促进区域经济合作的机构。

(二) 发挥行业协会在京津冀经济合作中的作用

为了促使行业协会在河北各市和京津产业联系与经济合作中发挥有力的作用,河北省各级政府需要积极培育和扶植各地行业协会的健康发展。各级政府首先要营造适合行业协会发展的氛围,可以出台一系列优惠政策,给予财政上的支持等,大力鼓励各地行业协会的建立和进一步健康发展。其次,要规范行业协会的运作,可以出台一系列有关行业协会的操作细则,明确区域性行业协会的注册、运作、监管等一整套程序,规范对区域性行业协会的具体管理。最后,政府要有意识地退出市场领域,让行业协会真正发挥协调作用,同时给予适当引导,充分调动行业协会的积极性,促使行业协会在与京津合作过程中发挥协调作用,促使河北各市与京

第九章 河北各市与京津的经济合作

津之间形成合理的产业链条。

为了进一步加强河北各市与京津之间的产业联系和经济合作，应积极发挥社会中介组织和企业等非政府组织的作用，特别是作为中介组织的行业协会可以在与京津冀合作过程中发挥积极作用。河北省各地的行业协会可以与京津的相关行业协会进行积极交流与沟通，在行业发展信息上互通有无，为京津企业进入河北市场提供指导；也可以为河北的企业进行跨区域、跨省市的合作进行牵线搭桥，促使不同区域、不同省市之间的相关企业取得联系，进行有机合作。建议在各市行业协会的基础上，成立京津冀行业协会联合会，建立日常联系管道。推动跨省市的行业市场规则建设，推进市场秩序建立；也可以通过同业企业的联合，倡导企业间的良性竞争，引导产业合理分工和协调发展，促进各市企业间进行多领域、全方位的沟通合作，促使各市间形成合理的产业链条和产业集群。

为了促使河北省与京津之间展开深入的产业联系与经济合作，除了政府为各市搭建信息平台以外，也可以由各市的行业协会牵头建立各个产业的网络信息中心，为河北省各行各业的企业搭建起一个信息交流平台。网络信息中心不断地收集京津各个产业的相关信息，并反馈给河北各市的相关企业；同时，河北各市的企业也可以通过网络信息中心来发布希望与京津不同企业合作、引进技术、人才、资金等信息，通过网络信息中心的运作，将信息传递给京津的相关企业。同时网络信息中心还可以组织河北省境内同类生产企业间的技术交流，推动技术成果的转让等。

（三）河北各市应积极发展与天津滨海新区的合作

2005 年党的十六届五中全会把推进天津滨海新区开发开放纳入重要议事日程，2006 年 3 月 14 日，十届全国人大四次会议批准通过的《国民经济和社会发展第十一个五年规划纲要》进一步明确了推进天津滨海新区开发开放的重要性，将滨海新区从天津市发展战略重点升级为国家发展战略重点，天津滨海新区成为继上海浦东新区之后，第二个"国家综合改革试验区"。天津滨海新区的功能定位是：依托京津冀、服务环渤海、辐射三北、面向东北亚，努力将滨海新区建设成为我国北方对外开放的门户、高水平的现代化制造业和研发转化基地、北方国际航运中心和国际物流中心。天津滨海新区的开发开放，对河北省来讲，既是严峻的挑战，更是难得的机遇。因为由此将掀起中国沿海开放的第三次高潮，必将引领中国"三北"乃至全国经济社会发展格局的战略性改变。天津滨海新区成为世人瞩目的焦点，对周边地区将带来不可估量的影响，就如深圳带动珠三角，浦东带动长三角一样。河北各市要利用区域经济的"溢出效应"，发展自己。未来，天津滨海新区的投资将高达万亿，将为周边带来巨大的市场需求。河北各市应抓住这一千载难逢的机遇，和滨海新区一起腾飞。建议河北各市加强与天津滨海新区的联系，共筑发展平台。如各市的行业协会与天津滨海新区率先成立联合会，各市与天津滨海新区建立不同形式的合作组织，加强沟通与联系，而不要仅限于参观和考察。

（四）建立产业服务支撑体系

为了促进河北省各产业的快速发展，建议河北省动用政府的力量逐步建立起各产业的服务支撑体系，鼓励企业进行自主创新，提升河北省各产业和产品的市场竞争力。加大对技术创新、市场开拓、重点项目以及技改等项目的资金支持，积极组织开展银企对接活动，为企业融资创造便利条件。重点扶持一些共性技术研发机构，加强产业共性、关键性和前瞻性技术研发，并面向整个产业，实施技术资源共享，逐步提高信息化水平，用信息化带动产业化。可以建立产业信息服务中心，扩大省内与京津之间的产业业务交流，大力开展电子商务，解决信息闭塞所带来的各种问题。另外政府要为河北的企业与北京各大高校和研究院的合作搭建平台，通过举办各种活动和出台政策积极调动企业与各大高校和科研院所进行技术接洽活动，深化双方的合作。

（五）呼吁建立京津冀生态补偿机制

为了解决河北省境内生态区的贫困问题，促进生态区的经济发展，更好地保护京津冀区域的生态环境，建议组织力量研究生态补偿机制，并强烈呼吁京津冀联合建立生态补偿机制。依据"谁受益、谁出资"的原则对生态区进行补偿。根据生态区为保护京津冀区域生态安全所做出的贡献，确定补偿范围。包括：水资源使用权补偿、生态林业用地补偿、限制传统工业发展权益补偿、生态工程管护费用补偿、自然保护区

第九章　河北各市与京津的经济合作

管护费用补偿[①]、高耗水农业发展权益补偿、因提高地表水环境质量标准地方经济损失补偿和因提高生态功能区域标准导致的地方经济损失补偿等。通过政府间的财政转移支付，每年拨出一定的专款来保证生态区的生态环境建设、政府支出和贫困区农民生活保障。

（六）河北省及各市应制订适应新形势的新的发展战略

河北省过去结合自身的实际制定了"两环开放带动"战略，近期又制定了"一线两厢"战略，各市也都制定了适合自身实际的发展战略，对地区经济发展起到了重要指导作用。但在新的形势下，尤其是国家"十一五"规划推出了新的区域发展战略，如区域协调发展战略、城市群战略、增长极战略和主体功能区战略之后，河北省及各市应进行相应的调整。要对河北各市在城市群的定位进行研究，要对大滨海经济带进行统一规划，要对生态区的发展和生态补偿进行研究，为国家主体功能区规划制订做好准备。河北省各市在制定发展战略时一定要准确分析自身的优势和劣势，正确把握机遇与挑战，科学界定所处的发展阶段。在此基础上，确定本市在区域中的功能定位和发展方向及应采取的策略。

[①] 王宪明、回建：《关于京津冀都市圈中北厢区域发展问题的思考》，《河北大学学报（哲学社会科学版）》，2006年第6期，第27页。

第十章 京津冀合作的战略思路

在经济全球化和市场化改革的双重作用下,国内各地区间的要素流动和产业转移日益加快,相互之间的经济依存和互动效应逐步加深,区域经济一体化进程步伐加快。区域经济合作作为改革开放和完善市场经济体制的重要手段,将成为未来我国经济社会发展的新趋势、新动力,制定合理的战略思路和空间构想是加强京津冀经济合作的基础。

一、加强京津冀经济合作的基本思路

(一)建设区域经济共同体,在竞争与合作中实现共赢

世界各国区域经济发展的实践证明,任何一个区域的发展壮大,都不是一个城市孤立成长发展起来的,城市与区域之间依靠天然的地理位置上的邻近,构成了相互依托,共同发展的区域经济共同体。通过地区间的合理分工与合作,可以使各个城市和地区能以各自的经济利益的实现来获得"部分之和大于整体"的区域经济效益。京津冀地区从发展条件看,已经具备了很好的产业合作基础,为了提升京津冀在世界、在全国的经济地位,为了京津冀区域各个城市的长远发展,京津冀各市应该以促进区域快速发展为总体目标,树立起共同发展、相互促进的理念,把提升京津冀区域整体竞争力视为自身必须承担的重要任务,在壮大自身经济的同时,更多地关注区域总体竞争力的提高。京津要放下大城市的架子,主动与河北各市展开密切合作,河北各市要有开放的眼界和共同发展的心胸。只有各方抛开狭隘的行政区观念,才能在竞争日益激烈的世界经济格局中使京津

第十章 京津冀合作的战略思路

冀地区占有一席之地。

京津冀各市都面临着产业结构调整的任务。京津承担着率领京津冀参与全球化竞争,提升产业分工层次与竞争能力的任务,在追赶世界先进国家水平、大力发展现代服务业、提高城市集聚和辐射能力、提高制造业总体水平、提高企业自主创新能力、开发具有自主知识产权的核心技术和产品等方面需要迈出更大的步子。河北各市一方面要大力推进三次产业结构的调整,以科技创新和京津的人才为依托,通过重点优势产业尤其是制造业的发展,加快工业化步伐;另一方面,还要促进城镇化水平的快速提高,大幅度缩小与京津的经济差距,只有快速提高了自身的经济实力,才能够更好地实现区域共同发展的目标,才能为产业合作提供一个合作平台,不断寻求产业发展与合作的机遇,逐步实现与京津产业链条的对接。

(二) 发挥各自比较优势,提升产业分工的层次

区域经济发展中,要素空间分布的非均衡性必然导致经济活动方式和经济内容的改变,促使不同地区之间商品的交换和生产要素的流动,使不同地区之间结成一种互补和竞争的关系。依托各自特有的发展条件和比较优势,实现合理分工是构建区域产业合作的基本前提,也是取得未来发展持久优势的根本所在。要从区域整体发展的要求,确定每个城市的产业发展方向和具有城市特色的产业和产品,确定重点产业在不同城市的主攻方向。目前京津冀产业合作主要以垂直型分工为主,即以一个或多个制成品为核心建立相应的与之互补、依附性强的产业合作,这是发达地区与欠发达地区合作的主要方式。未来应着力推动这种垂直分工向垂直分工和水平分工并存过渡,并进而向以水平分工为主转变。

北京市要走高端产业发展之路,把发展现代服务业放在优先位置,大力发展高新技术产业,适度发展现代制造业,显著提升都市型现代农业水平。在现代服务业领域要注重发展知识型服务业,积极承接国际服务业转移,增强服务功能和辐射力,稳定提升具有比较优势的金融、文化传媒等支柱产业,积极培育发展空间较大的旅游会展、中介咨询等潜力产业。以提升自主创新能力和整体产业竞争力为核心,重点发展以软件、研发、信息服务业为主的高科技产业和以电子信息产业、生物产业为主的高新技术制造业。加快培育具有自主知识产权的核心技术、品牌产品,重点发展汽

车总装、光机电一体化装备制造、新材料、医药和都市产业。从长期来看，应把石化、汽车零部件、一般机械制造、水泥建材及其他传统产业转移出去。

天津市要建设具有更多自主知识产权和品牌的现代制造业基地，重点发展电子信息产业、化工产业、面向国际市场的中高档轿车和具有自主品牌的环保经济型轿车、石油钢管和装备制造、现代医药产业基地。大力发展与制造业相互促进的服务业，组建大型物流集团和综合商社，加快构建海陆空立体联运体系和快速物流集散网，大力发展物流会展业，建立和完善与北方经济中心相适应的现代金融服务体系，培育和发展区域性金融市场，发挥金融业在促进区域经济合作中的作用。从长期来看，应把单纯制盐、纯碱、钢铁、一般机械制造和一般化工转移出去。

河北各市应立足于资源优势和现有的产业基础，打造特色产业和功能性城市。加大技术改造力度，加快工业信息化进程，大力发展循环经济，走新型工业化道路，做强传统优势产业，改造提升钢铁、建材、化工等传统产业，推进传统材料向新型材料产品的转换和原料初加工向精深产品制造的转换；巩固提高优势加工制造业，培育和增强医药、机械装备、食品、纺织、服装等优势加工制造业的核心竞争力；培育发展生物技术与新医药、电子信息、新材料等高新技术产业；继续发展基础能源工业。发展以信息、金融、会计、咨询为代表的现代服务业，提高服务业整体水平；积极发展需求潜力大的物流、房地产、物业管理、旅游、教育、文化体育等新兴服务业，形成新的经济增长点；改组改造传统服务业。进一步巩固农业的基础地位，增强农业综合竞争力。

（三）引导产业合理布局，推进产业集群发展

随着区域竞争的加剧，为降低各种生产要素成本、刺激创新、提高效率，大量相关企业以主导产业链为基础，在特定的地理范围集中，形成有机的产业群落。这种产业集群以其地理集中、灵活专业、创新环境、合作竞争的优势，提升了整个区域的竞争能力，成为区域长期经济增长和繁荣的源泉。京津冀区域产业布局由于长期以来的各自为政，不仅不同行政区内布局分散，即使是在同一个行政区内产业集群的发展也很缓慢，为提升京津冀区域的产业竞争力，必须大力发展产业集群，促进产业向适宜地区

第十章 京津冀合作的战略思路

集中，要在现有产业布局基础上，积极引导形成若干具有鲜明发展特色和竞争力的产业集群，并探索多种集群发展模式。鼓励发展具有上下游关系或具有服务与被服务关系的企业集中布局，在较小的地理范围建立企业之间紧密的经济联系，降低企业的交易成本，在合理分工、促进规模扩张的过程中提高企业群体的竞争效率和应对市场的反应能力。

应根据京津冀都市圈的区域规划和国家划分主体功能区的要求，按照集中布局，集群发展的原则，确定这一区域内的重点发展轴线和产业发展区域，确定生态环境保护区域、城市发展与城市体系建设的整体框架。

（四）延伸产业链条，提升整个区域的国际竞争力

当今世界经济领域的竞争在很大程度上已经由过去的单个企业之间的竞争，转变为产业价值链之间的竞争，同时，竞争能力的培育和经济效益的提高，也由过去单纯强调加工制造等生产环境，转变为统筹市场调研、研究开发、加工制造、经营管理、采购、信息整合、市场开拓等各个价值增长环节。从全球产业链发展趋势看，产业价值链上制造与服务环节融合发展的趋势明显，产品本地化设计生产销售服务的趋势加强，市场逐渐成为驱动全球产业链的重要发展动力，构成产业价值链主体的企业一方面存在由专业化与综合化发展的趋势；另一方面组织模式趋向扁平化，大小企业协同发展的虚拟生产网络正逐渐形成，企业联合研发趋势突显。京津冀区域应紧跟这些世界产业价值链发展的步伐，大力提升科技创新能力，加快区域产业价值链构筑等。

产业链上各环节存在严格的配比关系，各环节的协调发展对于提高产业链的整体效益是必不可少的条件，如果产业链前后环节之间在吸纳处理链条上输送产品的能力不协调，就会影响产品在链条上的顺利输送。京津冀区域中钢铁、石化等产业，目前仍占有较大的份额，由于他们对产业链上下游分工与协作有比较强的要求，所以一方面要从产业对产品、工艺路线、专业化协作的要求出发在新建企业布局中，合理确定项目的区位、规模、配套基础设施，消除由于不合理布局造成的资源浪费；另一方面，对于已经存在的不合理布局现象，应在产业结构调整和转移过程中对其进行进一步调整，切实消除行政体制的影响，使企业能够按照市场的要求，合理进行上下游的合作。对于电子信息、汽车及装备制造业等产业链条长、

分工合作潜力大的产业，应进一步推动这类产业在京津冀区域内部的合作，降低企业生产的成本，提高企业经济效益。

对于提供初级产品的区域而言，产业链条过短，必然在合作中处于劣势。如河北省在农产品、基础原材料的供应方面，由于加工链过短，导致产品附加值低，吸纳的劳动力少，往往只能以原粮、原菜、原果供应京津市场。此外，能源原材料的产业链条也很短，也是河北省在合作中处于劣势的一个原因。根据京津冀现有产业基础和优势，应大力延伸农产品、冶金工业、化学工业、能源工业等产业的生产链条，提高产品附加价值，促进京津冀不同城市不同发展水平区域能够在不同的产业链环节获得各自的经济利益，在延伸产业链条中寻求更多的分工与合作机遇。

京津冀区域具有围绕生产服务的研发和销售服务的巨大优势，在产业合作中应充分发挥这一优势，打造研发创新—加工制造—配套服务完整化的价值链条。京津要加快向河北省辐射、扩散资金、技术和人才要素，壮大河北制造业生产的能力和水平，使河北成为承接京津科技成果转化的基地，通过京津的科技研发与创新，推动整个区域电子信息、汽车及装备制造、医药等产业科技水平的提高，壮大这些产业的国际竞争力。另一方面，京津要继续做大做强研发和配套服务环节，提高产业价值链中利润空间大，但又不与河北省产生竞争的高端环节，通过发挥京津售后服务的优势，将区域制造业的高端产品推向全国和世界市场，提高京津冀参与世界产业竞争的能力。

二、空间布局优化的基本设想

京津冀虽在行政区划上分为一省两市，但在经济、文化、地理上是一个不可分割的整体。空间布局的优化要淡化行政区划，从促进区域经济发展的角度，对其科学规划，合理布局。促进"园区向轴带靠拢，工业向园区集中，人口向城市流动"局面的形成，城市功能应向外扩散，培育更多的二级城市和三级城市，形成城市规模、空间布局都比较合理的城市体系和功能区。

从总体上看，未来京津冀区域的空间布局为：以培育京津冀城市群，

第十章　京津冀合作的战略思路

实现区域经济一体化为目标，以"京津石"三角为主骨架，重点打造京津塘经济发展轴、大滨海经济带和京广北段经济带"Z"型产业集中发展区，形成"一轴两带三城四区五群"的区域发展总格局。在此基础上，构建大中小城市和城镇相结合，网络型、多层次和开放性的城市体系。

（一）打造"一轴两带"，形成"Z"型产业集中发展区

在京津两市之间，河北廊坊近年来发展迅猛，北京亦庄、天津武清借助开发区的各种优势，集聚了大量产业，城市连绵区的雏形已经显现，京津主轴进一步强化。随着天津滨海新区的开发开放、河北产业重心东移和曹妃甸重化工园区的建设，在渤海沿岸一个临海产业发展带正在崛起。在国家"十一五"规划中已将京广线规划为全国的发展轴[①]，如把"京广线"比作中国的"脊椎"的话，从邯郸到北京的北段则是中国的"颈椎"，背依太行山，面向大平原。"一轴两带"共同构成"Z"型空间发展轴线。

1. 京津塘经济发展轴

京津塘经济发展轴西起北京中关村，东至天津滨海新区，是京津冀地区经济发展的主轴。沿线分布有中关村高科技园区、北京亦庄经济技术开发区、通州光机电一体化产业基地、通州国家环保产业示范园、廊坊高新技术产业园、天津逸仙国际工业园、武清新技术产业园、北辰经济技术开发区、宜兴埠新技术产业园区、塘沽海洋高技术园区、天津经济技术开发区等，集中了京津冀地区众多的高新技术企业，具有良好的发展高新技术产业的基础和条件。在京津塘经济发展轴内，北京、天津和河北相互镶嵌，是京津冀区域的浓缩。该区域应以高新技术产业为方向，以物流、金融等生产性服务业为纽带，重点打造高新技术产业、先进制造业，带动京津冀区域整体发展，促进生产要素优化配置。未来，将逐步成为世界知名的高新技术研究开发与产业化、先进制造业和现代服务业的密集带和都市连绵区（见图10-1）。

[①] 《中华人民共和国国民经济和社会发展第十一个五年规划纲要》提出："要把城市群作为推进城镇化的主体形态，逐步形成以沿海及京广京哈线为纵轴，长江及陇海线为横轴，若干城市群为主体，其他城市和小城镇点状分布，永久耕地和生态功能区相间隔，高效协调可持续的城镇化空间格局"。

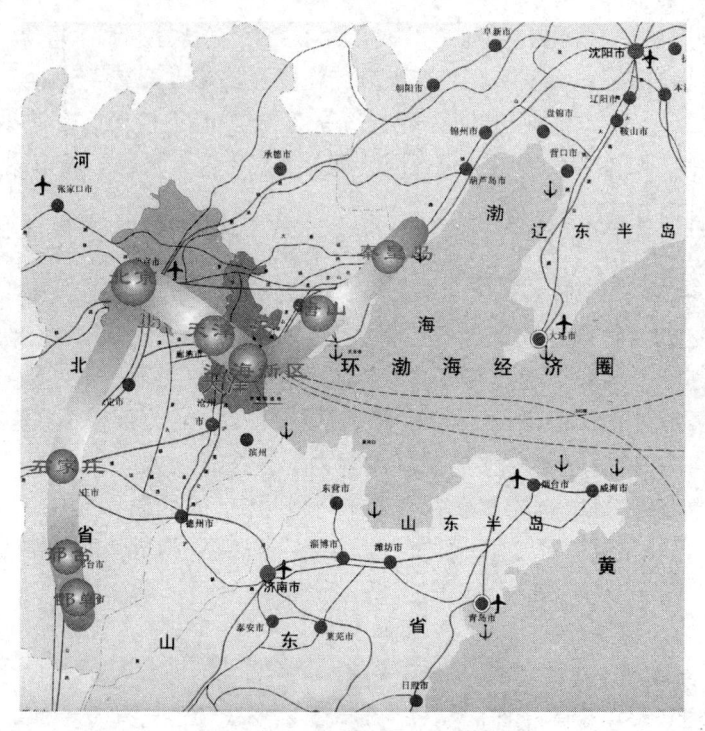

图 10 - 1 "一轴两带"示意图

2. 滨海经济带

滨海经济带北起秦皇岛,南至沧州,包括秦皇岛、唐山、天津滨海新区与沧州,处于渤海湾海岸线的中间区段,区位条件优越,拥有众多港口,腹地广阔,对外联系便捷,具有发展重化工业得天独厚的优势与有利条件。未来将依托沿海港口优势,进一步加强基础设施建设,改善投资环境,推动产业向沿海地带转移,吸引更多的企业向经济带集聚。利用国内与国外两种资源、两个市场,积极促进石油化工(以天津滨海新区与沧州为重点)、钢铁(以唐山为重点)、造船及装备制造(以天津滨海新区和秦皇岛等为重点)、能源(以天津滨海、沧州与唐山为重点)等临港型工业的发展,积极促进金融业、进出口贸易、保税加工和物流业的发展,形成我国北方主要的化工、能源、钢铁和物流基地。

第十章 京津冀合作的战略思路

3. 京广北段经济带

京广北段北起北京，经保定、石家庄、邢台到邯郸。该经济带位于京津冀中南部地区，以京深高速公路与京广铁路为纽带，与北京、天津的联系非常密切，易于接受北京、天津的辐射。该经济带具有发展以加工为主的先进制造业的科技人才优势、制造业基础和有利的区位条件。因此该区域要发挥加工制造业现有基础与地缘优势，积极承接京津制造业转移，大力引进京津资金、技术和人才，加强与京津在资源开发、资产联合、产品协作配套等方面的合作，加速传统产业技术进步和升级，重点发展能源、原材料、医药、纺织、服装、食品等产业，积极发展汽车零部件、新能源设备等装备制造业，形成全国主要的能源原材料基地、医药生产基地、华北地区重要的纺织基地与食品饮料生产基地。

（二）构建"京津石"大三角，变"双城记"为"三城记"

鉴于唐山、保定、张家口、承德等已成为京津两市的卫星城，能够受到京津两市强烈的辐射和影响，上述城市的经济消长取决于京津两市的辐射力。尤其是保定和唐山，其辐射区域和京津两市几乎完全重合，本身对周边区域的辐射力和影响力已经很小，同时其本身的发展也受到京津两市的巨大拉动，因此"京津唐"、"京津保"、"京张承"等空间组合的内聚力增强，外部张力却显不足。而石家庄市介于京津两市辐射区的边缘，既能接受京津两市辐射，又有自身的腹地，具有要素集聚和规模扩大的潜力，应发展成为仅次于京津的大城市，成为京津大都市的二传手，向冀中南地区辐射，带动冀中南地区的发展。石家庄市的快速发展，将使京津冀区域内的"两极"变为"三极"，变"双城记"为"三城记"。

石家庄是河北省的省会，居京津冀的中心地带，素有"南北通衢、燕晋咽喉"之称，是以医药、纺织、商贸物流等产业为主的综合型城市。石家庄具有发达的公路、铁路、航空基础条件，是我国北方地区重要的客、货中转站，是全国三大铁路枢纽之一和环京津地区最大的货运空港，高速公路拥有量居全国第一；石家庄火车站是全国三大货物编组站之一，民航机场是国家批准的国际口岸机场。石家庄和郑州一样是连接京沪、京广、京九、同柳（大同—柳州）四条南北铁路大动脉的交通枢纽。依托优越的区位交通优势、各具特色的专业市场和商贸流通业非常发达,石家庄现代物流业表现出了良好的发展态势。未来,石家庄要依托省会、地理条件和交通优势,全面振兴服务业,改造提升医药、纺织服装等传统优势产业,提升城市经济能级,迅速发展成为河北最大的综合性服务业中心城市,托起京津冀区域倾斜的一角。

(三) 形成四大产业区

京津冀地区目前已经初步形成电子信息、钢铁、汽车、化工等产业集群,造船和装备制造产业集群也正在发育形成中。从现实优势和未来发展看,应按照大项目—产业链—产业集群—产业带的基本框架,积极培育四大产业区。

1. 环京津装备制造产业区

该产业区以京津为中心,包括保定、廊坊、张家口等市。汽车、微电子、光机电一体化机械制造、生物工程与新医药等四大产业是该区今后的产业发展重点。该产业区应依托京津光机电一体化的优势和唐山的钢铁生产优势发展大型加工中心。同时适应大型重型装备向沿海聚集的趋势,应在天津滨海新区建立先进装备制造业基地,进行航空航天设备、成套水电设备、火电设备、大型变电设备、地铁和城市交通设备的制造等。由于土地、水等资源的缺乏以及劳动力成本上升等因素的限制,京津不可能有完备的、大规模的生产加工和协作配套基地,廊坊、保定和下属县级市应充分利用这种有利条件,吸纳和集聚京津的技术、人才和资金,重点发展技术密集型的新型接续产业,形成现代制造业的零部件配套加工基地,逐步建成环京津高新技术和外向产业集群。

2. 渤海湾重化产业区

这一产业区包括唐山市、天津滨海新区和沧州市,位于渤海湾海岸线的中心地带。从区位条件和港口条件看,这一产业区正好符合临海型重化工业发展模式,并同时具有发展海洋运输、滨海旅游、海水产品、盐业及盐化工等得天独厚的优势。在这一产业区,最具绝对优势的是其拥有的海上交通与运输资源,目前天津港的吞吐量已名列世界前10强,包括曹妃

第十章　京津冀合作的战略思路

甸、京唐港两港区的唐山港、沧州港等港口的吞吐能力也逐步提升，已形成服务于华北、西北的组合港，成为我国北方重要货运通道和对外口岸。

因此，滨—唐—沧临海产业发展良机不容错失，应乘势而上推进产业重型化。借助沿海港口和产业基础优势，通过有序、有效的生产要素合理东移，促进沿海经济、海洋经济开发，逐步形成以临海产业为主体的外向型渤海湾能源及重化工产业基地。

3. 冀中南能源轻工产业区

该产业区以石家庄为核心，包括邯郸、邢台、衡水，定位于能源轻工制造业基地。这一区域既是京津都市圈辐射的边缘区，又是华北平原的核心区。一方面应发挥石家庄的华北重要商埠优势，构筑河北南部区域的自我循环；另一方面，该产业区以低梯度产业为主与环京津地区形成良性互补，沿京广、京九铁路和京珠、京深高速公路进行特色经济开发。京广沿线重点发展能源、冶金、化工、建材、医药等传统优势产业和电子、通信、生物工程等高新技术产业；京九沿线立足产业结构的轻型化和高级化，着重体现县域经济特色，建设纺织、皮革、羊绒羊毛等轻型加工基地和优质农产品生产和加工业，发展高效农业和创汇农业。

4. 环京津生态旅游产业区

该产业区包括张家口、承德、秦皇岛、京津北部山区和保定西部山区。定位于突出生态特色，发展"绿色环保区"和"高新农业示范区"，其相应的功能定位有以下三方面：一是建成京津绿色食品生产供应基地。要发挥连接京津，沟通晋、蒙的区位优势，充分利用本地区独特的自然条件和区域内农用化学物质影响小的特点，满足京津对传统的牛羊肉、天然错季蔬菜、绿色食品、洁净食品的需求，成为京津鲜、活、绿色产品的主要来源地。二是建成京津核心区的绿色生态屏障。三是大力发展山水型生态休闲旅游。目前，张承秦地区旅游业只能说是初具规模，还有较大发展潜力，应借助北京及周边地区的旅游资源，做好旅游景点的开发与整合，加快与京津旅游的项目对接、资金对接和市场对接，延伸"旅游产业带"，建成北京的后花园。四是发展和承接京津无污染、对环境要求高的产业，如装备制造业、工艺品、旅游纪念品等为旅游业服务的产业。

（四）培育五大产业集群

促进京津冀产业的集群发展，要坚持科学发展观，使市场配置资源的基础性作用和政府统筹协调的功能相结合，加快培育发展符合比较优势和发展要求的战略性产业集群，努力构建创新型、集约型、节约型、生态型的产业集群发展模式，建设一个以知识经济产业集群为龙头，以先进制造业产业集群为发展重点，以加工型、资源型产业集群为支撑的区域产业集群体系。实现区域内分工协作和产业空间配置的优化，从而带动产业结构优化升级，促进经济社会持续快速发展。

1. 电子信息产业集群

北京要充分发挥电子信息研发能力强的优势，确立研发中心的地位，着力开发拥有自主知识产权的电子信息技术及产品。天津则应利用制造业基础好的优势，发展成为电子信息产品的制造基地。廊坊应着力发展零部件配套产业基地，形成京津廊电子信息产业集群。

2. 汽车产业集群

在汽车制造业从分散走向集中的大趋势下，京津冀地区应谋求和加强彼此的分工与合作：北京着重高档轿车、越野车的整车制造，天津则在发展经济型轿车的同时注重面向世界的出口轿车基地的建设，河北则应围绕京津的汽车整车制造发展零部件制造业和专用汽车制造。形成包括北京、天津、保定、廊坊四地的汽车产业集群。

3. 装备制造产业集群

目前，我国的装备制造业面临良好的发展机遇，京津冀应利用已有的产业基础，加大优势领域的自主开发和创新力度，成为印刷机械、工程机械、数控机床、环保机械、电力、造船等高端产品的研发和制造基地。形成包括行业最多、产业链最长、范围最大、带动能力最强的产业集群。

4. 冶金产业集群

京津冀区域的冶金产业应考虑向唐山和邯郸集聚，形成北有唐山，南

第十章 京津冀合作的战略思路

有邯郸的钢铁生产格局,为京津两市和其他城市的制造业和建筑业提供原材料,使重工业垂直分工和水平分工相结合,实现产业合理集中、协调发展。

5. 石油化工产业集群

天津和沧州的化工产业基础好,又临近港口,而且有大片荒地可以利用,环境空间容量较大。京津冀区域的石化产业应逐步向天津和沧州方向转移,重点打造天津和沧州石油化工产业集群。

三、京津冀城市群的合作

(一)发挥城市整体功能

京津冀城市群需要以区域整体功能定位及各城市功能的相对错位发展为前提,以产业合作为主线,以市场和企业自下而上的力量为主体,以政府自上而下的作用为主导,全方位开放,多层次融合,进一步发挥京津冀的各种优势,释放经济潜能,实现各城市共赢,以打造强大的京津冀城市群。

城市群的发展在思路上得先有功能开发,再有形态开发和产业开发,用功能开发来指导形态开发和产业开发。京津冀城市群发展的第一步是要明确城市群总体功能定位,以此为基础再进行空间的有效分解,也即明晰京、津及河北各市的功能定位,尤其是京津的功能定位,这是一个长期的战略发展问题。如果这一问题解决不好,条块分割将使优势不能发挥,成本大大提高。

立足于京津冀的发展现状,未来该区域要以构建可持续的生态与社会环境,创造安全、舒适、便利的良好人居环境为前提,以具有国际、国内竞争力的现代服务业和先进制造业为支撑,带动中国北方经济,进一步辐射东北亚,成为支撑与联系国内外各类经济与社会活动的特大型都市圈、知识型总部经济区域和世界级先进制造基地。

作为区域性中心城市,每一个城市都有自身的中心区和辐射区域,但作为城市群的一部分，每一个城市都必然要承担城市群的一个或若干个特定的功能，因此，每个城市必须要有自己相对明确的功能与定位。京津冀区域合作的动因在于各城市功能之间的互补。作为城市群和联系紧密的区域，对外才能形成整体竞争力。

（二）京津冀各市的功能定位

1. 北京："政治、文化、科技中心城"

北京是全国的政治、文化和科技中心，同时承担着国家经济管理、国际交往中心的职能。北京的城市发展要遵循国家首都、世界城市、文化名城和宜居城市的基本定位。北京的经济结构以现代服务业为主，应发挥首都、科技、人才、市场、信息与文化优势，重点发展金融保险、科技开发和信息服务、文化会展、旅游等现代服务业，电子信息、汽车整车、光机电一体化、生物工程与新医药、环保等现代制造业和高新技术产业。

2. 天津："国际航运和北方经济中心城"

天津是中国近代工业的发祥地，被国务院确定为中国北方的经济中心。天津是我国重要的化工和电子信息产业基地，发展优势明显，天津滨海新区已被批准为国家综合配套改革试验区。未来天津要重点发展电子信息、机械装备、汽车、现代生物医药、石油及海洋化工、新能源与新材料、都市型工业等现代制造业和高新技术产业，突出科技研发转化，努力发展金融保险、全球性物流、国际商贸、房地产等现代服务业。

3. 石家庄："医药物流商贸城"

石家庄是以医药、纺织、商贸物流等产业为主的综合型城市。未来，石家庄要改造提升医药、纺织服装等传统优势产业，提高化学药加工深度，推进中药现代化，大力发展生物制药；围绕电子信息、生物技术与新医药、新材料、新能源与高效节能技术、环保产业、现代农业等领域，加快发展高新技术产业。加快构建与华北重要商埠相适应的物流商贸体系，大力发展现代物流会展业。应把市区范围内的钢铁、焦化等污染较大的产

第十章 京津冀合作的战略思路

业转移出去。要依托省会、地理条件和交通优势,全面振兴服务业,提升城市经济能级,将其建设成为河北最大的综合性服务业中心城市。

4. 唐山:"世界钢铁城"

唐山是以煤炭、电力、钢铁、水泥、陶瓷等为主的全国重要的能源、原材料工业基地。未来要培育壮大钢铁、建材、能源、机械、化工五大产业,使其发展成为世界性钢铁基地;提升产业和产品档次,依托港口优势,发展高加工度制造业和集仓储、运输、来料加工、服务等为一体的临港产业,使唐山成为重要的能源、原材料供给基地和工业制造基地。

5. 邯郸:"能源钢铁城"

邯郸市是晋冀鲁豫接壤区最大的城市。产业基础雄厚,属于重型工业为主的资源型城市,是我国"一五"到"七五"期间重点建设的冶金、能源、建材、纺织、化工、机电等工业基地,在河北省乃至全国都占有相当重要的地位。未来要做强钢铁、煤炭、电力和建材四大传统支柱产业,建设精品钢铁工业基地、河北最大电力能源基地;培育壮大装备制造业、化学工业和高新技术等成长性产业,大力推进医药工业发展,建设中药现代化产业基地。在改造提升钢铁、煤炭、电力、建材、纺织服装、陶瓷等传统工业体系的基础上,大力发展文化、旅游等服务业。

6. 保定:"汽车装备城"

保定以轻纺、化纤、造纸、胶片制造、汽车及汽车零部件、食品、电子为支柱产业。未来应大力发展汽车零部件业和优势整车、能源设备制造、精细化工、塑料制品及新型建材业;保持纺织服装、皮革箱包、机械制造、制药、造纸印刷、电工器材、农副产品加工等劳动密集型传统产业优势;推进高新技术产业和信息产业发展;大力发展旅游业。

7. 廊坊:"信息装备城"

廊坊地处北京和天津两大城市之间,是首都产业、人口转移的重要方向。产业特色以科教文化产业、食品加工和高加工度产业、高效农业为主,同时发展汽车零部件、电子、机械、新型建材、医药等高科技产业。

未来廊坊要大力发展以电子信息、新材料、新医药、先进制造为主的高新技术产业，积极推广运用信息技术和先进适用技术改造提升汽车零部件、家具制造、印刷包装等传统产业。大力发展以现代物流、信息服务、会展旅游、房地产为代表的现代新兴服务业。

8. 沧州："北方化工城"

沧州是全国第三座化工城，境内有华北、大港两大油田，是河北外向型工业基地和重要港口城市。未来要重点发展以盐化工、石油和天然气化工、煤化工为主的三大化工产业链，发展电力、机械加工和其他临港产业。建设弯头管件、电线电缆、汽车磨具及零部件、纺织服装和食品加工等五大产业集群，发展具有民族文化特色的旅游业。

9. 秦皇岛："旅游文教城"

秦皇岛拥有全国最大的能源输出港。粮油食品加工、修造船及机械制造业、金属压延及制造、玻璃制造及深加工、精细化工及石油加工业等有比较雄厚的产业基础。未来要重点依托滨海旅游资源和港口资源，发展出口导向型的产业，以旅游、文化教育会展、临港产业为支柱，重点发展起重机械、造船修船拆船、玻璃机械等行业，建设生态型现代化国际滨海旅游城市、渤海湾地区重要的能源出海口、文化教育会展基地。

10. 张家口："生态装备城"

张家口地处河北的西北部，位于北京和天津的上风上水区，主要功能是生态保护重点区、农副产品供应区、机械加工基地和晋蒙冀交界区域的重要商埠。张家口在机械制造、钢铁、卷烟、制药产业上有很好的产业基础，未来应大力发展特色食品加工业和装备工业，推动旅游业的发展。发展无污染或轻污染工业，以农贸、食品饮料、毛纺、机械为支柱，发展成为装备工业基地和独具特色的农牧产品加工基地和休闲旅游基地。

11. 承德："旅游食品城"

承德地处河北东北部，是重要的生态涵养区、重要的旅游中心和农副产品供应基地，冶金、建材、食品、医药和电力工业有一定基础，未来应

第十章 京津冀合作的战略思路

大力发展以历史文化和休闲度假为特色的旅游业以及食品饮料加工制造等一些占地少、污染轻、低耗高效的轻型加工业。

12. 邢台:"食品冶金城"

邢台是以钢铁、建材、煤炭、化工等为优势的区域资源型工业城市。未来,邢台市要不断提升已有的资源加工型传统产业,大力延伸资源加工型行业的产业链条,适度发展煤炭开采业,提升钢铁产业的竞争力和产品附加值,壮大特色冶金加工行业,优化建材产品结构,做大做强纺织服装、农产品加工、医药、单晶硅、汽车及汽车零配件等优势和潜力产业,进一步提升商贸物流业,加快发展旅游业。

13. 衡水:"北方轻工城"

衡水已经基本形成了以瘦肉型猪、肉奶牛、设施蔬菜、林果等特色农业为基础,金属制品、化工医药、汽车零部件、纺织服装、食品加工、林板林纸加工制造业均有一定基础,丝网、皮毛、橡塑、钟表流通服务产业集群已经形成的产业格局。未来,衡水要以打造"北方温州"为目标,努力以现有产业为基础建设区域性轻工制造业和流通业中心。发展丝网、采暖制造、金属橱柜、焊管、橡塑、玻璃钢、酿酒、纺纱织布、汽车零部件等已具有相当发展规模的产业集群;发展壮大金属铁塔、彩涂板、粮油加工、皮毛制品等优势行业和产品;培育做特精密铸造(汽车配件)、化学原料药、无公害农药、肉类加工、果蔬加工、休闲方便食品加工、林板、林纸、服装加工贸易等行业及产品。

四、促进经济合作的政策建议和措施

推进天津滨海新区与京津冀的产业联合与合作,逐步提升城市群产业分工的层次,实现产业布局的合理化,将是一个诸因素互动的长期过程。在这个过程中,各级政府应该也必须有所作为,积极发挥规划先导和政策引导作用;建设统一的要素市场,更好地发挥市场配置资源的基础性作用;创造条件,鼓励企业发挥经济主体作用,实现产业的延伸和对接。

（一）建立政府间合作协调机制

1. 建立国务院京津冀区域合作领导小组

天津滨海新区开发开放战略的实施和综合配套改革试验区的建立不仅对于天津和滨海新区具有重要意义，而且对于京津冀和环渤海乃至东北亚的合作都具有重要意义。从指导天津滨海新区综合改革试验、实施京津冀区域规划和推动京津冀协调发展、促进环渤海和东北亚合作等项工作出发，建立高层次的领导机构都是必要的，这是促进区域发展与合作的必要条件，也是近年以来解决区域问题的重要经验。具体设立方式可以探索，既可以单独设立，也可以与振兴东北办合署办公。

2. 促进京津冀市长联席会议制度的建立

京津冀城市群市长联席会议应由京津冀各市市长共同组成，建立定期或不定期的高层领导会议制度，探讨各城市发展思路的对接，协调解决基础设施、产业发展、空间布局、环境保护与污染治理等重大问题，对跨地区建设的重大项目进行决策；制定共同发展章程，形成规范的对话与协商制度。联席会议主席既可由北京市市长担任，也可由北京、天津、石家庄市市长轮流担任。市长联席会议下设办公室为常设机构，负责落实联席会议所作出的各项决策。办公室设在北京或设在天津滨海新区。各市的发展改革部门是市长联席会议决策的具体执行者，要召开定期会议，沟通有关信息，及时反映合作中的问题，提出解决办法，开展联合推介活动。

3. 制定区域经济合作政策

区域经济合作政策指的是在国家区域发展战略与区域政策基础之上针对本区域特点所制定的专门政策。它需要在国家区域政策对于本区域基本定位的基础上依据本地区的基本特点再进一步采取的地方化行动，以指导区域经济合作的深入进行。它的关键是要实现政策目标的明晰、政策过程的民主、政策内容的系统、政策手段的创新。区域合作章程则是较为具体的行动纲领。合作章程的设计既要考虑到整个区域的利益，又要根据京津冀的特点进行个性化设计。

第十章 京津冀合作的战略思路

在严格的产业效能和用地指标要求下，一些占地大、耗能高的企业必然要向其他地区转移，但产业转移受转移成本、文化环境等因素的影响，企业不到万不得已不愿意轻易搬迁和转移，因此需要在政策上给予必要的扶持。在土地政策方面，国家应支持转入区的地方政府在用地指标、耕地占补平衡、新增建设用地有偿使用费、耕地开垦费等方面制订相应的鼓励政策。对于一些规模大、成效好的企业，有关部门应在可调配的用地指标中对合作双方给予适当倾斜，支持其发展。对于进入到开发区或工业园区的企业，根据转移产业特点和进入区域条件，选择性给予转移企业长期分期付款方式购买用地、租用一定时间后购买用地、借用土地等优惠条件。

对于跨市转移产业项目，除了在土地、用水、能源等资源方面的供给和税收等方面提供优惠政策外，在京津冀区域可优先探索建立产权分税制度或尽快实现增值税由"生产型"向"消费型"转变。产权分税制是针对我国税收制度弊病，按照谁投资谁受益的原则，设计的一种新型税收制度。这种制度的优点是企业注册地和投资者所在地均有权分配一定数量的地方税，因而能消除地方政府对企业对外投资设置的障碍，促进社会资源向优势区域的转移。随着京津冀产业链协作关系的加强，应尽早在利益分享机制方面加快改革实验步伐，以推动跨区域产业合作的开展。

（二）实现交通设施的网络化，促进区域经济一体化

城市群的形成和区域合作要求交通等设施在空间上具有连续性。基础设施一体化是搞好区域合作的基础条件。京津冀各市政府要加速区域综合运输体系的建设与协调，构筑一体化和网络化的交通体系，打破行政区划的阻隔，提升区域交通网络的便捷程度，加强区域中航空港之间、海港之间及空港和海港之间的有机联系，在本区域内实现基础设施和公共设施的共建、共享和共赢。

涉及区域联动的基础设施建设、生态环境保护、重大科研开发、重大水利工程项目等，需要各市政府财政予以支持或全额支付。通过这些项目的组织和建设，有利于培植区域合作基础和从根本上打破地方保护的狭隘观念。当然，财政投资只能作为一种先导性资金，要鼓励各种所有制企业参与到跨区域的经济合作项目中，使区域合作建立在市场经济的内在利益联系之上。

（三）建立统一市场，促进要素的合理流动

未来，京津冀区域需要统一市场，包括商品市场和要素市场，并由此保障企业资源配置的区域化。第一步需要统一商品和服务市场。在统一商品市场的基础上，再统一产权市场、资本市场、人才市场、科学技术市场等要素市场。

为促进京津冀经济一体化，未来需要从金融一体化着手采取有效措施推进产业一体化进程。京津冀地区现实中的资本市场分割制约了产业资本的正常运转，从推进京津冀经济一体化发展的角度，需要研究如何发挥资本市场在产业一体化和产业升级中的作用，以促进该地区联动发展。北京要考虑与天津联手打造一体化的资本市场，充分发挥北京金融资源和天津滨海新区政策资源的优势，促进整个京津冀区域经济一体化。

统一人才市场、构筑人才信息平台，京津冀各市人事部门应该在专业技术职务任职资格互认、异地人才服务、博士后工作站、高层次人才智力共享、专业技术人员继续教育资源共享和公务员互派等制度层面展开合作，促进人才开发一体化。未来，京津冀要充分利用本地区丰厚的科技资源优势，在原创性技术的孵化与技术应用的推广方面联手提高自主创新能力，提升本地区的产业技术能级。

（四）建立区域性中介机构和相关组织

1. 在天津滨海新区设立京津冀区域行业协会联合会

应积极发挥社会中介组织和企业等非政府组织的作用，建立以政府协调合作机制为主导的包括企业和社会中介组织等多层次参与的区域发展协商与协调机制。要支持和鼓励各省市行业协会相互融合，逐步建立起区域性的行业协会，组织企业间的合作，推动相关企业共同制定区域行业发展规划、区域共同市场规则，推进区域市场秩序建立，探索区域各类市场资源的联接和整合等。通过同业企业的联合，采用自治、自律的方式规范企业，倡导企业间的良性竞争，引导产业合理分工和协调发展，促进各城市企业间进行多领域、全方位的沟通合作，加快区域间产业链条的形成。建议在各市行业协会基础上由天津市发起在天津滨海新区建立京津冀区域行

业协会联合会。

2. 建立技术指导和管理咨询中心

建议在天津建立京津冀技术指导和管理咨询中心和设备共用中心。向技术水平较低的专业化中小企业提供技术援助,帮助他们克服专业化生产中的难题,帮助专业化中小企业健全管理制度,提高管理水平。有些专业化生产需要高效率、高精度的大型加工设备。如果由需要的企业独自购买,会由于利用不充分而增加产品成本。由设备共用中心购置高价格的大型设备,供中小企业有偿使用,有助于降低专业生产零部件摊入的不变成本。

3. 建立产业协作信息中心

建议在北京建立产业协作信息中心,将愿意进行专业化生产企业的技术资料存入信息中心,为企业寻找协作对象提供方便快捷的服务;组织同类生产企业间的技术交流,推动技术成果的转让;为协作产品价格的制定提供参考,减少协作双方因定价出现的争执;为专业化企业提供培训管理人员和员工的条件,促进企业素质的提高。

(五)促进银企合作,支持企业产业转移

对于产业转移项目,应加强银行与企业的沟通,定期举办银企对接活动,促进产业转移项目投资者与金融部门的沟通和合作,为产业转移项目提供贷款支持。为企业特别是中小企业提供多种形式的贷款服务。金融部门要配合当地政府加快建立和整合以财政出资设立的政策性担保机构,鼓励民营资本进入担保行业,逐步形成以政策性担保机构为主体、盈利性和商业性担保机构为补充的担保体系,有效降低担保费用。同时,积极探索银行可以接受的,如产业转移项目的股东担保或有效资产抵押担保等担保方式。在项目转移中选择开展面向公众公开募股方式筹集资金的试点,建立资本一级市场,在此基础上,建立柜台交易市场。

第十一章　京津冀城市群的合作

国家"十一五"规划纲要明确指出：对于"已形成城市群发展格局的京津冀、长江三角洲和珠江三角洲等区域，要继续发挥带动和辐射作用，加强城市群内各城市的分工协作和优势互补，增强城市群的整体竞争力"。① 要以科学发展观统领经济社会发展的全局，健全区域协调互动机制，打破行政区域的局限，促进生产要素在区域间的自由流动，引导产业转移，鼓励和支持各地区开展多种形式的区域经济协作和技术、人才合作。

城市群的兴起构成了当前中国国民经济运行最主要的空间特征。京津冀地区是我国城市群、港口群和产业群最为密集的区域之一，其在中国国民经济整体格局中占有重要战略地位。从总体上看，京津冀地区城市群建设尚处于起步阶段，目前还存在着中心城市现代化功能不足、城乡联动不足、产业分工不足、市场化水平不足、基础设施一体化不足、消费和出口作用不足等许多不利于总体发展的问题。未来，京津冀地区城市群合作需要以区域整体功能定位及其在空间的有效分解为前提，以产业合作为主线，以市场和企业自下而上的力量为主体，进一步发挥京津冀地区的区位、资源、科技、文化等优势，以启动京津实质性合作和构建京津现代服务业中心为契机，以深化区域制造业分工为核心，以制造业集群发展为支撑，创建"繁荣看京津，实力看河北"的区域联动型产业结构，释放经济潜能，实现京津冀城市群的各市共赢，带动中国北方经济，进一步辐射东北亚，成为支撑与联系国内外各类经济与社会活动的特大型都市圈、知识型总部经济区域和世界级先进制造基地。

---

① 摘自"中华人民共和国国民经济和社会发展第十一个五年规划纲要"第五篇"促进区域协调发展"。

第十一章　京津冀城市群的合作

一、城市群合作是京津冀合作的重中之重

生产力的高度发展必须依托于规模经济和集聚经济的发展，而资源在地理空间的集聚便产生了城市化，城市化既是工业化的结果，也是进一步工业化的条件，城市化是由于二三产业的发展而发生的农村地域向城市地域的质变。在以信息社会为方向的现代社会发展中，经济空间结构显示出其由极核向网络发展的态势，这其中，城市的作用是核心，区域经济发展状况如何在很大程度上取决于城市经济的发生与发展。伴随生产力发展，城市化演进构成区域空间结构合理化的核心。

随着社会主义市场经济的逐步发展，我国国民经济的发展正在渐进地突破行政区框架，而逐步走向经济区运行，经济区将会成为未来国民经济持续增长的主要空间组织系统。作为一种"区域模式"，城市群建设反映了经济全球化对中国的要求。目前中国经济的发展已经到了发展城市群、实现区域经济一体化的转型阶段。在此前的经济发展中，一直都是点状带动的发展模式。不论是经济特区政策，还是沿海开放城市政策，还是经济开发区或国家高新技术开发区政策，政策的空间基点都是依靠点状拉动经济增长。如此政策的结果造成了二元经济和二元社会的产生。城市群的发展可以有效避免单极城市优势的静态化，通过有效合作与协同创新，使整个区域获得持续的竞争力。

和珠三角、长三角相比较，京津冀地区城市化水平低下。单独看北京、天津，生产力的发展有相当的高度，但作为地区来讲就显然落后了，京津冀地区没有充分形成有区域特点的发展模式，和长三角、珠三角的联动发展比起来，显得有些沉寂，这其中，城市化进程的缓慢、城市化水平的低下是主要原因。典型的金字塔形的城市群发展样态已经在长三角地区显现，该地区城市首位度高，城市密度大；珠江三角洲首位城市规模小，但中等城市多，城市发展水平比较均衡；京津冀地区则呈现明显的双核心，城市密度最小。

不能单从城市看城市，也不能单从区域看区域，而是要从城市的综合发展来看区域，京津冀城市间的合作构成该地区内部合作的实质与关键。

如果城市的优势不能得到应有的发挥，不仅不利于区域本身的发展，也不利于竞争，与其说竞争存在于地区与地区之间，更不如说竞争发生在城市群与城市群之间。在一区域内部，合作的实质与关键便是城市间的合作与城市群一体化的建设。在上海对于长三角，香港、广州对于珠三角都产生了显著的"正拉动"效应的情况下，京津反哺区域经济的作用尚不明显。相距130公里的京津两大直辖市对于区域经济的带动功能在竞争与较量中日渐抵消，各自为政的现代化规划很少能够从地区发展的层面审视自身城市的发展，更无法以整体观念解决地区问题。推动京津冀区域经济一体化，归结为一点，就是要加强区域城市的统筹管理。

二、京津冀城市群合作的难点所在

从总体上看，京津冀城市群建设尚处于起步阶段，还存在着许多不利于总体发展的问题。

（一）京津合作的缺位与中心城市现代化功能不足

城市群的地位在相当程度上集中反映在其核心城市的吸引与辐射功能的发挥上，而中心城市的功能则产生于合作基础之上的专业化分工。现实中，京津冀地区中心城市相互竞争程度较高，专业化分工不足。各城市竞相出台各种优惠政策，外贸出口产品竞相压价，既损害了国家和区域的整体利益，也损害了自身的长远利益。为留住财源，各地纷纷对异地投资企业实行双重税收，严重影响了企业跨地区发展的积极性。回顾京津冀区域合作历程我们可以看出，以往京津冀区域合作的主要内容仅限于京冀和津冀之间，京津合作进展较为缓慢。最终结果是，北京等区域中心城市在现代化功能的发挥方面与区域经济发展的现实要求相比存在较大差距：城市的极化与扩散能力还不够强，自身GDP总量不够大，第三产业发展还不充分，资金筹集能力与对外贸易能力一般，金融市场发育尚不完全……

作为京津冀区域客观存在的两大核心城市，北京与天津之间的关系确实较难协调。新中国成立前，北京与天津的城市功能定位比较明确：北京是政治、文化中心，天津是工商业中心，北京和天津之间基本没有矛盾发

第十一章　京津冀城市群的合作

生。新中国成立后，尤其是计划经济时期，北京由消费型城市发展成了生产型城市，北京城市功能定位的转变，对天津形成了很大的冲击，也因如此，天津由历史上一个工商业比较发达的城市，渐渐沉寂起来。

和天津相比，北京是中国的首都，是全国政治、文化中心和国际交往中心，具有特殊的区位优势；北京是全国公路、铁路的重要枢纽，有全国最大的航空港；北京高新技术产业发达，有中国其他城市无法比拟的优越性；北京资金雄厚……，和北京相比，天津的优势略显逊色，但天津是国际性现代化港口城市；天津的滨海新区有1000多平方公里的土地资源；天津是老工业基地，轻工业比较发达……，和北京比，天津的优势也很明显。于是，城市之间有了门户之见，北京、天津展现在世人面前的不是齐心协力的合力效应，而是谁也不服谁的竞争态势。

北京的城市功能定位不是一个经济中心，而事实上北京又在承担着华北地区的经济中心的职能，在这一情况下，天津是不是经济中心呢？在城市功能没有错位的情况下，京津发展长期各自为政、缺乏联合，包括产业项目之争、港口等基础设施之争等在内的一系列无序竞争，造成整个区域经济发展滞后，可以说，京津合作的缺位是导致京津冀区域与同样处于沿海开放地带的长三角和珠三角差距拉大的最主要原因之一。

（二）河北诸城的弱势与城乡联动不足

京津冀地区城市之间经济与社会发展也存在较大差异，缺乏中间连接力量，这也构成未来合作的主要阻碍力量之一。尽管目前京津冀地区城镇体系发育已经达到了一定高度，但究其本质而言，城市群还只有形式上的发展，而缺乏内在机制上的进展，区域内经济发展不平衡，区域联系松散，从大、中城市到小城镇之间尚未形成一体化关系，以工业经济为主的城市体系与以农业经济为主的乡村体系之间还没有形成有效的市场关系。在京津周围众多的城市中，只有唐山一个城市的人口超过100万人，人均国内生产总值过万元，可以称得上是次级中心城市，但其他城市规模均过小。落差和梯度可能是形成合作的基础，但无序的差距则会影响到双方在诸多经济领域内的权利和义务平衡，导致双方对各自的经济成长空间和对合作的关注存在很大的差异。

京津冀地区二元经济突出，突出表现在河北县域经济的欠发达[①]上。河北县域经济的落后集中体现在以下三个方面。一是县（市）人口规模较小。河北省县域总人口 5639.3 万人，占全省总人口的 84.5%，县均 40.9 万人，低于 45.2 万人的全国平均水平。人口在全国平均数以下的县 89 个，占全省总县数的 64.5%；人口在河北省平均水平以下的县 81 个，占总县数的 58.7%。其中人口最少的大厂回族自治县，仅 10.8 万人，不到全国平均水平的 1/4。二是地区生产总值较低。全省县（市）地区生产总值 3924 亿元，占全省的 71.2%。上百亿元的县没有，最高的是丰南市 92 亿元，居全国第 71 位，不足全国第一县广东省南海市的 27%。最低的是尚义县为 3.6 亿元，仅为南海市的 1%。此外，进入全国前 100 名的河北省只有 4 个县，但位次靠后，最高的仅列第 71 位，与第一名相差 249 亿元，差 2.7 倍。三是地方财政收入水平较低。在全国河北省无一县能够进入这一指标的全国前 100 名排行。河北省内地方财政收入最高的丰南市 2000 年地方财政收入为 23239 万元，比全国第 100 名的县还少 3045 万元，仅相当于全国第 1 名的广东南海市的 10.8%。而河北省地方财政收入最低的县只有 936 万元，相当于广东南海的 0.4%。

（三）产业合作的缺位与产业分工不足

现实中"发展确实是按照主导部门带动其他部门增长，由一个行业引发另一个行业增长的方式进行的"，区域经济增长的实质是产业部门的成长和推进过程。但在经济发展的不同阶段，各产业部门在经济发展中所处的地位不相同。一般而言，成长首先从在产业系统中处于主要支配地位的一个或几个产业部门开始，通过"扩散效应"影响相关产业链上的各个产业，带动促进这些产业的发展，从而推动区域经济增长。区域的发展总是依托于一定的产业结构，区域产业结构是国民经济的部门系统和区域系统相交叉的产物，正是区域产业结构在实际上担负着实现区域功能的任务。

结构趋同和结构瓶颈的共生构成当前京津冀地区发展的第一制约。京

[①] 县域经济是城市经济与农村经济的结合部。在第四届中国县域经济基本竞争力百强县（市）中，京津冀只有 4 个，其中北京 1 个，河北省 3 个，与长江三角洲水平差距较大（上海市 1 个、江苏省 21 个、浙江省 27 个）。

第十一章 京津冀城市群的合作

津冀地区各省市都有自己的钢铁、化工、建材、汽车等传统产业，目前又都致力于发展电子信息、生物制药、新材料等高新技术产业，产业同构现象比较严重。最为明显的是钢铁工业，各省市都自成体系，数量上尚可，但是设备陈旧，质量低下，产品满足不了多元化的市场需求。随着经济的发展，京津冀地区的竞争力有了很大程度的提高，在影响力和国际化方面均有了长足进展，但其在地理位置上比较优势利用得不充分。这不仅使京津冀地区内丧失了必要的分工与合作，更使得各地区发展过程的起伏性加大也是其现阶段面临的主要问题。

北京和天津作为该地区两个特大型中心城市，由于联合观念的缺乏、行政地位的对峙以及由此形成的区域壁垒和特定时期形成的财政、投资、金融体制等方面的制度障碍等，在争作区域经济发展的"龙头老大"的过程中，出现了明显的工业主导产业趋同现象，二者已经形成了包括传统基础工业、高技术产业和都市型工业在内的自我循环的工业体系。作为全国的政治和文化中心，北京虽然已经形成了以第三产业为主体的产业格局，但地方财政和就业对第二产业的依赖性还比较强，因而与该地区其他城市的产业差异性还没有完全展开。当前京津冀区域合作的主要内容仅限于京冀合作、津冀合作，京津合作进展较为缓慢。京、津与河北之间的合作虽然有了一定的深化，但主要是围绕京津两大城市居民的菜篮子、米袋子而动。农产品的低价格以及由此产生的一产合作的低利润使河北得利不多，这也在很大程度上抑制了河北开展区域合作的积极性。深层次产业合作的缺乏，导致彼此经济增长的相关性明显降低。

（四）政治色彩的浓郁与市场化水平不足

京津冀地区政治色彩浓厚，作为中国的政治中心，京津冀地区政治文明中所蕴涵的优势和条件，其中有一些是南部城市所不具备的，也正因为如此，京津冀地区更具备作为总部经济区域的要素和条件，但另一方面，政治文化的发达也会不可避免地带来经济问题，中国"北部问题"的实质就是市场力量不足。受计划经济传统影响较深，京津冀地区国有经济比重较高，市场化程度较低，人们的思想观念、企业的经营意识远不能适应市场经济要求。个体、私营、股份制经济等多种经济形式比重偏低，投资动力有待激励。排除全国整体性市场进步因素外，近年来，京津冀地区的市场经济发育情况不够理想，除北京的排序有较快增长外，其他省市的相对位置保持不变甚至下降。

市场化水平不足的客观事实一方面决定了企业包袱重，调整难度大，活力不足；另一方面也决定了政府对企业控制能力强，行政干预多，跨地区生产要素的流动受到限制。在落后的市场经济背景下，中心城市考虑更多的是如何增强经济集聚功能，而对如何发挥经济辐射功能，带动周边地区的经济发展则关注不够；周边地区在依托中心城市辐射和发挥自身比较优势、准确选择发展方向和产业定位方面也存在差距。

（五）开发区和港口过度竞争与基础设施一体化不足

京津冀地区开发区建设布局零乱，整体协调性不足。一方面，以发展高新技术为主的科技园区不断扩大规模，土地利用效益不高的倾向比较严重，一些专业园区出现了进行房地产开发的倾向。另一方面，以发展工业为主的开发区更是遍地开花。以京津塘为例。京津塘地区共有44个市级以上各类开发区，其中北京有27个开发区，天津有13个开发区，廊坊有4个开发区。为了争夺客户，各开发区竞相在土地使用、税费、市场准入和环境保护等方面降低门槛，在竞争中造成资源的流失和优势的相互抵消，开发区成为一个个装着良莠不齐的企业的麻袋。开发区规划中产业分布的指向性和集中性非常不明显，各类企业分布在众多的开发区中，而没有形成相关产业集群，各类开发区整体规模都不大，低水平无序竞争严重。

港口间的合理分工是区域经济起飞的重要前提之一，无论是从美国东海岸城市带的发展，还是日本太平洋沿岸经济带的发展来看均是如此。但京津冀地区的港口建设却缺乏协调，即使是同一省内的港口之间也竞争有余，秦皇岛、京唐、黄骅港之间也即如此[①]。盲目竞争造成大多数港口长期货源不足，吞吐能力闲置和浪费，亏本经营。这一现象严重制约了港口经济特征突出的京津冀地区经济的发展。"一方面中国需要更多的港口和机场；另一方面中国现有的港口和机场利用率很低，原因是选址不对。……中国实在是浪费不起那么多的资金搞设施的重复建设和错建"[②]。除开发区

---

① 参见《"饿着肚子"忙扩建》，载于《经济日报》（2003年9月17日第四版）。
② 莱斯特·瑟罗：《资本主义的未来》，中国社会科学出版社1998年版，第50页。

和港口外,京津冀地区的机场、高速路等重大基础设施的规划、建设也都需要进一步下大力气协调。

(六) 政府的经济越位与消费、出口作用不足

在政府主导的现阶段,京津冀地区的经济增长仍处于投资推动的发展阶段,争夺投资成了地区经济发展的主要手段,地区间矛盾也由此加剧。相对于比较发达的城市和港口体系而言,该地区的消费和出口对经济增长的作用明显不足,对外贸易依存度低于全国平均水平。加快培育具有国际竞争力的产业,努力提升产品档次,更有效、更主动地利用国际市场,由以投资为主导性推动向以消费和出口为主的增长模式的转型,是京津冀需要解决的问题。

三、未来京津冀城市群合作的基本框架

未来,京津冀城市群合作需要以区域整体功能定位及其在城市空间的有效分解为前提,以产业合作为主线,以市场和企业自下而上的力量为主体,以政府自上而下的作用为主导,全方位开放,高标准融合,多层次创新,进一步发挥京津冀的各种优势,释放经济潜能,实现各省市共赢,以打造强大的京津冀城市群。

(一) 京津冀合作的前提——城市群整体功能定位及其在空间的有效分解

城市群的发展在思路上得先有功能开发,再有形态开发和产业开发,用功能开发来指导形态开发和产业开发。未来京津冀城市群合作的第一步是要明确城市群总体功能定位,以此为基础再进行空间的有效分解,也即明晰京、津及河北各市的功能定位,尤其是京津的功能定位。这是一个长期的战略发展问题。如果这一问题解决不好,条块分割将使得优势不能发挥,成本大大提高。

立足于京津冀的发展现状,未来该区域要以构建可持续的生态与社会环境,创造安全、舒适、便利的良好人居环境为前提,以具有国际、国内

竞争力的现代服务业和先进制造业为支撑，带动中国北方经济发展，进一步辐射东北亚，成为支撑与联系国内外各类经济与社会活动的特大型都市圈、知识型总部经济区域和世界级先进制造基地。

特大型城市群：京津冀的城市正在兴起。未来要强化各等级城市之间的经济联系，构建有效率的空间等级体系。

知识型总部经济区域：总部经济形态可以使企业价值链与区域资源实现最优空间耦合，其不仅可以使总部所在的中心城市密集的人才、信息、技术资源得到最充分的效能释放，也能使加工基地所在的欠发达地区密集的制造资源得到最大限度的发挥。截至2004年底，北京有20多家跨国公司地区总部，其中有7家世界500强企业的地区总部，另外，139家投资性公司和189家研发中心也落户北京①。未来，以制造业发展为支撑，以知识经济和服务经济为龙头，京津冀城市群要吸引更多的人才、资本、信息等要素，在价值链分工中占据高端，立足京津大力发展研发等生产服务业，带动津冀先进制造业的发展，提升本地区产业水平，扩大本区域的经济总量。

世界级先进制造基地：京津冀必须要尽快完成由单一的加工中心向集加工、采购、物流、商务、科技、信息为一体的制造业基地的转型，要增强本地区的产业集聚水平和产业配套能力，注重成为制造业的加工中心、物流中心、采购中心、商务中心、科技中心、信息中心的集合体。

作为区域中心的存在，城市必须要有自己相对明确的功能与定位，京津冀区域合作的载体在于各城市功能之间的联结：

北京：北京是全国的政治、文化和科技中心，同时承担着国家经济管理、国内国际交往中心的职能，未来北京城市发展要遵循国家首都、世界城市、文化名城和宜居城市的基本定位。北京的经济结构以第三产业为主，拥有首都、科技、人才、市场、信息与文化优势，未来要重点依托以上优势重点发展金融保险、科技开发和信息服务、文化、区域性商贸物流、旅游等现代服务业，电子信息、汽车整车、光机电一体化、生物工程与新医药、环保、都市等现代制造业和高新技术产业。

天津：天津是中国近代工业的发祥地，拥有北方最大的综合性贸易港

---

① 参见《世界500强企业在华投资态势分析》，载《领导决策信息》2005年5月第20期。

第十一章　京津冀城市群的合作

口，具有重要的战略地位。目前天津的经济总量较北京仍有差距，但其后发优势也较为明显，近年的增长速度超过北京。在北京国家首都、世界城市、文化名城、宜居城市定位的基础上，天津需要突出自身的港口、对外和工业体系健全的优势，力争成为现代化国际港口大都市、中国北方的金融商贸中心和先进的综合性工业基地，与日本的北九州、韩国的仁川、中国的上海形成呼应，成为环渤海乃至东北亚地区重要的工业城市和港口城市。天津是我国重要的石油化工和海洋化工基地之一，发展优势明显，已经基本形成了沿海化工产业带。未来天津要努力发展金融、全球性物流、商贸流通业、房地产业等现代服务业，电子信息、机械装备、汽车、化学、新能源与新材料、都市型工业等现代制造业和高新技术产业。

石家庄：石家庄是河北省的省会，居北方地区的中心地带，素有"南北通衢、燕晋咽喉"之称，是以医药、纺织、商贸物流等产业为主的综合型城市。石家庄和郑州一样是连接京沪、京广、京九、同柳（大同—柳州）四条南北铁路大动脉的交通枢纽。未来，石家庄要依托省会、地理条件和交通优势，全面振兴服务业，改造提升医药、纺织服装等传统优势产业，提升城市经济能级，建设成为河北最大的综合性服务业中心城市。

唐山：唐山是以煤炭、电力、钢铁、水泥、陶瓷等为主的全国重要的能源、原材料工业基地。未来要依托港口优势，发展冶金、化工、机电、水泥、陶瓷等重化工业和高加工度制造业和集仓储、运输、来料加工、服务等为一体的临港工业，成为重要的能源、原材料供给基地和工业制造基地。

秦皇岛：秦皇岛是重要的能源、原材料基地，拥有全国最大的能源输出港。未来要重点依托滨海旅游资源和港口资源，发展出口导向型的外向经济，以旅游、文化教育会展、临港产业为支柱，重点发展起重机械、造船修船拆船、玻璃机械、机电产品等行业，建设成为现代化的生态型现代化国际滨海旅游城市、渤海湾地区重要的能源出海口和重要的能源、原材料基地。

张家口：张家口地处河北的西北部，位于北京和天津的上风上水区，主要是京津生态保护重点区、农副产品供应区、机械加工基地和晋蒙冀交界区域的重要商埠。可发展无污染或轻污染工业，以农贸、食品饮料、毛纺、机械为支柱发展成为工业基地和独具特色的农牧产品加工基地。

承德：承德地处河北东北部，是重要的生态涵养区、重要的旅游中心和农副产品供应基地，应大力发展旅游等第三产业以及食品饮料加工制造等一些占地少、污染轻、低耗高效的轻型加工业。

廊坊：廊坊地处北京和天津两大城市之间，是首都人口和科教职能转移的重要区域，也是首都圈内的科教、文化、生活次中心。产业特色以科教文化产业、食品加工和高加工度产业、高效农业为主，同时发展汽车零部件、电子、机械、新型建材、医药等高科技产业。

沧州：沧州是全国第三座化工城，境内有华北、大港两大油田，是河北外向型工业基地和重要港湾。未来要重点发展化工、电力、机械加工和临港工业。

保定：保定以轻纺、化纤、造纸、胶片制造、汽车及汽车零部件、食品、电子为支柱产业，重点发展机械、化工和旅游业，建设成为地方旅游中心、文化次中心和轻工业生产基地。

邢台：邢台是以钢铁、建材、煤炭、化工等为优势的区域资源型工业城市。未来，邢台市要不断提升已有的资源加工型传统产业，把节约能源和资源作为结构调整的重要手段，促进循环经济的快速发展，不断降低能耗和物耗，减少污染物排放，实现废物回收循环利用，达到产业发展与生态环境保护的协调统一。

邯郸：邯郸市是晋冀鲁豫接壤区最大的城市。产业基础雄厚，属于重型工业为主的资源型城市，是我国"一五"到"七五"期间重点建设的冶金、能源、建材、纺织、化工、机电等工业基地，在河北省乃至全国都占有相当重要的地位。未来，邯郸要在改造提升钢铁、煤炭、电力、建材、纺织服装、陶瓷等传统工业体系的基础上，大力发展文化、旅游等服务业。

衡水：衡水已经基本形成了以瘦肉型猪、肉奶牛、设施蔬菜、林果等特色农业为基础，以金属制品、化工医药、汽车零部件、纺织服装、食品加工、林板林纸加工制造业为主导，以丝网、皮毛、橡塑、钟表流通服务为导向的产业体系。未来，衡水要以打造"河北温州"为目标，努力以现有产业为基础建设区域性制造业和流通业中心。

第十一章 京津冀城市群的合作

(二) 城市群合作的主线——产业合作

未来，京津冀城市群合作的关键是各城市要有所为，有所不为，共同推进产业结构调整。各方需要合理确定自己的产业定位和结构调整方向，沿着中心城市与周边地区实行垂直分工、中心城市之间实行水平分工、中心城市优势企业采用放牌制造和设备参股等方式向周边地区转移传统产业项目的方向，探讨企业专业化协作、集团化发展的路子，在区域内打造相互依存、衔接紧密的产业链条，逐步形成合理分工、互相促进的产业结构新格局。未来京津冀城市群产业合作的基本思路是：以深化制造业分工和构建工业集群为核心，以服务业和农业的分工为支撑，以产业集群的发展促进上、中、下游产业的共同发展，构建多层次衔接的一体化区域产业结构。

1. 产业集群化道路

随着宏观经济格局由总需求过旺转向总需求不足，买方市场继续向各领域延伸，并成为市场供求关系的主体，区域之间、城市之间、企业之间的经济竞争更加激烈，我国经济进入一个全面竞争的阶段。由于市场竞争的加剧，为了在有限增长的市场需求中争取更大的份额，企业越来越依赖于产品的不断创新和技术的不断进步，越来越依赖于分工的细密及协作范围的广阔，即产业素质的提高和生产体系的完善。随着区域竞争的加深，为降低各种生产要素成本、刺激创新、提高效率，大量相关企业以主导产业链为基础，在特定的地理范围内集中，以形成有机的产业群落。这种产业集群以其地理集中、灵活专业、创新环境、合作竞争的优势，提升了整个区域的竞争能力。有竞争力的集群成为区域长期经济增长和繁荣的源泉。

区域的产业竞争力最终要看能否形成产业集群。日本丰田轿车零储存的实现依靠的是它200公里范围内的400多家零部件配套企业，每家配套企业在多少时间内将零部件运到哪个地点都有严格规定。如果京津冀的主要工业项目要到很远的地方寻求配套，就增加了周转成本，根本不可能有竞争力。虽然京津冀区域具备了形成产业集群的要素优势，但一体化经济仍然处于初级发展阶段，资源、地域优势还没有充分发挥，区域壁垒导致产业难以实现优势互补。区域内经济竞争的动机强烈，而互补性合作的程度比较弱，没有形成在国内具有市场竞争优势、关联程度高的产业链，阻碍了生产要素跨地区优化组合和产业集群的发展。着眼未来，区域内各省市应放弃单体竞争的思想，立足区域整体竞争，促进产业集群发展。

电子信息产业集群：京津地区是华北经济区电子信息产业比较发达和集中的区域，电子信息产业在区域高新技术产业中占有相当大的比重，是带动区域高新技术产业发展的支柱产业。2005年，北京电子信息产业产值占全市高新技术产业的比重达到60%以上，计算机与通讯技术产品占全市出口总值的八成以上，其中移动电话出口占全国出口总值的四分之一。北京还是国内最大的软件研发基地，软件产品出口位居全国第一。中关村科技园区是全国最大的电子信息产业科研、贸易、生产基地。天津是全国最具有竞争力的电子信息产品制造基地，国内市场上每10部手机中就有4部是天津生产的，90%的摩托罗拉手机出自天津的工厂，录像机的生产占全国的近60%，显示器、电子元件、传真机等产品的产量也在全国占有较大比重。天津还是韩国三星集团在中国最大的生产基地。天津经济技术开发区是全国最大的电子通讯设备和液晶显示器的生产基地。未来，北京要充分发挥其研发能力强的优势，确立研发中心的地位，着力开发拥有自主知识产权的电子信息技术及产品，同时成为电子信息高端产品的制造基地。天津则应利用制造业基础好的优势，发展成为电子信息产品的制造基地，形成与北京配套良好的产业体系。在此基础上，将协作配套关系向河北等周边地区延伸和扩展，奠定中国北方电子信息产业基地的地位。

汽车产业集群：京津冀地区是汽车工业比较密集的区域，初步形成了各自的特色。北京汽车工业正在构建汽车产业的"一个基地（北京汽车生产基地）、三个板块（即轿车、越野车、商用车三大板块）"。汽车工业已经成为北京工业发展的龙头老大。天津是全国最大的微型汽车生产基地之一，其经济型轿车系列产品在市场上占有重要地位。2002年，天津汽车集团与一汽集团重组成功，在产业配套方面迈出了可喜的一步。天津正在形成多品种、宽系列的产品格局，同时也在建设轿车关键零部件生产基地。河北的汽车零部件生产有一定的基础。在汽车制造业从过度分散走向高度集中的大趋势下，未来京津冀应谋求和加强彼此的分工与合作：北京

第十一章 京津冀城市群的合作

着重轿车、越野车、商用车的整车制造，天津在发展经济型轿车的同时注重以出口为主的中高档轿车的发展，河北则应围绕着京津的汽车整车制造发展零部件制造。

装备制造产业集群：装备制造业是带动整个国民经济发展的基础性产业，是火车头产业。北京的机械装备制造业基础较好，其中印刷机械、工程机械和数控机床等具有相对优势，在全国占有重要的地位。目前，装备制造业正处于融入信息技术和高技术的巨大变革之中，北京实施了机床数控化和包装印刷装备升级改造工程，建立了光机电一体化产业基地，力争成为全国最大的数控机床研发和销售基地，同时保持北京数字化印刷机的产业优势。天津的机械装备工业产品门类齐全，技术力量雄厚，今后将重点发展环保机械、都市机械、汽车及家电、能源和农机等四大成套设备领域。目前我国的装备制造业面临良好的发展机遇，京津冀应利用已有的产业基础，在优势领域着力开展自主开发和创新方面的合作，成为高端产品的研发和制造基地，将河北作为产业配套和协作基地，延伸区域产业链条，力争在全国装备制造业竞争格局中占有一席之地。

冶金产业集群：北京、天津和河北均有着不错的冶金产业基础。首钢北京地区综合生产能力为600万吨，钢材覆盖板、管、型、带、线、丝等类型，是国内最大的线材生产基地。天津有钢管公司、冶金公司和天钢集团。目前，天津正在对冶金工业进行改造提升，使其将成为全国最大的无缝钢管生产基地。与此同时，北京的首钢正在经受限产的压力，其冶炼基地将全部转移至唐山的曹妃甸，以此为契机，唐山将发展成为中国乃至世界最大的冶金工业基地，奠定唐山"钢铁城"的地位。在河北，分布着铁矿基地迁安以及邯钢、邢钢、宣钢、石钢、胜钢（胜芳钢铁厂）等大中小型钢铁企业。其中邯郸的钢铁生产能力已超过2500万吨，并在周边集中了一批钢铁深加工企业，成为仅次于唐山的第二大钢铁基地。南北两大钢铁基地为京津冀发展冶金产业集群和装备制造业集群奠定了基础，有利于形成产业合理分工、协调发展的格局。

化工产业集群：石油化学工业在北京和天津同构发展，成为各自的传统支柱产业。北京有燕山石化，原油加工能力为950万吨/年，乙烯生产能力为45万吨/年，是目前中国最大的乙烯生产商之一、最大的塑料与树脂生产商、最大的合成橡胶生产商、最大的基本有机化工原料生产商、最大的润滑脂生产商、最大的化纤地毯生产商。天津拥有丰富的石油资源，是全国最大的化工基地之一，目前正在建设世界级的大炼油、大乙烯项目，同时带动海洋化工的发展。从区域整体角度出发，北京不应再扩大目前的石油化工产业，而应逐步向天津方向转移。临近天津滨海新区的沧州和唐山，化工产业也有一定基础，可以滨海新区为原料基地，发展以深加工为主的化工产业。

2. 三产分工的深化

京津冀城市群三产的分工主要存在于北京、天津和石家庄之间。未来，京津石联手发展服务业应遵循以下原则：（1）完全分工。适合三市完全或几乎没有条件发展而需从对方进行单向服务输入的行业，如水上运输业（天津单向向北京服务输出）；（2）相对分工。适合于三市都有发展条件但相差悬殊的行业，三市各自重点发展条件相对有利的行业。如天津仓储业和批发业，北京出版业、计算机应用服务和银行业等；（3）产业地域综合体。适合于内部结构相似、对集聚经济、网络经济要求明显的行业，如旅游业、保险业、教育、文化艺术业、科学技术行业。

北京综合性服务业中心：北京的政治、文化、国际交往、科教和信息优势是其他城市无法比拟的，北京可据此发展成为国内外企业总部的栖息地，形成总部经济。建构适应首都经济比较优势、以高新技术为主导的资源节约型产业结构，走科技型经济、服务型经济、文化型经济和对外开放型经济的道路，以现代服务业和高新技术产业提升自己的经济能级，早日跻身国际化大都市行列。北京的核心功能是服务，核心竞争力应定位在发展服务业上。北京可利用其独特优势，发展成为面向全球的国际性现代服务业中心：为企业生产经营提供研究和开发、工程和程序设计、金融和保险、人才教育和培训、信息（含通讯）服务和管理咨询、物流和会展、商用房地产等生产性服务；为社会生活提供商业、旅游、医疗保健、体育娱乐、住宅房地产等各种社会性服务。

天津生产性服务业中心：天津要以物流为基础大力发展生产性服务业。随着经济和社会的发展，生产性服务业和某些经济活动，特别是制造业的界限越来越模糊，产业业态逐渐融合。生产性服务业正在逐渐形成完整的产业链，这条产业链能够为企业提供从产品设计、立项到产品营销与

第十一章 京津冀城市群的合作

服务的全方位支持。生产性服务业贯穿于生产、流通、分配、消费等社会再生产各环节之中,它可以有效提高生产过程不同阶段的产出价值和运行效率,其在上游(如可行性研究、风险资本、产品概念设计、市场研究等)、中游(如质量控制、会计、人事管理、法律、保险等)和下游的服务活动(如广告、物流、销售、人员培训等)均可以在很大程度上提升城市的综合竞争力。未来天津三产的发展一定要明确"完善生产性服务链,加大生产性服务供给"这个支点,努力打造并保持天津在上游、中游和下游三个阶段的生产性服务优势。

石家庄商贸物流基地:石家庄具有发达的公路、铁路、航运基础条件,是我国北方地区重要的客、货中转站,是全国三大铁路枢纽之一和环京津地区最大的货运空港,高速公路拥有量居全国第一;石家庄火车站是全国三大货物编组站之一,民航机场是国家批准的国际口岸机场。近年来,依托优越的区位交通优势、各具特色的专业市场和发达的商贸流通业,石家庄的现代物流业表现出了良好的发展态势,占第三产业的比重持续上升。石家庄应把建设现代物流基地作为服务业发展的主要方向,打造国际物流园区和商业物流中心、医药物流中心、农产品物流中心、中储物流中心、航空物流中心、再生资源回收利用物流中心等,建立完善基础设施平台、信息网络平台、物流政策平台三个物流服务平台。

(三)城市群合作的主体——企业与市场

区域经济一体化的基础是经济运行机制的协调。要形成顺畅的区域经济合作渠道,京津冀面临的首要问题便是要促成发达市场的生成。为发挥市场配置资源的基础性作用,京津冀需要坚持以经济利益为纽带,以企业为主体,鼓励由行业协会牵头,鼓励社会投资和民营企业参与到区域合作中来,通过市场的作用打破行政区划带来的体制性障碍,使要素和商品能更加自由、更加快速、更加有效地流动,建立灵活务实的区域经济合作机制。

京津冀区域内各地方市场关联程度低,由于缺乏统一规划、统一政策、统一制度,要素和商品市场尚未以整个区域为载体来运行,制约着城市群的统一市场体系的发育。"开放已经给中国带来了很大好处,但是如果开放成为一种难以忍受的负担,那么对中国的好的劝告是暂时以内部为主,直到国外的被动结束。国内市场是如此的巨大,其容量足以为高水平的经济活动提供空间。"① 在强调扩大国内需求、以内部发展为根基的新形势下,消除市场分割问题对于现实经济生活正常运行的干扰就成为当前京津冀各地方政府作用的题中应有之义。各省市仅仅从自身利益出发招商引资、发展经济,彼此之间是一种对完整企业、完整项目和完整市场的争夺关系——一个企业或项目,要么到你那里,要么到我这里;一个市场,要么接受这种产品,要么封杀这种产品……这种"二择一"的竞争关系,不但使区域之间摩擦增多,而且难以形成类似于"珠三角"、"长三角"内部出现的"总部—加工基地"的功能分工关系。北京作为京津冀的中心城市,拥有丰富的总部资源,包括丰富的科研成果,但是这些成果不得不舍近而求远,在合理的配套半径之外,到全国各地,包括到"珠三角"、"长三角"进行产业化,这就在无形中增加了成果的转化成本和资源的配置成本。同时,由于产业配套体系的欠缺,又进一步限制了制造业企业的总部资源向这个区域的流动。

区域协调发展的重要内容之一就是打破市场分隔,统一产品市场与要素市场,促进产品与要素的自由流动,在区域间经济联系扩展到每一个层面的同时,实现更大范围的资源优化配置,为企业选址、迁移和产业链调整创造条件。然而,京津冀地区要素市场很不完善,特别是资本市场,制约了资源的合理流动和优化配置。目前,国有资本主要集中在公共事业和基础设施领域,外国资本主要是在高新技术和先进制造业领域,民间资本主要配置在一般制造业领域。大部分地方对于外资、台资和港资能给予优惠的待遇,而对于外地投资却缺乏有效保护,限制了民间资本的异地投资。资本市场的完善将有助于民间资本的流动与聚集,有利于地方配套产业的健全和区域间经济联系的加强。

构建统一的市场网络,以市场一体化为核心推动京津冀城市群经济一体化发展。京津冀区域需要培育一体化的消费品市场、资本市场、技术市场、劳动力市场,特别是人才市场和统一的产权市场,实现产业要素的快速集中和自由流动,借助发达的交通体系和信息渠道,推进要素流动市场化和信息透明化,并在此基础上形成若干技术链、产业链、价值链,进而

---

① 劳伦斯·克莱因:《中国经济的稳定扩展》,载李京文、汪同三主编《中国经济增长的理论与政策》,社会科学文献出版社1998年版,第38页。

第十一章 京津冀城市群的合作

形成若干产业集群和产业带,由此保障企业资源配置机制的市场化。

过渡期马上就要结束,在对外开放的同时我们没有理由再继续对内封锁。按照市场经济的方向和加入 WTO 后的形势,京津冀要尽快建立能与国际接轨的市场运行规则,统一市场准入和市场退出机制。在市场准入机制上,要在各省市协同的基础上,以立法形式确立统一的市场准入规则,消除条块分割的市场壁垒,打破地区垄断,营造公平的市场竞争条件,形成对本地企业和外来企业一视同仁的公平竞争格局。在市场退出机制方面,应对政府企业关系进行统一规范,加快优势企业扩张和劣势企业退出的步伐。

京津冀需要加大区域内商品和要素流通的广度和深度。区域内各主要城市可实行工商联手,互设商场、市场、联销店、专卖店,定期或不定期召开各种类型的交易会或订货会。各大中城市要发展相当规模的各类专业服务和文化旅游市场,培育和完善特大城市和大城市的要素和商品市场体系,在此基础上,再立足中小城市和城镇建立要素和商品市场的各级网络。

区域合作,市场是载体,企业是主体。区域经济的发展,归根结底来自各个企业的行为,企业作为区域经济运行的最基本单元,它的发展变化是区域经济发展的综合体现。随着企业在市场经济中的主体地位要求越来越高,行政区域的界限已难以割断利益诱导下的资源流动,成长起来的企业必然会通过跨地域的横向经济联合来拓展自身的空间,由此区域产业的集团化发展趋势也必然会加强。为满足企业不断拓展发展空间的需要,目前京津冀要提倡通过组建一些民间协调机构,超越地方性行业协会的局限性,联络区域内的主要企业、沟通经济信息,筹划行业内或跨地区、跨行业的企业合作与开拓国内国际市场的有关活动,促进地区内外要素流动与合理配制,帮助具有扩张潜力和要求的企业做大做强,使之成为地区经济协调发展的支柱性企业,提高区域内产业一体化水平。

(四) 合作的主导力量——有效的政府行为

"世界不是既成事物的集合体,而是过程的集合体"[①]。政府的行为可

---

① 《马克思恩格斯选集》第 4 卷,人民出版社 1995 年版,第 244 页。

能会有偏差，它有可能会抑制市场竞争的活力，但没有政府却是万万不能的，京津冀城市群合作深化的过程需要政府的积极参与。

相对于其他地区而言，京津冀地区集体、纪律、组织观念强，政治观念历来更为强势，政治文明的相对发达在一定程度上压抑了商贾文化的发育，导致市场缺乏竞争压力，影响本地区企业的创新动力和产业升级能力。所以，京津冀城市群更亟待商贾文化和平等文化的创新。为此，对于京津冀城市群而言，在长期中的任务便是要注重培育创业意识和文化，弘扬独立企业家价值，营造区域创业氛围和经济生态。

培育创业意识和文化。京津冀城市群要鼓励各种媒体对创业者、创业现象和创业精神进行多种形式的宣传，开展对创业意识、竞争意识和创新意识的大讨论，培育对创业失败的宽容文化，加强对居民，特别是下岗和待岗人员进行创业教育和培训。尊重包括个体户在内的各种创业者，充分认识到企业家是促进京津冀城市群经济和产业发展最稀缺的资源和最重要的力量，尽量减少"官本位"制度和意识对企业家的不利影响，提高企业家的社会地位，让企业家在社会生活中有更多更大的发言权，根据企业家所付出脑力劳动、心理劳动（承担风险和责任）和体力劳动的多少，使他们得到应得的回报。

改善投资环境，营造经济生态。改进行政服务是京津冀城市群各级政府当前的首要任务，要积极支持民营企业成立各种协会、商会，依托协会、商会在同业联盟、市场开拓、技术指导、管理创新等方面为民营企业搞好服务。各省（市）政府可集体组织各类博览会、展销会、订货会，帮助民营企业开拓市场，对于大型的民营企业实行贴身服务，做好基建、设备报批、产品出口等服务工作，突出个性化服务。在现有产业基础上，针对不同行业等提高全面服务水平，维护产业的相对规模优势，继续保持市场占有的领先。

制订一体化发展规划。城市规划学家 L. 芒福德曾说过这样一句话："真正有效的城市规划是区域规划"。不同的城市等级、不同的行政主体以及不同的功能区域，构成了区域经济一体化的复合体。推动京津冀城市群的区域经济一体化，需要各等级城市制定一体化的、地区统筹发展的发展规划。要考虑城市性质、功能、目标、规模、布局等方面问题，打破行政区划的限制进行整体规划研究，适时制订《京津冀城市群发展规划》，

第十一章　京津冀城市群的合作

统筹协调自然资源、基础设施、城镇体系、产业布局等，以引导资源实现有效整合。要在统筹全局的原则下，明确各区域的经济功能定位和产业重点，在规划中注意留出各城市发展的结合点和建设接口。规划的关键不在于指定哪个行业、哪些产品，而是要把市场经济的基础机构建设起来，这才是政府最需要做的。京津冀城市群一体化的发展规划不仅需要明确培育一体化的市场体系、建设一体化的交通体系，更要建立一体化的区域城市体系。需要倡导谁的实力大、谁才有可能成为中心城市的城市自生机制。要让京津冀城市群地区的城市在竞争中做强，在融合中做大。当年咄咄逼人的南海、顺德两小虎现如今成了佛山的两个区，京津冀城市群地区城市体系的发育与成长需要借鉴珠三角城市成长的宝贵经验。

建设网络型基础设施。城市群经济的整体发展要求基础设施在空间上具有连续性。区域经济合作首先要整合硬件，基础设施一体化是搞好区域合作的基础性条件。京津冀城市群当前要加速区域综合运输体系的建设与协调，构筑一体化的交通体系，打破行政区划的阻隔，促进跨区域运输发展，提升区域交通网络的便捷程度，加强区域中航空港、海港的有机联系，促进分工与协作，疏导人流、物流的合理流动，在本区域内实现基础设施和公共设施的共建、共享和共赢。

这里特别需要指出的是，在面临国外的日本神户、横滨和韩国的釜山、仁川等港口城市，国内的上海、青岛、连云港、湛江等港口城市激烈竞争的形势下，未来京津冀城市群的港口建设需要明确天津港与秦皇岛、唐山港等之间的分工与合作①。天津、唐山、秦皇岛、黄骅港口群的关键是要实现天津—曹妃甸港口的一体化。天津是经营百年的大港，是中国北方最大的外贸港，其外贸吞吐量和外贸出口量均居国内大陆港口的前列。从经济技术实力和地理位置上看，天津港理应成为中国北方的国际航运中心。曹妃甸距离天津港口38海里，有着极好的水域条件，作为天津港的深水外港，与天津港在开发条件上有着极好的互补性，天津—曹妃甸组合港完全有能力成为中国北方的国际航运中心。曹妃甸港建成后，主要担负石油、铁矿石及第4代以上集装箱洲际运输业务，则渤海内就有了可供现代远洋巨轮靠泊作业的港口，使京津冀港口群的功能、结构趋于完善。并

---

① 参见肖金成：《环渤海区域的发展与港口的分工合作》，载《港口经济》2005年第2期。

且，京津冀三方共同开发建设曹妃甸深水大港，共同建设滨海经济带，将成为京津冀一体化的突破口和着力点。通过三方联合建设矿石和原油码头、构建京津冀一体化的海陆运输系统、共同开发建设临港重化工产业区，将全面促进京津冀经济的联合与合作。秦皇岛港拥有目前全国最大的自动化煤炭装卸码头和设备先进的原油、杂货与集装箱码头，是世界上最大的能源输出港之一，目前，秦皇岛港担负着我国北煤南运的重要任务，其中转货类以能源和其他散货货类为主。未来，秦皇岛港要继续保持北煤南运领导者的地位，在 21 世纪初确立环渤海散货中心港地位。黄骅港的建设要与沧州市的城市发展相结合，要依托港口发展起一定规模的化工产业，黄骅港还要发展专业化的煤码头，协助秦皇岛港保持北煤南运的优势地位。天津港应适应滨海新区建设生态环境优美城市的要求逐步放弃煤炭和铁矿石的运输业务。

人才开发、使用一体化。统一人才市场、构筑人才信息平台，京津冀城市群各地区人事部门应该在专业技术职务任职资格互认、异地人才服务、博士后工作站、高层次人才智力共享、专业技术人员继续教育资源共享和公务员互派等制度层面展开合作，促进人才开发的一体化。现阶段，京津冀城市群的研发投入以国家和地方政府投入为主，企业自身的研发投入却严重不足。多年以来，北京高新技术产业的 R&D 支出与销售收入之比一直低于 2%。1995～2002 年，北京高新技术企业购买国外技术投资占购买技术总投资的比重均在 90% 以上，1997 年和 1998 年甚至达到了 99.5% 以上。虽然企业自主研发在总量上有了一定增长，但对国外的技术依赖性仍过大。未来，京津冀城市群要充分利用本地区丰厚的科技资源优势，在原创性技术的孵化与技术应用的推广方面联手提高自主创新能力，提升本地区的产业技术能级。

建设可持续性区域生态环境。整治京津冀城市群生态环境，建设并保护好生态环境，尤其是保护、开发及合理利用好京津冀土地和水资源。要通过多种渠道，包括财政转移支付，国家投资和补贴，以及组建区域联合建设与保护基金等实现地区间的生态利益补偿。对于该区域的重要水源涵养区、水土保持的重点预防保护区和重点监督区、防风固沙区等重要生态功能区，建立生态补偿机制，并在此基础上制订环境保护管理条例，加强对京津冀生态功能保护区的建设与保护的监督。

第十二章 港口群的分工与合作

随着全国经济重心向北转移，环渤海地区与外界的经济联系日益紧密，区域内各港口的吞吐量也逐渐攀升，以大连港、天津港和青岛港为枢纽港的港口群已初见雏形，但港口群内部的进一步整合却受到诸多限制，影响了港口之间的分工合作和整体竞争力的提升。本部分就是试图在弄清楚环渤海港口群分工与合作的现状与问题的基础上，厘清港口群分工合作的基本思路，进而提出针对性的政策建议，以促进本区域港口群的发展。

一、环渤海港口简介

环渤海地区位于我国北部沿海，由辽东半岛、山东半岛和华北平原环渤海地区的沿海环状经济区域组成。整个环渤海地区的海岸线长度为5700公里，约占大陆海岸线总长度的1/3。沿岸共有20多个城市，分布着大中小上百个各类港口，其中最具规模的有大连港、秦皇岛港、天津港、青岛港和烟台港等主要港口（见表12-1）。由于环渤海地区的地形特点呈∏型结构，由此形成了与珠江三角洲地区和长江三角洲地区完全不同的港口经济腹地范围。环渤海区域性港口群的经济腹地由沿垂直于∏型结构沿海岸线经济带向内陆延伸，形成了通过辽东半岛沿岸港口向东北地区延伸、通过山东半岛沿岸港口向华东地区延伸和通过华北平原沿岸港口向华北和西部地区延伸的广阔区域。因此，环渤海区域港口是我国东北、华北和西北地区重要的出海通道。本文将选择其中较重要的港口[①]予以介绍。

---

① 以2005年货物吞吐量超过1000万吨为标准。

表 12 –1　　　　　　　　　环渤海地区港口分布格局

环渤海港口群	东北港口群	枢纽港：大连港 支线港：锦州港、营口港、丹东港、葫芦岛港、庄河港
	华北港口群	枢纽港：天津港 支线港：秦皇岛港、唐山港、沧州港
	山东港口群	枢纽港：青岛港 支线港：烟台港、日照港、龙口港、威海港

（一）东北港口群

1. 大连港

大连港建于1898年，是天然不冻的良港，亦是中国南北水陆交通运输枢纽和重要国际贸易港口之一，在国际贸易和国内物资交流方面起着重要作用。它是拥有集装箱、原油、成品油、煤炭、散粮、散矿、化肥、滚装等73个现代化泊位、集疏运条件优越、设备实施配套齐全、服务功能完善的大型现代化综合性港口。港区辽阔，陆域面积8平方公里，水域面积346平方公里，平均水深10米，最深处为33米。生产泊位74个，其中万吨级以上泊位40个，码头岸线总长24750米。铁路专用线161公里，输油管线193.1公里。港口与世界160个国家和地区有贸易往来，集装箱开辟了美西、美东、地中海、欧洲等5条远洋班轮干线、34条近洋线、3条外贸内支线、8条内贸干线和1条内贸支线。大连港目前已成为东北亚地区最大的粮食中转港和我国重要的石油、液体化工品港和海上客运港。大连港直接为大连市、黑龙江省、吉林省、辽宁省及内蒙古自治区东部的呼伦贝尔盟、哲里木盟和赤峰市等地的经济发展服务。目前黑龙江省的海运物资大约有95%通过大连港，吉林省的海运物资有67%通过大连港，内蒙古东部的海运物资中大约有70%通过大连港。辽宁省除部分物资通过营口、丹东、锦州、锦西等中小港口运输以外，其余地区的海运物资基本上也是在大连港中转。

"十五"期间大连港共新增生产泊位19个，其中万吨级以上泊位15个，实际新增能力8983万吨，比"九五"期末翻了一番。与此同时，一批与码头配套的油品储罐、散粮筒仓、仓库场站、消防、供热等配套项目及港口铁路、公路、航道、桥梁等集疏运设施也相继建成，为提高港口竞

第十二章 港口群的分工与合作

争力,拉动吞吐量增长发挥了重要的作用。2005年,大连港的货物吞吐量达到1.7亿吨,集装箱吞吐量265万标箱。根据规划,在整个"十一五"期间,大连港集团将安排220亿元资金用于港口建设,计划新建23个万吨级生产泊位,最终在"十一五"期末形成生产泊位100个,货物吞吐量将达到2.5亿吨,集装箱吞吐量达1200万标准箱的规模,初步形成东北亚重要国际航运中心的主体框架。

2. 锦州港

锦州港位于辽宁省西部、渤海西北部的锦州湾北岸,是我国沿海纬度最高的深水港,不仅港区自然条件优越,而且腹地广阔,煤炭、石油、木材及矿产货源丰富,是我国东北西部和内蒙古东部最便捷、经济、合理的进出海口岸。

港口现有大型生产性泊位18个,其中油品化工泊位7个,散杂货泊位7个,油品泊位最大为25万吨级,散杂货泊位最大为10万吨级,两个集装箱专用泊位可满足5668箱位集装箱船靠泊作业。港口设计年吞吐能力达3500万吨,集装箱年通过能力60万标准箱。锦州港已具备内外贸集装箱运输和油品、化工品等的仓储、装卸、运输等多项功能,同世界80多个国家和地区建立了贸易往来关系。"十五"期间,特别是自国家实施"振兴东北老工业基地"和锦州市实行"以港兴市"的发展战略以来,锦州港近3年实现吞吐量7165万吨,比此前13年的总和还要多,显示了良好的发展势头。2005年,在全国200多家港口中,锦州港实现货物吞吐量达3003.6万吨,在中国沿海50多个主要港口排名中居第21位。

锦州港至2010年计划投入港口建设资金54亿元,其中2005年到2008年计划投资43.5亿元,建万吨级以上泊位12个,工作船泊位1个,使港口年通过能力达到6245万吨。2009年至2010年计划投资10.7亿元,建设万吨级以上泊位2个,届时,锦州港将具备26个生产泊位,年通过能力达6645万吨。预计到2010年港口实现吞吐量突破6000万吨。到2015年锦州港将建成亿吨大港,成为一个集大型油品化工港、综合性集装箱港、区域性散杂货港为一体的现代化国际商港。

3. 营口港

营口港位于环渤海北部辽东湾内,北距沈阳210公里,南距大连190

公里，是我国东北地区最近的出海港和辽宁中部城市群的外港，是我国东北第二大港和我国沿海主枢纽港之一。营口港的直接腹地辽宁、吉林、黑龙江及内蒙古东部三盟一市幅员辽阔、资源丰富、工业基础雄厚、发展潜力巨大。营口港现辖营口和鲅鱼圈两个港区，共有生产性泊位29个，其中鲅鱼圈港区20个，营口港区9个。其中万吨级以上泊位17个。鲅鱼圈港区是营口港的主港区，沈大高速、哈大公路、长大铁路及数条输油管线直通港区。港区水深浪小、不淤不冻、四季通航，集疏运条件十分便利，为我国北方又一深水良港。营口港已同40多个国家（地区）、130多个港口建立了运输业务联系，开辟了日本、韩国、中国香港和东南亚等多条国际集装箱班轮航线和数条可中转世界各地的内支线。内贸集装箱航线覆盖中国沿海主要港口。

2005年，营口港的吞吐量达到7537万吨，集装箱量达到了78.7万标准箱。班轮航线覆盖了沿海主要港口，开通了日本、韩国、东南亚和中国香港等国家和地区十几条可中转世界各地的集装箱班轮航线。为满足国家振兴东北老工业基地的需要和腹地经济的发展需求，营口港提出了建设现代化亿吨港口，构筑国际化物流平台的发展战略，在加快港口基本建设，完善港口主体功能的同时，计划2010年前实现1亿吨，集装箱200万标准箱。

4. 丹东港

丹东港作为东北地区发展国际国内贸易黄金水道，现辖大东（海港）和浪头（河港）两个港区，共有生产性泊位16个，年吞吐能力1500万吨，其中，3万~5万吨级泊位4个，万吨级泊位7个，三千吨级泊位4个，千吨级泊位1个，拥有库场面积200万平方米，铁路专用线11公里，各类大型高效机械130台件，最大起重能力45吨，各种作业船舶14艘，拖轮最大功率4000马力，航道水深8.5米。目前，丹东港已与日本、朝鲜、俄罗斯等五十多个国家开通了散杂货、集装箱、客运航线。

2005年，丹东港实现吞吐量1506吨，增幅43.9%。按照《丹东港总体规划》，到2010年，港口吞吐量将达到5000万吨，将新建3万~20万吨泊位20个；到2020年丹东港将跨入亿吨大港。在码头功能上，明确规定了散杂货、集装箱、油品、煤矿、木材、客运等具体功能，使之更具有操

第十二章 港口群的分工与合作

作性；在港区定位上，大东港区将建设发展成为散杂货与集装箱并举，通用与专用泊位相结合，货运与客运兼营，形成东北东部地区对外开放新的出海通道。浪头港区将建设发展成为集大型中朝边境自由贸易区、鸭绿江风光游艇中心、建材供应中心为一体的综合性国际化物流中心。

（二）华北港口群

1. 天津港

天津港位于天津市滨海新区、海河入海处，地处渤海西部海岸中心位置，距北京市约170公里，距天津市区60余公里，是我国最大的人工港。它是京津、华北、西北地区对外贸易的重要口岸，是北方地区集装箱干线港和发展现代物流的重要港口，拥有港区水陆域总面积200平方公里，可供10万吨级船舶全天候进出港口，15万吨级船舶乘潮进出港口。天津港共有各类泊位约140个，国际航线170条，与160个国家、地区的300多个港口通航。集装箱轮航线65条，是欧亚大陆桥在我国国内最近起点。在全国沿海中最早通过9000国际标准认证，最早应用电子数据传输系统。天津市共有水运企业50家，拥有船舶266艘，总载重量419万吨。天津港直接经济腹地以北京、天津两个直辖市和华北、西北以及广大内地省市为主，包括河北、山西、内蒙古、陕西、甘肃、青海、新疆、宁夏等八省区及河南、山东两省的部分地区，总面积达200多万平方公里、2亿多人口，拥有占全国比重较大的盐、煤、油、矿等丰富资源。

随着腹地经济实力不断增强，天津港目前已跻身世界港口前十强，成为我国北方第一大港。2005年天津港货物吞吐量2.40亿吨，是北方首个超过2亿吨的港口，集装箱达到480万标准箱。随着天津滨海新区被纳入国家整体战略布局，位于滨海新区的天津港迎来了重大发展机遇，"十一五"期间，天津港建设项目达30余个，重点实施了25万吨级的深水航道、现代化集装箱码头群、大型散货码头群等"十大工程"的建设，将天津港区由30平方公里扩张到100平方公里。根据新的规划，天津港将建成面向东北亚、辐射中西亚的国际集装箱枢纽港，中国北方最大的散货主干港，国际物流和资源配置的枢纽港。预计2010年总吞吐量可达到3亿吨，集装箱运量为1000万标准箱。到2020年，天津港年货物吞吐量将达到4亿吨，集装箱吞吐量达到2000万标准箱，航道等级达到80万吨级。

2. 秦皇岛港

秦皇岛港位于渤海辽东湾西侧，是世界上最大的煤炭输出港之一。港区陆域面积8.56平方公里，水域面积1152平方公里；码头泊位38个，其中，万吨级以上的深水泊位32个；有4条国家铁路干线直达港口；有直通码头前沿的地下输油管线；港口还有自备400多台先进的装卸机械，146公里港区铁路，10多艘港作船舶。作为我国"北煤南运"的主枢纽港，秦皇岛港担负着东南沿海电煤运输及国家外贸煤炭出口的重要任务，年输出煤炭量占全国沿海下水煤炭总量的40%以上。秦皇岛港煤五期工程是2005年唯一的港口码头类国家重点工程，也是目前国内规模最大、工艺最先进的煤码头。煤五期工程建成5万吨级泊位2个，10万吨级泊位和15万吨级泊位各1个，设计年通过能力5000万吨。目前，秦皇岛港设计年通过能力达到2.17亿吨，其中煤炭通过能力达到了1.87亿吨。

2005年港口全年总吞吐量达1.69亿吨，预计到2010年将达到1.8亿吨。根据规划，"十一五"期间，在扩大大件杂货码头能力中，将重点改扩建集装箱码头泊位和大力发展重件运输任务，促使集装箱运输有较大发展。

3. 唐山港

唐山港包括京唐港区和曹妃甸港区。唐山港口建设始于20世纪80年代，1993年唐山市与北京市开始联合建设京唐港。经过10余年发展，京唐港已建成17个泊位，年吞吐量达3000万吨，跃居全国港口前20名的大港，预计2010年煤炭接卸能力计划增加到5000万吨。

为充分利用难得的深水岸线资源，推进唐山经济布局向沿海转移，从1994年起，唐山提出在曹妃甸建设深水泊位和开发邻港工业区。2004年底，曹妃甸港区建设被国家列入《渤海湾地区港口建设规划》。按照曹妃甸港区总体规划，这里将建设25万~40万吨级矿石码头4座、30万吨级原油码头2座、5万~10万吨级煤炭码头16座等。目前，曹妃甸港区各项建设进展顺利，2个25万吨级深水矿石泊位已于2005年底建成投入使用。

第十二章 港口群的分工与合作

4. 沧州港

沧州港（原黄骅港，2006年3月1日改称沧州港）位于沧州市东部漳卫新河与宣惠河交汇入海处，距天津港60海里，距山东龙口港149海里，在陆上与衡水相距85公里、与保定相距226公里、与石家庄相距230公里、与邢台相距323公里、与邯郸相距400公里，是冀中南及晋中、陕北、内蒙古西、鲁西北等部分地区物资出海、走向世界的便捷出口。目前，沧州港一二期已建成1个10万吨级、4个5万吨级、1个3.5万吨级码头。

沧州港是我国第三大能源输出港，是西煤东运第二大通道出海口，2001年11月16日通航试运营以来，外运煤输出每年递增1000多万吨。目前煤炭年设计能力达到6500万吨，其建设目标为煤炭吞吐量1亿吨。根据规划，"十一五"期间，主要建设内容为新建5万~10万吨级煤炭装船泊位3个及其配套工程，其中：10万吨级泊位2个，5万吨级泊位1个。同时，建设液体化工、集装箱、杂货等码头。沧州港规划到2010年，吞吐能力将突破1亿吨。

（三）山东港口群

1. 青岛港

青岛港由青岛老港区、黄岛油港区、前湾新港区三大港区组成。与世界上130多个国家和地区的450多个港口有贸易往来。是太平洋西海岸重要的国际贸易口岸和海上运输枢纽。青岛港拥有码头15座，泊位72个。其中，可停靠5万吨级船舶的泊位有6个，可停靠10万吨级船舶的泊位有6个，可停靠30万吨级船舶的泊位有2个。主要从事集装箱、煤炭、原油、铁矿、粮食等进出口货物的装卸服务和国际国内客运服务。煤炭年通过能力达1500万吨；矿石堆存能力达200多万吨；拥有集装箱专用深水泊位7个，拥有20万吨级原油中转码头和180万立方米的储油罐，30万吨级原油接卸码头也将进入建设。

青岛港2005年吞吐量达1.87亿吨，集装箱吞吐量超过630万标准箱。"十一五"期间，青岛市将从煤炭、油气、铁矿石、集装箱等四个方面加快建设,青岛港的吞吐量将年均增长8%,其中集装箱吞吐量年均递增12%。"十一五"末青岛港的吞吐量已达到2.6亿吨,其中,煤炭吞吐量达2600万吨,石油吞吐量5500万吨,矿石吞吐量6800万吨,集装箱达到1100万标准箱。集装箱力争进入世界大港前五强,全面建成我国北方的国际航运中心。为此,青岛港在未来5年将投资约80亿元,新增通过能力约8000万吨,其中新增集装箱吞吐能力320万标准箱。如果可能,青岛港将与烟台港、日照港等支线港成立合作公司,实行利益共享。

2. 烟台港

烟台港位于山东半岛北侧,地理位置优越,是我国沿海开放的重要港口。港区水域面积867.4平方公里,水深域阔,不冻不淤。烟台港客轮直达天津、大连等港口,货轮与世界70多个国家和地区的100多个港口通航,现已开辟了烟台与日本、美国、加拿大、韩国、中国香港、新加坡的定期集装箱运输业务。烟台港的直接经济腹地主要包括烟威地区和潍坊、淄博北部地区,这些地区自然条件好,开放步伐快,经济发展迅速。海产品养殖,水果、蔬菜种植加工,粉丝、理石、葡萄酒出口,韩国、日本在烟威地区投资的轻工业、加工业、制造业等都给烟台港提供了大量的集装箱货源;水泥、油脂加工、金属冶炼、化工企业也为烟台港带来了许多散杂货源。烟台港全港共有泊位49个,其中万吨级以上泊位23个。

2005年烟台港完成货物吞吐量4506万吨,集装箱吞吐量60.2万标准箱。货物吞吐量在全国港口中名列第10,初步确立了内贸集装箱运输枢纽港地位,形成环渤海湾地区经烟台港中转至长三角、珠三角、厦门湾三大经济圈的集装箱运输网络。"十一五"期间,烟台市投资159亿元人民币用于港口建设,突出发展集装箱、原油液化、矿石、煤炭四大货种。到2010年,烟台港吞吐量将达到2亿吨,集装箱吞吐量达到180万标准箱。至2020年,港口吞吐量将达到3亿吨,集装箱吞吐量达到500万标准箱。

3. 日照港

日照港位于我国海岸线中部,东临黄海,北与青岛港、南与连云港毗邻,隔海与日本、韩国、朝鲜相望。港区湾阔水深,陆域宽广,气候温和,不冻不淤,适合建设包括20万~30万吨级大型深水码头在内的各类

第十二章 港口群的分工与合作

专业性深水泊位100余个。日照港腹地非常广阔,直接经济腹地包括山东南部、河南北部、河北南部、山西南部及陕西关中等地区,人口8000多万,面积18万平方公里。间接经济腹地包括甘肃、宁夏、新疆等中原、西北广大地区,人口2亿多,面积约占全国的1/5。是国家实施"西煤东运、北煤南运"战略的重要出口,也是西部大开发战略的重要通道。目前全港拥有日照东港区、日照中港区、日照西港区、岚山港区、岚山北港区五大港区,有生产性泊位28个。日照港已与100多个国家和地区通航,目前共有3条集装箱国际航线。

2005年,日照港完成货物吞吐量8421万吨,同比增长64.9%,增速居全国沿海第一,跻身于全国沿海十大港口行列。集装箱吞吐量21.4万标准箱。"十一五"期间,日照港计划总投资约87亿元,计划建成投产10个泊位,新增通过能力1亿吨,货物吞吐量达1.5亿吨。预计到2020年,日照港将拥有生产泊位50个,年通过能力达2亿吨,发展成为以大宗散货、油品、集装箱为主兼顾其他散杂货的综合性港口,在全国沿海港口中的地位将更加重要。

4. 威海港

威海港位于黄海北部山东半岛东端,北与辽东半岛旅顺口共扼渤海咽喉,东与韩国仁川港隔海相望。威海港现拥有生产泊位51个,泊位通过能力1874万吨/年,其中,万吨级以上泊位16个,5000吨级泊位8个,3000吨级泊位10个,最大水深11.8米。威海港已在1990年在全国率先开通中韩客货滚装班轮航线。

2005年威海港完成货物吞吐量1531万吨,集装箱吞吐量达到12万标准箱。随着威海港和青岛港合作的启动,威海港面临重大的机遇,预计在"十一五"末港口年吞吐量达到5000万吨,到"十二五"末达到1亿吨,跻身全国亿吨大港行列。

二、港口群合作的现状和问题

随着振兴东北老工业基地政策的出台,以及天津滨海新区、曹妃甸港建设纳入国家规划，环渤海的港口正以前所未有的速度向前发展，港口吞吐量不断攀升。如表 12-2 所示，我国 2005 年吞吐量前 10 位的港口中，环渤海的港口就占据了 5 席，位列中国沿海五大区域港口群（环渤海地区、长江三角洲地区、闽东南沿海地区、珠江三角洲地区和北部湾地区）之首。其中，吞吐量过亿吨的港口有 4 个，也占据全国过亿吨港口的半壁江山。在港口吞吐量迅速增长的同时，各港口的投资热潮也是一浪高过一浪。但投资均在各自港口的框架内进行，环渤海四大港口（天津、大连、青岛、秦皇岛）之间的合纵连横与投资热潮相比，显得微不足道。在这种背景下，预计在将来相当长一段时间内，环渤海港口将在相互的激烈竞争下前行。

表 12-2　　　　　　　2005 年我国 10 大港口物流量比较

港口	货物吞吐量（万吨）	集装箱（万标准箱）
上海港	44300	1809
宁波港	26864	520
天津港	24144	480
广州港	25093	468
青岛港	18678	630
秦皇岛港	16902	—
大连港	17000	265
深圳港	15300	1619.71
舟山港	8000	—
营口港	7537	78.7

资料来源：各港口资料简介。

（一）港口群的吞吐量增长平稳，货种具有同构性

近年来，随着全国经济重心向北转移，东北、华北的经济开始提速，这直接刺激了环渤海港口群的发展。据统计，2006 年前三季度，营口、青岛、烟台、日照等数个港口吞吐量的增幅分别为 29.1%、20.0%、26.0% 和 37.9%，均超过全国港口货物增长量 18.3% 的水平和沿海港口 17.5% 的水平（见表 12-3）。其中，前三季度青岛港集装

第十二章 港口群的分工与合作

箱吞吐量已突破560万标准箱,据此推算,设计能力只有1亿吨的青岛港2006年年底的吞吐量将达到2.1亿吨,集装箱吞吐量有望实现800万标准箱。相比之下,天津港的增长有所放缓,前三季度天津港货物吞吐量和集装箱吞吐量分别为8.0%和22.8%。不过,随着2006年8月31日和2006年9月21日大连港和天津港先后宣布获批保税港利好消息的到来,渤海湾港口群又将迎来新的发展高潮。据交通部的预测,2003年至2010年,全国港口集装箱吞吐量平均增长14.2%~16.7%,其中北方港口增速要快于华东和华南,北方港口(主要有大连、青岛和天津)平均增速为16.9%~18.5%,华东港口(主要有上海、宁波和厦门)平均增速为14.3%~15.7%,华南港口(主要有广州和深圳)平均增速为12.7%~14.3%。

表12-3 2006年9月规模以上港口货物吞吐量　　　　单位:万吨

	当月完成	自年初累计	累计为2005年同期(%)	增长率(%)
全国总计	39157	337210	118.3	18.3
沿海总计	29479	252301	117.5	17.5
大连	1996	14046	113.0	13.0
营口	823	7312	129.1	29.1
天津	2149	19579	108.0	8.0
秦皇岛	1767	14634	116.1	16.1
青岛	1990	16722	120.0	20.0
烟台	603	4424	126.0	26.0
日照	901	8315	137.9	37.9

注:本表所列港口为2002年货物港口吞吐量达到1500万吨。

尽管环渤海港口群的吞吐量总体上比较大,但基本都以散货为主,而利润水平较高的集装箱发展相对比较薄弱。以长江三角洲、珠江三角洲和环渤海区域三大港口群的核心港口为例,2005年长江三角洲的上海港和宁波港的集装箱吞吐量分别为1809万标准箱和520万标准箱,珠江三角洲的深圳港集装箱吞吐量为1619.71万标准箱,而渤海湾港口群的青岛港、天津港和大连港集装箱则分别为630万标准箱、480万标准箱和265万标准箱,即便三港口集装箱的总和也只有1375万标准箱,与上海港和深圳港还有不小的差距。在渤海湾港口的散货物流中,东北港口群的油品散货占了相当大的比重,华北港口群的散货大部分是煤炭、矿石等,山东港口群的散货也以油品、煤炭等为主(见表12-4)。同一区域内,港口物流产品的同构性势必引起激烈的竞争。近几年,环渤海地区许多城市也把发展集装箱作为重点,但因地方经济发展水平还不高、腹地货源少而导致集装箱码头难以发挥应有的效益。

表12-4　　　　　　　　渤海湾地区港口运输的主要货种

港口名称	货　种
大连港	集装箱、原油、成品油、煤炭、散粮、散矿、化肥
锦州港	集装箱、油品、化工品
营口港	煤炭、粮食、成品油及液体化工品、铁矿石、集装箱
丹东港	散杂货、集装箱、油品、煤矿、木材、客运
天津港	煤炭、矿石、原油、集装箱
秦皇岛港	煤炭、石油、粮食、化肥、水泥、矿石、饲料等,并大力发展集装箱
唐山港	矿石、煤炭、钢材、原盐、原油、天然气等能源原材料
沧州港	以煤炭运输为主,综合散杂货运输
青岛港	集装箱、煤炭、原油、铁矿、粮食等
烟台港	集装箱、原油液化、矿石、煤炭
日照港	大宗散货、油品、集装箱为主兼顾其他散杂货
威海港	原油、煤炭、散杂货、集装箱

(二) 港口的资金投入快速膨胀,竞争态势已然拉开

由于渤海湾港口群所处的特殊地理位置,分处三省一市,天津港、秦皇岛港等港口依托京津冀区域经济发展,该区域作为环渤海地区的龙头,在我国国家战略乃至东北亚政治、经济、文化中有着显而易见的地位,但由于经济发展的不均衡,京津城市与其他城市地区经济发展差距较大;青岛港等港口依托快速发展的山东经济;大连港等依托辽宁乃至东北经济的发展,因此,依托各自腹地,围绕北方航运中心、围绕集装箱、煤炭等的港口间的竞争在所难免。尤其是腹地相近、货源相近等,竞争较为激烈。如大连港和营口港腹地相同,营口港在地理位置上更为优越,两港的竞争在所难免。东北第二大海港的营口港提出在营口港进行保税物流园区

第十二章 港口群的分工与合作

(区港联动)试点，以此来促进辽宁中部城市及其腹地经济的发展。而在煤炭运输方面，天津港、秦皇岛港、唐山港、沧州港的竞争已经形成。

由于港口建设、经营的进一步放开，港口的下放，环渤海港口群的多元化发展格局初步形成，货主码头、合资码头、股份制码头、跨行业建设码头等不断涌现。货主码头与公用码头及其他方式的竞争难以避免。

"十一五"期间，随着天津滨海新区的开发开放和曹妃甸的建设纳入国家经济发展战略，进一步激发了环渤海各港口的投资热情，大连、青岛、天津等各主要港口，均提出了雄心勃勃的未来发展计划。在"十一五"期间天津滨海新区将建设成为北方国际航运中心和国际物流中心；大连市已经将建设东北亚国际航运中心写入"十一五"规划；2001年5月份青岛市政府对外宣布，2005年要将青岛初步建设成为我国北方的重要国际航运中心，2010年，基本建成区域性国际物流中心、信息中心和加工中心，成为东北亚地区重要的国际航运中心。

作为天津滨海新区开发开放的重要环节，天津港于2006年9月21日宣布东疆保税港区获批，这片规划面积为10平方公里的保税港区，成为继上海洋山港区之后的中国第二个保税港区；另一方面，天津港已宣布"十一五"期间计划投资367亿元，重点建设北港池10个集装箱泊位、30万吨级原油码头、10万吨级液化天然气码头、南疆大型专业化煤炭及矿石泊位等，货物吞吐能力预计将达到3.3亿吨，集装箱吞吐能力也将达到1200万标准箱。

大连港在"十五"期间新增的生产泊位就达19个，其中万吨级以上泊位15个，实际新增能力8983万吨，比"九五"期末翻了一番。与此同时，一批与码头配套的油品储罐、散粮筒仓、仓库场站、消防、供热等配套项目及港口铁路、公路、航道、桥梁等集疏运设施也相继建成，为提高港口竞争力，拉动吞吐量增长发挥了重要的作用。2006年10月11日大连港大窑湾保税港区（规划面积6.88平方公里）被国务院批准设立后，也掀起了新的建设高潮。2006年大连港重点项目的投资就达到40亿元左右。此外，大连港在2006年4月28日成功在香港上市后，已募资近25亿港元，这为大连港未来的发展提供了充裕的资金。据规划，大连港在"十一五"期间计划投资220亿元，建设1950万立方米油品储存基地，形成30万吨级原油码头、8个汽车滚装码头、10余个集装箱泊位等形成生产泊位100个,货物年通过能力2.5亿吨,集装箱年通过能力750万标准箱的港口能力。

"十一五"期间,青岛港将着力打造煤炭进出口基地、矿石进口中转基地、石油进出口中转基地和集装箱运输基地等四大基地。照此规划,今后5年,青岛港的吞吐量要年均增长8%,"十一五"末力争达到2.6亿吨,其中集装箱吞吐量年均递增12%,"十一五"末达到1100万标准箱。为此,青岛港在未来5年将投资约80亿元,新增通过能力约8000万吨,其中新增集装箱吞吐能力320万标准箱(见表12-5)。

除此之外,2006年4月,国家重点建设项目——秦皇岛港煤五期工程提前建成投产。该工程的投产,将使秦皇岛港新增5000万吨煤炭通过能力,使该港设计年通过能力达到2.17亿吨,其中煤炭通过能力达到1.87亿吨。

当然,投资扩建不仅仅局限在这几大标志性港口,环渤海地区其他港口同样也加大了投资力度。据调查,作为河北省"一号工程"的曹妃甸在"十一五"期间将投资320亿元建设2个25万吨级和2个40万吨级矿石码头、2个30万吨级原油码头、16个5万至10万吨级煤炭码头、1个10万吨级液化天然气码头。港口吞吐总能力达到15300万吨,成为世界上最大的煤炭专用码头;营口港拟投资55亿元建设5万吨级深水泊位10个(主要为集装箱、钢材及杂货泊位)货物吞吐量实现1亿吨,集装箱吞吐量达到160万~200万标准箱;锦州港拟投资54亿元建设万吨以上泊位14个,货物吞吐量突破6000万吨,集装箱吞吐量达到100万标准箱。

"十一五"期间,渤海湾港口投资力度的加大,将引发各港口间激烈的竞争。

表12-5   渤海湾地区"十一五"港口规划目标及计划投资额

	计划投资 (亿元)	2010年规划吞吐能力 (亿吨)	2010年集装箱吞吐量 (万标准箱)
辽宁	642.8	5.1	1400
其中:大连	220	2.5	1200
锦州	54	0.6	—
营口	55	1.0	200

第十二章　港口群的分工与合作

续表

	计划投资（亿元）	2010年规划吞吐能力（亿吨）	2010年集装箱吞吐量（万标准箱）
丹东	86	0.6	100
天津	367	3	1000
河北	329	5.7	—
其中：秦皇岛	—	1.8	—
唐山港	320	2.9	40
沧州港	—	1	
山东	530	6.6	1300
其中：青岛	212	2.6	1100
烟台	146	2	180
日照	138	1.5	
威海	—	0.5	

（三）渤海湾港口整合已然开展，但力度不大

经过长时期的发展，全球的港口布局已呈现主辅相配的网络化发展趋势。通过行政管理、产权纽带和联盟经营等多种形式结成的"组合港"，已成为港口群合作互惠的典范。区域内港口的协作与整合，已成为提升区域港口群竞争力的重要途径。

相比于投资热情，环渤海港口群的合作与整合相对"黯淡"。从总体上看，环渤海地区各港口之间的协作性还比较差，也没有确立喂给关系，这既不利于环渤海港口群整体实力的提高，也不利于各个港口的壮大。

面对这种局面，环渤海港口的所在地政府及其他力量，开始推动各区域内的港口间的整合。目前，这种处在启动阶段的整合特征为：由港口所在地政府积极倡导与推动，由某个龙头大港作为整合的主导方，以整合该大港周边的中小港口；整合的范围尚局限于省、市之类的范围，整个环渤海湾的港口大整合及三大核心港口间的整合与协作还没有提上议事日程。

2006年年初，青岛港与威海港成立合资公司，联手经营集装箱业务，拉开了环渤海地区港口整合的序幕。随后，青岛港又与日照港达成成立合资公司经营集装箱业务的协议，实现了山东半岛港口的强强联合。辽东半岛港口群的整合也紧随其后，2006年9月，由辽宁省委省政府督促并搭台，大连港与锦州港在沈阳签署了《战略合作框架协议》，表示二者之间将实施战略性联手。该协议迈出了辽宁港口整合的第一步，可以预期，未

来辽宁港口业的整合步伐将逐步加快。河北省也已要求秦皇岛港务集团承担起整合河北省港口资源的责任，以资本运作、资产嫁接的市场化模式，参与省内其他港口的建设与经营。

前面的分析表明，环渤海港口的整合还局限在省内，而采取的方式也是大港搭配小港，这种只在小范围内整合港口的方式，将加剧各主要港口更为激烈的竞争。

三、港口群分工合作的思路

环渤海地区是继长江三角洲、珠江三角洲之后我国发展迅速加快的第三经济区，已经成为拉动我国经济发展的新的"发动机"。在5800公里的海岸线上，近20个大中城市遥相呼应，数千家大中型企业"虎踞龙盘"，60多个大小港口星罗棋布，形成中国乃至世界上最为密集的港口群：仅亿吨大港就有天津、青岛、大连以及秦皇岛四个港口；其他港口如日照港、烟台港、唐山港、沧州港、营口港、丹东港等亦深具发展潜力。"十一五"期间，随着各港口投资力度的加大，港口之间的竞争将更加激烈，从而影响港口本身经济效益的提高。虽然日益增长的外贸需求会弱化该影响，但如遭遇世界经济的不景气或要素流向的变化，将对港口带来不同程度的冲击。因此，应整合资源，联手发展，发挥优势，合作共赢。

（一）认清港口基础条件，实现优势互补

环渤海地区的港口，在长期的发展过程中初步形成了各自的特色。认清各港口的发展优势，明确港口今后的发展方向，将有利于实现优势互补。限于篇幅，下面的部分主要以三大核心港口为例予以说明。

1. 基本条件的比较

首先，从港口的区位条件上看，大连港位于渤海出口处，进入国际主干航线的航程较短，地理位置优越；天津港处于渤海的底部，离国际主航线最远，但具有深入陆地的陆缘优势；青岛港距离韩国釜山及日本主要港口的海上运距最近，在三个港口中最接近国际主航线，但其距离我国最大

第十二章 港口群的分工与合作

的港口上海港较近,容易被上海港牵制。其次,从港口硬件设施看,青岛占有一定优势,但天津、大连也在加大投资规模;从港口自然条件看,青岛港和大连港都是天然的深水良港,而天津港属于河口港,航道水深、宽度不够,制约了港口的发展,因此天津港的深水航道建设成本比较高。

2. 经济腹地比较

首先,从港口腹地看,大连港的直接经济腹地主要是东北三省,天津港的直接腹地是北京、天津两个直辖市和华北、西北以及广大内地省市,青岛港的直接腹地是山东全省及河北南部和山西南部部分地区,其他港口没有有自己独立的腹地(见表 12-6)。这些港口的直接腹地在三大港口群之内有部分交叉,而在三大港口群之间几乎没有重叠[①],它们存在合作的基础。其次,从腹地的经济总量看,三大港口群之间差别不大,但间接腹地京津冀地区稍占优势。如表 12-7~表 12-9 所示,三大港口群所依托的直接经济腹地的 GDP 都在 1 万亿元以上,总人口也都在 9000 万到 1 亿左右。但是从区位和间接腹地等条件比较,京津冀地区的港口群则具有相对优势。这主要是因为该区域有政治、科技、人才等优势资源,经济腹地可能的拓展空间要远大于环渤海区域另两个港口群。

表 12-6　　　　　　　　渤海湾地区港口的直接经济腹地

港口名称	直接经济腹地
大连港	辽宁、吉林、黑龙江及内蒙古东部地区
锦州港	东北西部和内蒙古东部地区
营口港	辽宁、吉林、黑龙江及内蒙古东部地区
丹东港	丹东市和本溪市
天津港	北京、天津两个直辖市和华北、西北以及广大内地省市
秦皇岛港	秦皇岛、北京、山西和内蒙古的产煤地区
唐山港	唐山、北京、冀北、内蒙古
沧州港	沧州市及河北省中南部、山西中部、陕西
青岛港	山东全省、冀南、晋南
烟台港	山东烟威地区和潍坊、淄博北部地区
日照港	山东南部、河南北部及陕西关中等地区
威海港	山东烟威地区和潍坊、淄博北部地区

① 西北地区是三大港口群的间接腹地。

表12-7　天津、青岛、大连直接腹地经济情况比较表（2005年）

城市	人口（万人）	GDP（亿元）	直接腹地		
			范围	人口（万人）	GDP（亿元）
天津	1043.0	3663.86	京津冀	9431.8	20594.96
青岛	740.9	2695.50	山东	9248.0	18468.30
大连	565.3	2150.00	辽吉黑	10957.0	17129.92

资料来源：数据来自各地《国民经济和社会发展统计公报（2005）》。

表12-8　2000~2005年青岛、天津、大连港口物流量

城市	项目	2000	2001	2002	2003	2004	2005
青岛	货物吞吐量（万吨）	8636	10398	12213	14090	16000	18760
	集装箱吞吐量（万标准箱）	212.01	263.85	341.0	423.86	513.97	630.0
天津	货物吞吐量（万吨）	9566	11369	12906	16182	20619	24000
	集装箱吞吐量（万标准箱）	170.84	201.1	240.8	301.54	381.4	480
大连	货物吞吐量（万吨）	9084	10047	10851	12602	14516.2	17000
	集装箱吞吐量（万标准箱）	101.1	120.89	135.2	167.93	221.12	265

表12-9　2005年环渤海地区主要港口物流量比较

港口	货物吞吐量（万吨）	集装箱（万标准箱）
大连港	17000.0	265
锦州港	3003.6	—
营口港	7337.0	78.7
丹东港	1506.0	—
天津港	24000.0	480.0
秦皇岛港	16902.0	—
唐山港	3322.0	—
沧州港	6781.0	—
青岛港	18700.0	630.0
烟台港	4506.0	60.2
日照港	8421.0	21.4
威海港	1531.0	12.0

第十二章 港口群的分工与合作

3. 货物和集装箱的比较

首先，从货物吞吐量看，2005年三港的货物吞吐量分别为18760万吨、24000万吨和17000万吨（见表12-8），天津港占有较大优势。从增长速度看，近5年三港货物吞吐量的增长速度分别为16.78%、20.20%和13.35%，天津港的优势也比较明显。但从集装箱吞吐量看，不论总量，还是增长速度，天津港的优势都并不突出。2005年三港的集装箱吞吐量分别达到630万标准箱、480万标准箱和265万标准箱（见表12-9），天津港集装箱吞吐量居第二。从增长速度看，2000~2005年间三港集装箱年均增长率分别达24.34%、22.95%和21.25%，天津港并不占优势。这三港中以青岛港的地理位置最佳，离国际主航线最近，加上青岛港水深条件好，腹地货源足，因而集装箱运输发展最快。天津港位于渤海湾最里端，离国际主航线最远，是终端型国际集装箱大港，不过它处于京津冀城市群的最有利位置，故而货源丰富。大连港的地理位置介于青岛港和天津港之间，又是东北地区的出海门户，但大连腹地的货源不如青岛港和天津港。

其次，从港口吞吐的货种结构来看，青岛港的煤炭、石油、矿石和集装箱四大货种齐头并进，是全国港口中唯一一个集装箱、煤、油、矿四大货种吞吐量都超过1500万吨的港口，其中集装箱和矿石的吞吐量在三港中居首位；天津港口的主要货种是散货特别是煤炭，而煤、焦炭和矿石装卸业务主要由上市公司承担，这三大货种占公司总吞吐量的94.29%，集装箱业务也是天津港的发展重点；大连港的货种主要是原油、粮食、集装箱，其中石油吞吐量在三港中居首位。

渤海湾港口的这些特点，为区域内三大港口群之间和之内的合作提供重要的基础。

（二）以与三大港口群内部的合作为起点，逐步向外拓展

虽然西北地区是渤海湾三大港口群的间接经济腹地，但它们的直接经济腹地在港口群之间并没有太多的交叉和重叠，竞争也不如各港口群内部的竞争激烈。因此，三大港口群内部各港口的分工和合作才是关键之所在。首先，东北港口群可形成以大连为中心，营口、锦州、丹东为两翼，葫芦岛、盘锦等省内其他港口为补充的港口格局。当前，应把握大连港和

营口港合作的契机，继续推进区域内其他港口的合作，逐步形成分工合理的港口结构。其次，在华北港口群中，天津港的区位优势较明显，有广阔的内陆腹地，占中国约 3/5 的煤、1/4 的盐、1/6 的油和 1/7 的矿物需由此开始走海上运输。按照国家经济发展战略规划天津要建设成为中国北方经济中心，环渤海地区要建设成为发达的经济圈。所有这些，必然给天津港的发展带来前所未有的机遇。为此，华北地区的四大港口要根据自身条件明确各自的功能定位（见表12-10），协同发展，努力把天津港建设成组合型国际干线枢纽港，参与集装箱运输的国际分工和竞争。近期内，要特别注意加强天津港与曹妃甸港的协调发展，避免重复建设。天津港是国家的主枢纽港，经过多年的发展已经形成相当规模和基础，并已跨入亿吨大港行列，其外贸吞吐量分别居大陆港口行业的前列（见表12-11）。但天津港的不足之处是，航道水深仅为15米，难以满足15万吨级船舶进出港的要求。曹妃甸距天津港仅38海里，作为天津港的深水外港，与天津港在开发条件上有极好的互补性，如果加强两港之间的合作，天津—曹妃甸组合港完全有可能、有能力成为北方的国际航运中心。设想把天津港发展成为以集装箱和散货为主的综合性大港，把曹妃甸港建设成为以石油、铁矿石及第四代以上集装箱为主的综合港，并实现两港经营管理的一体化，就可以发挥环渤海以及北方地区的中心港功能，形成中国北方地区的港航中心，从而实现两个港口的"双赢"。最后，在山东港口群中，合作主要表现在要形成以青岛港为核心，烟台、日照港为两翼，半岛港口群为基础，航运要素集聚并形成规模，国际集装箱运输在世界范围内占重要地位的区域性国际航运主枢纽。目前，要抓住青岛港与威海港、青岛港与日照港合作的机会，进一步加大区域内港口的整合力度，完善港口组合体系。

表12-10　　　　　　　华北港口群各港口的功能定位

港口名称	功能定位
天津港	建成面向东北亚、辐射中西亚的国际集装箱枢纽港，中国北方最大的散货主干港，国际物流和资源配置的枢纽港。
秦皇岛港	保持秦皇岛港北煤南运主枢纽港地位，通过资本的横向扩张和纵向整合，成为环渤海地区的干散货和油品的接卸、中转和储运中心，实现集装箱业务的跨越式发展。在致力于发展本港的同时，着眼于河北省487公里海岸线，通过跨港发展，合理配置资源，与周边港口在合作竞争中实现双赢。

第十二章 港口群的分工与合作

续表

港口名称	功能定位
唐山港	我国北方国际性铁矿石、煤炭、原油、天然气等能源原材料主要集疏大港，世界级重化工业基地，国家商业性能源储备和调配中心，国家循环经济示范区。
沧州港	北方地区的中枢综合港，以煤炭运输为主，综合散杂货运输，和天津港、曹妃甸港形成联合优势，共同打造北方物流中心。

表 12-11　　　2006年9月规模以上港口外贸货物吞吐量　　　单位：万吨

	当月完成	自年初累计	累计增长率（%）	累计总量排名
全国总计	13396	117225	17.2	—
沿海总计	12382	108233	16.8	—
大连	669	5097	4.8	8
营口	179	1595	-4.3	14
天津	1081	10416	12.3	4
秦皇岛	295	2936	-22.3	11
青岛	1475	12721	19.1	3
烟台	173	1430	1.4	15
日照	665	6187	48.0	6
上海	1810	15653	13.1	1
连云港	370	3556	16.3	9
宁波—舟山	1558	13850	18.5	2
温州	13	119	11.2	18
福州	212	2115	23.1	13
泉州	65	509	11.2	17
厦门	363	3182	30.9	10
深圳	1129	9155	16.7	5
广州	711	5732	28.0	7
珠海	108	946	2.7	16
湛江	290	2710	27.0	12

本表所列港口为2002年货物吞吐量到达1500万吨。

（三）选择适宜的竞争策略，形成良好发展态势

在成熟的市场经济国家，跨地区和跨国经营的现象非常普遍。以集装箱码头为例，全球最大的香港和记黄埔港口集团（HPH）、新加坡港务局集团（PSA）、马士基码头公司（APMT）以及铁行渣华港口公司（P&OT）4家经营商，透过对各地集装箱码头专案进行投资和资产收购，已占全世界35%左右的集装箱处理量。尽管我国港口的整合已经在小范

围内展开，但由于港口对地方经济发展的重要性，它的进一步整合还面临着行政性制约。这种情形对于以政府主导为主要特征的环渤海港口群情况更为突出①。为了缩小与长三角港口群、珠三角港口群之间的差距，该地区港口群应打破行政区域的束缚和各自为战的氛围，选择合作与多赢策略，这种战略的实施将有助于在环渤海港口群中形成一种多赢的竞争格局。环渤海港口的分工可结合自己的优势建设专业化港口，如以煤炭为主、以铁矿石为主、以石油化工产品为主、以农副产品为主、以大型机械设备为主的专业化港口。有了大致的分工，合作才有基础。分工合作要做到多赢，不能使一方受益，另一方受损。通过合作，节省投资，提高经济效益。实行合作是明智应对经济全球化和航运联盟的趋势，因此要求港口间建立竞争与合作的战略联盟。同时，经济全球化也对港口提出了挑战和更高的要求。不同区域港口间的竞争也日趋激烈。加强港口之间的合作，尤其是港口集群内部的合作，是防止港口过度竞争的有效手段和必然选择。目前该区域港口群内还未形成有效的区域内合作，各港口群间竞争异常激烈的局面应迅速得到扭转。否则，不仅会造成资源浪费，而且还将进一步加剧港口间竞争的惨烈程度。同时，随着各国港口市场的放开，实力强大的国外港口经营者可很容易地进入该地区的港口市场，实力弱小的港口企业将面临被兼并的危险。

（四）构建跨行政区域的协调平台，增加港口之间的沟通

2001年我国港口管理体制改革后，原则上港口由所在地城市人民政府管理；省级人民政府负责本省范围内港口的规划管理；交通部负责对大中型港口建设专案提出行政审查意见，制定港口行业发展政策法规并实施监督。因此，对港口的实质管理权主要集中在市级政府。这种制度安排，虽然有利于市场经济条件下港口和地方经济的协调发展，但也造成跨行政区协调的困难，即使在同一个省内的不同港口之间的协调也很难推进。因此，政府面临着两难困境，一方面，中央政府行政资源较多，但直接的行政干预没有法律依据，也很难让各地方政府所接受；另一方面，城市和港口之间自发的协调合法合理，但很难有足够的约束力，并且这种协调需要长期

---

① 具体的内容可以参见：刘斌、李军辉的文章《中国港口类型分析》，本文接受他们对渤海湾港口类型的归纳。

第十二章 港口群的分工与合作

反复的博弈才能形成稳定的关系。因此,建立一个跨行政区域的准官方机构,整合政府和民间的力量,在当前的体制框架内,更具有可操作性。

> **专栏:**
>
> 《长江三角洲、珠江三角洲、环渤海三区域沿海港口建设规划(2004~2010年)》对渤海湾地区港口群发展提出的发展要求为:"2010年前渤海湾地区需新增港口吞吐能力7.4亿吨,其中:集装箱码头能力2400万标准箱,大型进口铁矿石接卸能力9000万吨,大型进口原油接卸能力3000万吨,大型煤炭装船能力23300万吨。重点建设集装箱、进口铁矿石、进口原油和煤炭装船中转运输系统:以大连、天津、青岛港为主,相应发展营口、丹东、锦州、秦皇岛、京唐、黄骅、烟台、日照等港口的集装箱运输系统;由大连、青岛、日照港和京唐港曹妃甸港区组成的深水、专业化进口铁矿石中转运输系统;以大连、青岛、天津等港口组成的深水、专业化进口原油中转运输系统;由秦皇岛、天津、黄骅、京唐、青岛、日照港等组成的煤炭装船运输系统。"
>
> 资料来源:《长江三角洲、珠江三角洲、渤海湾三区域沿海港口建设规划(2004~2010年)》

所谓准官方协调机构,一方面它具有行业协会的性质,主要功能是咨询沟通、行业自律,主要运作方式是民主协商,以保证达成的方案能被各方接受,各城市各地区利益都得到照顾;另一方面,它又与现在的港口协会不同,内部签订的协定,应具有较强的行政约束力。此外,从港口行业实际出发,协调平台应该吸收经济腹地的政府、货主单位、航运企业等相关利益主体参加,以便协定能够更好地得以实施。

四、促进港口群分工与合作的对策

尽管环渤海港口群的分工与合作受诸多因素制约,但其根源还是在于地区利益的冲突。因此，要实现港口的差异化竞争和协同发展，关键是要通过整合形成优势互补、上下游衔接的一体化产业体系，共享发展成果。

(一) 整合港口资源，建立分工合理的区域性干支港口网络

当前，我国环渤海地区的三个区域性港口群已经形成，要充分发挥区域性港口群的整体优势，通过有效的资源整合，最终形成对外竞争合力，确保3大港口成为重要国际航运中心。国际航运中心承担着区域性国际集装箱运输的集疏运功能，依托于区域性干线集疏运输系统的干线港通过相互之间的主干航线的连接构成全球化运输网络系统，并由此奠定经济全球化的物流基础。当然，港口资源整合不是将两港简单叠加形成拼盘，因为那样不仅无益，反而使规模庞大臃肿，行动变得迟缓，阻碍港口的进一步发展。要更好地实施港口资源整合，减少整合阻力，最初阶段通常是对某一方面进行整合，形成重点，逐渐实现港口的完全整合，所以必须选准突破口，先易后难，逐步推进。而在港口资源整合的参与者中，政府是政策的制定者，企业是港口资源整合的投资人，市场是港口资源整合的纽带。三者的关系要明确，同时认定三者缺一不可。在环渤海地区的港口建设中，除了硬件建设以外，还要加强港口间的业务合作和产权合作。通过整合港口资源，明确港口功能定位，发展具有特色的小港口，实现大小港口联动，形成"组合港"，强化渤海湾地区港口群的竞争力。

在实践中，港口资源整合的方式主要有两种。一种是横向整合。就是在同处港口行业中不同规模的企业进行整合，避免恶性竞争。通过资本运作，形成紧密的经济联合实体。另一种是纵向整合。通过上下游的临港工业和物流企业整合，为港口企业带来稳定的客户资源，提高港口群的专业化水平。环渤海地区港口资源的整合可以同时采用这两种方式，一方面通过横向整合，形成合理的分工体系，提升港口竞争力；另一方面通过纵向整合提高港口竞争力，在竞争中形成港口分工。前一种方式主要适用于在行政大区内能够通过协调达成一致意见的港口整合，如环渤海地区三个港口群内部的整合；后一种方式主要适用于协调难度比较大的港口之间的整合，如环渤海地区三个港口之间的整合。

第十二章 港口群的分工与合作

(二) 改革港口管理体制，提高港口企业合作的机会

进一步理顺港口管理体制，按照"产权清晰、权责明确、政企分开、管理科学"的原则推进港口企业改制，对不同港口企业之间的合作和跨地区经营，可以起到两方面的积极作用。第一，实现政府间一次性博弈到企业间重复博弈的转变，提高达成合作的可能性。出于多方面的原因，港口企业在地方政府的干预下往往采取"远交近攻"的发展策略，合作难度大大增加。建立现代企业制度，确立法人财产制度，政企完全分开，企业决策遵循的是价值最大化原则，具有长期性。港口企业之间是一种重复博弈，通过合作实现规模经营，共享利润，是各港口企业的理性选择。第二，能为港口经理人员推动跨地区经营提供更大的激励。港口跨地区经营风险高、涉及的利益复杂，现在港口企业负责人虽有这样的愿望，但付诸实施的激励不足；因为责任和权利的不对称，若跨地区经营成功，个人从中获得的利益并不大，而一旦失败，则会极大影响自己的前途。所以，建立现代企业制度，采取更为灵活的治理机制和激励机制，如股票激励、期权等，经理人员才不会安于现状，更愿意承担风险，果断推进跨地区经营。

(三) 发展多元化融资，鼓励相互参股

在我国资本市场不断完善的情况下，港口多元化融资面临更多选择。一方面加入WTO后，国际资本尤其是知名港航企业进入我国港口行业的壁垒越来越低；另一方面吸收民间资本参与港口建设和经营的条件越来越成熟。与国有资本相比，外来和民间资本寻求港口资源整合的要求更迫切，交易成本更低，可以成为港口跨地区经营的重要推动力量。此外，港口企业纷纷上市，为通过资本市场实现股份置换、相互持股创造了更便利的条件，有利于推动港口存量资产的优化整合。

虽然港口跨地区经营必须以资本为纽带发展多元化融资，理论上也可以借助收购、兼并等资本市场常用的运作方式，但考虑到我国现实体制的约束，首先应该鼓励和扶持港口企业之间横向的"对等"联合，尤其是透过相互参股的方式，推进港口资源整合。因为，鼓励港口企业相互参股、相互控制、保证地方性中小港口所在城市的利益不被侵吞，通过资本

纽带建立利益共享机制，共同发展"红利"，在当前的体制背景下，更易为各方接受。环渤海地区的港口正在掀起新一轮建设高潮，所在城市的政府虽然可以通过提供政策、扫除障碍等措施加快港口发展，但不宜直接成为投资主体，应更多地利用市场资源，加强港口企业的主体地位，通过企业联合投资、相互持股的方式，开展新码头的建设和经营，是建立资本纽带、优化流量资产的重要契机。

（四）建立合作机制，实现港口的联动发展

由于跨地区的港口企业的战略联盟涉及人力、资本、组织结构等多方面关系的调整，是一项庞大繁杂的工程，难度相当大，而在保持相对独立性的前提下实行彼此间的联合则具有一定的现实意义。根据三大港口企业生产和运营的实际情况，战略联盟可以采取以下几种实现形式。第一，可以组建以区域性行业协会为纽带的松散联合体。这种联合体是港口企业通过共同组建或参与区域性协会组织实现彼此间的非正式合作，对区域内港口发展的共性问题进行探讨和研究，协调企业间的关系，维护港口企业公平有序的市场竞争和市场价格秩序，为企业之间的业务信息沟通和技术交流提供一个平台。该组织既可以是中国港口协会的区域分会，也可以是以区域内三大港口企业为核心，包括区域内其他相关企业如货代、船代等单位的独立的协会组织。协会成员企业应该受到协会规章的约束，以体现协会的协调、自律职能。第二，可以组建协作联营战略联盟。由于渤海湾三个港口群在地理位置、自然条件、腹地开发及航线开辟等方面的差异，各港口企业自身优势及发展状况的差异，它们经营的业务也存在一定的区别，因而在不同性质的业务上相互竞争的程度也不同。这些差别为港口企业实现基于业务经营关系的合作竞争提供了前提条件，比如三个港口群分别服务于交叉性不大的腹地，而出于航班及货主的特殊要求，可能存在相互的喂给。因此，三个港口群的企业可以通过在经营业务方面的相互合作来实现彼此间的合作竞争。大连港与锦州港、秦皇岛港等合作成立了环渤海公共内支线联营体，便是各港口企业间合作经营联盟的很好例证。得益于联营体的发展，大连港建立了完善的内支线网络，成为环渤海地区外贸集装箱的中转基地，并实现了与环渤海地区主要港口的合作竞争。

综上所述，环渤海地区三大港口群的企业之间可以采用各种不同的合

第十二章 港口群的分工与合作

作机制。港口企业在进行合作时要坚持自愿原则,而且要以各方的共同意愿为基础,并且要对成立联盟的内外部基本条件(资金、资源和基础设施、技术和人才、市场信息、宏观环境、政策法规等)进行深入的研究和论证,对合作的前景做深入详细的可行性分析,确保合作的良好效果。

附表: 2005年全球前30名集装箱港排行榜

排名	港口名称	国家和地区	2005年	2004年	增长率
1	新加坡	新加坡	23192200	21329100	8.7
2	香港	中国香港	22427000	21932000	2.3
3	上海	中国	18084000	14557200	24.2
4	深圳	中国	16197000	13650000	18.7
5	釜山	韩国	11840445	11430000	3.6
6	高雄	中国台湾	9470000	9710000	-2.5
7	鹿特丹	荷兰	9300000	8300000	12
8	汉堡	德国	8050000	7003479	14.9
9	迪拜	阿联酋	7619222	6428883	18.5
10	洛杉矶	美国	7484624	7321440	2.2
11	长滩	美国	6709818	5779852	16.1
12	安特卫普	比利时	6482029	6063746	6.9
13	青岛	中国	6310000	5139700	22.8
14	巴生港	马来西亚	5543527	5243593	5.7
15	宁波	中国	5191000	4005500	29.6
16	天津	中国	4801000	3814000	25.9
17	纽约—新泽西	美国	4800000	4478480	7.2
18	广州	中国	4684000	3308200	41.6
19	丹戎柏勒巴斯	马来西亚	4169177	4020421	3.7
20	林查班	泰国	3815421	3624000	5.3
21	东京	日本	3759000	3580000	5.0
22	不来梅	德国	3735574	3469104	7.7
23	厦门	中国	3343000	2871000	16.4
24	丹戎不碌	印度尼西亚	3280950	3170000	3.5
25	焦亚陶罗	意大利	3160981	3261034	-3.1
26	阿尔赫西拉斯	西班牙	3157685	2937381	7.5
27	横滨	日本	2900000	2576522	12.6
28	吉达	沙特阿拉伯	2862600	2425930	18.0
29	菲力克斯托	英国	2700000	2700000	0.0
30	大连	中国	2651000	2221200	19.9

资料来源:上海国际港务(集团)股份有限公司,顾皓译自"国际集装箱化"。

第十三章 产业集群发展

经过多年的发展,京津冀地区形成了中国北方最大的产业密集区,该地区聚集了全国最重要的大中型企业:首都钢铁公司、燕山石化公司、北京吉普有限公司、天津汽车工业公司、渤海化工集团及天津无缝钢管公司等大中型工业企业,这些大中型企业已经成为京津冀地区经济发展中的骨干企业。从产业集群上看,部分产业集群已初具规模,并且发展的潜力比较大。总体来讲,京津冀地区已经初步形成了电子信息产业集群、汽车产业集群、装备制造产业集群、冶金产业集群和石油化工产业集群等产业集群的雏形。但各大产业集群相互独立,离真正的上下游密切联系、主体企业与配套企业完善、要素集聚程度高、市场交易成本低的产业集群还有很大的差距。因此京津冀产业集群的发展,应以天津滨海新区产业快速发展和集聚为契机,在整个京津冀地区将上述产业通过加强上下游联系、完善零部件配套、发展相关服务业、提高集团化和市场化程度,迅速使上述产业发展成为在全国甚至全世界具有一定地位和较强竞争力的产业集群。

一、京津冀产业集群的基础与条件分析

(一) 产业集群的基础与条件

1. 地域分工条件

北京是知识型区域。它不仅是全国政治、文化和国际交往中心,而且经济技术发达,产业基础较好,科技资源雄厚,商业服务业发达,集中了

第十三章 产业集群发展

全国几乎各大银行的总行、中国主要的信托投资公司和保险公司及外国银行办事机构,是全国最重要的经济和金融中心之一,经济发展水平仅次于上海,但缺乏产业工人特别是高级技工。

天津是加工型区域。它是中国北方重要的、综合性的港口城市和经济中心,城市经济发展历史悠久,加工工业门类齐全,钢铁、轻工、化工、汽车、机械设备、纺织、电子、医药建材等行业发展迅速,经济发展潜力巨大,尤其是拥有丰富且素质较高的产业工人。

河北是资源型区域。它是华北地区重化工业及原材料、能源供应基地,同时也是华北地区现代化农业基地和重要的旅游休闲度假区域。主要特点是劳动力的数量多、成本低,而且矿产、煤炭、石油、土地等自然资源较丰富。

2. 区位条件

交通设施完善,区域位置良好,直接导致交易成本的降低,而交易成本的降低是产业集群形成的决定因素之一。

京津冀地区是环渤海区域的核心地带,是连接东北、华东和西北,沟通国际的重要通道;与韩国、日本隔海相望。北京是全国的政治、文化中心;天津位于渤海湾的中心,背靠"三北",面向东北亚,连接东北与华东,腹地广阔,与北京、唐山、保定等特大型和大型城市距离不超过200公里,集聚辐射能力强。河北省处于华北大平原腹地,东临渤海,内环京津,境内有海岸线487.3公里,是我国环渤海地区的咽喉地带,也是华北、西北地区的门户。京津冀地区的河北大部分城市处于环绕京津的独特地理位置,使这些城市可以充分利用京津两地的资本、技术、信息和人力资源等优势,促进产业发展。也可以利用京津两地高新技术产品的孵化器,为京津提供产业化基地。

京津冀地区交通基础设施相对比较完善。目前,我国以北京为中心的陆空交通已经连接世界各地,并已基本形成了海陆空综合运输网。拥有联系华北、东北和华东地区的公路交通枢纽和铁路交通枢纽,以及以天津港为中心、包括秦皇岛港、京唐港、黄骅港及未来的曹妃甸港等联结海内外的港口群。其中,天津港与世界170多个国家和地区的300多个港口有贸易往来,2005年货物吞吐量达到2.3亿吨,是我国仅次于上海的第二大港。京广、京沪、京山、京包、京通、京原、京秦、石太、石德、邯长等十八条铁路干线从河北省内通过，将京津冀地区中绝大多数城市串通连接起来。目前，京承高速公路和京津高速公路复线建设即将建成。京津塘、京沪、京沈、唐津、京深、京张、津保等高速公路联接区域内主要城市。随着京津冀地区交通基础设施日益完善，联接日益紧密，京津冀地区区位优势更加明显。

3. 产业基础条件

京津冀地区是中国北方最发达的产业密集区。北京的现代服务业和高科技产业，天津的汽车、电子信息、化工、钢铁、医药、物流等行业在国内比较优势明显，并形成了一批有较强竞争力的龙头企业。

北京以金融保险、商贸物流、邮电通信、会展、旅游和中介服务为代表的现代服务业已成为其经济发展的龙头行业；同时，北京的电子、汽车、医药、冶金、化工、机电等行业在国内有相当的影响；电子计算机、光机电一体化、航天、新型材料、新能源、生物工程等高新技术产业也有一定的发展。首钢、燕山石化、联想、清华紫光等在国内相应行业中具有较强的竞争力，以及拥有北京现代、北京奔驰、北汽三大汽车企业。

天津形成了以电子信息、汽车、生物技术与现代医药、冶金、石油化工和新能源及环保为主的工业基础。电子信息产业中移动电话占全国产量的第一位；拥有代表世界无缝钢管生产工艺技术顶尖水平的钢管生产企业；原盐、重质纯碱、烧碱、聚氯乙烯、顺酐等产品产量居国内首位。天津丰田、天津一汽夏利、天津医药集团、金耀集团、天士力集团、力神公司等企业在国内同行业中具有较强的竞争力。同时，天津是中国北方重要的综合性港口城市和经济中心，以物流、金融、旅游、会展、房地产业为重点的现代服务业也正在加快发展。

河北也已形成了钢铁、石化、医药、旅游、农副产品加工等优势产业。其中，唐山钢铁、沧州和石家庄的化学工业、石家庄的医药工业是这些城市的优势产业。同时，河北又是农业大省、全国最大的小麦和蔬菜生产地，在发展现代物流仓储、休闲旅游度假和农副产品生产与加工方面具有较有利的条件，并形成了一定的产业基础。

第十三章 产业集群发展

4. 区域合作条件

经济全球化和区域经济一体化进程的不断加快,为京津冀地区的产业集群化发展提供了难得的发展条件。

为大力推进京津冀区域经济一体化进程,实现资源共享和优势互补,北京、天津与河北已达成了"廊坊共识","廊坊共识"大大加强和促进了区域内资源的整合力度,加快了产业结构的调整步伐,为共同构造产业链,优化区内产业布局,实现优势互补,提升区域综合竞争力打下了良好的基础。新世纪初期,中央把规划和建设好天津滨海新区作为国家区域经济发展战略的重要组成部分,要求发挥带动天津、振兴环渤海乃至北方地区经济的重要作用;同时河北曹妃甸立足港口优势,发展临港型重化工业,大港口、大工业的开发也已经正式启动。尤其是近期,京津冀三地区域经济合作正式拉开了帷幕,这些都为京津冀地区的产业发展带来了千载难逢的机遇。

(二) 京津冀地区产业集群现状与问题

1. 现状

高技术产业集群主要集中在京津两地。经过近年来的规划和发展,京津冀地区形成了一个横跨北京、天津、河北二市一省的京津塘高新技术产业集群。这里分布着 8 个国家级经济技术开发区以及近万家中外高新技术企业,其中有中国"硅谷"之称的北京中关村科技园是中国最大的电子信息产业科研、贸易、生产基地,集中了软件开发及信息技术的优秀人才。全国规模最大的天津经济技术开发区已成长为环渤海经济活跃度最高、发展速度最快的区域,已建立起电子信息、生物技术、新材料、新能源以及海洋开发等现代高新技术产业集群。

传统产业集群主要集中在河北。在传统制造业领域,初步形成以大型企业为主的产业集群。如唐山、邯郸已基本形成唐钢、邯钢等大型企业集团,中、小钢铁企业相结合为主体,以与之相应发展起来的机修、焦化、耐火、碳素、铁合金、铁矿采选、科研、设计、建安和教育等企事业为支撑的门类较为齐全的,具有全国规模最大的钢铁工业体系。石家庄已建立起一个以石药、华药、神威、以岭等制药企业为主体的，包括药品、药材、药械生产，医药经销、服务、科研和教育在内的医药产业集群。2005年石家庄市医药工业实现增加值超过45亿元，雄厚的产业实力和强大的产业体系，使石家庄成为全国仅次于上海的医药强市。在传统轻工业领域，石家庄也形成了众多中小企业集中的产业集群，如隆尧的方便面、安平的丝网、河间的电缆、安国的药材、枣强的玻璃钢、泊头的环保设备、清河的羊绒、辛集的皮革、高阳的染织等。如清河的羊绒，全面加工经销山羊绒5800多吨，占世界总量的40%、全国总量的60%以上，羊绒深加工已初具规模，并建立起以山羊绒为主，绵羊绒及其他动物纤维共同发展，分梳、制条、纺纱、针织、梭织、染整等各个环节相互配套的产业体系，并成立了自己的科技园区，享有"世界羊绒看中国，中国羊绒看清河"的美誉。2005年，全县完成国内羊绒产值120多亿元，创汇1亿美元以上。再如隆尧的方便面，形成了以华龙集团为首的一批方便面加工企业和一批辣椒深加工企业，以方便面为主，饼干、雪饼、食品色素和糖果等系列食品生产的产业群。与之相配套的面粉厂、饲料厂、纸箱厂、脱水蔬菜厂、屠宰厂等相关产业也迅速发展，形成了包括几十家企业、10多万农户在内的产业群体和一条连接种植、养殖、加工和运输的产业链。

三地产业集群各具特色。北京、天津技术密集型产业集群居多，河北资源密集型、劳动力密集型产业居多。北京的电子及通信设备制造业和仪器仪表、电子机械及器材制造业、交通运输设备制造业等产业集群以及天津的电子及通信设备制造业、汽车工业等产业集群都体现了智力资源密集、技术密集、信息密集的特征。河北黑色金属冶炼及压延加工业、化学原料及化学制品制造业、非金属矿物制品业、石油加工及炼焦业等优势明显，然而这些行业大多是资源、能源消耗大，需要大量劳动力的产业。

2. 产业集群发展存在的问题

（1）产业链条短，关联度低。表现为：第一，区域内产业结构趋同，三省市产业结构自成体系，行业发展排序高度相似，从表13－1可以看出，在三省市的工业总产值行业排序中，电子通信设备制造业、黑色金属冶炼及压延加工业、交通运输设备制造业、电器机械及器材制造业、石油加工及炼焦业、化学制品制造业等，均是三地工业生产总值中靠前的行

第十三章 产业集群发展

业。第二,产业链联系不够紧密,产业配套能力差。例如摩托罗拉除了在京津冀为数不多的几个厂为其生产少量配件外,绝大部分零配件产品来自珠三角和长三角。汽车制造是产业关联度较高的行业,从全国平均水平看,与整车生产配套的零部件生产企业一般都在100家以上,而保定周围与长城汽车生产配套的零部件企业只有20多家。北京现代汽车与国内40多家配套厂建立了协作关系,其中20家建在北京,另外20多家分布在上海和江浙,而河北没有一家。

表 13-1　　　　　　　京津冀工业主导产业对比表

地区	工业主导产业
北京	电子及通信设备制造业、电子机械及器材制造业、专用设备制造业、交通运输设备制造业、化学原料及化学制品制造业、黑金属矿物制品制造业、黑金属冶炼及压延加工业、石油加工及炼焦业
天津	电子及通信设备制造业、交通运输设备制造业、石油及天然气开采业
河北	黑金属冶炼及压延加工业、化学原料及化学制品制造业、非金属矿物制品业、石油加工及炼焦业、交通运输设备制造业、医药制造业、纺织业、食品加工制造业

(2) 极化现象严重,阻碍产业要素合理流动。根据缪尔达尔的循环累积因果论,在区域经济发展中有三种效应在同时起作用,这就是极化效应、扩散效应和回波效应,这三种效应与生产要素的流动结合在一起,共同制约着区域内产业分布的集中与扩散。目前京津冀都市圈发展的基本格局主要是京津的极化效应和回波效应在起作用,生产要素尤其是资金、技术以至劳动力要素还在不断向京津集中,而河北想从京津吸引资金、技术尤其困难。就发展态势看,北京的极化态势最强,天津次之,河北省各个城市则呈现资源和劳动力流出态势(要素为京津吸纳)。相反,京津两地对河北诸城市的扩散效应则显得比较微弱。这是导致京津冀地区产业发展差距不断扩大的重要原因。

(3) 产业分工协作水平低。京津冀合作以物资协作和浅层次的垂直分工居多,深层次的产业合作甚少。在第一产业内部,京津与河北之间的合作有了一定的发展,但也主要是围绕着京津两大城市居民的菜篮子、米袋子而动。北京、天津的第三产业又多是为当地服务,基本停留在地方化层面,能够对河北产生影响的只有第二产业。但北京、天津的第二产业整体层次并不高，再加上各自都追求地方财政收入增长而限制传统产业向外转移或产业链的向外延伸等诸多原因的存在，导致两大城市的发展并没有对河北产生强拉动。区域之间没有形成真正的产业分工，缺乏有效的产业价值链。目前京津塘高速公路沿线形成的高新技术产业带，更多地还只是空间地理意义上的，园区之间上下游产业联系很少，尚未构成产业链。

（4）外向度较低，开放不足。在经济全球化和国内经济市场化的背景下，区域增长中心对外开放的过程是极化和扩散作用同时提升的过程，也是构建区域内外各种要素交流的平台和完善运行机制的过程。近几年来，京津冀地区吸引外商直接投资有较快的增长，尤其是通信设备制造业等高新技术产业呈现外向型的特征。但总体而言，京津冀地区的产业外向程度还比较低。一是从吸引外资来看，2005年实际外商投资额47.6亿美元，仅占全国的8.12%，大大低于长江三角洲三省市的34.79%和珠江三角洲的16.31%。以工业中三资企业所占比重来衡量，京津冀地区三资企业在企业单位数、增加值和全部从业人员所占比重均低于全国平均水平，更大幅度低于长江三角洲地区；但京津冀地区"三资"工业企业资金利税率、劳动生产率和全要素生产率则高于全国平均水平和长江三角洲地区，表明该地区"三资"企业的资金回报率较高，在吸引外资方面有很大的潜力。河北省11市除秦皇岛市三资企业所占比重较高外，其他10市对外开放程度较低。二是从出口来看，京津冀地区参与国际竞争的程度较低。2005年京津冀地区商品出口额占地区生产总值的比重为22.15%，比全国平均水平35.67%低13.52个百分点（见表13-2）。

表13-2　　京津冀地区"三资"工业企业所占比重及相对水平

单位：%，万元/人

地区	企业数	增加值	从业人员	资金利税率	劳动生产率	全要素产出率
全国	19.66	27.62	21.90	12.15	6.46	1.42
京津冀地区	18.19	27.10	16.59	13.99	7.80	1.58
长三角地区	21.10	35.73	26.35	12.39	7.12	1.43
京津冀/长三角	0.86	0.76	0.63	1.13	1.10	1.11

注：全要素生产率 =（资产总计增加值产出率×劳动生产率）$^{0.5}$。
资料来源：《中国统计年鉴2006》。

第十三章 产业集群发展

二、京津冀地区产业集群发展的基本思路

(一) 产业集群一般创建模式

1. 市场创建模式

市场创建模式即区域经济范围内首先出现专业化的市场,为产业集聚的形成创造了重要的市场交易条件和信息条件,最后使产业的生产过程也聚集在市场的附近。市场创建模式形成产业集聚的典型地区是浙江。浙江省有无数个颇具规模的专业化市场,最终形成了一个个具有完整产业链的产业集群。例如在宁波、温州等地,依靠本地企业家精神和工商业传统发展起来一些诸如生产服装、领带、打火机、低压电器等产品的专业化产业聚集区。

2. 投资形成模式

该模式与资本流动有关,一般是发生在有产业转移的背景下。当一个规模较大的企业出于接近市场或节约经营成本的考虑,在生产区位上做出重新选择并投资于一个新的地区的时候,有可能引发同类企业和相关企业朝这个地区汇聚。这样一种产业集聚的形成主要是通过一定数量的资本从外部的迁入,聚集而来的产业资本也往往是从地区外引入的。我们把缘于资本迁移和流动而形成的产业集聚现象,称作产业集聚形成的投资形成模式。目前,国内在投资形成模式下形成的产业集聚或产业集群,其中起推动和促进作用的迁移性资本主要是外商直接投资。

3. 内源型品牌企业带动模式

该模式是以一批具有竞争优势的名牌企业为核心,以此企业作为关键性企业,通过该关键性企业的衍生、裂变、创新与被模仿而逐渐形成产业集群。其特点是:上下游相关支持性、功能性企业随产业内居于生产体系和市场主导地位的名牌企业而聚集。

（二）发达国家及地区产业集群发展的主要模式

产业集聚的方式和机制与城市和区域的经济发展水平、居民的社会关系、所面临的市场环境有密切的关系。世界上其他国家或地区比较典型的产业集群模式主要有以下几种：

1. 美国"硅谷"模式

美国的"硅谷"模式是与高新技术的发展相联系的。最早出现在加州斯坦福大学附近的"硅谷"，堪称国际高科技园区的鼻祖和成功的典范。该模式生产活动的内容属于高新技术产业中试基地，其最终的加工制造环节，主要或者将越来越多地集中到成本更低的地区。

"硅谷"模式是主要由当地的知识资本（包括智力、技术、人才）、当地或者外来的资金以及不确定的市场等三大因素形成。"硅谷"模式的成功依赖于其独特的区域文化（鼓励冒险、善待失败、善于合作等）、国家每年几十亿美元的防务经费的刺激以及大量的高科技移民等因素。当然，"硅谷"的发展不是上述各要素的简单叠加，而是各要素有效的组合，在区域形成紧密的社会网络与开放的劳动市场。根植于网络当中的企业，其学习曲线下移，交易费用降低，边际的社会成本趋于零，企业从而能够迅速适应变化的市场和技术，进而获得竞争优势。

2. 意大利"艾维利亚"模式

意大利"艾维利亚"模式是对意大利艾维利亚地区的产业活动进行实证分析的基础上提出的。"艾维利亚"模式出现在发达地区中相对落后的部分地区，它们周围地区的发展水平通常较低。

"艾维利亚"模式的主要特点是产品的市场化程度很高，同时生产过程中有许多为个人所掌握的技术或者诀窍、需要大量技术工人的生产部门的高度集聚，这些生产部门主要以传统的手工业或劳动密集型的传统工业为主。企业的产品主要属于传统产品，主要集中在纺织业、制鞋业、家具业等行业。意大利的艾维利亚主要生产皮革制品。

在"艾维利亚"模式的新产业区内，劳动分工比较精细、专业化程度较高。这类产业区发展的历史文化背景比较特殊，企业主之间的信任度

第十三章 产业集群发展

比较高,彼此之间的合作以非契约关系联接。

3. 日本"大田"模式

日本东京"大田"模式是伴随着制造业的升级和规模扩大而形成的,是纵向分工的产物。20世纪90年代,随着日元的升值和大范围的工商业衰退,东京城内的许多企业关闭了国内工厂而迁往国外,但是这并没有导致东京工业的空心化,东京内城反而创造了一种新型的建立在硬件基础上的产业综合体。东京大田区产业综合体是机械和金属加工产业聚集区,集聚在这里的中小企业是日本机械工业的技术核心。

规模极小的加工企业和机械制造企业支撑着整个大田区工业,它们的功能与大型企业不同,它们与后者的特殊关系是大田模式出现的主要原因。这些小型企业主要为大企业生产零部件,是大企业的依附型企业,分工非常精细。它们与大企业之间的等级森严,很少有小企业能够脱颖而出。

(三)国内主要地区产业集群发展模式

1. 国内产业集群的形成机制

从分工的角度看,国内产业集群形成的机制主要有以下三种类型:

(1)工序分工主导下的产业集群。这类集群主要取决于产品生产过程的可分性,如果生产过程可明确分解为几个不同的阶段或工序,集群就容易发生,这种集群在金属制品行业、纺织业等行业较明显。如诸暨大塘镇的袜业,其织袜、缝头、印染等工序分别由不同的企业完成,袜子的生产过程被分解为10道环节,产业集群内形成了10个大部门,包括1000家原料生产企业、400多家原料销售商、8000家袜子生产厂、100家定型厂、300家包装厂、200家机械配件供应商、600家袜子营销商和100家联运服务企业。

(2)零部件分工主导下的产业集群。这种产业集群一般出现在组装特点比较明显的装备机械制造行业。如号称"中国低压电器之都"的柳州,其低压电器占领了全国40%的市场,是我国最大的低压电器生产基地和出口基地,其集群特点是以正泰、德力西等大型企业集团为核心,形成启动器、熔断器、电阻器、断路器、调压器、互感器、配电器等众多生产配件企业，然后完成总装，从而形成分工明确的产业集群。

（3）产品分工主导下的产业集群。这类集群主要是由于消费偏好的多样化而导致具有水平差异性的产品生产聚集在一起，既能有效地避免同类企业的无序竞争又能保持足够的竞争动机，刺激产品创新，使企业在追求花色品种、规格、款式、造型、色彩、用料、等级、品牌等方面的差异上下工夫。如广东南海盐步镇是我国最大的女性内衣生产基地，全国10大内衣品牌中有7大品牌在此聚集，共有60多家企业、6000多台衣机，2万多从业人员。

2. 国内产业集群模式实证分析

（1）"深圳—东莞"模式。"深圳—东莞"模式是发展中地区利用外资发展外向型加工业的典型。这类模式中的企业主要是利用廉价的劳动力以及国家给予的优惠政策等低成本优势，吸引海外直接投资，建立外向型加工制造业基地。这些企业大多具备较强的弹性生产能力，以适应国际市场变动。因此，这一模式的最大特点就是市场主导型。

该模式建立的出口加工产业不能给自身带来更多的核心技术，其发展主要是市场需求所带来的各种要素的快速集聚。因此，该产业区在区位条件变化时，容易形成空洞化，许多松脚型工业会移至它地。

（2）"温州"模式。"温州"模式是我国传统产业集聚的典型，是在我国农村发展非公有制的非农业之成功尝试。它的发展大致经历了三个阶段：以家庭工业、个体购销户为主体发展小商品生产的阶段（1986年以前）；发展股份合作制、建立同业商会的阶段（20世纪80年代中期至90年代中期）；全方位创新，创立品牌的阶段（20世纪90年代中期至末期）。进入21世纪以来，凭借自身在产业规模、市场份额、品牌、产业配套体系等方面的优势条件，温州开始了建设国际轻工重要生产基地和集散地的新阶段。

"温州"模式的基本内涵有以下几点：①最初阶段，农民自己投资、自己创业，组建遍布农村的、以血缘为纽带的、家庭作坊式的生产、销售或其他中介服务的业主制企业，它们完全自主经营、自负盈亏。②这些业主制企业按照市场的需求，彼此分工协作制造各种低品质的劳动密集产

第十三章 产业集群发展

品,例如塑料编织袋、用城市企业的下脚料生产腈纶服装、塑料凉鞋、纽扣、拉链、各种证章、各种低品质的低压电器等等。③通过数量庞大的供销员队伍在全国各地推销产品或采购原材料,以及在本地建立各种专业市场(如桥头的纽扣市场、柳市的低压电器市场等),形成市场网络,在此基础上以市场为媒介,借助市场配置资源,与各地的消费者(包括客户)建立密切的市场联系。

(四) 京津冀产业集群的影响因素

1. 京津冀产业集群的有利因素

(1) 产业要素禀赋。某一地区的要素禀赋决定该地区适合于发展什么样的产业,尤其是那些生产条件受自然资源约束的行业。京津冀在要素禀赋上具有很强的互补性。从京津冀经济区来看,京津具有明显的资金、技术、信息等要素优势。而河北省在土地资源、濒海区位、海岸线长度、劳动力资源等方面与京津相比具有明显的优势。要素的互补性为京津冀地区产业集群的空间合理布局提供了有利的条件。

(2) 产业发展梯度。从京津冀经济区经济和技术发展程度来看,京津冀三省市在技术上存在梯度差距,并进而形成了产业的梯度差距,技术水平、产业结构水平由高到低呈北京—天津—河北的格局,并且京津冀都正面临着产业结构的进一步升级,需要向外转移一些不再具有比较优势的产业,由于存在产业上的梯度差,北京、天津与河北在产业结构上具备了梯度转移的条件。从地理位置来看,京津冀地域相连,三地间的交易成本和生产要素结合成本低廉,可以大大提高生产要素的利用效率,降低产业结构的转移和调整成本,这就使京津冀具备了产业转移的地利条件。从经济联系来看,京津冀都是环渤海经济区的成员,在区域规划、产业政策等方面会受到国家一定程度的支持,三省市在地理位置上的相近性和生产要素禀赋的互补性,使京津冀具备了产业对接和协作的条件,可以做到优势互补。

具体来说,京津可以根据自身经济发展和产业结构升级的要求,重点发展以高新技术产业为中心的现代工业和现代服务业;河北则可以利用自身在农业方面的比较优势，向京津提供畜牧、大棚蔬菜、果品、花卉等农产品以满足京津市场需求，在工业结构调整上有选择地吸收京津向外转移的劳动密集型、资本密集型甚至京津不再具有优势的部分技术密集型产业，充分发挥河北在生产要素禀赋和产业基础上的比较优势，促进河北产业结构的优化升级。总之，京津冀可以充分利用产业梯度转移这一客观规律，根据自己在生产要素禀赋、市场前景、产业基础、比较优势等方面的特点，确定各自的产业发展方向和产业调整目标，根据技术和产业梯度进行产业合理转移，实现京津冀经济区内产业集群的合理布局和良性发展。

2. 京津冀产业集群的不利因素

（1）区域内市场发育程度不高，区域市场分割严重。经过多年的改革开放和市场经济的发展，人们的市场观念基本培育起来，但与南方发达省份相比，京津冀地区无论是企业的生产经营还是社会资源的配置都还带有较强的计划经济色彩，适应市场能力较差，产业创新能力较弱，经济发展的市场化程度不高。

另外，京津冀地区政府行政区域障碍较大，各地为了自身的利益导致地方保护主义在京津冀地区仍较为盛行。如此形势下，大多数企业只能囿于本行政区的市场范围而动，规模再大也只能称其为地方性企业。既是地方性企业，其一系列的生产经营活动只能在当地进行，表现为销售行为地方化、劳动力使用地方化、原材料采购地方化、资金融通地方化等等，使得企业行为被严重束缚，生产规模难以扩大，竞争力难以提高。

（2）水资源短缺、生态环境比较脆弱。京津冀地区的大部分地区属于缺水型地区。北京目前人均占有水资源量约300立方米，仅是国际公认的缺水下限1000立方米的1/3，是全国平均水平的1/8，世界平均水平的1/30。河北省水资源年正常消耗量为211亿立方米，而常年水资源总量只有160亿立方米，平均缺口50多亿立方米。

同时，京津冀地区由于生产和生活导致的空气质量、城市垃圾、水污染和水土流失状况仍然不容乐观，环境保护任务艰巨。如河北省由于重化工业比重大、增长方式粗放，资源消耗量较大，利用率较低，万元生产总值综合能耗比全国平均水平高32.6%，工业固体废弃物综合利用率比全国低7个百分点，其二氧化硫、烟尘和工业粉尘的排放量分别居全国第

第十三章 产业集群发展

二、三、四位,远远超出了环境的承载能力。一方面京津冀地区经济高速增长,生产和生活用水均有大幅度增加;另一方面,京津冀地区仍然面临生态环境脆弱和水资源短缺的严峻形势。

(五) 京津冀产业集群发展的战略构想

1. 指导思想

制定京津冀地区产业集群发展战略,要坚持科学发展观,把市场配置资源的基础性作用和政府统筹协调的功能相结合,围绕打造我国北方经济增长龙头的总体发展战略,充分发挥比较优势和区域整体优势,加快培育发展符合京津冀地区发展要求的战略性产业集群,努力构建创新型、集约型、节约型、生态型的产业集群发展模式,实现区域内分工协作和产业空间配置的优化,从而带动京津冀地区产业结构优化升级,促进京津冀地区国民经济持续快速发展。

2. 发展目标

结合国内外产业集群发展态势,根据京津冀产业集群发展的情况,建设一个以知识经济产业集群为龙头,以先进制造业产业集群为发展重点,以加工型、资源型产业集群为支撑的区域产业集群体系。

3. 发展思路

(1) 构建"外移、对接、异构"的产业重构格局,在产业错位中求发展。京津冀三省市在区域比较优势和资源优势上各具特色:北京属于知识型地区,在高新技术产业、高端服务业和教育、文化产业方面有比较优势;天津属于外向型经济区,现代制造业、交通运输业、现代物流业及金融保险业等具有比较优势;相比之下,河北属于资源型地区,采掘业、重加工业和农副产品生产、加工业有比较优势。结合京津冀地区产业集群布局与发展的现状,该地区未来产业集群重构应采取外移、对接、异构等产业错位发展举措。具体来讲:

①外移:主要是针对京津两地而言。即:顺应产业布局的趋势,将京津一些不具备竞争优势的传统产业转移到河北发展,同时,提高河北企业

的配套服务能力。比如可以加强钢铁、石化等产业的整合,促进其向资源产地和沿海港口布局转移。从环境保护、资源有效利用和经济效益提高等综合因素出发,应考虑将京津两市能耗高、物耗多、运量大的产业如电力、建材、纺织等类工业转移到原材料丰富、成本较低的河北,并按照环境准入标准对产生环境污染的老旧工序与环节进行更新改造。另一方面,可以考虑将京津两市具有无污染和劳动力密集型特征的加工制造业向生态脆弱区域转移。

②对接:主要是针对河北而言。即要求河北在京津冀地区分工互补中准确定位,通过扩散对接、互补对接、连锁对接等方式,寻求自身产业的支撑点,加强与京津的产业对接,实现产业集群在区域内的良性互动。河北目前所具备的优势,更多还是处于潜在层面,没有形成经济发展上的优势。河北要从传统的被动的"服务京津"向主动的"接轨京津"、"融入京津"转换,主动创造条件,积极构筑与京津产业衔接的"缓坡",弥补与京津产业的传递梯度落差,与京津形成能力上互补、战略上总分的良性定位,将河北建成京津的外资流转扩散基地、产业转移承载基地、高科技产业配套基地、现代物流仓储集散基地、休闲旅游度假基地和农副产品生产加工基地。比如,河北较强的农业和农副产品加工工业与北京庞大的消费市场有着广阔的互补空间,河北的无公害蔬菜、反季节蔬菜、绿色食品、畜禽产品、花卉等已占北京市场相当大的份额,应依托这些农副产品进一步延伸产业链,河北应大力发展食品加工业和餐饮服务业,在更深、更广的领域开拓京津市场。

③异构:这是对整个地区而言。即根据京津冀地区自然资源、区位条件、经济基础、市场导向等,谋划和营造具有本地特色、与相邻及其他区域不同的产业类型和产业结构。由于历史和体制的原因,京津冀地区相同或相近的产业结构已造成区际间对同类资源和同类市场的竞争,影响了区域特色的形成与优势的发挥。对于该地区三省市的同类产业,要用联系的、动态的观点分析,找到类同的产业在工艺设备、技术水平、管理手段等方面存在的差异,一是三省市从产业纵向发展阶段或者产业细分上找准产业对接口进行产业合作,实现三省市间产业的优势互补。对该地区三省市的异类产业,主要从横向布局上找寻产业对接口。应当看到,京津冀产业结构调整和重组的条件正向有利的方向发展:一是京津有了新的城市定

第十三章　产业集群发展

位，其产业结构也势必调整。二是京津已进入由工业化中期向工业化后期转变的阶段，产业升级势在必行，技术密集型产业将逐渐取代劳动和资金密集型产业的主角地位。三是由国家发改委协调三方编制"京津冀一体化"规划，为三省市的产业结构调整提供了实质性的内容和举措。

（2）建设各具特色的产业集群。

①电子信息产业集群。北京要充分发挥电子信息研发能力强的优势，确立研发中心的地位，着力开发拥有自主知识产权的电子信息技术及产品。天津则应利用制造业基础好的优势，发展成为电子信息产品的制造基地。廊坊则着力发展零部件配套产业基地，形成京津廊电子信息产业集群。

②汽车产业集群。在汽车制造业从分散走向集中的大趋势下，京津冀地区应谋求和加强彼此的分工与合作：北京着重高档轿车、越野车的整车制造；天津则应在发展经济型轿车的同时注重面向世界的出口轿车基地的建设；河北则应围绕京津的汽车整车制造发展零部件制造业和专用汽车制造。形成包括北京、天津、保定、廊坊四地的汽车产业集群。

③装备制造产业集群。目前，我国的装备制造业面临良好的发展机遇，京津冀应利用已有的产业基础，加大优势领域的自主开发和创新力度，形成印刷机械、工程机械、数控机床、环保机械、电力、造船等高端产品的研发和制造基地。形成包括行业最多、产业链最长、范围最大、带动能力最强的产业集群。

④冶金产业集群。在京津冀区域的冶金产业应考虑向唐山和邯郸集聚，形成北有唐山，南有邯郸的钢铁生产格局，为京津两市和其他城市的制造业和建筑业提供原材料，使重工业垂直分工和水平分工相结合，实现产业合理分工、协调发展。

⑤石油化工产业集群。在维持北京一定的石油化工产业规模的同时，京津冀区域的石化产业应逐步向天津和沧州方向转移，重点打造天津和沧州石油化工产业集群。天津和沧州的化工产业基础好，又临近港口，而且有大片荒地可以利用，这是其发展石油化工产业集群的良好优势。

⑥其他产业集群。其他产业集群主要是指河北省的县域特色产业集群，即在乡镇企业基础上发展起来的一批从事传统制造业生产的、以中小企业为主体的在某一县（市、区）地理区域内聚集的民营企业群。目前，这些"一县一业"、"一乡一品"的特色产业，以其"专、精、特、新"

优势，已经成为河北省区域经济的有力支撑。历史形成的传统产业（如辛集皮革、安平丝网、安国中药材、曲阳石雕等）、多年培育的特色产业（如清河羊绒、香河家具、容城服装、高阳纺织、河间电线电缆、永年标准件等），以及近年来崛起的一批新兴产业（宁晋单晶硅、桃城焊管、隆尧方便面等），产业竞争优势日趋明显，已经成为区域经济的支撑点和增长点。河北省应在县域特色产业集群的基础上，进一步地改进工艺、加大创新力度、完善地方网络、培育完整的产业链，使其现有的县域特色产业集群得到进一步的发展。

京津冀地区产业集群规划见图 13-1 所示。

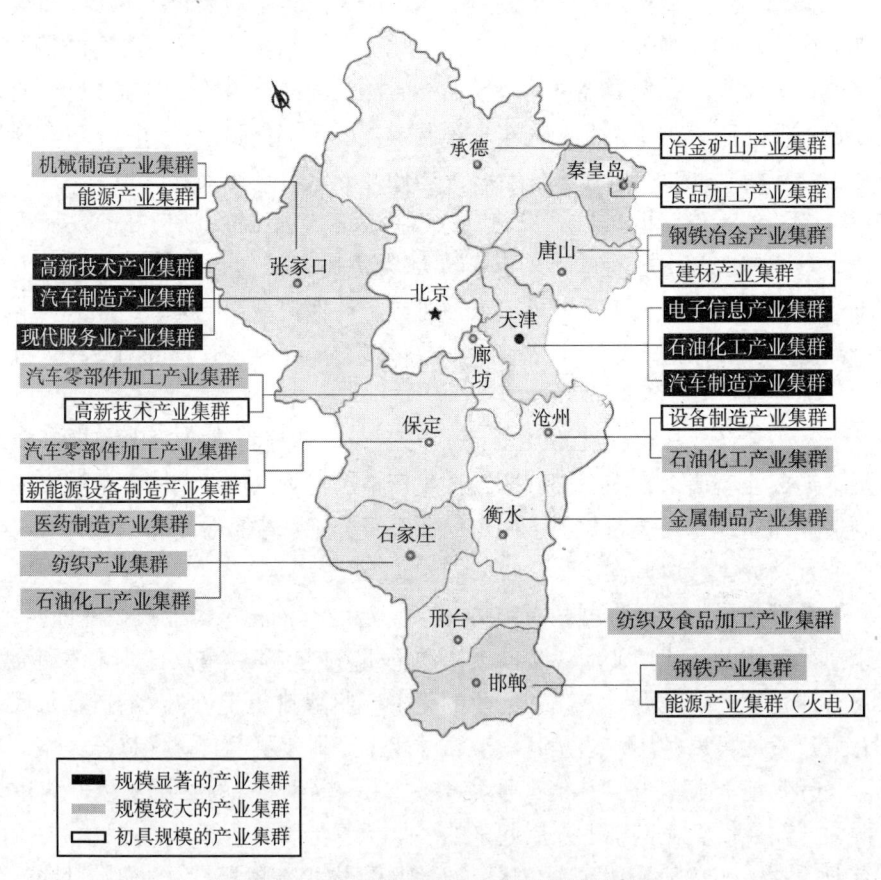

图 13-1　京津冀地区产业集群规划示意图

三、促进京津冀产业集群发展的对策措施

(一) 加强产业集群发展的规划引导

在京津冀地区应注重协调产业升级与传统产业转移、产业集中与疏散之间的关系，集中该地区资源和技术及人才等生产要素优势，有效地发展重点区域与城市，在促进产业集聚过程中实现区域生产力的优化布局。

为此，京津冀地区各级政府一是要制订有效的产业集聚和发展指导目录及政策导向，积极引导，实现产业发展的合理集聚和布局。二是因地制宜，因势利导，围绕特色产业、资源优势、区位条件、发展基础等现实条件和基础，发展和培养具有竞争优势的产业群，促进产业集聚。三是要按照区域经济一体化的思路，打破城乡和行政区域界限，统筹规划功能布局，形成区域分工有序、相互协作、链接紧密、各具特色的产业集群发展格局。四是在注重群体发展的同时，着力培育龙头企业，夯实产业集群健康发展的基础。

(二) 研究制订扶持产业集群发展的政策措施

为扶持京津冀产业集群的发展，区域内各级各方政府一是要研究制定相关的产业政策，根据主导产业发展方向，鼓励各地进一步规划建设一批重点专业产业园区。二是要实行更优惠的市场准入政策，鼓励广大中小企业和个体工商户向集群区进一步集聚。三是要推行更加积极的资金扶持和金融政策，政府技改资金及科技三项费用等扶持资金应有意识地向集群倾斜，引导集群的发展；同时研究建立集群内公共担保基金或联户担保基金，为企业创造贷款条件，鼓励、引导金融部门增加对集群发展的资金支持。四是要推行更加宽松和优惠的人才政策，为集群发展广纳各方人才。

(三) 大力发展次一级增长极

由于北京、天津两个大城市处于绝对优势，作为该区域的增长极，京

津两中心城市长期的封闭性发展，回波效应大于扩散效应，导致京津两大城市周边地区经济发展缓慢，不能形成次一级的增长中心。同时，中心城市的发展也受到周边地区的制约。区域内部没有形成有序的梯度，中等城市和小城市发展不足，缺少发挥"二传"作用的中间层次的城市。导致在一定程度上也限制了京津两个特大城市的进一步发展。因此，在继续支持北京、天津中心城市发展和结构转型的同时，也要大力促进新兴城市的发展。比如北京市可以大力支持廊坊市的发展，将其作为北京释放发展能量的重要基地；天津市应该全力支持滨海新区的发展，将滨海新区建设成国内重要的现代化港口城市；河北省应该大力支持曹妃甸邻近唐海县和黄骅市的发展，将其建设成重要的港口城市。通过中小城市的建设，使京津冀地区产业集群的发展重心整体向沿海移动。

（四）推进产业集群的环境建设

推进京津冀产业集群的环境建设，一方面要加强该地区发展的硬环境建设，加快建立和完善三地一体化的现代化交通网络体系，加大京津冀落后地区电力、信息、公用设施、生态环境等的建设力度，为京津冀地区产业集群的发展提供一流的载体。另一方面要加强促进集群发展的软环境建设。将政府工作重点放在强化产业链建立、创造企业间竞争与合作的环境与氛围、促进建立企业学习与创新的机制和网络等方面上来，加强政府经济调控、市场监管、公共服务和社会管理职能。为此，一是逐步完善政府、商会、行业协会等中介组织、企业之间的新型关系，发挥商会、行业协会的服务、协调和桥梁纽带作用，促进企业与政府间的有效沟通和良性互动，保障产业集群的健康发展。二是积极改善中小企业的生存环境，工商、税务等政府监管部门应从过去的注重管理逐步走向加强服务。三是有意识的在重点培育的产业集群中创立地区品牌。四是培育集群技术创新能力，构建集群技术创新体系。五是建立促进产业集群发展的产业园区，在用地方面放宽政策，吸引外资和异地企业投资兴办配套企业。

（五）建立产业集聚多元化投融资体制

建立重点产业集群的创业投资引导基金，吸引社会投资，并在一些城市进行多元化投融资体制试点。根据国家有关要求，就有关问题进行深入

第十三章　产业集群发展

研究，拟定较为规范的操作办法，完善法规体系，稳步推进京津冀地区产业集聚的投资工作。为此要制定和完善在市场经济条件下政府资金扶持领域，尤其是针对竞争性领域进行资金扶持，实行间接投资方式的财政政策和优惠措施；逐步建立促进国家资本金良性循环、有效使用的体制和机制；进一步完善政府投资行为的决策程序和监督、评价机制；积极探索以政府资金启动民间投资的市场化运作方式等。